LES QUESTIONS D'ÉCONOMIE SOCIALE

DANS UNE GRANDE VILLE POPULAIRE

(ÉTUDE ET ACTION)

AVEC UNE STATISTIQUE DES INSTITUTIONS DE PRÉVOYANCE ET DE PHILANTHROPIE

A MARSEILLE

PAR

EUGÈNE ROSTAND

Lauréat de l'Académie française

Président de la Caisse d'Épargne et de Prévoyance des Bouches-du-Rhône.

PARIS

LIBRAIRIE GUILLAUMIN ET Cⁱᵉ

Éditeurs du *Journal des Économistes*, de la *Collection des principaux Économistes*,
du *Dictionnaire de l'Économie politique*,
du *Dictionnaire du Commerce et de la Navigation*, etc.

RUE RICHELIEU, 14

—

1889

LES QUESTIONS D'ÉCONOMIE SOCIALE

DANS UNE GRANDE VILLE POPULAIRE

MARSEILLE.— IMPRIMERIE DU JOURNAL DE MARSEILLE, A. GARRY ET Cᵉ, RUE SAINTE, 6.

LES QUESTIONS D'ÉCONOMIE SOCIALE
DANS UNE GRANDE VILLE POPULAIRE

(ÉTUDE ET ACTION)

AVEC UNE STATISTIQUE DES INSTITUTIONS DE PRÉVOYANCE ET DE PHILANTHROPIE

À MARSEILLE

PAR

EUGÈNE ROSTAND

Lauréat de l'Académie française

Président de la Caisse d'Épargne et de Prévoyance des Bouches-du-Rhône.

PARIS

LIBRAIRIE GUILLAUMIN ET Cie

Éditeurs du *Journal des Économistes*, de la *Collection des principaux Économistes*,
du *Dictionnaire de l'Économie politique*,
du *Dictionnaire du Commerce et de la Navigation*, etc.

RUE RICHELIEU, 14

—

1889

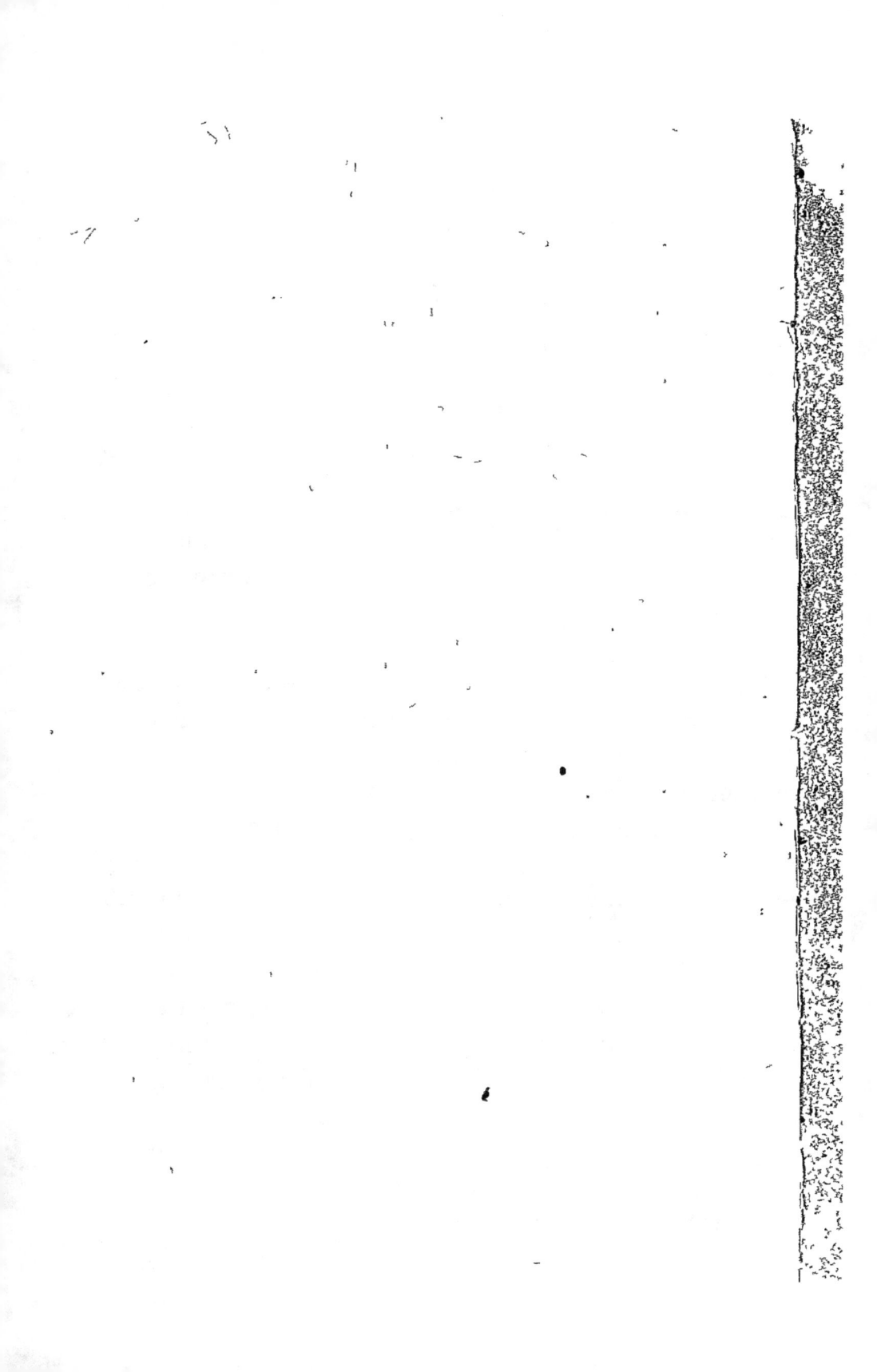

PRÉFACE

L'objet de l'essai que nous présentons aux hommes de cœur préoccupés des questions sociales, les plus attachantes de ce temps, peut se préciser ainsi : contribution à *l'étude pratique* de quelques-unes de ces questions sur un terrain *intéressant* et *circonscrit*.

C'est par méthode que, laissant l'observation étendue et la recherche des lois aux maîtres de la doctrine économique, nous avons localisé notre tâche. Des faits et des documents particuliers servent et préparent la science générale. Les meilleures investigations sont celles qu'on suit autour de soi, les conclusions les moins incertaines celles qu'on tire avec réserve de ce qu'on voit et qu'on sait bien. Plus modeste, mieux en rapport avec nos forces, cet office nous a paru utile, surtout quand le point choisi par l'observateur est large et propice. C'est le cas pour Marseille, ville populaire de 400,000 âmes si on y comprend la part flottante, port à l'activité intense, siège d'industries nombreuses, séjour d'une masse ouvrière très dense, rendez-vous d'une immigration concurrente, centre démocratique intelligent où toutes les entreprises d'amélioration morale et matérielle peuvent trouver un sol fertile.

Notre second dessein a été de viser à un peu plus que de

la pure théorie. Les Français sont aussi timides en fait de progrès économiques qu'ils sont téméraires et excessifs en d'autres directions. Parmi les populations méridionales, à Marseille notamment, la vivacité de conception, les outrances politiques, la générosité des sentiments n'empêchent pas que l'opinion moyenne ne soit timorée, aisément encline à voir en toute nouveauté de l'utopie. Aussi la grande cité est-elle sur bien des voies étonnamment en arrière. Il a été permis à l'auteur d'y prendre certaines initiatives, pour l'habitation populaire par exemple, l'épargne, le crédit coopératif, la défense locale contre l'invasion alcoolique. Indépendamment de l'effort personnel direct, il considère qu'un autre mode d'action est possible, par la presse. Si la presse qu'on décrie, non sans raison parfois, peut jouer un rôle incontestablement fécond, c'est celui d'un instrument correcteur d'habitudes erronées de pensée, suggestif d'idées nouvelles. C'est à quoi il s'est attaché dans des articles auxquels nous laissons leur date (comme on fait dans les recueils de critique), pour rendre sensible l'impulsion tentée peu à peu vers un avancement successif. Un élément indispensable de ces progrès est l'étude et la vulgarisation des faits étrangers, que notre pays néglige trop : tout en tenant compte des différences de conditions ou de mœurs, nous nous refusons à en faire l'invariable argument du *statu quo* obstiné.

Enfin si ce travail a pour but d'indiquer fréquemment ce qui pourrait ou devrait être, il se propose aussi de montrer ce qui est. Le lecteur trouvera soit au cours de l'ouvrage, soit dans les statistiques de l'*Appendice*, des renseignements aussi exacts qu'il a été possible de les grouper sur le mouvement de la prévoyance et de la philanthropie à Marseille, sur les institutions qui y tendent à la paix sociale par l'éducation, l'hygiène, le travail, la moralisation, l'épargne, la mutualité, la coopération, et aussi l'assistance. S'il y avait dans ce tableau des imperfections ou des lacunes, il serait au moins suffisant pour donner une notion d'ensemble, il servirait de point de départ ou de repère, il ferait connaître d'excellentes œuvres, il aiderait peut-être à accroître le nombre de ceux qui consacrent leur bon vouloir à servir leurs semblables.

Ce nombre est moins restreint que ne le croient les indifférents, les pessimistes et les sceptiques. Il n'est ni exact ni équitable de juger les Français sur le mal qu'ils disent d'eux. Jamais n'ont été plus ardents et plus répandus le goût et l'attention pour tout ce qui touche à une amélioration du sort des faibles et des petits, pour tout ce qui tend à rendre à un plus grand nombre de créatures la vie moins angoissée et moins rudimentaire. L'auteur est de ceux à qui rien ne paraît plus digne d'occuper l'intelligence et de remuer le cœur d'un homme de notre temps. Dès son premier écrit juvénile, il disait : « oh ! qu'une « infatigable passion de soulagement pour ceux qui souf- « frent nous serait, à nous, jeunesse, un plus digne aliment « de sollicitude et d'activité que la poursuite de chimères « politiques ! » Voué ensuite aux lettres, il a été un jour ressaisi par la grandeur poignante de ces problèmes. Et comme à d'autres, l'art lui a tout à coup semblé un dilettantisme presque vain peut-être, hors pour le génie. Il s'est senti irrésistiblement attiré vers le devoir social, qui rapproche au lieu de séparer, qui lutte par le moyen le mieux approprié à notre état d'âme contre le cruel mal moderne, l'égoïsme, qui fait appel à la plus noble chose de ce monde, la sympathie humaine.

VIII

La grande ville populaire, vaste campement, sorte de Chicago français, offre en raccourci nos contrastes sociaux. C'est un spectacle splendide que celui-là, l'activité aux mille formes, l'extrême et spontanée division du travail, l'incessante circulation des échanges, la création de la richesse. Certes le plus humble peut y monter à tout, les spécimens n'en sont point rares ; et comme partout dans notre patrie, la moyenne des conditions d'existence est meilleure qu'ailleurs, il y a plus d'aisance diffuse, le bien-être est descendu plus bas. Pourtant, lorsque vous aurez contemplé ces steamers chargés sur le flot, ces quais encombrés, ces docks, ces comptoirs, ces usines, ces ateliers, ces magasins, ce monde de la vapeur et des engins mécaniques, réfléchissez que des maris ou des pères risquent à chaque heure la mort sur les chantiers périlleux ou parmi les machines palpitantes, demandez-vous ce qui arriverait si le travail manuel s'arrêtait tout à coup, et vous comprendrez plus d'une plainte. Constatez que dans cette fourmilière, à côté d'êtres en possession d'une abondance raffinée, ou même hélas ! ne se souciant que de plaisir oisif, d'autres vivent d'une vie presque animale, des femmes au lieu de garder le foyer s'épuisent sur des besognes pénibles et à salaire abaissé, des enfants croissent dans l'insalubrité ou s'étiolent à des fatigues hâtives : vous admirerez qu'à force de frugalité, d'énergie, de courage, ces familles épargnent encore, et malgré tout. Songez enfin que sur le pavé de ces rues brillantes, devant ces constructions de luxe, ces équipages, ces yachts, il y a même des bras inoccupés, qui aspirent à du salaire et auxquels l'occasion manque : vous excuserez bien des griefs.

Qu'est-ce que ce vague courant de la pensée populaire qui pousse les foules, les misérables, les Lazares vers qui leur parle d'un millénaire, d'une sorte de rénovation sociale, même par la brutalité ? Il est vite fait de dire : peuple aveugle, ou méchant, qui va vers les Cléons ! L'observateur de bonne foi aime mieux réfléchir à de tels phénomènes, les interroger. Que ferions-nous si le sort nous avait jetés comme nos frères dans la lutte de plus en plus âpre pour la vie, si l'anxiété de demain pesait chaque soir sur nos femmes, si un labeur prématuré ôtait la joie à nos enfants en haillons ? La coexistence de la pauvreté avec l'accroissement énorme de la puissance productive et de la richesse, avec l'adoucissement des mœurs, avec l'éducation qui rend l'inégalité humaine plus sensible, n'est-ce pas l'énigme redoutable posée devant notre civilisation trop fière d'elle ? Si on s'use en querelles stériles dans l'oubli de tout cela, qui empêchera les multitudes aux désirs aveugles d'écouter les charlatans ou les démagogues? La décadence nationale ne menace-t-elle pas un peuple aigri, qui perdant ses croyances idéalistes et même sa foi au progrès, est pourtant maître de ses droits politiques ? N'est-il donc pas conforme à la justice autant qu'à l'utilité de tendre à diminuer les raisons d'antagonisme, à réduire le nombre des vies sans lumière et sans espérance ?... Les voilà, les questions que dans notre France divisée, les esprits sincères devraient s'unir pour méditer. Il est à plaindre, celui qui ne les voit même pas, ou pour ne les pas voir ferme les yeux.

8 décembre 1888.

LES QUESTIONS D'ÉCONOMIE SOCIALE

DANS UNE GRANDE VILLE POPULAIRE

(MARSEILLE)

ÉTUDE ET ACTION

LE LOGEMENT DE L'OUVRIER ET DU PAUVRE

LA QUESTION DES LOYERS

6 octobre 1881.

Le terme récent, Saint-Michel, actualise la question pour Marseille. Avec celle du prix du pain, il n'en est pas de plus importante pour tous ceux qui dans les grandes agglomérations urbaines gagnent leur vie au jour le jour.

Quiconque a vu d'un peu près, ne fût-ce qu'en passant, l'existence des ouvriers connaît ces logements étroits, où l'air *(pabulum vitæ)* et la lumière pénètrent à doses avares, où l'espace est tellement mesuré qu'une ou deux pièces servent pour tous les usages domestiques à toute la famille. A Marseille comme à Paris, la cherté progressive des loyers condamne un grand nombre de nos concitoyens à habiter ces réduits.

Au point de vue matériel, l'obscurité, l'humidité, la malpropreté y minent les forces physiques de la femme et de l'enfant. Les germes infectieux peuplent l'atmosphère, dans laquelle se développent plus facilement maladies endémiques et épidémiques.

1

Le gouvernement impérial fit beaucoup pour améliorer cet état de choses. Outre les grands travaux publics, qui ont répandu l'air et le jour à flots dans les vieux *ghettos* marseillais, on lui doit les lois du 13 avril 1850 et du 25 mai 1864 sur l'assainissement des logements insalubres. Mais les moyens que cette législation met aux mains des municipes ne sont pas toujours appliqués, et d'ailleurs il s'agit d'un mal que la loi ne suffira jamais à empêcher absolument.

Au point de vue moral, qui ne voit et ne sent les funestes effets d'habitations de ce genre ? La promiscuité inévitable n'y dépravera-t-elle pas précocement l'enfance ? Le père, au retour d'un labeur manuel fatigant, se plaira-t-il dans un intérieur rebutant et désolé, s'il n'a pas assez de force de cœur (c'est la moyenne humaine) pour se contenter de satisfactions intimes ? Le cabaret, la brasserie, le café-chantant sont là, lui dévorant le superflu de salaire qu'il pourrait porter à la caisse d'épargne, lui prenant mieux encore, ses heures libres de la soirée ou du dimanche, c'est-à-dire la vie de famille elle-même.

Ce n'est pas là le foyer, on ne s'y attache point, et par dégoût, quand ce n'est pas par force, on en change sans cesse. Et demandez à une famille de nomades d'observer quoi que ce soit, en fait de traditions morales !

Si pauvres et si malsains que soient ces logements, quelle peine à acquitter, quand arrive Pâques ou Saint-Michel, le chétif loyer dû au propriétaire !

Que le propriétaire, frustré du fruit légitime de son capital, poursuive ou donne congé, quelle colère de voir les frais de justice grossir la dette, ou quelles malédictions derrière l'humble déménagement ! L'antagonisme social y trouve son compte.

Et d'autre part, le propriétaire, en général un très petit rentier, marchand ou ancien ouvrier économe, s'il voit lui échapper souvent le modeste loyer sur lequel il comptait, pourra-t-il ou voudra-t-il débourser les frais d'entretien et de réparations relativement plus élevés pour les maisons d'ouvriers ?

Quelques-uns des traits de ce tableau pourraient, dans une énorme cité commerciale comme la nôtre, être étendus de la vie ouvrière à celle d'une autre classe non moins intéressante, quoique moins flattée par les douceurs des vaines promesses démagogiques, la classe des petits employés.

Que de souffrances matérielles et morales crée là aussi la hausse continue des loyers, souffrances d'autant plus aiguës peut-être que l'employé est tenu à un certain *minimum* pour l'habitation comme pour le vêtement ! Là aussi, que d'angoisses à l'échéance du terme !

Tels sont, en résumé, les principaux aspects, plutôt adoucis que poussés au noir, de la question des loyers, qui après tout peut être regardée avec indifférence comme toutes les questions sociales si on ne voit dans la société qu'une juxtaposition d'égoïsmes en lutte pour la vie.

10 octobre 1881.

Les aspects moraux de la question des loyers, les effets de la misère et de l'instabilité du foyer sur l'éducation des enfants et la vie de famille, ne préoccupent guère l'école sociale qui à l'heure présente a dans les grands centres, à Marseille notamment, la majorité des suffrages ouvriers. Un seul côté paraît l'intéresser, c'est le côté matériel.

Quels remèdes propose-t-elle ?

D'après cette école, il y a deux manières de résoudre la question des loyers : celle du parti bourgeois, celle du parti ouvrier.

La solution du parti ouvrier, oh ! elle n'est pas compliquée. Il serait procédé à une expropriation générale des immeubles urbains pour cause d'utilité publique, et la gestion des logements deviendrait un service communal, comme il y a un service des approvisionnements ou des eaux. Ainsi, à Marseille, une fois toutes les maisons de tous les quartiers expropriées aux profit du phalanstère municipal, l'administration affecterait à chaque famille son habitation moyennant un loyer administrativement fixé.

La seconde solution est appelée dédaigneusement la solution bourgeoise. Une commission des logements serait instituée par les municipes. Elle aurait plein pouvoir d'imposer aux propriétaires d'immeubles urbains, après enquête, un *cahier des charges* qui estimerait la valeur de l'immeuble, fixerait le chiffre du loyer pour une période de dix ans, et déterminerait des conditions d'hygiène. En outre, la commission arbitrerait la plus-value donnée aux immeubles par les travaux d'édilité ou par l'accroissement de la population, et de ce chef frapperait le propriétaire d'une *taxe de plus-value sociale,* afin que « ces peu intéressants parasites ne puissent « plus cristalliser en prélibations ruineuses au détriment de « la population toutes les améliorations sociales. » Enfin la commission pourrait faire bâtir des maisons à bon marché, et surtout devrait réquisitionner, à prix réduits, les logements inoccupés, pour y caser les citoyens qui seraient dans l'impossibilité, momentanée ou durable, mais dûment constatée, de payer leur loyer.

Telle est la solution modérée, qu'on propose comme un subsidiaire et un provisoire, dont il faudrait se contenter en attendant l'autre.

Elle contient deux points raisonnables : la construction de maisons à bon marché, la détermination de conditions d'hygiène à imposer au propriétaire sous peine d'amende. Seulement ces deux points n'ont rien de neuf, et l'école du Quatrième État ne les a point inventés. On se rappelle les maisons ouvrières de l'empereur Napoléon III, on connaît celles de Mulhouse. Quant à la salubrité des logements, la loi du 13 avril 1850 n'a justement pas d'autre objet: elle règle avec grand soin les droits respectifs de l'administration communale et de la propriété en cette matière, édicte les pénalités, va en certains cas jusqu'à l'expropriation pour cause de nécessité publique.

Ce qui est propre à la solution que nous examinons est moins pratique.

L'idée d'une taxe de plus-value, proportionnelle au profit prétendu qu'on prêterait à tel ou tel immeuble par suite des grands travaux publics, n'est pas inédite à Marseille. On se souvient qu'elle a été soumise au conseil municipal par un des membres les plus instruits de cette assemblée, M. Catta. Si M. Catta ne la formula point avec autant d'originalité littéraire, s'il jugea superflu de surnommer les propriétaires des « parasites » ou de leur reprocher des « cristallisations », le fond des choses était semblable.

Le droit de réquisitionner les maisons dès qu'elles ne seraient pas occupées est à coup sûr une façon intéressante de comprendre la liberté : il se prêterait à des applications variées, curieuses, qui souriraient peu aux acquéreurs d'immeubles. — Mais ce qui nous paraît le trait de génie, c'est le pouvoir d'arrêter par mesure de police la valeur des immeubles, et d'en fixer le taux de location pour dix années consécutives. Rien ne donne une notion plus exacte et plus agréable de la manière dont seraient entendues propriété et liberté, dans l'organisation sociale qu'on laisse entrevoir comme un idéal par delà l'horrible organisation actuelle.

On aurait tort de s'y méprendre: ce n'est plus là le socialisme de 1848, qui révolta l'esprit public, arracha à M. Thiers sa défense de la *Propriété*, et fut vomi par le pays écœuré. L'esprit public est maintenant malade d'un mal moins facile à guérir, un sot scepticisme qui dit à tout *pourquoi pas ?*, une vanité bizarre à « n'avoir plus

peur de rien. » Puis, ces « *cahiers des charges* » que les
municipalités imposeraient aux propriétaires, comme à des
entrepreneurs d'omnibus ou de gaz, cela vous a un air administratif et régulier, qui, d'ici à quelques étapes, ne choquera
plus guère. Enfin, lorsqu'on aura vu confisquer les immeubles
d'une société civile par ce motif qu'elle comprend des Français
vêtus d'un vêtement particulier, on concevra bien plus
aisément l'idée de tarifer, en attendant mieux, les loyers :
après la « cristallisation » par la main-morte, comment ne pas
réprimer la « cristallisation » laïque ?

Les hommes de bien qui aiment sincèrement le peuple ne
doivent jamais se laisser décourager par les absurdités des
gens qui le trompent. Voyons donc s'il n'y aurait pas quelque
façon plus raisonnable de parer, dans la mesure du possible,
aux maux matériels et moraux qui naissent de la question
des loyers.

13 octobre 1881,

Les questions sociales ne se résoudront (dans la mesure où
cela est possible) que par l'accord de ces éléments : l'épargne
et la moralité d'une part, le patronage de l'autre, en un
mot l'appui réciproque et cordial des créatures humaines.
Hors de là il n'est que mensonges, bons à hisser les exploi-
teurs de peuple au pouvoir, à pousser le peuple lui-même en
des bouleversements dont il est victime, et c'est tout.

L'expropriation, totale ou mitigée, des propriétaires, telle
est la seule solution que les théoriciens du parti qui usurpe
le nom de « parti ouvrier » nous offrent pour la question
des loyers. Autant dire qu'ils n'en ont pas.

Si on considère cette question avec moins d'étroitesse qu'ils
ne le font, sous ses aspects matériels certes, mais aussi
sous ses aspects moraux, la solution parfaite, bien loin de se
trouver dans un collectivisme communal qui ferait rétrograder

les Français de la fin du XIXᵉ siècle à un état de civilisation rudimentaire, apparaît dans l'accession du prolétariat à la propriété individuelle.

La possession d'un foyer, c'est, avec la servitude de la hausse des loyers abolie, la fixité de la vie au lieu du nomadisme, la sécurité, l'indépendance, la santé, la moralité de la famille ouvrière.

Même cela semble un *truism*, et ce pays de vaudeville en a ri :

> Quand on n'a pas de quoi payer son terme,
> Il faut avoir une maison à soi.

Mais il n'y a plus là, avec les combinaisons modernes du crédit, rien de chimérique, ni de ridicule.

L'ouvrier est bien arrivé déjà à la propriété mobilière ! Il est souvent titulaire d'un livret à la caisse d'épa   ., celle de Marseille en compte des milliers et des millie, pour clients; il est souvent titulaire de plusieurs livrets, un au nom de chacun des « petits ».: Quand le livret a dépassé fr. 2,000, il est devenu porteur d'une coupure de rente. Il n'est pas plus rare ni plus étonnant qu'il puisse acheter à la Bourse une obligation de fr. 500, une de ces valeurs à primes du Crédit Foncier ou des Villes qui ajoutent à l'intérêt l'espoir d'un coup de fortune, tout au moins une obligation de Lyon ou de Bruxelles à fr. 100. Pourquoi la propriété immobilière ne s'ouvrirait-elle pas aussi à lui ?

Ce résultat est acquis pour le travailleur agricole. Le paysan français, sur les économies du bas de laine, achète, lopin par lopin, de la terre. Si l'ouvrier rural en est là, pourquoi pas l'ouvrier urbain ?

Le tout est qu'il le veuille bravement comme le cultivateur, et aussi que le patronage lui fournisse le moyen de placer en propriété immobilière les petits superflus de salaires, dont les institutions d'épargne multipliées lui auront facilité l'accumulation.

Cela s'est fait à Mulhouse, à Roubaix, ailleurs.

Des sociétés constituées dans ce but, comme le sont pour le crédit les banques populaires que Schultze–Delitsch a propagées en Allemagne, peuvent, sur des terrains achetés avec intelligence dans des quartiers avantageux, élever des constructions appropriées. Non point des *cités* : l'expérience a prouvé, jadis à Marseille, que ces casernes répugnent aux ouvriers; fait curieux, s'ils croient volontiers en théorie aux phalanstères communistes, ils n'aiment en pratique que la possession individuelle. Mais des habitations bien distinctes, isolées les unes des autres.

Pour fr. 6,000, sol compris, — on l'a fait à moins, — la *Foncière Populaire* que nous supposons peut, avec les ressources dont dispose aujourd'hui l'art de construire, avoir d'accortes maisons d'un étage sur rez-de-chaussée, à deux fenêtres de façade, contenant une grande pièce commune, une vaste chambre pour le père et la mère, deux chambres pour les enfants séparés suivant les sexes, et un jardinet... Répandez dans tout cela la lumière et l'aération; mettez-y la propreté joyeuse; laissez-y venir peu à peu les petites emplettes qui représentent le confort du foyer plébéien, les meubles indispensables, l'armoire au linge que l'ambition de la ménagère est de garnir, la batterie de cuisine soigneusement frottée, la pendule à bon marché, les images qui avec un pot de fleurs égaieront le logis... et vous avez le *home*, le « *chez-nous* », où va s'épanouir la vie de famille, le plus sûr procédé qu'on ait encore découvert pour faire du bonheur.

La Société vend ces maisons aux travailleurs. Quelques-uns, qui auront déjà fr. 1,500 ou 2,000 d'économies, qui auront épousé une jeune fille leur faisant un apport égal, paieront le prix, en tout ou en partie. Ce sera l'exception. En général, la Société sera payée par annuités, divisées en quatre trimestres. Si l'amortissement s'échelonne sur une période de 50 ans, l'annuité, comme pour les prêts à long terme du Crédit Foncier, sera, intérêt et amortissement compris, de 5 %; soit, pour la maison de fr. 6,000, fr. 300, ou fr. 75 par trimestre. L'amortissement en 25 ans sera préférable : l'ouvrier devra être libre, à toute époque de son contrat, de le réduire à cette durée s'il peut élever son annuité, ou encore de se libérer partiellement si une cause quelconque, un petit héritage par exemple, lui apporte une somme rondelette. En tout cas, la condition *sine qua non* pour que l'opération soit praticable à l'ouvrier, c'est que l'annuité ne dépasse pas, ou dépasse de peu, le chiffre normal qu'il avait coutume de payer, ou serait en mesure de payer, à titre de locataire.

Il faut aussi que la Société soit en état, si un chômage involontaire ou une maladie prolongée empêche l'acquittement exact d'un trimestre, de patienter un peu, garantie qu'elle est d'ailleurs par le privilège de venderesse, comme fait le Crédit Foncier avec ses emprunteurs. La moralité de l'acquéreur devient en pareille circonstance un élément d'appréciation essentiel, à quoi il s'assure que la moralité est d'accord dans la vie avec l'intérêt.

Tout ce rôle complexe, l'Etat ou le municipe peut-il l'assumer? Non, si l'on veut échapper aux conséquences mauvaises qui, directement ou indirectement, sortent de la notion des pouvoirs publics pourvoyeurs de tout. On conçoit seulement une aide donnée par l'Etat aux sociétés dont nous parlons. En principe, c'est au patronage privé que la tâche incombe, au capital soucieux de sa fonction sociale, ici par bienveillance chrétienne, là par préoccupation purement humaine de la destinée du plus grand nombre.

Et quels heureux effets sociaux au bout de la démocratisation de la propriété immobilière, si elle se généralisait, comme il en a été de la propriété mobilière par la diffusion de la Rente !

Mais pas d'illusions d'économistes. Ce progrès de bien—

être ne serait rien pour le bonheur des ouvriers, s'il ne s'accomplit dans le respect des lois morales et l'harmonie sociale. Sans cela, la petite maison enviera la grande, qui enviera l'hôtel, et rien n'est gagné, ni pour la paix sociale, ni pour le bonheur individuel.

L'accession à la propriété immobilière, tel est donc le premier moyen de prévenir les maux dont nous nous occupons. C'est la solution absolue. Elle s'adresse aux ouvriers en état de porter un loyer de fr. 300 en moyenne. Qu'on ne se récrie pas : avec les taux de paye actuels dans beaucoup d'industries, il n'y a rien là d'extraordinaire pour un ménage laborieux, gagnant de bonnes journées, et économe. Il s'agit en un mot, des travailleurs à qui leur salaire, leurs charges domestiques, les circonstances de leur vie permettent l'épargne, et qui d'ailleurs ne s'en laissent détourner ni par certains plaisirs onéreux ni par les utopies de la politique. Voyons maintenant ce qu'on peut appeler la solution relative, plus modeste, celle qui intéresse les ouvriers à ressources inférieures.

15 octobre 1881.

Il est clair que l'accession à la propriété immobilière n'est plus possible aux ouvriers à qui leur salaire, leurs charges familiales, ou leur faculté d'épargne ne permettent pas un loyer de fr. 300 en moyenne. Mais pour cette catégorie de travailleurs il y a manière encore de prévenir les maux matériels et moraux que la question des loyers traîne après elle.

Ici comme dans le premier ordre de cas, c'est par des associations fondées sur le sentiment des devoirs du patronage que la tâche sera le mieux remplie; et elle ne pourra l'être que si l'ouvrier y coopère par la moralité, les habitudes laborieuses, l'épargne.

Démontrons ces choses par un exemple pratique, celui de la *Société des loyers de Strasbourg*.

Les fondateurs, par l'organe de l'un d'entre eux, M. le docteur Eissen, ont ainsi défini leur but à la première assemblée générale : faciliter aux ouvriers honnêtes la location de logements agréables et sains, empêcher de la sorte ou atténuer un grand nombre de maladies, assurer le mieux-être des travailleurs, développer la vie de famille.

Comment est organisée la société ?

Elle se compose de membres *fondateurs, honoraires,* et *participants.* — Les *fondateurs* sont ceux qui ont pris l'initiative de l'entreprise : ils se complètent, au cas de décès ou de retraite de l'un d'entre eux, parmi les honoraires. Ils constituent l'assemblée générale. Ils inspectent les logements, et s'entendent avec les propriétaires. Ils versent une cotisation annuelle, dont le minimum à Strasbourg est fixé à la somme de fr. 5. — Les *honoraires* sont astreints à la même souscription, et peuvent assister aux assemblées, mais avec voix consultative seulement. — Les *participants* sont les travailleurs admis à profiter des avantages offerts par la société.

Un conseil de douze membres administre. Ils sont élus au scrutin secret, et à la majorité des suffrages, par les fondateurs. Leurs fonctions sont absolument gratuites.

Pour être admis à la qualité de *participant,* il faut réunir certaines conditions : être avant tout d'une moralité constatée ; produire, en se faisant inscrire chez le trésorier, son bail, ou un certificat du propriétaire attestant le chiffre trimestriel de la location.

Le *participant* a droit à des avantages de diverses sortes :

1º La facilité de mettre en réserve le loyer par petits acomptes dans la caisse de la société, qui joue ici le rôle d'agence d'épargne. Le participant dépose chaque semaine, d'avance, le treizième du trimestre de loyer ; il reçoit, en retour, un livret où sont portés ses versements, et les remboursements que lui fait le trésorier à l'époque du terme, sous obligation de justifier le premier dimanche après le terme, par la quittance du propriétaire, de l'emploi de la somme remboursée. Après une année de dépôts réguliers, le participant obtient un diplôme, qu'il doit exposer dans son logement, et il assiste comme auditeur aux assemblées générales ;

2° La possibilité d'obtenir une avance ou un secours sur le fonds alimenté par les souscriptions annuelles des membres fondateurs et honoraires, dans le cas où par suite d'un chômage non volontaire ou d'une maladie il n'aurait pas été en mesure d'effectuer le versement intégral du terme de loyer ;

3° Des primes d'honneur en argent, que la société attribue aux logements les mieux entretenus ;

4° L'assistance de la société dans les différends qui peuvent s'élever entre le participant et son propriétaire, dans les affaires litigieuses (successions ou autres) auxquelles il est mêlé, dans le cas où il a besoin pour lui-même ou pour un membre de sa famille d'une recommandation efficace ;

5° L'intervention de la société auprès des propriétaires (parmi lesquels elle est naturellement très en faveur), en vue d'obtenir les réparations commandées par l'humanité ou simplement par l'intérêt sérieux des occupants;

6° L'assurance contre l'incendie que la société fait collectivement du mobilier de tous les ménages participants, d'après une prime moyenne calculée sur la moyenne des risques. Ce système évite à l'ouvrier les inconvénients qu'il y a pour lui à traiter avec les compagnies, la prime exagérée sur des mobiliers qui sont trop chétifs pour rémunérer les agents, des preuves difficiles en cas de sinistre, de nouveaux frais dans les changements de domicile, la déchéance encourue par les déclarations tardives de déménagement.

En outre de tous ces avantages directs que l'affiliation à la société procure, il en est d'indirects. Ainsi il est notoire que les propriétaires, certains d'être payés régulièrement et d'avoir leurs maisons tenues par des locataires soigneux, font des conditions plus avantageuses aux participants diplômés de la société à la suite d'un an de dépôts.

Voilà certes un fonctionnement ingénieux. Il est évidemment susceptible de variantes, d'améliorations. Mais sous telle forme ou sous telle autre, on voit à quels excellents résultats pratiques il est permis d'arriver dans cet ordre d'idées.

Dira-t-on que tout cela est compliqué, difficile à réaliser ?... Il est incontestable que la parfaite indifférence est plus commode, et nul bien ne s'obtient sans qu'on y prenne peine ; mais nous avons fait d'avance la meilleure réponse aux railleries des sceptiques ou aux objections des indolents en exposant, au lieu de propositions théoriques, *ce qui existe* ailleurs. Il n'est pas si exceptionnel que l'imaginent certains réacteurs de trouver des ouvriers bien intentionnés, économes, comprenant les tentatives faites dans leur intérêt, et y contribuant. Pas plus qu'il n'est si extraordinaire de voir se réunir des hommes dévoués, désireux d'aider leurs semblables, et sentant que nul n'a plus le droit de dire des questions sociales : « cela ne me regarde pas. » Et parmi ces gens de bien, il en est beaucoup aujourd'hui, qui, tout en admirant l'effort dépensé dans les œuvres de charité pour remédier aux maux, tout en y coopérant pour leur part, croient nécessaire de mettre un effort égal dans les institutions de patronage destinées à prévenir ces maux.

Ainsi, sur cette question des loyers, devant laquelle les théoriciens du prétendu « parti ouvrier » proposent une violence doublée d'une chimère, notre conclusion est qu'elle peut se résoudre paisiblement, par l'épargne et le patronage. Pour les ouvriers capables de porter un loyer de fr. 300 en moyenne, la solution intégrale, l'accession à la propriété du foyer, facilitée par des sociétés immobilières spéciales. Dans la zone au-dessous, pour les ouvriers à ressources plus étroites ou plus précaires, l'aide sous les aspects les plus divers, prêtée par des sociétés de prévoyance et de crédit comme celle de Strasbourg.

Pourquoi ces deux sortes d'institutions ne naîtraient-elles pas dans notre grande Marseille industrielle, où ne manquent ni les capitaux, ni l'esprit d'initiative et la générosité des sentiments dans la bourgeoisie, ni la moralité, l'entrain au travail, et le goût de l'épargne dans le peuple?... Heureux serions-nous si ces études éteignaient dans un seul cœur d'ouvrier la crédulité aux revendications folles, éveillaient dans un seul groupe de bons citoyens la pensée d'une création de patronage comme celles dont nous avons parlé !

L'ABRI GRATUIT ET TEMPORAIRE

16 décembre 1881.

Ces questions sociales, dédaignées des politiciens jouisseurs et sceptiques, attachantes pour les esprits sincères, cent fois plus intéressantes que les logomachies parlementaires, tâchons de les examiner dans un esprit modeste et pratique. Car, sur ce terrain, il est aussi facile de s'égarer dans l'illusion que de se désintéresser dans l'indifférence.

C'est ainsi que sur la question des logements ouvriers, nous nous sommes tenus à deux solutions applicables à Marseille comme ailleurs. Pour les travailleurs à ressources suffisantes, l'accession à la propriété du foyer, facilitée par des sociétés foncières, comme celle des cités de Mulhouse, le groupe de

Passy-Auteuil, les nombreuses compagnies établies dans ce but à Londres. Pour les travailleurs à ressources étroites ou précaires, l'aide prêtée pour le paiement de la rente par des associations de prévoyance et de crédit, comme la *Société des loyers de Strasbourg*. Et nos calculs étaient si réservés, que dans la première zone, nous avons raisonné pour la vente à amortissement sur des maisons de fr. 6,000 : or, les récentes combinaisons de construction s'abaissent au-dessous de ce chiffre.

Mais encore étions-nous là dans la région de l'aisance relative. Au-dessous des ouvriers qui, ne pouvant arriver à la propriété du foyer, doivent être aidés pour le loyer d'un logement meublé de leur mobilier, se place la catégorie de ceux qui, soit sans meubles, soit leurs meubles peu à peu vendus ou saisis, errent de garni en garni. Pour ceux-ci, à quoi bon songer au patronage et au crédit appuyés sur l'épargne, comme à Strasbourg ? Nous n'apercevons plus ici que deux modes d'intervention : pour aider à acquitter au logeur le prix de l'infime chambre, la bienfaisance privée, — pour assainir autant que possible ces réduits, une réglementation de police déterminant pour chaque local un cubage d'air proportionnel au nombre des habitants, et certaines mesures d'hygiène. La profession du logeur, il est vrai, est libre, sous les conditions posées par les articles 475 et 478 du Code Pénal et par l'ordonnance du 10 juin 1820. Mais les mesures que l'excellente loi du 13 avril 1850 donne à la municipalité le droit de prendre, sur le rapport de la commission des logements insalubres, permettent, si on le veut bien, l'assainissement des garnis. La Chambre des Députés est actuellement saisie d'une proposition de loi tendant à améliorer et perfectionner le fonctionnement des commissions des logements insalubres.

Descendons d'un degré encore, jusqu'à ceux qui n'ont plus même de quoi payer le garni. La bienfaisance privée a ima-

giné à leur intention les *Asiles de Nuit*. A Paris, deux maisons, rue de Tocqueville et boulevard de Vaugirard, recueillent
les hommes ; deux refuges spéciaux les femmes et les
enfants, l'un rue Saint—Jacques, l'autre, ouvert il y a quatre
ou cinq jours, rue Labat. Mais l'hospitalité de nuit ne date
que de 1878 à Paris : c'est Marseille qui la première, en
France, l'a vue naître. L'intérêt réel de ces études est de
descendre des généralités d'observation à la vie populaire ou à
la misère locale. Après avoir indiqué les deux séries d'institutions que le patronage créerait utilement dans notre grande
ville industrielle pour le logement ouvrier, voyons pour ceux
qui n'ont pas de quoi se loger du tout ce qui a été fait : car
ici s'est manifestée l'initiative de nos concitoyens, plus portés,
semble-t-il, aux efforts d'assistance pour remédier aux maux,
qu'aux efforts de patronage pour les prévenir.

L'*Œuvre Hospitalière* de Marseille, dont l'établissement
est situé rue Marengo, fonctionne depuis le 25 décembre
1872. De cette date au 28 février 1881, elle a abrité 70,673
pensionnaires, dont 54,254 Français, 11,338 Italiens (on sait
quel contingent apportent les Italiens à notre classe ouvrière),
et 5,081 étrangers appartenant aux nationalités les plus
diverses. La moyenne des nuits est de 15 par homme sur
l'ensemble de la période. La grande majorité des *hospitalisés*
se rattache à la catégorie des travailleurs manuels.

Il est curieux de noter que l'institution marseillaise avait
reçu ainsi depuis huit années 8,800 vagabonds environ par
an sur 350,000 âmes, tandis que l'institution parisienne, en
possession de deux maisons, pourvue de ressources plus
larges, recevait du 2 juin 1878 au 1er janvier 1881, 48,141
vagabonds, soit de 19 à 20,000 par an, sur 2,000,000 d'âmes :
la population de Paris étant six ou sept fois plus nombreuse
que la nôtre, on voit dans quelle mesure la proportion des
deshérités recueillis par l'hospitalité de nuit est plus considérable à Marseille. Les efforts y ont été plus actifs, ou les

misères extrêmes plus fréquentes ; ou est-ce qu'à Paris le
rayon d'action est encore restreint ?

L'objet principal de l'Œuvre est d'offrir gratuitement un
lit à tout infortuné sans abri. Mais, en outre, elle procure,
dans la mesure de ses moyens, du travail à ses hôtes passagers. Elle assiste les plus nécessiteux en bons de pain, de
repas, de bouillons, en vêtements. Elle assure les premiers
soins aux malades, avant leur admission dans les hôpitaux.
Elle reçoit les convalescents trop débiles encore, qui ne peuvent trouver un gîte. Elle sert d'intermédiaire au repatriement
des étrangers, secondée par les demi-places qu'accordent les
compagnies de chemins de fer ou de navigation. En un mot,
elle donne à ces pauvres êtres l'aide physique et morale, sous
toutes les formes, jusqu'à cet affranchissement de lettres qui
figure dans ses comptes, chétive obole qui peut représenter
parfois le salut pour ces perdus de la vie.

Dans une tâche souvent ingrate, et qui n'est pas sans rencontrer de ces mécomptes dont le cœur des charitables
connaît la particulière amertume, les hommes dévoués qui
dirigent l'Œuvre sont soutenus, il faut le dire, par l'idée religieuse que de profonds politiques travaillent à ôter à l'enfance.
Le rapport du dernier exercice, présenté par M. E. Chaix-
Bryan, ne le dissimule point ; le programme parle très haut
de « moraliser les pauvres, en leur rappelant qu'au-dessus
« de nous, il y a un Dieu, qui est aussi le leur. » Bien des
gens jugeraient la chose superflue ; mais aussi ont-ils à songer,
ceux-là, à d'autres soins, à commencer par leurs affaires de
places ou d'argent, qu'à recueillir, baigner, faire dormir,
réconforter, consoler des détresses en guenilles.

On peut souhaiter à Marseille la création d'un asile spécial
pour les femmes et les enfants, sous un régime où la disci-
pline serait adoucie. Il ne semble pas que l'Œuvre doive être
étendue au delà de ces limites. Trop élargie, elle irait contre
le but, en facilitant le recrutement d'une clientèle flottante de

nomades, qui s'acoquinerait à ce domicile. Le nombre des vagabonds recueillis, croissant dans les dernières années de la période 1872-1881, et peut-être aussi la différence que nous avons notée entre la proportion marseillaise et la proportion parisienne (si elle provenait d'une admission trop facile ou d'un séjour trop prolongé), fournissent sur ce point des indications à peser.

Autrement humaine et sociale que celle de l'article 269 du Code Pénal est cette solution extrême de la question du logement, — l'abri transitoire et gratuit offert par la bienfaisance hospitalière à « ceux qui n'ont pas de toit où reposer leur « tête. »

18 décembre 1881.

Que fait la loi française, devant la détresse impuissante même à payer le garni ? Elle dit par l'article 269 du Code Pénal : « *le vagabondage est un délit.* » Assurément, la condition de l'homme sans feu ni lieu est pour la sécurité publique un péril, et naît souvent d'une faute. Et pourtant, que celui-là soit coupable qui n'a pas de domicile, n'ayant non plus ni moyens de subsistance, ni profession, c'est ce que le législateur s'est cru obligé d'affirmer : car, combien de fois le fait, résultat de malechances, de chômages, de maladies, n'implique aucune immoralité ! La magistrature le sait. Elargissant l'article 270, elle exigera l'habitude invétérée de l'infraction ; par les relaxes de la police, du petit parquet, du juge d'instruction, elle diminuera le nombre des poursuites ; au tribunal même, elle multipliera les acquittements, les renvois des mineurs de seize ans dans la famille ou en correction... Mais les mises en liberté ne donnent pas un abri, la maison de correction déprave, et les condamnations en bien des cas encore laissent dans l'âme un doute sur la cruauté ou la stérilité de la solution pénale.

L'humanité, au contraire, et l'ordre même, n'ont qu'à

gagner, il nous semble, à la solution de la bienfaisance
hospitalière, si elle est prudemment appliquée.

Pénétrez un soir, vers huit heures, comme nous l'avons
fait, dans l'*Asile de Nuit*, rue Petite-Marengo, 1. Dans le
vaste local, moitié salle, moitié dortoir, les postulants arrivent, plus ou moins pressés, suivant la rigueur de la saison
ou la stagnation du travail, excédant presque toujours, en
hiver, le total des places disponibles. On enregistre le nom,
la profession. L'Œuvre devrait joindre à ses comptes-rendus
annuels l'indication des professions : sans toucher à l'anonymat sacré de l'infortune, elle fournirait là un document
utile. La grande majorité, nous l'avons dit, se compose, bien
plus qu'à Paris, d'ouvriers manuels; mais on a reçu aussi des
bacheliers, des négociants, des employés, des fils de famille,
des notaires, des avocats, des médecins, d'anciens officiers.
Nous avons trouvé l'autre soir, un licencié ès-sciences et un
clerc d'huissier pourvu de bons certificats. Tous vont s'asseoir
sur les bancs. Quels haillons, quelles pâleurs terreuses,
quelles maigreurs exténuées!

L'administrateur de semaine a pris connaissance du rapport de l'agent principal. Il parcourt les rangs, monte sur
une petite estrade, et fait, pendant un délai qui ne peut
dépasser dix minutes, une lecture ou une allocution morale
familière. Le silence de ce brutal auditoire, l'attention sur
ces faces atones, surprennent. La voix, cordiale et sincère,
parle de patience, de courage, d'espérance. Puis, devant la
croix, elle dit le *Notre Père qui êtes aux cieux*. Nul n'est
obligé de participer à la prière autrement que par le respect
extérieur. Qui pourrait critiquer cette pratique? Le *Temps*,
peu clérical, publiait hier ces paroles prononcées par
M. Legouvé, qui ne l'est pas plus, à l'ouverture de l'asile de
la rue Labat pour les femmes :

« Le mot de Dieu! Il faut du courage aujourd'hui pour
« prononcer ce mot-là tout haut! Autrefois, il y avait le fana-

« tisme de la foi ; aujourd'hui, il y a le fanatisme de l'incré-
« dulité ! Il y a des croisades contre la croix !.. Il y a même
« des apôtres d'athéisme ! Un d'eux me disait un jour :
« Prouvez-moi Dieu ! A quoi je lui ai répondu : Prouvez-
« moi le hasard ! Je ne suis pas forcé de prouver Dieu, puisque
« je confesse que son existence et ses attributs dépassent ma
« raison. Mais vous, qui prétendez que rien n'existe que ce
« qui se démontre, il faut que vous me prouviez le hasard ;
« or, je vous en défie ! Car, s'il y a bien des choses inexpli-
« cables, même avec Dieu, il n'y en a pas une seule qui soit
« explicable avec le hasard. La meilleure preuve que Dieu
« existe, c'est que l'homme le croit. Comment comprendre
« qu'une pauvre créature comme nous, accablée de misères,
« de souillures, de faiblesses, de vices, qui voit autour d'elle
« tout périr, dépérir, défaillir, se salir, ait eu l'idée d'un
« être infiniment juste, infiniment bon, infiniment puissant, et
« éternel, si cette idée ne lui avait pas été gravée au cœur
« par la main même de celui qui l'a créée? Oh ! on a beau
« dire, on n'a encore rien trouvé que lui, pour soutenir et
« pour consoler. »

Neuf heures. On procède à l'appel. Pour limiter le séjour,
les lits sont donnés aux nouveaux, et ceux qui ont couché
plusieurs fois vont aux lits de camp : il n'y d'exception que
pour les malades et les vieux. Chaque appelé reçoit son
numéro, et gagne son lit dans les salles Sainte-Marie, Saint-
Vincent, Saint-Joseph, Saint-François. Les 250 lits sont
installés comme des lits de troupe : couchette en fer, matelas
de varech, des draps écrus, une couverture de laine, un
oreiller, tout ce matériel constamment assaini par le soufrage,
avant d'être lavé. Il y a moins d'odeur dans ces dortoirs que
dans certaines chambrées de casernes.

Le va et vient s'est accompli avec ordre; mais la charité
délicate n'est pas de la bureaucratie. Ce perclus, qui monterait
péniblement, est installé au rez-de-chaussée. Ce jeune ouvrier

qui grelotte la fièvre n'a pu manger un sou de pain qu'il s'est acheté à midi, on lui prépare sur le fourneau un bol de tisane. Ce blessé qui montre sa plaie, la petite pharmacie permet de le panser. Dix ou douze, tandis qu'on se déshabille, font, dans l'ombre, des confidences à l'administrateur. Ceux-ci demandent qu'on facilite leur départ pour l'Afrique, pour une ville de France où on réclame des travailleurs de leur métier : des demi-places de railways ou de paquebots seront sollicitées. Celui-là cherche un atelier ou un chantier : on verra, on en fit admettre 300 aux chantiers des Tramways, en 1875. Tel autre tend une lettre : elle sera affranchie. Tel autre veut un conseil : on le lui donne. Tel autre montre ses guenilles : demain il aura un vêtement. Tel autre murmure qu'il n'a point mangé depuis vingt-quatre heures ; hélas ! là aussi, il faut se méfier de l'abus, le bon pain pourrait être vendu ; voici un biscuit de marine sain, de bonne qualité, et il le dévore.

Sous l'œil de cinq surveillants on s'est couché. N'est-ce rien, dormir d'un profond sommeil, bien au chaud, au sortir de la faim et du froid, après les nuits passées sur les bancs des promenades publiques, dans un bateau du port, sous les prélarts du quai, au fond d'un bouge rue de l'Echelle ?... Demain matin, ranimé, lavé, son lit fait, sa place balayée, chacun s'en ira chercher du travail, ayant encore quelques nuits assurées sans craindre d'avoir à engager ses pauvres hardes au logeur.

Tout ce fonctionnement, on l'étudie à Bordeaux, à Lille, à Berlin ; on l'imite à Paris, à Lyon, à Clermont-Ferrand, à Genève ; Marseille l'a créé, répétons-le à l'honneur des hommes dont il faut louer autant que l'initiative la constance, MM. Massabo, Mercier, E. Martin, Guès, Ed. Fournier, bien d'autres. Leur tâche devrait être secondée par les pouvoirs publics de toute façon. A Paris, la police considère, croyons-nous, le refuge comme un domicile au sens du Code Pénal :

pourquoi ne pas imiter ici cette tolérance intelligente? L'œuvre
fait ce qu'elle peut avec une quinzaine de mille francs par an:
que ne ferait-elle pas avec le double, ne fût-ce que de la soupe ?
Nous ne croyons pas qu'il faille multiplier le nombre des
recueillis; mais nous croyons qu'il serait bon de les secourir
davantage; nous croyons aussi qu'un asile spécial recevrait
utilement les enfants et les femmes (1).

Pour ceux qui n'ont pas de quoi s'abriter, la société gagne-t-
elle plus à la répression, ou à l'hospitalité transitoire ? —
C'était notre question même. Si on parle sécurité publique,
aucun des 287 vagabonds qui ont couché là l'autre soir, pai-
sibles, n'a été lâché aux tentations du mal nocturne : à tout
le moins la rue en a été matériellement purgée, n'ât-on
contre les faits qu'aucun y revînt meilleur. Si on parle
de justice, oui, beaucoup de ces détresses sont des incon-
duites : mais il n'y manque pas de misères imméritées, des
paysans émigrés devant la dévastation du phylloxera, des
ouvriers mis à bas par le chômage, ou par une maladie, telle
victime d'un procès ou d'un hasard, tel adolescent jeté par
des parents indignes sur le pavé. Il y a des dégradés, mais
aussi des déclassés, des égarés, des innocents. Et qui dira
combien de fois la main tendue, la goutte d'eau offerte avec
tact, le mot tombé du cœur, peuvent relever un déchu,
réconforter un épuisé, ou refaire une vie ?

---

(1) Ce vœu a été entendu. Un *Asile de nuit pour les femmes* a été ouvert le 10 juin
1886 grâce au concours du même groupe, de la Ville et de M. Etienne Zafiropulo.

UNE ENQUÊTE

24 mars 1887.

Sous le patronage de la *Société d'Economie sociale,* un groupe de bons citoyens vient d'ouvrir une large enquête indépendante sur la question des logements ouvriers, qui aura aussi sa place avec d'autres du même genre à l'Exposition de 1889. Nous remarquons dans le comité qui mène cette enquête (pourquoi ne procède-t-on pas ainsi partout où il y a du bien public en jeu?) les noms d'hommes venus de camps très divers, tous compétents, et rapprochés par la sainte passion du dévouement, M. Georges Picot, M. Cheysson, M. Jannet, M. Alexis Delaire, M. Jules Michel, M. René Lavollée, le docteur Rochard. Ils tracent et précisent leur programme en des termes qui ne peuvent nous laisser indifférents à Marseille, car on dirait qu'ils visent notre grand centre industriel, cette énorme agglomération plébéienne, cette enfance populaire si vite corrompue.

L'accroissement des grandes villes, les industries qu'elles attirent et qui forment autour d'elles comme une ceinture d'usines, ont depuis plusieurs années modifié sensiblement l'état du logement dans les classes ouvrières; le taux du loyer s'est élevé en même temps que les lieux loués devenaient plus étroits. L'agglomération en un même point d'habitants peu aisés a amené des encombrements aussi funestes à l'hygiène qu'à la décence publique. Tels ont été les progrès du mal, que tous ceux qui s'occupent de la situation morale des ouvriers ont été forcés de reconnaître l'influence prépondérante exercée par les conditions du logement. On a dit avec raison : le logement insalubre est le pourvoyeur du cabaret. Nous pouvons ajouter qu'il détruit chez l'enfant comme chez le père tout sentiment.

de famille, qu'il supprime non seulement la réalité du foyer domestique, mais qu'il anéantit tout lien entre les parents et les enfants, qu'il prépare, en un mot, ces races de vagabonds qui sont pour la société une menace et qui deviendront avant peu un fléau.

En France, plusieurs villes ont compris la grandeur du péril. A l'étranger, il existe des exemples frappants d'efforts tentés. Ces essais demeurent peu connus; ils ne franchissent pas les limites d'une ville ou d'un petit groupe d'adeptes convaincus d'avance.

Les grandes enquêtes faites depuis quelques années en Angleterre, celle qui est commencée actuellement en Belgique, nous montraient une voie féconde en découvertes. Nous avons pensé que notre devoir était d'y entrer.

Il s'agit de savoir où en est le problème du *chez-soi* économique et salubre qui peut transformer physiquement et moralement les familles de travailleurs par ces deux moyens si puissants, la propriété, la vie domestique. Le *Questionnaire,* qui ne comprend pas moins de 80 articles, propose d'abord de décrire l'habitation actuelle de l'ouvrier, ses insuffisances, ses dangers pour les mœurs et l'hygiène, la cherté de son prix de loyer, en un mot l'état vrai des logements ouvriers en 1887. On étudiera ensuite les solutions déjà appliquées en France ou à l'étranger, qu'elles émanent des patrons ou des ouvriers eux-mêmes, de la spéculation ou de la philanthropie. Et le déposant consignera enfin ses vues personnelles sur les moyens à employer dans la localité où il réside. Ce qui nous plaît particulièrement dans l'entreprise, c'est que les promoteurs la différencient des similaires (excellents aussi) en ce qu'ils visent non seulement à mettre en lumière des résultats, mais à en provoquer, à stimuler les initiatives : « notre enquête n'est pas seulement une étude, « elle aspire aussi à être une action. » Dans cet ordre d'idées, le bien à faire, le progrès à hâter, c'est d'action surtout qu'il faut être épris.

On ne saurait se dissimuler que notre pays est bien en arrière dans le mouvement qui s'est opéré un peu partout

autour de cette réforme-là. A Londres, que d'associations et
que de particuliers ont établi des habitations ouvrières amé-
liorées ! La *Metropolitan association for improving dwellings of industrious classes*, la *Society for improving
condition of labouring classes*, la *Saint-George's paro-
chial association*, la *Marylebone association*, la corporation de la Cité, la baronne Burdett Coutts, M. Freake,
M. Gibbs, M. Russel Gurney, M. Newson, M. Allen, M. Har-
rison, Mlle Ogle, et surtout l'administration du legs de
M. Peabody... Et dans toute l'Angleterre, à Liverpool, à
Halifax, à Newcastle, à Sheffield, dans bien d'autres villes,
les *Building societies !* Amsterdam a la *Société au profit
de la classe ouvrière*, le *Salerno*, la *Concordia*, l'*Association générale de construction*. Copenhague compte huit
ou dix sociétés... Que nous avons peu fait en France ! A
Paris, les tentatives commencent de s'élargir. A Lyon, des
combinaisons ingénieuses se sont organisées. Lille donna la
première l'exemple en 1855 par la cité Saint-Maurice, en
1860 par la cité du bureau de bienfaisance, en 1865 surtout
par sa *Société Immobilière* qui a prospéré et qu'il faudra sur
beaucoup de points imiter, car une entreprise philanthropique
doit se soutenir par ses ressources propres si elle veut durer.

Que Marseille, avouons-le, est retardataire ! Elle ne manque cependant ni de capitaux, ni de générosité. Sa population
ouvrière est considérable. Les habitations insalubres n'y sont
pas inconnues. Chez les Anglais, lorsque dans un quartier
d'une ville la proportion des décès s'élève au-dessus de 23
pour 1000, un inspecteur est investi de pleins pouvoirs pour
assainir les logements insalubres. Tout est-il donc pour le
mieux, à ce point de vue, dans ce Marseille où le taux
de mortalité a varié de 30,1 pour 1000 en 1879, à 32,3
en 1880, à 33,9 en 1884, à 35,5 en 1886 ? L'hygiène
publique pose la question des logements ouvriers ici plus
qu'ailleurs; la moralisation populaire et la paix sociale

s'accordent pour la rendre urgente. Nous savons que de divers côtés on s'en préoccupe, et que des projets s'ébauchent. L'enquête que nous recommandons à nos amis nous fournit l'occasion d'appeler leur attention et leur sympathie sur ce sujet, cent fois plus intéressant que la sotte politique.

LOGEMENTS INSALUBRES

12 Janvier 1888.

Le complexe problème de l'assainissement de la cité a reparu devant notre conseil municipal, sous d'autres aspects que celui de la continuation du réseau d'égouts, qui n'en est qu'un chapitre. Une sorte de bilan de la santé urbaine en 1887 a été présenté par M. Mireur avant-hier : il en ressort que le total des décès, qui oscilla entre 11,000 et 13,000 de 1883 à 1886, s'est abaissé l'an dernier à 10,967, et que les naissances se sont légèrement élevées, à 11,074, ce qui laisse un faible excédent au profit de la natalité. Sans transformer en titre à l'actif de la municipalité nouvelle ces résulats, puisqu'on ne saurait dire que rien d'important ait été fait encore, il est juste de les noter avec satisfaction, peut-être d'en imputer une part à quelques mesures de détail ou à une certaine vigilance générale d'administration. Le taux de mortalité est tombé à 28,9 pour 1,000 habitants. Il reste pourtant supérieur à la moyenne des autres grandes villes françaises, y compris Paris.

Et la comparaison avec les agglomérations considérables de l'étranger ne nous est pas plus favorable. Citons par exemple Berlin (20), Pétersbourg (23), Vienne (19), Amsterdam (16), New-York (20), Bruxelles (15); la liste s'allongerait aisément. Pour Bruxelles, qui vient en tête de ces six cas, la diminution des maladies épidémiques y est attribuée à ce qu'il y a été créé depuis quelques années un service autonome d'hygiène. Une organisation analogue est demandée pour la France aux pouvoirs publics par le comité consultatif et les hommes compétents. On avait à Marseille annoncé en août 1887 que la ville allait fonder un *Bureau municipal d'hygiène,* comme il en existe au Havre (grâce sans doute à M. Siegfried), à Amiens, à Bordeaux, à Rouen, en Angleterre, en Belgique, en Italie. Espérons que ce louable projet sortira des cartons de l'Hôtel-de-Ville un de ces jours : il est plus opportun qu'ailleurs dans un énorme centre populaire, et dont la prospérité, comme le montra naguère fort justement M. J.-Ch. Roux, se lie aux conditions sanitaires. Que ce *Bureau d'hygiène* s'installe ; qu'il nous donne des rues propres, de l'eau claire ; si l'on entreprend des constructions d'égouts, qu'il veille à entourer de précautions les bouleversements de terres qui provoquent souvent les fièvres typhoïdes et le pourraient surtout dans un milieu propice.

L'association des idées, cette capricieuse maîtresse des ordres du jour, a amené le conseil municipal à toucher, dans la même séance, à un autre point grave de la matière, l'insalubrité des habitations. Un membre ayant demandé des nouvelles de la commission des logements insalubres, M. Mireur a répondu qu'elle ne fonctionne plus depuis trois ans, se juge trop mal armée, et attend le vote d'un projet de loi déposé. La pensée essentielle de ce projet de loi est de transporter aux conseils d'hygiène les pouvoirs dont les municipalités paraissent convaincues de n'avoir pas voulu suffisamment user. M. J.-Ch. Roux a proposé d'émettre en faveur de l'adoption de la loi nouvelle un vœu dont l'étude a été différée. Le fait est qu'elle dort dans les bureaux de la

Chambre des Députés depuis un an (13 janvier 1887); elle est là, au milieu de beaucoup d'affaires sérieuses dont nos politiciens ne daignent pas s'occuper, ayant d'autres soucis. Puisse l'approbation marseillaise contribuer à tirer la pauvre loi des limbes parlementaires! Elle constituerait un progrès réel, résumant l'état actuel de la science. Pour l'instant c'est mal raisonner que suspendre toute application des règles en vigueur, comme M. Mireur en a accusé la commission spéciale; la loi du 13 avril 1850, celle du 25 mai 1864, ont fourni à certaines communes le moyen de faire beaucoup : pourquoi, jusqu'à introduction d'une légalité nouvelle, ne pas user de ce qu'on a ?

La grande et belle question, dans cette ville de près de 400,000 âmes, et où la population ouvrière est si dense, que celle de l'amélioration des logements plébéiens! Que de maisons malsaines, bâties au mépris de toute hygiène, en matériaux perméables, sur des sols humides, sans écoulement des eaux ménagères, sans aération! Que de familles entassées dans des chambres communes aux deux sexes! Parallèlement aux réglementations plus efficaces que la législation promise nous donnera, se place l'œuvre de la création de logements économiques et salubres, avec les conséquences qu'elle comporte pour la mortalité, les épidémies, la moralité, l'épargne, avec l'accession du travailleur manuel à la propriété d'un foyer au moyen de la combinaison de l'achat par amortissement avec le loyer fractionné. Dans cette voie la France, qui se prétend la nation démocratique et avancée par excellence, demeure terriblement en arrière, et en France, surtout Marseille. Il serait l'heure que nous regagnions notre rang. Les solutions devant s'approprier aux données locales, nous étudierons ce grand sujet en tenant compte des mœurs, du climat, des salaires. Et peut-être un essai d'application pratique, ajouterons-nous, sera bientôt entrepris.

L'ÉTUDE DES DONNÉES LOCALES

17-19 janvier 1888.

I. — Budgets d'ouvriers marseillais; — Part disponible pour l'habitation.

A propos de cette vaste et attachante question, pour laquelle notre grande Marseille n'a rien fait, et que nous recommandons depuis plus de six ans à l'attention de nos concitoyens, nous avons dit que les solutions devant toujours s'approprier aux données locales, nous étudierions le sujet en tenant compte des *salaires,* du *climat,* des *habitudes.* Si un essai d'application pratique est entrepris (et nous avons l'espoir qu'il le sera), il faut qu'il soit adapté le moins imparfaitement possible à ces conditions particulières.

Les familles ouvrières, dans notre agglomération industrielle et commerçante, peuvent-elles concilier les rétributions du travail manuel et le coût de la vie matérielle avec une épargne suffisante soit au loyer d'une habitation salubre, soit (à un degré un peu plus haut) à l'acquisition d'un foyer? Tel est le premier point.

La réponse la moins incertaine, fournie par l'observation de la réalité, est le nombre de familles de cette catégorie qui à force d'énergie, de prudence, de sobriété, d'ingéniosité à régler leur existence, viennent à bout d'économiser, achètent par intervalle un fragment de Rente ou une obligation, surtout alimentent par de fréquents dépôts un livret de la Caisse d'épargne.

Serrons les choses de plus près. On nous pardonnera d'entrer dans le détail précis, qui est seul vraiment instructif : nous l'avons contrôlé à source sûre.

Au plus humble échelon, la faiblesse des ressources ne comporte que le loyer. L'ouvrier (un maçon par exemple) gagne 5 fr. par jour. Il est marié ; ne lui attribuons pas plus de deux enfants, trop jeunes pour contribuer par aucun apport. Admettons qu'il fasse 300 journées par an, dimanches et chômages déduits : cela donne fr. 1,500. La femme, outre le ménage, travaille elle-même pendant 280 journées à fr. 2, soit fr. 560. La recette sera de fr. 2,060.

Pour la dépense, on peut compter :

Nourriture des 4 personnes, vin, pain, huiles, épices, charbon, savon, éclairage, bois de chauffage pendant les froids rigoureux, à fr. 4 par jour.	1 460	»
Menues dépenses, tabac, etc., à 0,25 c..........	91	75
Cotisation à une société de secours mutuels......	24	»
École gratuite, mais fournitures scolaires........	6	»
Vêtements et chaussures.....................	200	»
	1.781	75

Restera pour l'habitation une disponibilité de fr. 278 25 ; si elle ne correspond qu'à un loyer, c'est à un loyer de logement convenable.

Mais un grand nombre de nos ouvriers, menuisiers, serruriers, peintres en bâtiment, tailleurs de pierres, plombiers, tailleurs, cordonniers, cartonniers, gantiers, bien d'autres encore, et dans la maçonnerie les contremaîtres, gagnent 6 fr. et 6 fr. 50. Prenons 6 fr., et supposons la femme comme les enfants dans les termes du cas qui précède : nous aurons aux recettes fr. 2,360, et aux dépenses, un peu moins étroites, fr. 1,850. Restera fr. 510 pour l'habitation.

Dans les mêmes conditions familiales, si le père gagne fr. 7, les chiffres suivants seront vraisemblables : en recettes fr. 2,660 ; en dépenses, élargies à mesure, surtout quant au vêtement et aux distractions, fr. 2,000. Le solde libre sera de fr. 660.

Voici enfin la couche, assez étendue encore, d'ouvriers de professions diverses, de contremaîtres, et autres, qui reçoivent de fr. 7 50 à fr. 9, ou qui ont obtenu un émolument fixe mensuel de fr. 200 à fr. 300. La femme, moins modeste, exerce pourtant un métier à domicile. Calculons pour elle sur fr. 450 seulement, pour le mari (à la moyenne de fr. 8 25) sur fr. 1,475; nous inscrirons en recettes fr. 2,925, en dépenses fr. 2,200, il restera fr. 725.

Il est vrai que toutes les femmes n'arrivent pas toutes à fr. 2 par jour. Mais par contre celles qui ne dépassent pas fr. 1 50, un *minimum*, diminuent le plus souvent les frais de leur intérieur en prenant le repas de midi dans la maison où elles sont engagées. Et aussi beaucoup gagnent fr. 2 50, même 3. — Nous avons en outre imaginé jusqu'ici, pour ne pas errer par optimisme, des ménages où les enfants coûtent et n'aident en rien. Il y a des ménages sans enfants, et dès lors bien allégés. Il y a aussi, très nombreux, ceux où les enfants ne vont plus à l'école, et dès l'âge de 13 ou 14 ans, commencent de gagner, soit comme apprentis d'un métier, soit comme grooms de banques, de comptoirs, de magasins, de modestes journées, qui accroissent d'autant les sommes admises plus haut.

Nous répéterons : le fait confirme ces démonstrations par le menu. Formé d'alluvions de toute sorte, et aussi de subventions fournies par le patronage intelligent, ou de ressources casuelles, le gain collectif du groupe domestique permet l'épargne. Elle se manifeste sous des aspects variés.

Et nous voilà en droit de conclure qu'à partir au moins du salaire de fr. 6 pour l'homme, il y a dans Marseille bon nombre de familles ouvrières capables, en vivant avec ordre, d'affecter chaque année à l'habitation une part de leur budget qui va de fr. 500 à fr. 700, soit fr. 300 au loyer, fr. 300 ou fr. 400 à l'épargne génératrice de la propriété d'un *chez-soi*.

II.— Le climat et les habitudes.

Avec la part disponible que leur budget permet aux familles ouvrières de consacrer à l'habitation d'après l'état des salaires et le coût de la vie, la nature du climat et les habitudes sont les données essentielles dont doit tenir compte un essai de solution locale. Car c'est d'ouvriers marseillais qu'il s'agit, on ne doit pas le perdre de vue, et non de Lyonnais, de Lillois, de Parisiens, ou d'autres. Nous ne pouvons ici, le lecteur le comprend, que donner quelques indications entre beaucoup.

Le climat commande que la maison soit facile à aérer et à éclairer, orientée nord et sud, susceptible d'être tenue l'été dans une demi-obscurité rafraîchissante. Elle sera bâtie en bonne maçonnerie simple et solide, permettant de lutter contre les intempéries d'un hiver que le mistral rend souvent âpre comme contre les chaleurs brûlantes de juillet et août.

Les planchers en bois, les papiers de tenture, les recoins et vides de toute sorte, seront soigneusement évités, comme pouvant servir de refuge aux insectes nuisibles, qui hantent les maisons pauvres du Midi.

Par le même motif on n'emploiera pas les constructions en charpentes dites pans de bois, avec remplissage en briques, béton de scories, ou autres, telles qu'on en use dans le Nord, qui résistent mal aux violentes alternances d'humidité par le vent d'est, de torridité pendant la saison chaude, de mistral desséchant les bois, et qui ne préservent pas suffisamment de la température extérieure.

Les cloisons divisoires et les faces intérieures des murs, au lieu d'être enduites au plâtre, recevront des enduits au mortier de chaux grasse, bien moins aptes à donner asile aux parasites, à absorber et retenir les émanations et l'humidité.

Des blanchiments remplaceront avec profit les papiers peints, trop vite salis. Il faudrait renouveler ces blanchiments . tous les deux ans dans les cuisines et lieux d'aisances, tous les quatre ou cinq ans dans les chambres à coucher, sans compter chaque fois qu'une chambre aura été le théâtre d'une maladie contagieuse ou d'un décès suspect.

Les habitudes, les exigences si l'on veut des travailleurs manuels à Marseille, ne semblent pas favorables aux grandes maisons collectives qui réussissent à Lyon, à Lille, à Rouen, à Londres. Nous ne méconnaissons aucun des côtés avantageux de ce type, adopté en Angleterre par les administrateurs de la fondation Peabody : trois étages divisés en appartements, les corridors proscrits, des escaliers spacieux, clairs, aérés, aboutissant à de larges paliers, chaque logement composé de deux ou trois pièces. Mais l'ouvrier marseillais est porté à considérer des habitations de ce genre comme des casernes. Il aura plus de goût pour la maison indépendante, à petit jardin, qui assure mieux le chez soi des habitants, qui représente la liberté individuelle et la vie de famille.

Ces petites maisons sont plus propres d'ailleurs à faciliter l'accession à la propriété. Or le contrat d'acquisition par annuités comprenant loyer et amortissement insensible a une portée plus haute que la simple location à bon marché.

Avec ces conditions locales de disponibilité de l'épargne, de climat, de mœurs, l'objectif général demeure à concilier, c'est-à-dire la salubrité, et la moralité par les trois chambres qu'exige la différence de sexe des enfants.

Touchante et admirable question, nous ne saurions trop le redire, que celle de l'amélioration du foyer du peuple ! Pour la résoudre il n'est pas de formule unique, pas de panacée : l'effort simultané de facteurs divers est indispensable, la philanthropie, l'intérêt de l'industrie privée, le *self-help* d'une sélection d'ouvriers honnêtes, courageux, prévoyants.

Le *Petit Marseillais* annonce ce matin que le Conseil

des directeurs de notre Caisse d'épargne a pris hier en considération une proposition dans cet ordre d'idées, qui sera soumise à l'assemblée générale prochaine des administrateurs, et ensuite à l'autorisation gouvernementale (1). Le *Petit Marseillais* dit vrai. L'intervention des caisses d'épargne par un placement partiel de leurs réserves est entrée dans la pratique dès 1882, grâce à une ville restée française par le sens ingénieux du progrès comme par le cœur. En 1882 et 1883 la Caisse d'épargne de Strasbourg a affecté fr. 392,500 de sa dotation à la construction d'immeubles ouvriers, et a pleinement réussi. Il en a été de même pour l'entreprise qu'a tentée dans une voie analogue la Caisse d'épargne de Lyon en 1886; le succès a provoqué un nouvel élan, et la Caisse de Lyon prend en ce moment une part plus directe, plus hardie, à l'œuvre élargie de la *Société des logements économiques*. Si le projet dont parle le *Petit Marseillais* aboutit, notre grande institution de prévoyance aura pris dans notre ville l'initiative et donné le signal d'un mouvement du plus haut intérêt, et qui peut devenir fécond.

VISITE A AUTEUIL

9 février 1888.

J'ai visité ce matin le groupe intéressant créé par la *Société anonyme des habitations ouvrières de Passy-Auteuil*. Le vice-président, M. Cheysson, ingénieur en chef des ponts et chaussées, ancien directeur des usines du Creuzot, MM. Georges Picot, de l'Institut, et Arthur Raffa-

(1) Voir page 42.

Jovich, membres du conseil d'administration, avaient bien voulu nous accompagner pour nous montrer eux-mêmes leur essai ; il n'est personne en France qui ait sur ce vaste et attachant sujet plus de compétence, et avec qui un entretien soit plus utile. Nous avons pu nous rendre un compte précis de l'entreprise, des résultats obtenus, de ce que l'expérience conseille d'en imiter, et peut-être aussi sur tel ou tel point, dirons-nous avec la franchise que ces hommes de dévouement social désintéressé, élevé, recherchent, d'en éviter.

Le groupe est situé entre les rues Boileau, Claude Lorrain, et l'impasse Boileau, auprès du confluent de la rue Boileau sur l'avenue de Versailles. La communication avec Paris industriel est facile par les modes de transport rapide et à bon marché, tramway de Paris à Sèvres et à Saint-Cloud, chemin de fer de ceinture (station du Point-du-Jour), bateaux-mouches, omnibus d'Auteuil à la Madeleine, à Saint-Sulpice et à Boulogne. On a construit, de préférence aux maisons collectives, des maisons indépendantes comme les comporte le projet de Marseille ; l'occupant peut devenir acquéreur en un délai déterminé, moyennant des annuités qui comprennent loyer et amortissement ; pour quelques-unes, on s'en tient à la location. 44 maisons ont été édifiées sur divers types ; le coût va de fr. 5,500 à fr. 10,000. Les plus anciennes, celles par lesquelles l'opération a commencé, et qui sont réellement appropriées à l'ouvrier, n'ont qu'un rez-de-chaussée ; elles sont uniformes. Les plus récentes offrent un aspect un peu plus varié, grâce à l'emploi de divers agglomérés poly-chromes. De petites rotondes faisant saillie, et appliquées contre le corps de logis, abritent l'entrée et le *water-closet* organisé ainsi hors des appartements. Des jardinets minus-cules devant la maison sont séparés de la rue par des grillages en bois ou fil de fer, quelquefois par de modestes grilles, le tout revêtu de plantes grimpantes.

. Les maisons du grand type paraissent plutôt destinées à la catégorie, si intéressante aussi, des employés. Les familles qui y sont installées les tiennent avec soin ; on sent qu'elles se plaisent dans leur *home*. Dans le petit type nous avons trouvé des ménages d'ouvriers proprement dits ; ils sont visiblement heureux du confort relatif, de la salubrité, de la liberté de leur *chez-soi*. « Nous pouvons avoir des enfants « sans que le propriétaire nous les reproche ou nous renvoie » : ce mot, qui a été prononcé, a de quoi faire réfléchir ; il est trop vrai à Paris, et dans toute grande ville. L'impression d'ensemble est excellente. L'étroitesse des rues et le peu de profondeur des jardins rapprochent peut-être un peu trop les vis-à-vis ; l'aspect général demeure gai et riant. La salubrité est absolue ; la Société a même fait, à ce point de vue, et pour appliquer le *tout à l'égout*, certains sacrifices assez onéreux ; elle a tenu au luxe de l'assainissement.

Des contrats sérieusement étudiés règlent les locations avec promesse de vente. On ne traite qu'avec des personnes de moralité notoire ; aucun embarras n'a surgi dans cet ordre d'idées ; la population fait elle-même sa police. Le loyer représente l'intérêt à 4 %, qui est porté à 5 % si le locataire renonce à se transformer comme les promoteurs le désirent en propriétaire. Les acomptes d'acquisition sont disposés de façon à constituer, en fin de bail, avec l'intérêt capitalisé à 4 %, la totalité du prix de vente. L'annuité se paie par trimestre, les 8 janvier, avril, juillet, octobre. Sur toute anticipation versée plus de quinze jours d'avance, il est bonifié 3 %. Les sous-locations ou cessions sont interdites. Aucun local ne peut être affecté à des cabarets ou débits quelconques. En cas de résiliation, ou d'abandon, la Société retient les loyers, une indemnité pour réparations, et un loyer supplémentaire égal au quart du montant cumulé des loyers échus pendant l'occupation. La Société s'est réservé un droit de préemption au prix qu'offrirait un tiers.

Au cœur du groupe, rue Boileau, 86, il s'est formé une

Coopérative de consommation, *l'Union Fraternelle d'Auteuil*, qui prospère. Nous avons vu dans ses magasins toutes les marchandises possibles, qui sont livrées aux sociétaires à peu près aux conditions des marchands; le gain leur revient en dividendes. L'assemblée générale de 1888 a eu lieu le 21 janvier. La coopérative a distribué en 1887 pour fr. 69,269 de marchandises, achetées fr. 59,894 ; les frais ont été de fr. 5,499. Elle a porté à un fonds de réserve 20 % du bénéfice, et réparti le solde, fr. 2,962, au prorata des achats, entre les sociétaires : cela correspond pour chacun à 4 fr. 276 par fr. 100 d'achats. Il y a 375 adhérents, 30 de plus que l'année précédente. — Ainsi un progrès naît d'un autre, réciproque et admirable enchaînement.

MM. Cheysson, Picot et Raffalovich suivent avec le plus vif intérêt le projet marseillais. Ils sont particulièrement frappés du rôle si naturel que peut jouer dans la matière une Caisse d'épargne, et de la justesse de sélection que lui facilite sa clientèle de travailleurs prévoyants. Si le projet aboutit, puisse-t-il, car il ne vise qu'à être un signal, susciter ici la formation d'une ou de plusieurs sociétés immobilières de l'espèce ! C'est dans ce but que nous avons cru utile de fournir quelques détails, et un témoignage personnel, sur celle de Passy-Auteuil. Elle date de 1882. Son capital est de fr. 200,000, en actions fixées au taux de fr. 100, aisément accessibles, et elle a en outre emprunté fr. 100,000. Les résultats déjà assurés la justifient ; elle se propose mieux encore, croyons-nous, du côté d'Ivry. Elle a écrit en tête de ses statuts qu'elle était étrangère à toute opinion politique ou religieuse ; en fait, la liste des actionnaires comprend des hommes de tous les cultes et de tous les partis. Sur ces terrains neutres du bien social les vrais démocrates se rencontrent et collaborent, venus des divers points de l'horizon.

VISITE A LILLE

10 février 1888.

En fait d'habitations telles que les comporte le projet marseillais, indépendantes, réservées à une famille, on peut considérer comme l'exemple le plus réussi de l'espèce, et qui donne le plus récent état du progrès, surtout dans la partie qui en a été construite depuis deux ans, un groupe important créé près de Lille, à Loos. C'est à ce titre que nous sommes venus nous en rendre compte par nous-mêmes. Il ne s'agit pas de moins de 175 maisons bâties par MM. J. Thiriez père et fils, filateurs, à côté de leurs vastes établissements ; de nouvelles s'élèvent, déjà demandées par de nombreux preneurs. L'ensemble comprend : 1° des maisons d'employés, très soignées ; les unes à 5 m. 50 de façade et 40 de profondeur, les autres à 5 et 25 ; 2° des maisons pour ménages ouvriers, celles qui nous intéressent surtout en ce moment. L'ouvrier paie un loyer mensuel qui descend de 16 fr. 25 jusqu'à 10 fr. 50 (ou 5 fr. 25 par quinzaine). Toutes ces maisons ont un jardin, une cave, un grenier. Les dernières bâties, même les plus modestes, ont au rez-de-chaussée un vestibule d'entrée, une salle à manger, une cuisine, une cour avec cabinet et pompe, à l'étage deux ou trois chambres.

Les maisons de Loos frappent vivement l'attention par leur heureux aménagement et leur aspect. MM. Thiriez ont concilié dans cette entreprise avec le sens le plus intelligent et le plus généreux du patronage une profonde expérience des données pratiques du problème. Ne logeant que leurs ouvriers (ces usines en comptent 1,500), ils ont été naturellement conduits à s'en tenir, au moins en général, à la loca-

tion, car un personnel de ce genre a des renouvellements
forcés. Peu importait à notre enquête : les maisons de Loos
sont un type accompli de la maison pour une famille, que
cette famille demeure locataire ou s'élève à la propriété.
D'autres institutions sont annexées, orphelinat d'ouvrières,
écoles, salle d'asile, caisse d'épargne; dans toutes le trait
remarquable est un rare caractère pratique. Les habitations
constituent un ensemble du premier ordre. Nous ne saurions
rendre l'impression que nous éprouvions en parcourant ces
rues, bien plus larges qu'à Auteuil, bordées de maisons en
briques rouges ou rouges et blanches de l'aspect le plus gai;
les intérieurs où nous pénétrions étaient tenus avec une propreté flamande; la ménagère, femme, sœur, fille d'ouvriers,
nous en faisait les honneurs avec une fierté et une joie visibles.

Quelle différence avec la maison collective ! La *Cité philanthropique* qu'on appelle encore dans le langage usuel
Cité Napoléon, et d'où l'on n'a pas ôté les chiffres impériaux,
fut à son heure, en 1860, un grand progrès. L'aspect des trois
bâtiments séparés par des squares est monumental, d'un
style à la fois sévère et plaisant. Au dedans, tout a été prévu
pour l'hygiène, l'entretien, l'aération. Des entonnoirs sont
disposés pour la chute des détritus; des *water closets*
communs sont abondants et pourvus d'eau. Cependant nous
ne souhaiterions pas à nos ouvriers marseillais de vivre dans
ces casernements. La moralité, surtout depuis que le Bureau
de bienfaisance propriétaire permet chaque soir la rentrée à
minuit, doit être fort exposée. On perçoit partout l'odeur *sui
generis* de la misère, malgré une certaine tendance générale
à la propreté. Ces ménages de six, sept, neuf enfants (j'en
ai vu plusieurs) installés porte à porte, occupant pour la plupart une pièce qui sert de cuisine et de dortoir, ces linges
qui sèchent autour du fourneau, ces amples galeries donnent
une impression de tristesse. Certes pourtant ce n'est pas là
pauvreté grelottante, et je ne crois pas qu'il soit facile de voir

une *Cité* mieux conçue quant à la distribution de l'air et de la lumière.

La Cité Saint-Maurice, fondée en 1854 par des particuliers, est dans le faubourg de Fives : 64 maisons, autour d'un préau, sont louées chacune à deux ménages. Le but philanthropique a été atteint, mais l'affaire manquée, surtout par les fautes d'administration initiales.

Avec la *Compagnie Immobilière* nous revenons aux maisons indépendantes, celles-ci acquises. Elles se rangent en plusieurs rues parallèles de 10 mètres de large. L'uniformité est un peu monotone; toutes les maisons sont à un étage, semblables, d'une couleur sombre due à l'emploi de briques foncées. L'opération, qui remonte à 1865, a régulièrement évolué. D'anciens locataires devenus propriétaires ont à leur tour des locataires. L'aspect est celui de l'aisance. Les habitations, très simples, sont commodes; derrière, une cour. Quelques fenêtres à rez-de-chaussée servent de devantures à de petits magasins, mercerie, lainage, épicerie. Tout débit de boissons étant interdit, les cafetiers et cabaretiers ont placé sur les terrains voisins, en face des naissances de rues, leurs établissements, dont les enseignes attirent; dans la cité, il n'y en a pas. Les maisons ont coûté fr. 2,700, sauf celles des coins dont le prix est de fr. 8,000. Un dernier groupe bâti, dont le coût est plus cher, reste vide, sans doute à cause de la crise, et on a sursis à toute construction nouvelle.

Nous avons voulu revoir, dans le vieux Lille, les *courettes* et les *caves* dénoncées par Villermé, Blanqui, Jules Simon. Vous rencontrez çà et là une porte étroite, humide. Le dédale d'habitations auquel elle donne accès est peuplé d'êtres laborieux, et, malgré la misère, propres. Les ménagères que nous avons entrevues savonnaient le linge ou débarbouillaient les petiots. Nous voilà dans une de ces ruelles; tenez-vous au milieu, étendez les bras, vous toucherez la maison de droite et celle de gauche; et sur la ruelle ouvrent d'autres portes, par où le regard pénètre dans de nouvelles cours sur lesquelles donnent des taudis, souvent sans aucune fenêtre. Combien plus malheureux encore ceux qui logeaient dans les *caves !* Sur le trottoir, un trou bas, béant, auquel descendent des marches raides et gluantes ; on n'y couche plus guère, dans ces sépulcres, mais on y travaille le jour... Le cœur se serre certes devant ces misères du vieux Lille. Il faut bien cependant reconnaître une tendance à la propreté, difficile à obtenir dans de telles conditions, et supérieure à celle des anciennes rues de Marseille qui dévalent sur notre vieux Port.

Au moins les Lillois ont-ils fait beaucoup. Dans ce grand effort, ce qui demeure le plus digne d'attention et d'imitation à nos yeux est d'une part l'ensemble de maisons aliénées peu à peu par la *Société Immobilière* d'autre part et surtout le groupe de Loos. La construction économique, cela est à noter, est plus facile à Lille qu'à Marseille. La brique épaisse, gros—sière, est d'un prix très bas; tout le terroir fournit l'argile ; le constructeur achète ou loue un terrain, en extrait l'argile, construit un four élémentaire, et sans manipulation coûteuse, s'installe une fabrication de briques à bon marché. Les menui-series sont d'une simplicité extrême; le bois, moins cher que dans le Midi, est employé très mince, et chez nous ne résisterait pas trois ans. Au lieu de sable dans les mortiers, on emploie de la cendre de scories, produite par les usines. On ne fait de contrevents ou de persiennes qu'au rez-de-chaussée. Tout cela constaté, il reste que des constructions plus coûteuses n'excè-dent toujours pas les ressources disponibles créées par la moyenne des salaires à l'ouvrier marseillais. Nous ne man-quons pas de manufacturiers riches, intelligents, bienfaisants : comment n'ont—ils rien fait? Ce qui est plus rare à Marseille que nous ne le croyons, c'est l'esprit de progrès. Puisque Marseille vise à devenir une grande ville industrielle, qu'elle comprenne les obligations qui incombent à ce beau rôle ; espérons qu'en fait d'habitations ouvrières, elle donnera des imitateurs aux industriels Lillois.

- - - - - - - -

PREMIER ESSAI A MARSEILLE

18 janvier 1888,

Messieurs [1],

Le Rapport à notre Assemblée Générale du 23 avril 1887, après avoir exposé nos réformes et nos améliorations. de 1886, puis celles que nous espérions réaliser en 1887 (et elles l'ont été), parlait des progrès prochains.

J'y disais notamment : « l'heureux emploi que la Caisse « d'épargne de Lyon vient de faire d'une somme prise sur « sa fortune pour une œuvre de bien populaire, les logements « ouvriers, marque un pas dans une voie intéressante, et « qui serait conforme au but philanthropique hautement « affirmé par nos fondateurs. » — J'ai consacré l'année qui vient de s'écouler à une étude patiente du projet auquel il était ainsi fait allusion. Je viens vous en apporter le résultat, en temps utile pour que le Conseil puisse, après examen, et s'il l'approuve, soumettre une proposition à l'Assemblée Générale d'avril 1888.

I.

Comme le constate le dernier Rapport au Président de la République sur les opérations des Caisses d'épargne, la for—

(1) Proposition présentée par M. Eug. Rostand au conseil des directeurs de la Caisse d'épargne des Bouches-du-Rhône.

tune propre de ces établissements, c'est-à-dire le capital de leurs fonds de dotation et de réserve, est placée principalement soit en rentes sur l'État, soit en compte-courant à la Caisse des dépôts et consignations. Quelques-uns possèdent des obligations du Crédit Foncier. Un grand nombre (127 en 1884) sont propriétaires d'immeubles. Plusieurs ont été exceptionnellement autorisés, à une époque où ce mode était admis par la jurisprudence du ministère du commerce, à consentir des prêts aux monts-de-piété, aux hospices, aux départements, aux villes.

Ainsi les Caisses d'épargne françaises, tenues par une législation que d'autres grands pays n'ont pas complètement imitée de confier à l'État l'intégralité des dépôts de leur clientèle, ont en outre placé sur l'État la part la plus considérable du patrimoine personnel construit par un demi-siècle de laborieuse administration.

Vous savez que des modifications plus ou moins profondes du régime des dépôts sont depuis quelque temps réclamées par nos économistes, et que la discussion commence d'en pénétrer dans le domaine législatif. La réforme demandée est sous la dépendance de trois vues principales :

péril auquel le développement ininterrompu et énorme des dépôts expose les finances de l'État;

progrès de contrôle et d'organisation à introduire dans des institutions qui ont merveilleusement prospéré comme collecteurs d'épargne, mais dont l'outillage peut être perfectionné, et dont on semble en France n'avoir pas vu jusqu'ici la puissance pour d'autres rôles;

possibilité de mieux utiliser 2 1/2 milliards d'épargne populaire qu'en les jetant dans les Dettes flottantes.

Une loi organique et diverses propositions sont pendantes devant une commission de la Chambre des Députés. Le rappel qu'en ont fait naguère le Message du nouveau Président de la République et la déclaration du nouveau cabinet attestent l'importance que ces problèmes ont prise.

Parmi les moyens qu'on a suggérés pour faire servir la richesse créée par le peuple à améliorer la condition du peuple même, se trouvent différents emplois des dépôts, ou d'une fraction des dépôts, et on a cité le placement en immeubles salubres. Pendant qu'à Londres un membre de la commission des logements ouvriers instituée en 1885 sous la présidence du prince de Galles proposait (sans l'obtenir) d'utiliser ainsi les dépôts des caisses postales anglaises, en France M. Paul Leroy-Beaulieu et M. Langlois demandaient des prêts de l'État à cet effet sur les fonds des Caisses d'épargne.

Ce sont là des questions délicates, que la controverse mûrira, et qui se rattachent à une réforme légale du régime des dépôts.

II

Mais parallèlement s'est produite, pour ce qui touche aux actifs propres des Caisses, une idée plus simple, puisqu'elle se meut dans le cadre de notre organisation légale actuelle. Au lieu de laisser presque tous les capitaux qui appartiennent à nos associations dormir en rentes ou en compte-courant au Trésor, le moment n'est-il pas venu de réfléchir à l'origine de ces capitaux comme au but désintéressé de nos institutions? N'y a-t-il pas une sorte de devoir de rechercher par quels emplois plus féconds ils pourraient être utilisés au profit des ouvriers honnêtes et économes, nos véritables clients?

Et entre ces emplois, dont la variété est extrême, ne convient-il pas de mettre au premier rang le placement en immeubles destinés à des logements populaires économiques, sains, décents, dont le loyer serait combiné avec un système abordable d'acquisition?

Un tel emploi d'une partie de notre avoir contribuerait
à un progrès social pour lequel la France s'est laissé
devancer. Il représenterait justement une des applications
les plus ingénieuses des principes d'épargne que notre mission spéciale est de vulgariser, puisqu'il aboutit à la constitution d'un foyer domestique par le jeu d'économies accumulées. Et ces avantages pourraient être obtenus sans
sacrifices, puisqu'il s'agit du genre de placement le plus sûr,
le placement en immeubles.

III

Il serait superflu, devant des hommes familiers comme
vous l'êtes avec ces sujets, de traiter dans ses aperçus généraux la question de l'amélioration des logements populaires.
Elle est à l'ordre du jour dans tous les pays civilisés, sous
trois faces : offrir aux familles ouvrières des habitations
suffisantes et hygiéniques à un taux de loyer proportionné à
leurs ressources, remédier à l'immoralité qui découle de
l'entassement, faciliter l'accession à la propriété. Elle a donné
lieu chez nous à des travaux du plus haut intérêt, entre
lesquels je me borne à rappeler ceux de MM. Jules Simon,
d'Haussonville, Du Mesnil, Cacheux, Muller, Cheysson,
l'éloquent appel adressé en 1885 par M. Georges Picot à un
Devoir social des classes aisées, l'excellente publication
faite l'an dernier sous ce titre *Le logement de l'ouvrier et
du pauvre* par M. Arthur Raffalovich.

Laissant de côté tout exposé de théorie, je résume seulement par quelques faits, que j'ai dégagés de documents
divers, où l'on en est actuellement comme résultats pratiques
acquis.

En Angleterre, il y a quarante ans que le Parlement, l'industrie, la philanthropie, la coopération ont agi dans cette voie.

La grande commission présidée par le prince de Galles il y a trois ans a encore activé l'œuvre. Les plus considérables entreprises à Londres sont la fondation Peabody, qui a dépensé 25 millions, celle de sir Sydney Waterloo, la *Victoria dwellings association,* l'*Artizans' labourers' and general dwellings company,* l'essai de miss Victoria Hill qui répare les maisons et en retire 5 %. Le capital des associations dépasse 100 millions, elles distribuent 3, 4 et 5 %.— A Edimbourg 7,000 personnes étaient logées en 1884 par une société, qui donnait 15 %. — A Dublin, une compagnie a 211 grandes maisons, 44 petites à 1 étage, 33 à 2 ; une autre, qui date de 1876, loge 6,000 personnes, et donne 4 %. — Dans toute la Grande-Bretagne fonctionnent en outre les *Building societies,* caisses d'épargne qui prêtent pour faciliter les constructions ; il y en avait le 1er janvier 1886 2243, leur actif est de 1 milliard 300 millions. Pour citer une ville industrielle se rapprochant de Marseille par le chiffre de population, Leeds, 18,000 maisons valant fr. 5.000 en moyenne y ont passé par les mains de ces sociétés, et 7,000 appartiennent à des ouvriers.

Le mouvement est beaucoup moins avancé en Allemagne. Berlin, Brême, Munich, Dresde ont des sociétés de prêts pour constructions. — Il existe aussi des caisses d'épargne pour le loyer, une spécialité bien utile dont nous essayerons peut-être un jour. — A Hambourg, une société due à l'initiative d'un armateur, M. Sloman, a bâti 194 maisons de fr. 3,750, dont elle retire 4 %.

En Hollande, Amsterdam a la *Société au profit de la classe ouvrière,* le *Salerno,* la *Concordia,* l'*Association de construction.*

En Danemark, il existait en 1877 des sociétés florissantes dans 9 villes. Celle de Copenhague comptait au 1er janvier 1886 plus de 15,000 membres et près de 600 maisons.

En Belgique, plusieurs villes ont vu naître des associations,

Bruxelles, Anvers, Liége, Verviers. — Celle de Verviers a
construit 16 grandes maisons, 12 à un étage qu'elle préfère,
et une cité ; elle donne 4 %. — Celle de Liége a construit
425 maisons, et en a vendu 237, dont 56 sont payées ; elle
donne 3 %. — Celle d'Anvers a bâti dans cinq quartiers ; elle
donne 4 %. — Les Bureaux de bienfaisance d'Anvers et de
Nivelles ont affecté à des habitations une quotité de leur dotation; celui d'Anvers a plus de 250 maisons, dont le produit
est 5 60 %/$; celui de Nivelles, très digne de sympathie
quoique sur une petite échelle, a construit 12 maisons, dont
les locataires étaient en 1884 devenus tous propriétaires. —
En 1886, la Commission royale du travail a voté des résolutions excellentes sur la matière; notre Parlement devrait
s'en inspirer.

Je complète ce sommaire de l'étranger par les Etats-Unis.
A New-York et à Brooklyn, l'*Improved Dwelling Company,* dont le promoteur fut un négociant, M. White, possède 218 locaux dans la première ville, 269 dans la seconde,
et distribue 6 %. Miss Collins répare et loue les logements.
Des *Building-associations,* surtout dans le Massachusetts
et la Pensylvanie, recueillent l'épargne comme en Angleterre, et font des avances à l'ouvrier pour construire : Philadelphie seule compte 600 de ces associations; aussi le plus
grand nombre des familles ouvrières y ont-elles un *home.*

Pour la France, une enquête, que préside M. Georges Picot,
de l'Institut, a été récemment ouverte. Le signal fut donné en
1852 par une allocation gouvernementale de 10 millions pour
l'amélioration des logements ouvriers. En 1853, M. Jean
Dollfus et 12 industriels fondèrent à Mulhouse, avec un capital
de fr. 300,000 et une subvention égale de l'Etat, une société, qui
a construit depuis lors 1,200 maisons, dont un millier est
dès maintenant payé : les actionnaires touchent 4 %. — A
Paris, outre les maisons élevées boulevard Diderot, rue
Boursault, boulevard Mazas, l'Empereur construisit à ses

frais 41 maisons avenue Daumesnil. Des groupes ont été construits par M. Jouffroy–Renault, M. Cacheux, M. de Madre. Le conseil municipal de Paris a mis la question à l'étude, mais jusqu'ici n'a abouti à rien. Une société anonyme, au capital de fr. 200,000, vient de bâtir à Passy–Auteuil 44 maisons de fr. 5,500 à fr. 10,000, qu'elle vend par an-nuités (1).

Quelques villes de province ont fait plus ou mieux que Paris. — Je ne parle pas des habitations que certaines grandes industries, le Creuzot par exemple, Anzin, Blanzy, bien d'autres, fournissent à leurs ouvriers. — A Lille, l'*Immobilière*, née en 1867, logeait au 1er janvier 1886 1,810 personnes dans 318 maisons dont 201 vendues, et donne 5 °/₀ depuis 19 ans ; le Bureau de Bienfaisance reçoit 1,000 personnes dans la *Cité philanthropique;* des manufacturiers ont bâti 64 maisons sous le nom de *Saint–Maurice;* MM. Thiriez, filateurs, en ont construit 175 petites, d'un type très heureux, dans le faubourg de Loos. — A Saint-Quentin, la *Société Saint-Quentinoise* a mis en vente 16 maisons.— A Amiens, la *Société des maisons ouvrières* a réussi, et bénéficié sur la revente des terrains. — A Reims, l'*Union foncière*, coopérative d'employés et d'ouvriers, qui a débuté en 1873, a 48 maisons de fr. 4,500 à fr. 6,000, et la *Société Rémoise* loue 80 logements. — A Nancy, une *Immobilière* a bâti 55 maisons de fr. 4,500 à fr. 7,000, et donne 5 °/₀.— Au Havre, la *Société Havraise,* fondée en 1871 au capital de fr. 200,000, avait au 1er janvier 1885 117 maisons, dont 56 vendues et 38 payées; elle retire 5 °/₀. — A Rouen, la *Société des petits logements* a construit en 1886 un immeu-ble de 100 logements, sur lesquels 60 étaient occupés dès avril 1887; elle paye 4.°/₀. — A Orléans, une *Immobilière,*

---

(1) Il faut ajouter une œuvre entreprise très peu après, les habitations économiques (fondation Armand et Michel Heine) de la *Société Philanthropique de Paris;* la première pierre a été posée le 18 juin 1888.

créée par deux ouvriers, avait au 1er janvier 1887 220 maisons, et distribuait 5 %.

J'ai réservé la dernière mention pour Lyon, notre similaire, parce qu'ici (et à Strasbourg dès 1882) apparaît l'intervention des caisses d'épargne. Après l'essai d'un particulier, M. Satre, qui a fait pour fr. 70,000 6 maisons et en retire 3 %, quatre hommes de cœur, M. Mangini, le constructeur du chemin de fer des Dombes et de celui de Lyon à Montbrison, son frère, M. Aynard, vice-président de la Chambre de commerce, M. Gillet, ont fondé en 1886 une société civile avec la participation de la Caisse d'épargne. J'y vais revenir.

Peut-être, Messieurs, éprouverez-vous la même impression que moi, quand cette esquisse des tentatives faites à l'étranger, à Paris, dans plusieurs villes françaises de province, s'achèvera ainsi : à Marseille, un mot résume l'état de la question, ce mot est *Rien*.

IV

Notre institution peut avoir le grand honneur de donner ici le signal, et Marseille, qui sur ce point comme sur bien d'autres s'est laissé arriérer, reprendra, espérons-le, sa place.

Dans cette voie nous n'avons même pas à innover ; nous n'avons qu'à suivre l'exemple donné par les Caisses de Strasbourg et de Lyon.

J'ai dit en commençant sous l'influence de quels faits s'est accusée l'idée d'une intervention des caisses d'épargne dans la question par un placement partiel de leurs bonis, et quels avantages elle cumule. Elle a été soutenue le 15 novembre 1885 avec distinction dans le *Journal des Caisses d'épargne*, dont vous connaissez la compétence, par M. R. Couprie. Mais elle était déjà entrée dans la pratique, grâce à une ville demeurée française par le sens ingénieux du progrès comme par le cœur.

En 1882, la Caisse d'épargne de Strasbourg, après 48 ans d'existence, décidait de convertir une partie de sa réserve, 300,000 marcs, fr. 375,000, en immeubles ouvriers. Un terrain de 3,186 mètres fut acheté, elle y éleva 8 maisons. — Le rapport du 24 octobre 1883 disait : « nos maisons sont « terminées; la construction de petits logements sains, bien « aérés, loués à des prix modérés, est un vrai bienfait. Tous « nos locataires sont des clients plus ou moins anciens, et au « cas de vacance, la préférence sera donnée aux personnes « possédant depuis longtemps un livret. » — Le rapport du 23 octobre 1884 était plus formel : « nos locataires apprécient « hautement l'avantage de loger chez nous ; nous n'avons pas « à craindre que l'un ou l'autre des logements reste vide, « car nous refusons journellement d'inscrire de nouvelles « demandes, plus de 60 familles attendent déjà avec impa- « tience... Notre cité, de la surveillance de laquelle je suis « chargé, ne nous cause aucun ennui... » — Le rapport du 21 décembre 1886 constatait « la faveur » de plus en plus sensible dont jouissaient ces logements « auprès de la clien- « tèle de la Caisse. » — Le rapport du 21 septembre 1887 ajoute : « les changements de locataires sont si peu fréquents, « que nous pouvons rarement donner satisfaction à l'une ou à « l'autre des personnes qui sont inscrites depuis longtemps « déjà pour obtenir un logement. » — Les immeubles ouvriers de la Caisse de Strasbourg lui ont coûté 314,000 marcs, fr. 392,500; ils rendent 12,185 marcs de loyers, soit un intérêt de 2m 77 %, ou 3 fr. 46 %. — Il n'est pas de trop d'ajouter que la Caisse de Strasbourg n'avait, au 31 mars 1887, que 37,713 déposants, 10,413,020 marcs de dépôts, 6 succursales, une fortune de 622,096 marcs, fr. 777,620.

La Caisse d'épargne de Lyon s'est engagée en 1886 dans une entreprise du même genre. Je tiens d'elle-même (lettre de l'Agent général du 2 mars 1887), de M. Picot, de M. Mangini les renseignements qui suivent. Une *Société civile des logeménts économiques* fut constituée comme je l'ai dit par quatre bons citoyens, à l'effet de construire et louer des immeubles sains à des ouvriers laborieux. Le prix devait être accessible aux plus modestes, fr. 150 à fr. 200 pour des appartements de 2 ou 3 pièces. Les fondateurs s'obligeaient à ne pas percevoir plus de 4 % de leurs fonds. La Caisse d'épargne de Lyon leur prêtait hypothécairement fr. 150,000 à 4 %, en remploi d'une partie de sa réserve affectée à sa caisse de retraites. — On a bâti rue de la Lône 5 maisons de 4 étages, sur le type anglais, comprenant chacune 12 appartements, avec gaz, eau, cabinets à tous les étages, chaque étage ne comportant que 2 locataires et loué par mois. — L'entreprise a réussi ; les maisons sont occupées depuis plus de six mois ; malgré le bas prix des loyers, le rendement net est de 4 %. Ce succès a provoqué un élan nouveau. La société civile se transforme en société anonyme, au capital de un million ; la Caisse d'épargne, y prenant une part plus directe et plus hardie, est remboursée du prêt garanti de 1886, et souscrit fr. 500,000 d'actions.

J'aurai l'honneur de vous lire la remarquable lettre adressée le 14 courant à ce sujet par M. Mangini, devenu président de la Caisse d'épargne de Lyon, à M. Picot, qui a bien voulu me la communiquer hier.

D'autre part M. Picot m'informe que le président de la Caisse de Paris, M. Denormandie, étudie une combinaison dans le même but, et se montre fort épris de l'idée.

Je n'ose pas, Messieurs, vous demander d'aussi larges initiatives que celles de Lyon et de Strasbourg. Et pourtant, surtout quand je songe que nous arriverons après d'autres, je dirais volontiers avec M. Picot : « Marseille, dans le mou-« vement qui se dessine, doit se montrer à son rang. »

Rien ne nous est plus facile. Nous possédons en rentes fr. 481,000, qui en représentent fr. 513,000 au cours d'aujour-d'hui, et en compte-courant, en espèces, à la Caisse des dépôts et consignations, au 31 décembre 1887, plus de fr. 400,000. C'est plus de fr. 900,000 placés sur l'État : y a-t-il nécessité de continuer d'y ajouter des bénéfices, au lieu d'en faire un emploi susceptible de profiter à de nouveaux développements de l'épargne ?

V

Convaincu que ce dernier parti est le meilleur, et voulant néanmoins procéder avec plus de circonspection que nos modèles, je propose qu'une somme de fr. 160,000 environ soit employée en construction d'immeubles destinés à l'habitation de familles ouvrières et susceptibles d'acquisition par annuités.

Marseille ne nous offre pas comme Lyon de groupe privé qui se charge de l'entreprise. C'est l'initiative que nous prenons, c'est l'action directe que nous adoptons, comme à Strasbourg, et quant à moi, je les crois préférables.

Le but spécial de cet essai sur une échelle restreinte serait de provoquer dans notre ville un mouvement de l'initiative publique ou privée, en faisant la preuve que donner des logements sains au peuple et lui faciliter l'accès de la propriété d'un foyer est possible.

Puisque nous nous bornerions à un exemple, il convient de le concevoir dans les conditions les plus intéressantes et les plus favorables au bien social. A ce titre,

1° les petites maisons indépendantes, à jardinet, qui représentent la liberté individuelle et la vie de famille, doivent être préférées ici aux grandes maisons collectives, que l'ouvrier marseillais considère comme des casernes ;

2° le contrat d'acquisition par annuités comprenant loyer et amortissement insensible a plus de portée, vise un but plus noble, que la simple location à bon marché.

À Lyon même, quelque regret s'est fait jour dans la presse que l'œuvre excellente, admirable, qui a été entreprise, n'ait pas été conçue dans ces deux sens.

Les solutions devant toujours être appropriées aux circonstances locales, j'ai tenu compte du climat, des salaires, des habitudes, des exigences même ou des préjugés, car c'est d'ouvriers marseillais, et non d'autres, qu'il s'agit. L'objectif général demeure l'hygiène et la moralité.

C'est en m'inspirant de ces vues, que j'ai procédé à l'étude d'un projet, avec le concours zélé et intelligent de notre architecte, M. Ch. d'Albert.

VI

Nous nous établirions dans un quartier ouvrier; car le voisinage des zones de travail est recherché par les ouvriers, supprime les dépenses de transport, facilite les gains accessoires de la femme.

La difficulté est de trouver là des terrains au bas prix que nécessite l'opération. Ceux dont m'avait entretenu l'an dernier notre collègue M. Versé, directeur de l'*Immobilière Marseillaise,* aux Catalans ou au Lazaret, paraissent d'un coût assez élevé. Après de longues recherches, nous avons jeté les yeux sur deux terrains dans un faubourg industriel. — Le premier reviendrait à 2 fr. 50 le mètre superficiel : on pourrait en acquérir telle parcelle qui conviendrait. Il est en rase campagne, entre des propriétés plantées de beaux arbres. La situation et le niveau de l'égout voisin permettraient d'écouler les eaux avec une pente suffisante. — Le second, un peu plus rapproché de la ville, domine la route, et présente par lui-même une pente de 1 c. 1/2 par mètre, aboutissant à un point de niveau relativement auquel l'égout passe plus bas que pour le premier; le sable et le gravier que donneraient les fouilles permettraient une économie pour la construction. Mais mesurant 58,000 mètres, qui, compris les frais d'achat, ressortiraient à fr. 1.90, il semble comporter une acquisition en bloc, qui est moins facile. Dans le cas d'acquisition partielle, il reviendrait un peu plus cher.

Sur l'un ou l'autre, ou sur tout autre que vous choisiriez, mais dans des données égales, nous créerions deux rues parallèles de maisons orientées nord et midi, de deux types différents.

Le *petit type* se compose d'un rez-de-chaussée avec cuisine, chambre des parents, deux chambres d'enfants, le tout de 3 mètres de hauteur; la maison, de 6m50 de large sur 8 de profondeur, aurait façade sur la rue et façade sur un jardin de 6m50 de large sur 17 m. de profondeur. Dans le jardin, sous un hangar couvert, les lieux d'aisance, un lavoir en ciment, un petit espace pour poulailler ou lapinière. Les jardins séparés par une claire-voie de chemin de fer, de façon que l'air et le soleil y circulent librement. Un égout recevrait les eaux, après décantation dans des fosses hermétiques.

Le *grand type* comprend un étage sur rez-de-chaussée. Au rez-de-chaussée, vestibule, cage d'escalier, lieux, cuisine, chambre de famille. Au premier étage, trois chambres. Le même jardin que ci-dessus.

Les deux types s'établissent en bonne maçonnerie simple et solide, le couvert en tuiles plates.

Ils sont conçus selon les règles d'hygiène si rarement observées dans les maisons que le langage expressif du peuple appelle des *fabriques de maladies*. Ils ont été étudiés, après examen des modèles de l'espèce, en eux-mêmes, de façon à ne point imposer des habitudes sortant de celles de la localité. Ils parent à cet inconvénient, dénoncé à Marseille comme partout par ceux qui se mêlent à la vie plébéienne, patrons, contremaîtres, visiteurs des conférences de Saint-Vincent-de-Paul, le nombre insuffisant des chambres. « J'ai fait tout ce

que j'ai pu », disait un pasteur protestant, « pour la moralité
« de la classe ouvrière ; la chambre à coucher commune m'a
« battu. » Les trois pièces que la différence des sexes nécessite
sont assurées. En un mot on s'est appliqué à concilier
l'objectif général de la salubrité et de la moralité avec la
nature du climat et les mœurs locales.

Nous construirions 12 maisons du *petit type,* 10 du *grand.*

VII

Faisons le décompte de l'opération, tant pour nous que
pour l'ouvrier appelé à en bénéficier.

DÉCOMPTE DE L'OPÉRATION POUR LA CAISSE D'ÉPARGNE

Le terrain nécessaire (si on écarte toute idée d'achat plus
étendu en vue de plus-value et de revente comme cela a
réussi à Amiens) comporte une surface de 8,000 mètres
environ en maisons, jardins, parties à sacrifier pour les voies.

A 2 fr. 50, cela donnerait un prix global de fr. 20,000,
auquel il faut ajouter pour frais fr. 2,000.

22 maisons sur les deux types décrits représentent une
dépense de construction, y compris la mise en état de voirie
et la construction d'égout, de fr. 133,558 50.

La somme à employer est donc de fr. 155,558 50. Nous la
prendrions sur les fonds en compte-courant à la Caisse des
dépôts et consignations.

En supposant que nous voulions retirer de l'entreprise un
intérêt de 3 1/2 % comme Strasbourg (nous recevons 4 sur
les fonds qui seraient déplacés), quel revenu locatif devons-
nous obtenir ?

Pour le *petit type,* dont le coût total ressort à fr. 5,740 43,
fr. 200 91 ;

Pour le *grand type*, dont le coût total ressort à fr. 8,311 98, fr. 290 91.

Afin de déterminer le loyer, ajoutons à ces chiffres l'impôt foncier, la prime d'assurance contre l'incendie, la redevance du Canal et les droits d'égout dont on peut espérer que la Ville consentirait à nous affranchir, un prorata d'une indemnité de fr. 600 pour la gérance par un de nos bons employés.

Le loyer se dégage comme suit :

Petit type

Revenu à 3 1/2 du prix de revient	200	91
Contribution foncière	12	80
Prime d'assurance	1	97
Redevance du Canal	30	»
Droits d'égout	5	»
Entretien	15	»
Prorata des frais de gérance	30	»
	295	**68**

Grand type

Revenu à 3 1/2 du prix de revient	290	91
Contribution foncière	16	20
Prime d'assurance	3	06
Redevance du Canal	30	»
Droits d'égout	6	»
Entretien	20	»
Prorata des frais de gérance	30	»
	396	**17**

Calculés sur ces bases, les loyers assurent à notre placement un revenu de 3 1/2 0/0.

Quant au second élément du contrat, la vente par voie d'amortissement, elle reconstituerait pour nous le capital engagé dans un délai de 28 ou 30 ans selon le type.

DÉCOMPTE DE L'OPÉRATION POUR L'OUVRIER PRENEUR

Il acquitte d'abord le loyer qui vient d'être fixé. Ce loyer est normal; il n'a pas le tort de procurer un logement au-dessous du cours naturel, ce qui porte l'ouvrier à compter moins sur lui-même. Au contraire, étant un peu élevé, il se réservera aux prévoyants, et nous permettra une sélection parmi les demandes.

Le deuxième élément est l'accession à la propriété par emploi d'une part de l'épargne annuelle.

La maison *petit type* revient à fr. 5,740 43, la maison *grand type* à fr. 8,311 98. Tels sont les prix d'achat.

Le paiement de ces prix, réparti sur 29 ans pour le *petit type,* s'opérerait par acomptes annuels de fr. 120, et réparti sur 31 ans pour le *grand type,* s'opérerait par acomptes annuels de fr. 150.

Si on ajoute à cet amortisssement le loyer déterminé plus haut, le preneur doit une annuité de fr. 415 68 pour le *petit type,* de fr. 546 17 pour le *grand.*

Ces annuités excèdent-elles les ressources des familles ouvrières à Marseille?

Vous êtes mieux placés que personne pour toucher du doigt la réponse. Elle est péremptoire : c'est la quantité de familles ouvrières qui alimentent des livrets chez nous par des dépôts assidus.

Qu'on additionne leur épargne annuelle au loyer qu'elles supportent, on se convaincra qu'à Marseille une proportion assez large de familles ouvrières, même composées du mari et de la femme avec enfants trop jeunes pour contribuer, *a fortiori* sans enfants ou avec enfants rétribués, sont en état de consacrer chaque année à l'habitation une part du budget allant de fr. 500 à fr. 700, loyer compris.

Oui, bien des gens se demandent comment la chose est possible. Elle l'est; les travailleurs prévoyants en viennent à bout, et cela est admirable. A ceux qui ont l'énergie de mettre sans cesse deux sous de côté, selon le conseil de Franklin, et qui d'ailleurs (ils sont nombreux ici) augmentent le profit quotidien par des alluvions diverses, nos maisons sont réservées. Aucun but d'épargne ne les intéressera plus vivement que le désir d'un *chez soi,* le goût d'un jardin à entretenir, l'amour universel de la propriété.

Pour aider leur courageux bon vouloir, nous recevrons le versement des annuités par petites fractions périodiques, chaque mois par exemple, plus fréquemment au besoin. Le versement mensuel serait de fr. 34 64 pour le *petit type*, de fr. 45 52 pour le *grand*.

Si au cours de l'opération, par suite d'un décès entraînant partage ou d'un cas de force majeure, la famille était impuissante à continuer, il lui serait remboursé (sous déduction d'une légère indemnité pour usure) les acomptes versés sur le prix et les intérêts, ce qui représenterait pour elle une épargne amassée pendant les dernières années. L'expérience des entreprises de l'espèce démontre que dans ces cas—là un nouvel acquéreur se charge des remboursements, pourvu qu'on le subroge aux droits de son prédécesseur.

VIII

Tel est, dans ses lignes essentielles, le projet issu d'une année de réflexions, d'observations et de recherches.

J'ai annexé à mon rapport et je dépose sur le bureau l'étude, dont je ne saurais assez louer la conscience et la justesse, par laquelle M. d'Albert répondit à mon programme. Elle comprend :

1° Des observations sur les budgets de familles d'ouvriers marseillais de diverses catégories ;

2° Des considérations sur les exigences de l'habitation ouvrière à Marseille, pour que, ne sortant pas des habitudes locales, elle soit agréée par la classe de la population à laquelle elle est destinée ;

3° L'examen de terrains proposés, coût, situation, salubrité ;

4° Les plans, façades et devis des deux types de maisons proposés ;

5° Le calcul du loyer, comportant intérêt à 3 1/2 du capital employé, et celui de l'amortissement affecté à l'acquisition.

Les conclusions que je défère au Conseil se formulent ainsi :

1° Décider, en principe, qu'il sera proposé à l'Assemblée générale prochaine de faire emploi d'une somme s'élevant au moins à fr. 160,000 environ sur la Fortune de la Caisse, et à prélever sur le compte-courant avec la Caisse des dépôts et consignations, en construction d'habitations ouvrières salubres, économiques, et dont les locataires deviendraient acquéreurs en un délai déterminé ;

2° Renvoyer le dossier à une commission spéciale, avec mandat d'arrêter le terrain, les types de construction, les devis de dépense, le taux des loyers, le chiffre d'amortissement, et d'en faire rapport au Conseil dans la séance de février prochain, de façon que l'affaire soit en état pour l'Assemblée générale ;

3° Voter l'impression des documents, qui seraient distribués aux Directeurs, et après la seconde délibération du Conseil, avec cette délibération, aux cent Administrateurs ;

4° Autoriser le Président à se rendre à Paris avant le 15 février, à l'effet de soumettre la délibération du Conseil des

Directeurs en date de ce jour à M. le Ministre du Commerce, et de s'assurer si l'autorisation, dont notre Caisse s'est toujours munie pour les placements en immeubles des capitaux de la dotation, sera donnée pour l'emploi dont il s'agit.

Si vous adoptez ces conclusions, tout en faisant un emploi sûr et suffisamment rémunérateur d'une minime quotité de votre avoir, vous aurez apporté une contribution à un progrès véritable en ouvrant un chemin nouveau ici à l'esprit d'épargne, en élevant le niveau moral de la famille ouvrière, en créant des ouvriers propriétaires intéressés à l'ordre et à la sage gestion des deniers communaux. Vous aurez secoué la torpeur et la routine, donné à nos concitoyens un exemple qui sera suivi, il faut l'espérer. Je pourrais citer telle importante société industrielle de notre place qui forme depuis plusieurs années des projets de ce genre, dans l'intérêt de son personnel, et dont les chefs m'affirmaient un jour que notre signal donnerait l'élan. A une époque où la question sociale est agitée partout, vous aurez montré de quelle façon elle peut être utilement traitée. Tandis que l'insalubrité des logements est remise à l'ordre du jour par le dépôt d'un projet de loi et pour Marseille par les plans d'assainissement, vous aurez créé des types de logements plébéiens salubres. Une association qui a devant elle comme la nôtre la force du temps, une durée sans terme fixe, a la perspective soit de pouvoir élargir son entreprise comme le fait en ce moment la Caisse de Lyon, soit de réemployer à des efforts nouveaux dans d'autres quartiers le capital de la première expérience reconstitué par l'amortissement.

Je ne crains pas de dire qu'en agissant ainsi vous resterez fidèles, sous les formes changées qu'amène l'évolution du temps, à la pensée de nos fondateurs. Comme le rappelait le rapport de l'un de mes devanciers à l'assemblée générale du 28 mai 1867, l'exposé qui précède l'acte constitutif de 1820 est explicite à ce sujet : l'institution naissante y est constamment appelée œuvre de bienfaisance et de philanthropie. Ces dénominations se retrouvent dans tous les comptes-rendus. Elles n'ont cessé d'inspirer les actes de générations successives dans cet établissement. Les 54 souscripteurs généreux du premier fonds de dotation de fr. 11,422, continué par les dons des élus ultérieurs, ont bien marqué leurs intentions, quand ils stipulèrent qu'au cas de dissolution, la dotation restée libre serait attribuée à des œuvres de bienfaisance. Il y a une chose plus haute peut-être encore que la bienfaisance, c'est la prévoyance, la bienfaisance préventive. Certes vous pourrez vous rendre le témoignage d'en avoir servi la cause et appliqué les principes, le jour où vous remettrez leurs *titres de propriété* aux acquéreurs de vos habitations ouvrières.

18 février 1888.

I

Messieurs (1), vous savez qu'un mouvement d'opinion très caractérisé a accueilli la délibération prise par le Conseil le 18 janvier.

Tandis qu'elle était sympathiquement annoncée dès le 23 à la *Société d'Economie Sociale de Paris* par M. Georges Picot, de l'Institut, au cours d'une séance consacrée à la question des logements ouvriers et à l'intervention des caisses d'épargne, la presse locale en accompagnait la nouvelle de commentaires approbateurs et d'études intéressantes.

En même temps se produisaient deux manifestations officielles du sentiment public.

Le 27 janvier, sur la proposition de son vice-président, M. Augustin Féraud, la Chambre de Commerce émettait le vœu que le projet pût être réalisé le plus promptement pos-

(1) Compte-rendu présenté comme le précédent document.

sible. Voici la lettre que M. Cyprien Fabre, président, m'adressa le 30 à ce sujet :

MONSIEUR LE PRÉSIDENT,

La Chambre de Commerce a porté son attention, dans sa dernière séance, sur le projet formé par le Conseil des Administrateurs de la Caisse d'épargne du département d'employer une partie du fonds de dotation de cette Caisse à la construction, dans les quartiers industriels de notre ville, de maisons destinées aux logements d'ouvriers, qui seraient ou louées ou vendues par annuités.

Un tel projet ne pouvait manquer d'obtenir toutes ses sympathies; car il répond parfaitement aux sentiments que lui a toujours inspirés la classe si intéressante des travailleurs, et, notamment, aux préoccupations constantes dont est depuis longtemps, l'objet, de sa part, le sort des ouvriers de nos usines et de nos quais.

En vous félicitant donc d'avoir pris l'initiative de ces créations essentiellement humanitaires, la Chambre de Commerce émet le vœu qu'elles puissent être réalisées le plus promptement possible, et elle verra avec la plus grande satisfaction toutes les mesures qui pourront être adoptées dans ce but.

Le 3 février, sur la proposition de M. Lombard, appuyée par M. Bonifay, le Conseil municipal, considérant qu'il lui importait d'encourager une entreprise utile et opportune, adopta, à l'unanimité, le vœu que M. le Ministre du Commerce voulût bien en faciliter, par les autorisations nécessaires, une prompte réalisation.

J'appris cette délibération en arrivant à Paris, et priai par télégramme M. le Maire de Marseille d'en remercier le Conseil municipal.

Il ne vous échappera pas que dans notre pays formaliste, des adhésions de ce genre, apportées spontanément par des corps élus considérables à l'initiative d'une institution indépendante, sont rares. Je suis assuré d'avoir traduit votre pensée en déclarant que nous en sentions vivement l'autorité et le prix.

II

Conformément au § 3 de la délibération du 18 janvier, les documents avaient été imprimés et distribués à tous les membres du Conseil.

Chacun de vous, Messieurs, a pu ainsi étudier l'affaire sur pièces, en vue du moment où votre commission spéciale vous rapporterait le résultat de son travail.

III

En conformité du § 4 de votre délibération, je partis pour Paris le 3 février.

Me proposant de mettre ce déplacement à profit pour examiner sur les lieux les essais de constructions ouvrières signalés comme les plus dignes d'imitation, je crus devoir me faire accompagner de notre architecte. M. d'Albert a pu en effet contrôler par la réalité sa première étude, et notre projet a profité des observations qu'il a directement recueillies.

L'un des membres du Conseil, M. J.-Ch. Roux, qui devait se rendre à ce moment à Paris pour divers mandats d'utilité générale, voulut bien différer son départ afin de se joindre à moi et de seconder mes démarches. Ainsi le Conseil a pu être représenté par deux de ses membres. Le concours de notre collègue et ses relations personnelles avec deux des députés du département, l'un président de la commission du budget, l'autre ancien ministre, m'ont été fort utiles : l'audience ministérielle a été plus rapidement assurée, et MM. Peytral et Granet, que le Conseil remerciera comme moi, ont bien voulu, en y assistant, témoigner pour notre projet d'une sympathie qui ne peut qu'influer efficacement sur les décisions gouvernementales.

Dès mon arrivée, le 4, je me présentai chez le conseiller d'État directeur du service des Caisses d'épargne au ministère du commerce. M. Nicolas, en exprimant les dispositions les plus favorables, fut d'avis que même en vue de cet assentiment préalable et de principe, il serait utile de procéder par demande écrite déposée entre les mains du Ministre après l'entretien. C'est ainsi que j'ai procédé.

Le 5, nous eûmes l'honneur, M. Roux et moi, accompagnés de M. d'Albert, d'être reçus par M. le Ministre du Commerce. MM. Peytral et Granet avaient bien voulu nous présenter, et dire à M. Dautresme combien, à leur avis, le projet méritait l'intérêt du Gouvernement. Je soumis au Ministre votre délibération et les documents ; je lui fis connaître celles de la Chambre de Commerce et du Conseil municipal ; je lui exposai l'économie du projet, et précisai l'objet de mon mandat, à savoir de m'assurer si l'autorisation, dont notre établissement a pour principe de se munir quant au placement en immeubles de la dotation, avait chance d'être accordée pour l'emploi dont il s'agit. Le Ministre exprima ses sympathies pour l'idée qui fait la base du projet, et promit une étude attentive. Il indiqua que la construction directe, préférée par nous en principe, lui paraissait une plus solide garantie dans un fonds de réserve que d'autres systèmes. Il me pria, si l'assemblée générale des Administrateurs votait la proposition, de lui adresser immédiatement la délibération, qu'il s'empresserait de transmettre au Conseil d'État, dont l'avis devait être entendu.

J'eus les jours suivants deux conférences avec le chef de bureau compétent au ministère du commerce, M. Breton.

Je n'espérais, Messieurs, vous apporter que ces indications, et les assurances verbales du Ministre. Elles m'ont été heureusement confirmées par la dépêche suivante, qui m'est parvenue hier :

Paris, le 16 février 1888.

MONSIEUR,

Vous avez bien voulu me faire part de l'intention où serait la Caisse d'épargne de Marseille d'employer une partie de sa fortune personnelle à la création de maisons ouvrières à bon marché, dont les locataires deviendraient propriétaires dans un délai déterminé. La Caisse ne retirerait de cette opération qu'un revenu équivalent à celui que lui procure le placement de ses fonds en rentes ou en compte-courant à la Caisse des dépôts et consignations. Vous me demandez de vous faire connaître si cette combinaison pourrait être autorisée.

L'œuvre que vous poursuivez intéresse trop vivement l'amélioration du sort des classes laborieuses pour que le gouvernement de la République ne cherche pas à la seconder. Je suis donc tout disposé à faire examiner votre projet dans les formes réglementaires, aussitôt que vous m'aurez saisi de propositions fermes.

Recevez, Monsieur, l'assurance de ma considération distinguée.

Le Ministre au Commerce et de l'Industrie,
LUCIEN DAUTRESME.

L'affaire se trouve donc maintenant en état d'être solutionnée par vous, et portée, s'il y a lieu, devant l'Assemblée générale. Si un projet ferme sort des travaux de votre commission et du Conseil, si l'Assemblée générale le ratifie, je soumettrai aussitôt à M. le Ministre du Commerce la délibération de l'Assemblée et le contrat d'acquisition des terrains...

IV

L'objet accessoire du voyage était l'examen sur place d'expériences analogues à celle qui fait l'objet de la proposition.

Le 8, nous visitâmes le groupe intéressant créé par la *Société des habitations ouvrières de Passy—Auteuil.* Le vice-président, M. Cheysson, ingénieur en chef des ponts et chaussées, ancien directeur des usines du Creuzot, MM. Picot et Raffalovich, membres du conseil d'administration, avaient bien voulu nous conduire. Il n'est personne en France qui ait sur ces questions plus de compétence, et on en apprend plus avec de tels hommes en deux ou trois entretiens que dans les plus longues lectures. — Il s'agit à A... euil de maisons indépendantes comme les comporte notre projet, et qui sont acquises par amortissement. On en a construit 44 ; d'autres vont s'élever, là, et du côté d'Ivry. Les plans et devis nouveaux seront expédiés à notre architecte. Des contrats que nous avons rapportés règlent les locations avec promesse de vente. Nous avons pu nous rendre un compte précis de l'entreprise, de ce qu'il convient d'en imiter, et aussi d'en éviter, par exemple des dépenses excessives, presque luxueuses, pour la voirie ou les vidanges, une certaine faiblesse dans la gérance, etc. — MM. Cheysson, Picot, Raffalovich, suivent avec un extrême intérêt le projet de Marseille ; ils sont particulièrement frappés du rôle naturel que peut avoir dans la question une riche institution d'épargne, et de la justesse de sélection que lui facilite sa clientèle de travailleurs prévoyants.

Le 9, nous étions à Lille. En fait d'habitations pour une famille, M. Picot nous avait recommandé comme l'exemple qui donne le plus récent état du progrès, surtout dans la partie édifiée depuis deux ans, un groupe important créé près Lille à Loos. Ce n'est pas moins que 175 maisons bâties par MM. Thiriez, filateurs ; de nouvelles sortent du sol, déjà recherchées par des preneurs nombreux. L'aspect en est heureux, autant que l'aménagement en révèle la profonde expérience pratique des constructeurs. Chefs d'industrie, ayant affaire à un personnel qui subit des renouvellements inévitables, légitimement désireux de le garder sous leur influence saine, MM. Thiriez ont été conduits à s'en tenir, au moins en général, à la location. Peu importait à notre enquête ; ces maisons sont un type accompli de la maison telle que la comporte notre projet, que la famille occupante demeure locataire ou s'élève à la propriété. Tout du reste, à Lille, nous a confirmés dans la préférence de la maison indépendante. Je ne crois pas facile de voir ensemble mieux conçu comme hygiène, aération, distribution de la lumière, que les trois vastes bâtiments de la *Cité philanthropique;* quelle infériorité pourtant ont ces casernements par rapport aux maisons de la *Compagnie Immobilière,* peu à peu vendues depuis 22 ans par annuités, et surtout aux admirables habitations de Loos! Que plus tard, si notre effort suscite une association foncière de l'espèce dans notre ville, elle étudie la maison collective avec les améliorations obtenues à Rouen et à Lyon, rien de mieux; pour notre essai d'initiation et d'exemple, si restreint, nous revenons de plus en plus persuadés que nous devons nous en tenir à la maison pour une famille.

La construction économique, il est juste de le reconnaître, nous est apparue moins difficile à Lille qu'ici. La brique, épaisse, grossière, y est d'un prix très bas; tout le terroir fournit l'argile; le constructeur achète ou loue un terrain, en extrait l'argile, se fait un four élémentaire, et, sans manipulation coûteuse, s'installe une fabrication à bon marché. Les menuiseries sont simples; le bois, moins cher que dans le Midi, est employé très mince et tel qu'il résisterait mal chez nous. Au lieu de sable dans les mortiers, on use de cendre de scories produite par les usines. On ne fait de contrevents ou de persiennes qu'au rez-de-chaussée. Ces différences réservées, et celles qui résultent du climat, notre architecte n'en tirera pas moins grand profit de ce qu'il a vu à Lille et à Loos comme à Paris.

Contraint de rentrer à Marseille le 11, je priai M. d'Albert de revenir par Lyon et Genève.

A Genève, il a visité les maisons de l'*Association coopérative immobilière,* qui a construit trois quartiers. Elle n'a adopté nulle part la maison collective. Ses habitations sont groupées par deux, trois ou quatre, et entourées de leur jardin. Toutes sont d'un étage sur rez-de-chaussée avec cave. La construction est élémentairement simple, sans ornementation ni en façades ni à l'intérieur; un esprit très pratique et économe y a présidé. Les plus curieuses sont les groupes de quatre.Ces groupes occupent une surface un peu plus restreinte que celle de nos plans premiers; les pièces sont plus étroites, et seraient ici trop exiguës. Les escaliers, en pierre ou en bois, sont resserrés; les futures constructions donneront une surface un peu plus importante à cette partie de la bâtisse. Les prix de revient sont en moyenne un peu supérieurs aux nôtres, quoique la menuiserie et la charpente soient incomparablement moins chères à Genève. Les terrains ont coûté un peu plus cher. Les installations de cuisines sont moins onéreuses; la cuisine est en général une pièce semblable aux autres, dans un angle de laquelle se trouve placée une cuisinière portative en tôle. Les plans vont être envoyés à notre architecte par l'ingénieur de la Société, M. Rehfous. — Comme à Loos, M. d'Albert, en visitant divers intérieurs, a constaté le contentement, l'ordre, le bien-être moral et physique. — Un point ici semblerait réaliser mieux qu'à Auteuil, et même qu'à Loos, le desideratum indiqué par nos mœurs locales : les grandes lignes de maisons mitoyennes' en forme de rues, comme à Loos et Auteuil, éveillent davantage chez le locataire ou l'acquéreur le sentiment de quelqu'un qui régit et administre; les types de Genève laisseraient plus d'individualité, et tenteraient plutôt peut-être l'ouvrier marseillais si jaloux de son indépendance.

A Lyon, M. Mangini, président, a fait à notre envoyé le plus bienveillant accueil. Les constructions sont ici à quatre étages sur rez-de-chaussée, avec deux ménages par étage pour le premier et le second, trois pour le troisième et le quatrième; les ménages ont chacun sa porte palière et ses lieux d'ai-

sance, sauf aux étages du haut où il y a deux cabinets com—
muns aux trois ménages. Impossible de rêver simplicité
extérieure plus complète. L'escalier, en pierre de taille peu
coûteuse à Lyon, a une large fenêtre à chaque palier inter—
médiaire. Derrière les maisons, une cour avec lavoir et pompe,
l'eau ne montant pas aux étages ; dans la cour, des fils de fer
galvanisés sont tendus pour le séchage, afin d'éviter que les
linges ne soient appendus aux fenêtres. Ces maisons n'étant
pas celles que vise notre projet, je n'entre dans aucun autre
détail. Il est à retenir pourtant que contrairement au principe
de Loos (cuisine très petite pour soustraire l'habitant à la
tentation d'y résider), Lyon comme Genève fait de la cuisine
la salle à manger naturelle ; il est fort à croire qu'il en sera
de même ici. — M. d'Albert a noté aussi que tout est bien
loué, et que les rentrées mensuelles s'opèrent sans peine. On
n'a eu jusqu'ici que deux cas de congédiement.

V

La commission spéciale à laquelle le § 2 de la délibération
du 18 janvier avait renvoyé le dossier, avec mandat de vous
faire rapport dans la séance de février, et dont tous les membres avaient pu étudier l'affaire sur les documents distribués,
s'est réunie, a arrêté ses résolutions, a choisi son rapporteur.
Il ne me reste qu'à céder la parole à M. J.–Ch. Roux.

La proposition qui avait fait l'objet des deux documents ci-dessus
fut adoptée et complétée par le Conseil conformément aux conclusions de la commission spéciale et sur le rapport de M. J.-Ch. Roux.

Elle aboutit le 23 avril 1888 à la délibération suivante de l'Assemblée générale des administrateurs :

L'Assemblée générale

1.— Décide qu'une somme de cent soixante mille francs sur le fonds de dotation et réserve sera employée en construction d'immeubles salubres et économiques destinés à l'habitation de familles ouvrières,

Et ce, dans les conditions ci-après :

1° L'emploi sera, effectué de telle sorte que le revenu en soit de 3 1/2 °/. au profit du fonds de dotation ;

2° Les constructions seront élevées au quartier de la Capelette, sur une parcelle de terrain d'environ 4,725 mètres carrés, sauf plus exacte mensuration, détachée de la propriété Lapouge et Porre au dit quartier,

L'Assemblée ratifiant à cet effet : A) le contrat provisoire passé le 10 mars 1888 entre le président du conseil des directeurs, les époux Lapouge et M. Porre, pour l'acquisition de la dite parcelle, B) l'accord provisoire passé le 19 avril 1888 entre le président et la compagnie des chemins de fer Paris-Lyon-Méditerranée pour l'acquisition d'une bande de terrain destinée à mettre en communication directe la précédente parcelle avec la route n° 2 de Marseille à Toulon, C) la convention provisoire passée le 22 mars 1888 entre le président et M. Orgnon; locataire du terrain de la compagnie Paris-Lyon-Méditerranée, pour la cession de la jouissance de la susdite bande de terrain ;

3° Les maisons seront distribuées par rues ; elles devront être toutes à un étage sur rez-de-chaussée, bâties sur caves, pourvues d'un jardin exposé au midi ;

4° Elles seront destinées exclusivement à être louées à des familles ouvrières, soit purement et simplement à titre de bail, soit avec promesse de vente à prix payable par annuités dans un délai déterminé, la préférence devant être donnée à l'ouvrier preneur à titre d'acquisition ;

5° Elles ne pourront être cédées à bail ou avec promesse de vente par annuités qu'à des ouvriers de nationalité française, et qui auront déjà fourni des preuves de leur esprit d'épargne, notamment par la propriété d'un livret de la Caisse d'épargne des Bouches-du-Rhône ;

6° Le prix de revient ne pourra excéder pour chaque maison fr. 8,311 ; le loyer annuel, fr. 396; l'annuité d'amortissement, loyer compris, fr. 546 ; le délai d'amortissement, 28 années ;

7° Sauf les prescriptions portées sous les paragraphes qui précèdent, et dans les limites du crédit de fr. 160,000 affecté à l'opération, le Conseil des directeurs aura tous pouvoirs pour agir au mieux dans l'exécution du projet, notamment quant aux devis et plans en dehors des points fixés ci-dessus, aux prix de location et de vente, à la rédaction des contrats de baux et de vente, aux délais et aux annuités d'amortissement, à la durée de l'opération de construction, afin de pouvoir mettre à profit toute amélioration générale ou de détail qu'indiquerait l'expérience successive;

II. — En vue d'ouvrir plus complètement et dans les diverses directions possibles la voie à l'initiative privée,

Décide d'employer sur le fonds de dotation et réserve :

A. Une somme de vingt mille, francs à aider une Société offrant toutes garanties, qui se constituerait à Marseille pour construire des habitations ouvrières salubres et économiques ;

B. Une somme de soixante-dix mille francs à consentir avec garantie hypothécaire des prêts, dont le maximum individuel serait de fr. 6,000 à fr. 7,000, à des ouvriers laborieux désireux de construire eux-mêmes leur habitation sous le contrôle et la surveillance de la Caisse d'épargne quant à l'hygiène, à la moralité et à la solidité du travail ;

Le paragraphe 1° ci-dessus, relatif au revenu du placement, étant applicable aux dits modes d'emploi A et B; le paragraphe 5°, quant aux conditions de nationalité et de preuves d'épargne, et le paragraphe 7°, quant aux pouvoirs d'exécution, étant en outre applicable au dit mode d'emploi B ;

III.— Décide que la somme totale de fr. 250,000 affectée aux placements ci-dessus sera prélevée sur la partie du fonds de dotation et réserve qui se trouve déposée en compte-courant à la Caisse des dépôts et consignations ;

IV.— La présente délibération, ensemble les contrats provisoires qui y sont visés, devant être soumis à l'approbation et à l'autorisation d'acquérir du Gouvernement.

Un décret du Président de la République en date du 13 août 1888, rendu sur l'avis conforme du Conseil d'État, a approuvé la première partie de la délibération qui précède, et autorisé l'emploi de fr. 160,000 en constructions, le Conseil d'État ayant réservé pour un prochain examen les deux autres modes d'emploi visés au paragraphe II.

La proposition présentée par l'auteur de ce livre le 18 janvier 1888 va donc (octobre 1888) entrer dans la période de réalisation.

A l'appui du troisième mode d'action promotrice, *prêts hypothécaires à des ouvriers*, il a soumis à M. le Ministre du Commerce, le 19 juillet 1888, les observations suivantes :

La Caisse d'épargne des Bouches-du-Rhône serait bien placée pour donner par un autre système encore que la construction directe l'exemple d'une initiative d'amélioration des logements populaires et de diffusion de la propriété parmi les travailleurs manuels.

L'avance sur immeubles en construction est, en effet, un moyen aussi puissant d'atteindre ces buts vraiment démocratiques, en même temps qu'elle fournit aux capitaux un emploi aussi sûr; et une Caisse d'épargne trouve dans sa clientèle, accoutumée à l'économie tenace, une garantie morale précieuse à combiner avec la garantie matérielle de l'hypothèque.

Les *Building societies* en Angleterre, aux États-Unis les *Building and Loan associations,* ne sont autre chose que des

Caisses d'épargne prêtant à l'ouvrier qui veut bâtir son foyer, et lui facilitant la libération par annuités. Les complications de leur mécanisme, quant à la façon dont elles reçoivent les versements, émettent des actions de dépôt, tirent au sort et mettent aux enchères pour être prêtée une certaine somme souscrite, sont indépendantes du fond de leur tâche, qui est exactement de recueillir l'épargne pour prêter en vue de la construction, avec garantie hypothécaire et remboursement échelonné. C'est grâce à ce secours que, pour citer une ville anglaise industrielle assez analogue à Marseille par le nombre des habitants (plus de 320,000), les ouvriers de Leeds ont pu se construire 7,000 maisons, et que Philadelphie compte près de 50,000 ouvriers propriétaires sur 900,000 âmes.

Le prêt hypothécaire rendu ainsi accessible aux ouvriers économes est-il un placement dangereux et précaire ? Les faits répondent avec force : les *Building* anglaises et américaines prospèrent, leurs actions passent pour offrir une telle sécurité qu'elles entrent dans le portefeuille des établissements de bienfaisance. La Caisse d'épargne des Bouches-du-Rhône se propose, dans la troisième partie de son projet, de faire avec sa clientèle d'ouvriers habitués à l'épargne un *essai simplifié de l'avance sur construction*. Qui sait si elle n'ébauchera pas ainsi une *première formule pratique*, et *adaptée aux conditions françaises*, du progrès social qui s'est en Angleterre et en Amérique si extraordinairement développé ? Il y aurait là le germe d'une amélioration si importante qu'une seule chance qu'il en soit ainsi suffirait à appeler sur sa tentative l'appui du Gouvernement et du Conseil d'État.

Nos prêts hypothécaires reposeraient sur deux gages, dont le second n'est pas à nos yeux le moins certain : le gage réel, considéré comme solide entre tous, l'hypothèque ; le gage moral, le goût constaté et la pratique régulière de l'épargne.

L'avis interlocutoire du Conseil d'État rappelant que d'une bonne organisation des garanties dépend la sécurité du placement hypothécaire, il nous a paru que nous donnerions satisfaction à ses vues en déterminant avec précision le mécanisme des sûretés sous lesquelles les prêts seraient consentis.

Tel est l'objet d'une délibération du Conseil des Directeurs en date du 18 juillet 1888.

Il en résulte les règles suivantes, complétant celles qui ont été déjà posées par la délibération de l'Assemblée générale du 23 avril 1888 :

1° Aucun prêt ne sera fait que sur première hypothèque, et après justification par l'emprunteur du paiement intégral du prix d'acquisition du terrain ;

2° L'emprunteur devra justifier, jusqu'à remboursement des deux tiers de la somme avancée, de la possession constante d'un livret créditeur de fr. 500 au moins à la Caisse d'épargne des Bouches-du-Rhône, le dit livret étant affecté à la garantie du paiement des annuités ;

3° La somme prêtée sera payée directement aux constructeurs ou fournisseurs, soit au fur et à mesure des travaux, soit après achèvement, sur mémoires visés par l'architecte de la Caisse ; elle ne pourra excéder 70 % de la valeur totale, en terrain et construction, de l'immeuble hypothéqué, d'après estimation fixée par le Conseil des Directeurs ;

4° Le remboursement s'opérera par annuités comprenant l'intérêt de l'avance calculé à 3 1/2 % et un amortissement du capital, en un délai arrêté dans le contrat selon les convenances de l'emprunteur, mais qui ne pourra dépasser dix-huit années ; ces annuités seront payables en quatre paiements trimestriels, l'emprunteur gardant la faculté de s'acquitter par versements mensuels ; en cas de non paiement d'une annuité au 31 décembre, la totalité de la créance sera exigible un mois après une mise en demeure.

Nous croyons devoir faire remarquer :

Que les annuités, variables pour un délai de 12 à 18 ans et des prêts de fr. 4,000 à fr. 6,000 entre fr. 313 et fr. 520, n'excéderont pas le montant additionné de ces deux éléments : loyer normal, épargne annuelle moyenne, pour une famille ouvrière économe et en possession d'un petit pécule ;

Et que les risques, très divisés puisqu'ils portent sur des prêts maxima de fr. 7,000, très minces dans l'ensemble par rapport à notre actif et à nos bonis puisqu'ils sont limités à un total de fr. 70,000, seront réduits au minimum par le cadre des conditions survisées. Tout placement a les siens ; la combinaison de l'hypothèque de premier rang avec l'habitude d'épargne offre une garantie aussi solide qu'il est possible, et pour les cas où elle serait trompée, notre établissement conserve les défenses du droit commun. Les *Building associations*, qui avancent les 3/4, même les 7/8, ont peu de mécomptes; les compagnies américaines d'assurances sur la vie, qui emploient une fraction de leurs fonds en prêts hypothécaires à l'ouvrier désireux de construire, calculent sur $1/2$ % d'expropriations. Comme l'ont constaté par leur gestion ces sociétés, si cette éventualité se produit, l'opération laissera plus fréquemment un gain qu'une perte, puisqu'à une marge sévèrement réglée de 30 % se joindra celle des acomptes reçus.

Il n'est pas inopportun de rappeler :

que le projet de loi organique des caisses d'épargne actuellement pendant devant la Chambre des Députés permettrait de donner les emplois proposés, comme tous autres, *aux fonds même des déposants ;*

qu'un projet de loi récemment présenté par le gouvernement Belge a pour objet propre de faciliter cet emploi des fonds des déposants en prêts hypothécaires sur construction de logements ouvriers ;

que dans l'espèce au contraire il s'agit uniquement du

patrimoine propre de la Caisse, et d'une faible fraction de ce patrimoine ;

qu'une fois la garantie hypothécaire bien organisée, il paraîtrait difficile de repousser comme trop aléatoire pour l'emploi de fonds libres un placement que le législateur, en France comme ailleurs, tend à juger assez solide pour les fonds des dépôts.

LA MENDICITÉ, LE VAGABONDAGE, LES SANS-TRAVAIL

18 août 1887.

On se plaint souvent de l'insuffisance de la sécurité publique
à Marseille. Il y en a bien des raisons : l'une d'elles est que
nous avons trop de vagabonds, de mendiants, de gens sans
aveu, sans domicile, sans métier. Les 135,000 qui ont passé,
de 1872 à 1887, par notre *Hospitalité de nuit* n'en sont, on
le comprend, qu'une partie. Il y a les incorrigibles, dont c'est
la profession, condamnés plusieurs fois, que la prison rejette
dénués et pervertis. Puis aussi les misérables, des ouvriers
sans gîte, de pauvres femmes, ceux qui n'ont pas trouvé place
à l'asile du cours Lieutaud ou rue des Carmelins, ceux qui
ont épuisé le temps d'abri réglementaire : hélas ! la détresse
n'est pas une fiction dans notre active et riche ville, la presse
a cité cette année des morts par la faim, et la généreuse
Bouchée de pain est encombrée. Le vagabond est arrêté,
relâché deux ou trois fois ; quelques jours de prison ensuite,
et il revient sur le pavé ; les condamnations se répètent ;
le voilà prêt à tout, jusqu'à ce que la loi nouvelle le *relègue*
à grands frais au delà des mers.

Plus déplorable peut-être dans une cité ouverte, cosmopolite, où le travail abonde, où la charité s'exerce sous mille

formes, ce mal ne nous est point propre. Il est général.
Des statistiques judiciaires il résulte que si le nombre des
délits va croissant dans une proportion inquiétante, l'augmentation est due surtout aux délits de vagabondage. Est-ce qu'il
y a plus de souffrance et de pauvreté sous les brillants dehors
de notre vie sociale raffinée ? ou plus de débilité en bas, plus
de paresse, moins de ressort moral et de courage ? La récidive, ce fléau de la criminalité actuelle en France, c'est encore
les vagabonds qu'elle affecte principalement. On a calculé qu'ils
subissent quatre condamnations en moyenne, pendant que
les autres délinquants en subissent une. Le Sénat a soustrait,
par humanité, les mendiants à la relégation ; mais sur les
1710 récidivistes relégués avant cette année, le vagabondage
simple avait fourni 23 %, presque un quart, de la catégorie
la plus durement frappée (relégation collective).

Où est le remède ? Des hommes qui unissent à la compétence pénitentiaire la passion du bien, en première ligne M. le
pasteur Robin que nous avons entendu soutenir éloquemment
cette thèse naguère au Congrès des Sociétés savantes, répondent : dans la distinction des malheureux et des coupables, dans
la combinaison de l'*hospitalité* avec le *travail.* L'expérience
de la Hollande depuis soixante ans, de la Suisse depuis quinze,
l'Allemagne depuis cinq, paraît concluante. La Hollande, outre
deux établissements pour les vagabonds de métier, a trois
colonies libres, fondées par la *Société de bienfaisance Néer-
landaise,* et qui contiennent 1800 personnes ; c'est le pays où
l'on compte le moins de vagabonds. En Allemagne, treize provinces ont créé de ces colonies. En Suisse, le canton de
Neuchâtel en a une, le canton de Vaud deux ; les prisons
voient diminuer leur clientèle, et dans le canton de Vaud, le
nombre des condamnations pour vagabondage a *baissé de
moitié depuis* 1880, tout juste tandis que *chez nous* la
marche est *inverse.*

Nous parlons là de colonies à la campagne. Dès 1861, dans

une intéressante étude sur la *Mendicité du département
des Bouches-du-Rhône*, M. Léopold Ménard proposait,
avec une organisation d'assistance et de répression distincte,
la transformation des Dépôts en pénitenciers agricoles. Affir-
mant n'avoir jamais rencontré « un bon ouvrier » parmi les
mendiants des Dépôts, il déclarait n'apercevoir « qu'un seul
« moyen de faire travailler utilement le mendiant tout en le
« moralisant, lui donner une pioche, l'astreindre aux labeurs
« de l'agriculture. » L'exemple des colonies allemandes,
suisses, hollandaises, confirme cette vue. On a pu réaliser
là d'excellente besogne, non seulement morale, curative, mais
matérielle ; de vastes terrains incultes ont été défrichés et
fertilisés. Il faudrait en France instituer des *colonies départementales de travail*, où l'effort agricole fût, comme à
Payerne et à Orbe en Suisse, imposé aux mendiants et aux
vagabonds atteints par la loi, après la deuxième condamnation
par exemple, en même temps qu'il serait préventivement
offert à la pauvreté accidentelle et vaillante.

A l'intérieur de notre agglomération urbaine est-il
impossible de substituer à *l'assistance sans condition*
l'assistance par le travail ? Tel n'est pas notre avis.
Amsterdam, qui est assez comparable à Marseille, a sa
Maison des pauvres, pouvant contenir 1000 hommes
et 1000 femmes ; elle n'est jamais pleine, tant s'en faut, parce
que l'acceptation du travail est le *sine qua non* de l'entrée,
et on ne rencontre pas de mendiants dans la ville, parce que
ceux qui refusent sont condamnés à huit jours de prison, puis
envoyés aux champs. On a essayé du travail à Paris, dans la
maison de la rue Clavel, et M. Robin s'en félicite. La chose
n'est possible qu'en imposant un travail facile, simple : rue
Clavel, M. Robin fait couper du bois par margotins, et on
appelle son œuvre l'*Œuvre des petits fagots* ; chaque homme
a la matinée pour chercher de l'ouvrage, et l'après-midi doit
faire une certaine quantité de fagots pour gagner son coucher,

ses repas, s'il le peut des vêtements. Notre *Hospitalité* rend
de grands services ; mais si elle ne limite pas les nuits, le
fainéant en profite, et si elle les limite, l'hospitalisé retombe
vite à la rue... Nos vœux seraient que le Conseil général des
Bouches-du-Rhône créât le premier *une colonie de travail*,
et que l'*Œuvre Hospitalière de Marseille* se transformât
en *Hospitalité avec travail*.

20 septembre 1887.

Toutes les formes de la mendicité sont fâcheuses, toutes les
mendicités d'habitude bien entendu : car la détresse noire qui
supplie un soir dans l'ombre ne se résignera pas, si elle est
vraie, à exploiter industriellement la compassion. De la
mendicité devenue profession nos lois font un délit ; et peut-
être serait-il désirable qu'en raréfiant une répression trop
suivie de récidive, elles prévinssent plutôt, par la création de
maisons hospitalières de travail pour les indigents valides
sans ouvrage. Mais quoi qu'il en soit, si les articles 274-282
du Code Pénal ont précisé certains cas aggravants de mendicité, les menaces, les faux passeports, l'entrée dans une
habitation, les infirmités feintes, les travestissements, le port
d'armes, les violences, les groupes, d'autres encore, il est
une forme particulière qui ne nous semble pas prévue, qui
est très usitée dans les grandes villes, et dont nous parlons
parce qu'elle se répand de plus en plus dans la nôtre. C'est la
mendicité par lettres, dont on pourrait se demander si elle
tombe sous les textes de la loi.

A Marseille il est peu de personnes mises en évidence par
une cause quelconque de notoriété accidentelle ou permanente,
rang social, fortune, fonctions publiques, distinction officielle,
événement heureux ou malheureux de la vie privée, deuil
surtout, qui n'aient été une fois ou à plusieurs reprises l'objet
de ce genre de louche importunité. On sonne à la porte de la

demeure ; un inconnu se présente, fréquemment une femme
ou un enfant, appeaux plus commodes de la pitié ; il remet
une lettre, et se retire. Le libellé varie peu : il a été établi
d'après un formulaire qui ne comprend que cinq ou six
hypothèses. Tantôt c'est un Alsacien-Lorrain amené par des
vicissitudes compliquées loin du sol pour lequel il a opté au
prix de la ruine, et qui périt de faim. Tantôt c'est un père qui
la veille a perdu sa femme, et n'a pas une bouchée de pain à
donner à cinq orphelins. Ou bien encore un voyageur arrêté
dans ce port de transit sans un sou pour continuer son rapa-
triement. Souvent le mensonge effronté se trahit ; quelquefois
il est habilement voilé, assez du moins pour provoquer le
doute... Si peu qu'on lui accorde, le quémandeur s'en contente
par avance, il reviendra demain chercher cette aumône,
et passera à une autre dupe généreuse.

Plus le cœur humain est pitoyable aux pauvres, plus les
faux pauvres lui inspirent de haine, car ils découragent trop
de bons vouloirs, et c'est à eux que remonte la responsabilité
de scepticismes cruels. En Angleterre, le mal que nous venons
de décrire sévit dans la plupart des grands centres. On raconte
qu'à Bristol une engeance fainéante et dégradée s'est organisée
pour en faire un métier lucratif ; elle a des plans de la ville,
indicateurs des maisons où il paraît préférable d'aller ; ces
plans se transmettent de main en main ; à mesure qu'un
nouvel affilié arrive dans un des garnis où se recrute la bande,
il paye une taxe pour être admis à profiter des renseignements. Des écrivains installés dans les cabarets borgnes
composent, moyennant monnaie, des correspondances émou-
vantes. Le soir on rentre ensemble, et l'argent dérobé à des
crédulités respectables défraie l'entretien de ces vies ignobles,
l'alcool, le jeu, ou pis... A constater la façon dont une plaie
semblable s'est formée et étendue dans l'agglomération marseillaise, nous ne serions que médiocrement surpris s'il y
existait quelque part, au fond de tel garni misérable, ou dans

telle association clandestine, une organisation analogue, des praticiens émérites de la méthode, des apprentis taxés, une topographie *ad hoc* par quartiers. Nous confions cette suggestion à notre diligente et adroite police.

C'est pourquoi il ne nous semble pas inutile de joindre à ces observations, où plus d'un lecteur reconnaîtra une expérience personnelle, une adaptation locale des idées vulgarisées en 1884 à Bristol par le *Report of the Committee to inquire into the condition of the poor*. C'est le compte-rendu d'une enquête toute libre et privée que fit il y a trois ans une commission de citoyens, parmi lesquels était le représentant de Bristol au Parlement anglais, l'évêque, etc. On y recommande la charité bien comprise, faite avec discernement, car l'autre est aussi nuisible presque que la négligence. Cinq règles de conduite résument ce petit code pratique, et la dernière est celle-ci :

Ne donnez jamais en réponse à des lettres de mendicité ; c'est la forme la plus entachée de fraude, celle qui démoralise le plus le caractère du mendiant.

Tel est bien en effet le principe le plus sage que puissent suivre en cette question ceux qui entendent chercher le bien à faire avec l'intelligence de ce bien, et donner aux vrais malheureux dans un esprit de sympathie.

16 février 1888.

C'est un étrange contraste qu'offrent avec nos fourmilières d'ouvriers actifs, robustes, bien vêtus, sur les quais ou dans les usines de Marseille, les languissants déguenillés qui se pressent au seuil de la *Bouchée de pain* (passant hier par le boulevard de la Corderie, nous regardions ces pâles groupes), ou ceux qui affluent le soir dans nos *Asiles de nuit*. Population hétérogène, recrutée un peu dans tous les milieux, et dont l'aspect est toujours le même, vêtements sordides, chaussures en loques, barbes incultes, figures hâves. L'existence n'en est

6

pas particulière à tel ou tel pays : la crise de Londres dure depuis plusieurs mois. Il est indéniable que dans tous les centres très denses un nombre important de malchanceux ne peuvent parvenir, malgré leurs efforts, à s'employer. Mais le difficile est de faire la sélection nécessaire entre ces indigents bien intentionnés ou des infirmes intéressants et les paresseux d'habitude. A côté de la *Bouchée* et des *Hospitalités* marseillaises nous voudrions voir surgir la *Maison de travail* comme à Genève, ou une *Assistance par le travail* comme à Paris.

C'est un vœu que nous exprimions déjà il y six mois. M. Maxime du Camp, dans la *Revue des Deux-Mondes* du 15 janvier 1888, a fourni sur les résultats qu'obtient l'*Assistance par le travail*, établie à Paris rue du Colisée, des détails auxquels il suffit de renvoyer nos lecteurs. — Quant à la *Maison de travail* genevoise, elle date du 5 décembre 1887 : elle a été ouverte, 3 rue Gutenberg, par un comité d'hommes de bien de toutes les opinions. Calquée sur une institution du même genre qui fonctionnait à Gênes avec succès, elle reçoit les ouvriers temporairement sans occupation. On y fait des besognes simples, faciles ; nous avions signalé ce point pour la maison hospitalière que dirige à Paris rue Clavel le pasteur Robin, et qu'on appelle à cause de cela l'Œuvre des *petits fagots*. A Genève pourtant on ne s'en tient pas à couper du bois par margotins : on va jusqu'au cartonnage, surtout pour l'expédition de la bijouterie et de l'horlogerie, aux sacs en papier, aux caisses et boîtes d'emballage, aux articles de menuiserie et sellerie. Les cartonnages conviennent le mieux, on y emploie un plus grand nombre. La journée a été jusqu'ici en moyenne de fr. 2. L'ordre est parfait dans les ateliers, que gèrent un directeur et un contre-maître chef.

Le travail, tel est le seul moyen sûr de trier le malheureux, qui l'accepte avec joie, du fainéant ou du rouleur, qui s'éloigne.

Sans cela, des entreprises admirables comme notre *Bouchée* et nos *Asiles de nuit* risquent d'être faussées, exploitées, débordées. Il faut qu'en retour de l'abri prêté ou de la nourriture offerte on envoie le secouru à du travail organisé. Généralisant ces idées, M. Maurice Faure a déposé le 25 juin 1887 à la Chambre des Députés une proposition de loi, dont les clauses sont sagement conçues : outre un asile par département pour les invalides et infirmes, les départements et les communes pourraient être autorisés par le ministre de l'intérieur à établir des Maisons de travail pour les valides momentanément dénués de moyens d'existence ; le travail y serait obligatoire, et une enquête serait faite sans retard sur la situation réelle des admis. Où en est ce projet ? Dans les oubliettes parlementaires, avec beaucoup d'autres utiles, tandis que la politique stérile mange le temps, l'intelligence, les bons vouloirs des mandataires du pays.

En attendant que la proposition de M. Faure remonte à la lumière, pourquoi une grande cité comme Marseille n'essaierait-elle pas par l'initiative privée, par les forces individuelles, ce qu'a su réaliser une ville moins populeuse et moins riche ? A Genève ce sont tout simplement des citoyens dévoués qui ont fondé, qui administrent, qui visitent régulièrement la *Maison de travail*. La dépense en loyer, machines, installations, matières premières, salaires, n'avait pas dépassé au 10 janvier fr. 6,000 ; il faut moins d'argent pour faire le bien que ne le disent les gens qui prétendent tout impossible. Les 18 ou 20,000 clients mensuels de la *Bouchée* coûtent-ils à Marseille moins cher ? La mendicité de métier, le vagabondage, partant la criminalité, en seraient réduits. Là est le vrai : c'est à juste titre que le congrès pénitentiaire international réuni en 1885 à Rome recommandait de fournir la subsistance aux nécessiteux en récompense d'un travail adapté à leurs facultés corporelles. — Peut-être dans notre grand port maritime pourrait-on en outre par des mesures administratives,

des bureaux d'information, un enseignement pratique des
travaux coloniaux, favoriser, comme le fait le lord-maire de
Londres, l'émigration des Sans-travail.

8 mars 1888.

Il y a près de six mois nous signalions le développement
fâcheux que prenait dans notre grande ville une forme
particulière, non prévue par la loi pénale, du métier de
mendiant, la *mendicité épistolaire*. Peu de temps après,
dans la *Revue des Deux Mondes* du 15 janvier 1888,
M. Maxime Du Camp, au cours de ses attachantes études sur
la misère et la bienfaisance parisiennes, a dénoncé pour Paris
le même mode d'exploitation de la charité, le même détour-
nement d'une large part des secours dus aux vrais pauvres,
et expliqué comment on essaie d'y remédier. On serait frappé,
si on les comparait, de la similitude des deux séries d'observations. Nous avons reconnu dans les esquisses de M. Du
Camp ces volontaires de la fainéantise qui procèdent par lettre
déposée à domicile, annonçant qu'ils viendront chercher la
réponse, et toutes les variétés de leur engeance. Il existe très
probablement à Marseille comme à Paris (nous l'indiquions
déjà l'an dernier à notre police locale) des agences procurant
à prix tarifé des noms, des adresses, des notes, des certificats,
une cote des « carottables », une rédaction pour les correspondances larmoyantes.

Ceux qui ont réussi à duper un compatissant avertissent
d'autres affiliés de l'association clandestine, ou recommencent
sous une signature modifiée. Aussi quand on satisfait à l'une
de ces demandes, est-on assuré d'en recevoir de nouvelles
coup sur coup, ou à quelques jours d'intervalle. Si l'on
interroge le solliciteur sur les raisons d'une telle préférence,
il n'en a aucune à fournir, sinon la réponse stéréotypée :
« c'est que votre charité est connue. » Les suppliques de la

mendicité épistolaire se ressemblent toutes. Nous en prenons au hasard cinq ou six spécimens dans une liasse envoyée depuis un mois à la même personne; citations et dates sont textuelles :

6 *février*. — Veuillez, je vous prie, excuser la liberté que je prends. A une époque vous m'avez obligé de quelque chose ; je viens implorer le même service. Toujours dans la même situation, souffrant et gagnant peu, je ne suis pas heureux. J'attends d'entrer dans une maison hospitalière, n'ayant pas à espérer de guérison du mal perforant dont je souffre. Ne me rebutez donc pas : j'irai prendre un résultat chez M"" la concierge.

L. E.

18 *février*. — Habitant votre quartier, et depuis de longues années, je connais votre noble cœur, et m'y adresse avec franchise, car je sors de l'hospice et n'ai pu encore me caser. Vous rendrez service par cette bonne œuvre à un infortuné reconnaissant. M. l'abbé ..., vicaire à... me recommande à vous...

E. F.

28 *février*. — Je me trouve dans une lamentable situation. Renvoyé par mes patrons parce qu'il n'y a pas de travail pour tout le monde, je me trouve dans une gêne cruelle. J'ai demandé un certificat à M. le curé de ma paroisse, et malgré cela, je ne peux me procurer de travail. Vous n'oublierez pas un père de famille réduit à la dernière extrémité...

A. P.

1" *mars*. — Ancien comptable, je me trouve à Marseille sans ressources, et fais appel à votre aide...

C.

3 *mars*. — Me trouvant dans votre ville sans ouvrage, je me permets de vous faire parvenir ces mots, pour vous prier de m'aider à sortir d'une triste position. Dans cette attente je suis et serai toujours votre humble serviteur...

C.

6 *mars*. — Comptable, marié avec cinq enfants, malade, sans travail depuis bientôt six mois, je viens...

D.

On voit comment, l'assailli ayant cédé, les assauts se rapprochent, et aussi que les formules ne varient guère. Nous en

avons lu pourtant de plus ingénieuses. Les enfants, hélas !
servent quelquefois de messagers : un employé robuste
envoyait chaque mois ces écœurantes lamentations par un
pauvre petit, qui prenait là des leçons peu viriles.

Dans ce flot de mensonges il peut y avoir des exceptions
dignes d'intérêt. Tout est de les démêler. C'est la question
même des mesures à prendre contre le mal dont nous parlons.
La mendicité d'habitude est un délit : c'est donc affaire à la
police de nous délivrer de ces fraudeurs de bienfaisance qui
forcent nos portes. En dehors de cette défense administrative,
le moyen est décrit par M. Du Camp ; une œuvre destinée à
éclairer les gens charitables. A Paris cette œuvre fonctionne :
appelée d'abord la *Pierre de touche*, puis étendue, elle
est devenue l'*Assistance par le travail* ou la *Charité
efficace*. On se rappelle le principe que nous empruntions
à l'enquête de Bristol : « ne donnez jamais en réponse
« à des lettres de mendicité, c'est la forme la plus entachée
« de fraude. » Le fondement de l'*Assistance par le
travail* est une idée de nuance plus juste peut-être encore :
« n'accordez d'aumône qu'après enquête. » L'*Assistance par
le travail* a des archives, et pour 1 fr. renseigne sur les sollici-
teurs. En hiver elle reçoit par jour 250 consultations, en janvier
jusqu'à 400 ; 3 visiteurs et 4 commis font les recherches ; un
rapport soigneux est envoyé au bienfaiteur. Elle est installée,
34, rue du Colisée. Elargissant son rôle, elle procure maintenant, du travail, et le paie souvent moitié en numéraire,
moitié en vêtements ou bons de nourriture.

Il est souhaitable que quelque institution analogue s'organise
dans notre ville, ainsi qu'une de ces *Maisons de travail*
comme celle de Genève, dont l'ouverture est récente, et qui a
fait le 29 février l'objet d'une communication instructive à
la *Société suisse d'utilité publique*. Le faux pauvre a
horreur du travail, et s'éloigne : le vrai l'accepte avec joie. A
l'indigent involontaire et temporaire, le travail, offert par la

philanthropie privée; à l'indigent valide, volontaire, acoquiné, le travail obligatoire imposé par les pouvoirs publics ; voilà la solution. Gardons toujours devant les yeux cette notion essentielle : tout ce que soutire la pauvreté feinte est autant de volé à la misère sacrée.

5 mai 1888.

Il semble que le nombre des misérables augmente dans notre énorme ville, sous l'action des afflux extérieurs et de l'extrême concurrence interne. M. Jules Simon constatait il y a deux jours, dans son allocution à l'asile Hartmann, rue Labat, qu'il manque malgré tout à Paris du pain et des gîtes, que des malheureux se font arrêter pour avoir un toit et quelque aliments. Voilà pourquoi il est bon, à Marseille comme à Paris, qu'ils trouvent l'abri et la nourriture sans le geôlier. L'offre excède la demande dans toutes les branches du travail. Les êtres d'énergie insuffisante tombent ; une fois à terre, ils n'ont plus assez de vigueur, ou d'élasticité, pour se relever. Qu'on interroge les registres de nos *Hospitalités* nocturnes locales, ou les renseignements sommaires que peut recueillir notre *Bouchée de pain,* les exemples de ces chutes abondent. Hier il en passait un sous nos yeux : un homme jeune, ins-truit, honnête, qui fut professeur, journaliste, de degré en degré devint garçon de restaurant de navire, et que voici sur le pavé ; sa femme est morte, et son enfant ; il a épuisé ses dernières ressources, personne ne peut lui procurer de l'ou-vrage ; où va-t-il ?

Et que de cas analogues ! Il ne faut pas détourner la tête sous prétexte que ce sont de rarissimes exceptions, ou que dans ces détresses il y a des fautes. Certes, si ce n'étaient des exceptions, que serait l'état de civilisation dont notre temps et notre pays sont légitimement fiers ? Mais elles sont moins clair-semées que certains aveugles volontaires ne l'affirment ou même ne le croient. Et encore, oui, parmi ces vaincus qui sont à deux doigts de s'abandonner, il en est qui sont responsables de leur misère, admettons que ce soit la plupart ; mais il y en a aussi qui ont allié beaucoup de malechance à quelque tort, et il y a enfin les purement *Pas-chanceux*. Un père meurt au moment où il allait mettre le pied à l'échelle ; et les enfants ? Un petit ménage ouvrier a économisé quelques centaines de francs ; l'usine où le mari est engagé fait faillite ; il ne réussit plus à se caser, la pauvre réserve se mange, l'âge arrive bientôt ; c'est le combat pour le pain noir. Ou encore le père est entré à l'hôpital, la femme n'a pas de ressort moral, elle a sept enfants, on l'inscrit aux œuvres d'assistance, elle s'acoquine à ne plus vivre que de secours : que deviendra la maisonnée ?

Ils sont plus nombreux que ne l'imaginent les indifférents de parti-pris ou de tempérament, ces faibles, à volonté molle, qui peu à peu s'enlisent ; combien l'on en voit passer devant les tribunaux correctionnels, sous les préventions de vagabondage et de mendicité ! Qu'on songe aussi à tant de vieilles gens incapables de subvenir à leurs besoins. Nous avons eu des morts par la faim cet hiver. Plus on va, plus l'excès de production, la concurrence, d'autres causes, rétrécissent le champ disponible, et plus la bataille pour la vie matérielle est dure, serrée, implacable. Il est absurde et inique de contester que la condition générale des travailleurs manuels va s'améliorant, que la moyenne de la consommation a augmenté, que la baisse de prix des marchandises a mis à la portée de tous des choses autrefois considérées comme non nécessaires, que les salaires ont largement haussé, qu'il y a tendance à une diffusion et à une répartition moins inégale de l'aisance. Mais les bas-fonds sont toujours sombres. Ceux qui désirent d'un cœur sincère y regarder le savent.

LA DÉPENSE PAR TÊTE D'HABITANT

ET L'IMPOT

6 janvier 1887.

Les doléances des contribuables marseillais se généralisent de plus en plus. Il est certain que l'impôt est bien pesant pour eux. Nous avons eu l'idée de rechercher si les dépenses de notre ville, par comparaison à celles de grandes agglomérations urbaines sur divers points du monde, justifiaient par un certain excès et des proportions anormales de lourdes charges publiques.

Le *Budget de la commune de Marseille pour l'exercice 1886* présente en dépenses ordinaires un total de fr. 10,180,817, en dépenses extraordinaires un total de fr. 9,899,001, ensemble fr. 20,079,818 (1). Or, le recensement qui a été opéré précisément au cours de l'année 1886 accuse pour Marseille une population de 376,381 âmes. — Il suit du rapprochement de

---

(1) Le budget pour l'exercice 1888 présente un total de dépenses, ordinaires ou extraordinaires, de fr. 18,085,463. Notre raisonnement n'en est que confirmé *a fortiori*.

ces chiffres que la vie communale de Marseille représente environ un coût de fr. 53, 34 par habitant. — Est-ce là un taux démesuré, exceptionnel, déraisonnable, comme on serait assez enclin parmi nos concitoyens, il faut l'avouer, à le-supposer *a priori*, sans se rendre compte de plus près?

Prenons trois cités très populeuses en Europe. — Londres compte 4,666,671 habitants, et dépense fr. 173,560,000, soit fr. 38 48 par tête. — Berlin compte 1,271,940 habitants, et dépense fr. 31,229,899, soit fr. 38 27 par tête. — Mais Paris compte 2,386,329 habitants, et dépense fr. 260,000,000, soit fr. 109 par tête. — Quittons les vieilles nations ; passons dans la jeune et active Amérique, qui ne doit rien ignorer des progrès réalisables dans un outillage administratif. Baltimore compte 400,000 habitants, et dépense fr. 29,099,787, soit fr. 72 74 par tête. — Chicago compte 630,000 habitants, et dépense fr. 53,014,540, soit fr. 78 52 par tête. — Phila-delphie compte 987,995 habitants, et dépense fr. 104,561,546, soit fr. 86 66 par tête. — New–York compte 1,338,000 habi-tants, et dépense fr. 254,499,325, soit fr. 198 58 par tête. — Nous nous servons des chiffres de 1884, population et paie-ments, qui ne doivent différer avec ceux de 1886 que dans une mesure sans importance pour le raisonnement.

Ainsi la dépense de la collectivité communale, sauf pour un Londonien ou un Berlinois (enviables exceptions), est à peu près partout dans les centres considérables bien plus forte qu'à Marseille. Elle représente pour un habitant de New–York fr. 198, pour un habitant de Paris fr. 109, pour un habitant de Philadelphie fr. 86, pour un habitant de Chicago fr. 78, pour un habitant de Baltimore (où la population est presque semblable numériquement à la nôtre) fr. 72. Et elle ne dépasse guère fr. 53 pour un habitant de Marseille ! Devant la constatation de ce fait, peut–être assez inattendu, il n'y a plus moyen de considérer que Marseille dépense *trop*. Mais une série de questions se pose. Ne dépense-t-elle pas *mal?* Comment se fait-il que nos impôts paraissent si pesants? Qu'est-ce qui excuse l'impôt mobilier d'être à Marseille de fr. 66 13 °/₀ plus élevé qu'à Paris, où il est proportionnellement moindre en somme totale et où la ville dépense fr. 109 par habitant? Dans ces grandes cités dont nous avons indiqué la large façon de vivre, on fait quelque chose : que fait-on de bon ici? Si nos similaires en ont pour leur argent, en avons-nous pour le nôtre?

L'ASSAINISSEMENT DE MARSEILLE

PROPRETÉ OBLIGATOIRE

28 juin 1884.

Dans leurs premiers avis sur le choléra toulonnais MM. Brouardel et Proust à Toulon, M. Fauvel à Paris, paraissent incliner à croire qu'il est né dans la ville même, des conditions déplorables d'hygiène publique et privée où elle se trouvait. L'importation fût-elle certaine, les renseignements sont unanimes sur l'état d'entretien de Toulon; M. Rochard, inspecteur-général des services de santé de la marine, l'atteste de même; l'enquêteur envoyé par le *Figaro* a fourni des détails incroyables sur ce qu'il nomme « un foyer permanent d'infection », sur les amas de vases et de fumiers, sur l'absence des moyens de vidange, sur l'accumulation des pourritures d'égouts dans la vieille Darse. Et on n'est pas moins d'accord quant à l'action de tels milieux sur le développement des épidémies; il est acquis que des causes de ce genre engendrent le choléra aux Indes, qu'il recherche en quelque sorte les atmosphères viciées, que dans les loca-lités atteintes les quartiers les plus souillés sont les plus vite envahis et les plus cruellement éprouvés..

Un journal qui se tient hors de la politique de partis, le *Messager de Paris,* en constatant que depuis douze ou quinze jours on balaie Toulon avec frénésie et on s'évertue à la débarrasser des impuretés entassées par une longue insouciance, s'écrie : « ce zèle est louable, mais que ne s'exerçait-il avant « l'explosion du mal! » — Et il ajoute, écho du public : « était-il donc besoin d'une si sévère leçon pour apprendre à « cette municipalité que le premier devoir des représentants « et des administrateurs d'une commune est de la mettre et « de la maintenir en un état suffisant de propreté? » Eh! oui, hélas! il a fallu le choléra pour qu'on y songeât. Et à combien de communes ne s'applique pas la réflexion si juste du *Messager de Paris!*

Si dans cette grande et riche Marseille nous n'en sommes certes pas où il paraît qu'en est notre voisine, avons-nous de quoi être bien fiers? Notre magnifique cité vit sur les grands travaux de ses municipalités d'avant 1870, qui y ont répandu à flots, et surtout dans les parties habitées par le peuple, la lumière et l'air. Qu'a-t-il été fait depuis quatorze ans pour achever de l'assainir? Nous avons bien lu en janvier 1881, à l'article 5 d'un programme électoral, au milieu de choses dangereuses ou absurdes, cette chose sage : « *achèvement « des égouts, suppression du canal de Rive-Neuve, « assainissement de la ville selon les progrès de la « science.* » Qu'avait réalisé de son article 5 la municipalité signataire de ce programme, quand les élections générales l'ont emportée?

C'est justice de reconnaître que la presse en cette matière fait perpétuellement œuvre utile : si elle est pleine en ce moment de réclamations plus vives, elle n'a pas attendu l'heure de l'urgence. Mais les municipalités? Tient-on la main à une rigoureuse exécution des lois de 1850 et de 1864 sur les logements insalubres? — Certains quartiers ne sont-ils pas des cloaques? — Aurons-nous jamais de ce Canal si ancien déjà une eau potable sans qu'on la filtre? — A quand la fin, depuis si longtemps annoncée, du travail qui permettra de supprimer les chômages pernicieux? — Où en est la question des égouts, si grave quand on songe au rôle que joue dans la production des épidémies le sous-sol imprégné des résidus de la vie urbaine, quand on réfléchit que des savants considérables font dépendre le choléra même d'influences telluriques? —Pourquoi les puisards de nos rues sont-ils en un si pitoyable état d'entretien, à quelque époque qu'un hasard les ouvre? — Ne se plaint-on pas sans cesse de l'incurie du nettoiement, et de l'insuffisance de l'arrosage qui contribue à la pureté de l'atmosphère en retenant dans le sol les poussières? — Quand transférera-t-on nos hospices à la campagne, et que ferait-on demain des cholériques sans ce château du Pharo, don généreux de l'Impératrice? — Qui obtiendra la suppression de l'immonde canal de Riye-Neuve, cette longue fosse où la putréfaction fermente, et d'où se dégage le subtil poison des miasmes?

Pour assurer à la démocratie travailleuse la salubrité, c'est-à-dire la décroissance de la mortalité moyenne et la défense contre les maladies endémiques ou épidémiques, qu'ont fait les municipalités récentes? Nous ne demanderons pas: quels Villepinte ont-elles bâti pour les victimes de la phtisie qui décime les familles ouvrières? Quels asiles pour les pauvres enfants que le rachitisme dévore? Quels abris de repos pour les convalescents? Nous dirons seulement: qu'a-t-il été fait pour ce *minimum*, l'Assainissement? On a trouvé des millions pour l'instruction obligatoire: ne rendrait-on pas au peuple un vrai service, si on s'occupait un peu de la *propreté obligatoire?*

UNE THÈSE D'ÉPIDÉMIOLOGISTE A NE PAS TROP RÉPANDRE

16 Juillet 1884.

Il faut laisser les compétents seuls apprécier les théories que M. Koch a émises ces jours derniers à Marseille sur les causes, la nature, la prophylaxie de l'épidémie dont souffre notre population ; et nous n'aurions garde par conséquent de nous associer dans une mesure quelconque aux réserves faites à ce sujet par M. Pasteur dans le *Figaro,* ou à la *Société de Médecine* de notre ville même, par de jeunes et déjà savants chercheurs. Mais peut-être nous sera-t-il permis de présenter une timide et circonspecte observation sur l'effet que peut avoir l'immense publicité donnée à une partie des vues du micrographe allemand par les journaux populaires.

Nous craignons, à dire le vrai, que cet effet ne soit dangereux, si la presse à bon marché qui pénètre, elle, dans les classes ouvrières ne le prévient et ne réagit, en atténuant au moins ou en expliquant une pensée probablement mal interprétée de M. Koch. Que semble-t-il résulter de plus nouveau de l'exposé de l'épidémiologiste allemand ? Ceci : que toute humidité favorise le fléau, que les eaux sont les plus périlleux véhicules du germe cholérique, que la dessication est le plus sûr moyen de tuer ce germe, que les ruisseaux courants devraient être taris, etc. Laissons de côté toute discussion de ces idées ; en tout cas serait-il désirable, utile, heureux que le lecteur populaire, peu habitué aux nuances et aux *distinguo* scientifiques, tirât de là par ce temps d'impressions violentes une aversion de l'eau et des usages domestiques de l'eau ?

Or s'il y a en matière d'étude du choléra un point qui paraît acquis au milieu d'un îlot croissant de doctrines contradictoires, n'est-ce pas celui-ci, que l'hygiène et la propreté constituent le seul terrain défavorable à l'éclosion ou au développement du fléau? — Où naît-il? Aux Indes, au bord des eaux stagnantes et corrompues du Gange, dans ces localités où des foules viennent en pélerinages immondes pendant la saison chaude, à Juggurnath, à Congeveran, à Hurdwar. — Où trouve-t-il des foyers puissants? Parmi les agglomérations impures de la Mecque et de toute l'Arabie, dans les ruelles fétides de Constantinople, dans les chambrées infectes des armées. — Quelles victimes frappe-t-il les premières au cœur des villes? Les habitants sans prévoyance des quartiers mal lavés ou des locaux souillés...

Et il serait prudent de jeter au peuple je ne sais quelle nouveauté subtile qui tendrait, en pleine floraison épidémique, à le détourner — mal comprise, si vous voulez — des soins hygiéniques, à diminuer tout ce qui se fait par l'eau, le nettoiement des voies, l'arrosage fixateur des poussières dans le sol, le lavage des linges de corps, les ablutions des enfants, l'assainissement des maisons et des ménages?... A notre humble avis un tel résultat serait détestable : or les idées courent vite en temps d'épidémies. Nous osons persister à penser que l'eau la plus épurée possible demeure le premier agent de salubrité urbaine, que dans les grandes agglomérations la haine de l'eau contribue à la saleté populaire et par suite aux diffusions morbides. Le mot de cet Anglais nous semble surtout vrai aux jours de maladie épidémique : « la propreté est mieux qu'une qualité, c'est une vertu « et un devoir. » Nous l'écririons plus volontiers en lettres d'or au seuil des administrations qui ont charge de 380,000 vies, que nous n'y graverions des généralisations hypothétiques.

CAUSES LOCALES D'INSALUBRITÉ.— UN SYSTÈME D'ÉGOUTS.

4 mars 1886.

On affirme qu'un ministre, si ce n'est deux, viendra dans quelques jours étudier sur place l'assainissement de Marseille et de Toulon, ces deux vestibules introducteurs des épidémies périodiques en France. L'excursion importe assez peu ; l'essentiel est le ferme propos d'agir. Un cabinet dont M. de Freycinet est le chef devrait bien en finir avec cette grosse question. Nous trompons-nous ? ou n'est-ce pas M. de Freycinet, ingénieur des mines, qu'en 1867 le gouvernement impérial chargea d'une enquête scientifique à l'étranger et en France sur les améliorations possibles dans la salubrité des villes ? M. de Freycinet, maître du pouvoir, se décidera-t-il à appliquer les mesures que conseillaient ses savants rapports dans l'intérêt de l'hygiène des cités populeuses ?

En vérité, pour Marseille, ce n'est plus là une affaire à reléguer dans les cartons : il y a opportunité, même urgence. Nous n'apprenons rien à personne, nous ne faisons donc pas acte alarmiste, en indiquant que l'état sanitaire de l'agglomération marseillaise est peu favorable. Pour user du mot technique à la mode, la constitution médicale est mauvaise. Varioles, affections typhoïdes, pneumonies y font presque autant de victimes que les récents choléras, à juger par la moyenne de la mortalité quotidienne. Toutes les sortes de maladies y prennent, sous une influence mal définie, des formes insidieuses et d'autant plus redoutables, ou aisément une prompte gravité.

A quoi imputer cela ? Les incompétents n'ont pas à le conjecturer ; les compétents le savent eux-mêmes si peu ! Mais où

7

les uns et les autres s'accordent, c'est dans la conviction qu'il doit exister des causes locales d'insalubrité susceptibles d'être combattues et détruites, ou au moins très atténuées. Il en est qui relèvent du sens commun : l'ouverture récente par exemple dans certains quartiers de tranchées d'où s'échappaient des exhalaisons pernicieuses, l'insuffisance de l'eau aux époques de chômage du Canal, l'usage imposé de puisards au fond desquels s'accumulent sous les trottoirs des rues des détritus propres à contaminer de proche en proche les nappes liquides souterraines, les infiltrations d'un sous-sol trop peu drainé, l'incurie municipale qui tolère sans cesse la stagnation de boues infectes sur les voies urbaines...

Le nœud est dans la construction d'un système d'égouts et l'aménagement de leur nettoyage. Dans son dernier livre *Life on the Mississipi*, publié en 1885 à Boston, Mark Twain raconte que Memphis, belle ville sur le grand fleuve, a de récents égouts qui font merveille ; qu'il y a peu d'années il était loin d'en être ainsi ; que les habitants se résolurent à cette heureuse réforme à la suite d'une dure leçon, quand une invasion de fièvre jaune eut réduit des deux tiers la population par le fléau et par l'exode. Sans avoir connu certes d'aussi cruelles épreuves, nous avons eu deux épidémies consécutives, nous avons un état permanent d'insalubrité. Pourquoi hésiter à faire meilleures les conditions hygiéniques générales ? Refaisons des égouts tels que la science moderne les veut, au besoin créons pour les entretenir des *curatores cloacarum* comme ces Romains qui n'étaient point sots ; et que M. de Freycinet relise ses *Rapports sur l'assainissement municipal en Angleterre, en Belgique, en Prusse, en France.*

UN GEORGE VARRENTRAPP !

8 avril 1886.

Il vient de mourir à Francfort un réformateur tel qu'il en faudrait un à notre grande cité, commerçante comme Francfort et quatre fois plus populeuse. Celui-là n'avait songé à réformer que l'hygiène publique locale, oh ! mon Dieu, bien peu de chose, mais il y avait réussi ; l'organisation sociale, il ne s'en occupait pas ; plus sincère et plus utile démocrate que les politiciens poussés depuis seize ans par le flux électoral sur l'escalier de notre Maison Commune. — George Varrentrapp avait doté la ville de Francfort d'un grand nombre d'institutions favorables à la santé du peuple, notamment d'un admirable système d'égouts, qui ont rendu plus rares les maladies infec-tieuses et réduit la mortalité.

Qu'un Varrentrapp serait le bien venu à Marseille ! Quoi ! deux années de suite le fléau qu'on croyait disparu a rapporté dans cette énorme agglomération des deuils et des ruines, sans qu'on ait rien fait la seconde fois pour en prévenir le retour ; et depuis sept ou huit mois que le champ était libre, on n'a pas agi davantage ? Toutes sortes d'affections épidé-miques ont succédé à l'épidémie cholérique ; il paraît certain qu'il y a entre ces faits et certaines conditions d'insalubrité urbaine autre chose que de la concomitance, une relation d'effet à cause ; et les pouvoirs publics continuent de ratiociner sur la question ?... Mais elle est urgente, la question ; grave à toute époque, elle est passée à l'état aigu !

Un membre de notre édilité, M. L. Charve, s'écriait l'autre jour à ce propos, en séance, à l'Hôtel-de-Ville : « Nous avons « beau présenter des projets, étudier l'affaire sous toutes ses

« faces, nous nous heurtons toujours aux mêmes difficultés,
« aux mêmes retards, que la faute soit imputable au gouver-
« nement ou à l'administration municipale. » Mais qu'est-ce
qu'un état de choses où les élus d'une population de 370,000
âmes « ont beau étudier » une affaire vitale « sous toutes les
faces », sans qu'il sorte de tant d'études rien de pratique et de
tangible ? Nous voici près de la mi-avril, et les nauséabondes
odeurs que le soleil du printemps dégage des bouches béantes
sous nos trottoirs se chargent de nous rappeler que l'été
approche...

Ainsi il ne reste déjà plus le temps nécessaire pour que
l'œuvre puisse être seulement abordée avant les mois torrides
qui ramèneront le danger. Arrive qui plante, advienne que
pourra ! L'argent manque, voilà le fond des choses. Il manque
dans le budget municipal, il manque dans les budgets des
ministères, et partout on traîne en longueur, on use de moyens
dilatoires, on gagne du temps. D'ailleurs les projets abondent :
la supériorité sûre d'elle-même et la décision vigoureuse ne sont
nulle part pour choisir ; et les propositions qui semblent avoir
été élaborées avec le plus de compétence errent dans les méan-
dres bureaucratiques. Les nouvellistes annoncent ce matin que
« le ministre du commerce est disposé à s'en occuper » : c'est
bien la centième fois. Il faudra finir par essayer de quelque
chose. Nous entrerons alors dans une vaste expérience,
terriblement coûteuse : le ciel fasse qu'elle ne soit pas menée à
faux ! Jamais Marseille n'aurait eu besoin davantage de serviteurs laborieux, consciencieux, non médiocres, animés de la
sainte passion du bien public : où sont-ils ?...

17 avril 1880.

Nous disions l'autre jour, à propos de la mort de ce George
Varrentrapp à qui les Francfortois doivent un assainissement
demeuré célèbre, qu'un de ces modestes réformateurs-là serait

le bien venu au *rœmer* marseillais. On nous a adressé diverses questions sur l'entreprise conduite d'une main sûre par l'hygiéniste allemand. Essayons de donner une idée sommaire, d'après des documents précis, de la manière dont une agglomération qui a des ressemblances avec la nôtre, beaucoup moins populeuse à la vérité, mais considérable encore, sut améliorer au profit de ses habitants, et surtout de sa classe travailleuse, les conditions de salubrité.

Ces conditions étaient mauvaises, quand une commission de bons et actifs citoyens fut instituée pour les modifier selon le plan d'ensemble qu'elle aurait jugé le meilleur. Le docteur Varrentrapp y était entouré de MM. Blonden, Eichberg, Luidley, Baurath Wiebe, tous gens compétents, consciencieux, animés d'une sérieuse passion du bien public, résolus à aboutir. Leur œuvre fut fondée, semble-t-il, sur les principes que voici : le *tout à l'égout*, le *rinçage*, la *ventilation*. Données bien simples, dira plus d'un de nos chercheurs de quadrature du cercle : eh ! oui, le tout est de les appliquer de façon à réussir, et on a réussi.

Les égouts de Francfort sont construits de telle sorte que sans délai ni interruption, ils emmènent prises au point de naissance les eaux ménagères, les immondices, les eaux pluviales, celles du sous-sol. On y a évité l'introduction du sable, des détritus de pavé, la formation de dépôts, les culs-de-sac. Au cas où l'écoulement ordinaire ne suffit pas, des vannes mobiles permettent des retenues et des chasses. Chaque égout de rue est soumis à un rinçage énergique soit par l'eau d'un égout en amont, soit par celle d'un réservoir à rinçage, et est installé au dessous du sol des caves (précaution récemment encore négligée à Marseille). Les bouches de réception sont garanties contre l'air d'égout, et des tuyaux d'évent facilitent la ventilation du réseau entier. Les égouts sont en briques ou en grès vernissé, à parois extrêmement lisses.

Les pentes varient suivant la situation et la destination.

La profondeur est établie entre 3 et 10 mètres, la moyenne
à 5 : on a ainsi assuré le drainage des caves et du sous-sol si
défectueux dans notre ville, et leurs eaux coopèrent au nettoyage de la canalisation souterraine. Les bouches d'eau
pluviale sont placées dans les rigoles à côté des trottoirs à
distance de 35ᵐ les unes des autres, et des *coupe-air* hydrau-
liques s'opposent aux émanations. Sous la grille de chaque
bouche un puisard en grès vernissé retient les matières miné-
rales dans une cuvette levée de temps en temps. Des chasses
d'eau curent le réseau muni de portes et de vannes. Des entrées
latérales et des faux-puits, à intervalles de 180ᵐ à peine,
rendent aisés le service des appareils de rinçage, et l'inspection, qui est rigoureuse. En amont des diverses parties du
réseau, des réservoirs en forme de galeries collectrices rassemblent les eaux du sous-sol et les pluviales pour un rinçage
vigoureux.

Le collecteur principal conduit tout jusqu'à sa bouche d'issue
dans le Mein, à une distance considérable des habitations ;
le tuyau d'embouchure, enfoncé dans le lit de la rivière, porte
au centre du plus fort courant. A leur disparition sous les eaux,
les résidus arrivent si dissous qu'ils n'y laissent aucune trace.
Le trop-plein des eaux pluviales est directement entraîné au
Mein, les jours d'orage, par des déversoirs spéciaux.

Quant à la ventilation, on a combiné les sytèmes *ert* et
fermé. Les ouvertures où la fuite de l'air d'égout deviendrait
nocive sont garanties par des coupe-air, et une communication
libre avec l'air extérieur est ménagée aux points où l'échap-
pement ne peut être pernicieux. Les tuyaux de gouttières sont
utilisés dans le même but. Des cheminées d'aérage y concou-
rent, dont les orifices au niveau du pavé des rues peuvent être
pourvus de désinfectants ; par les fortes pluies, ces cheminées
rendent en outre le service de livrer passage à l'air d'égout
déplacé. Des tours de ventilation offrent, dans les quartiers
élevés, des évents propices.

Les mêmes règles directrices ont été posées pour les égouts privés, et on a adopté ce principe : les aménagements intérieurs des maisons, en ce qui concerne la salubrité, doivent être soumis au même contrôle vigilant que ceux qui dépendent de l'administration publique.

Nous ne disons pas que l'œuvre de Francfort puisse servir techniquement de type à l'assainissement de Marseille. Il est bon de constater pourtant que les résultats essentiels poursuivis ont été obtenus par cette réforme simple, largement conçue, soigneuse du détail, exécutée avec décision. A propos de la mort de Varrentrapp, la presse a encore reconnu que les maladies infectieuses, fréquentes et graves à Francfort dans la période antérieure, y sont devenues beaucoup plus rares.

Le véritable démocrate à Marseille sera celui qui agira enfin, les yeux fixés sur le mot de Pringle : « l'air est plus « meurtrier que le glaive ». On a eu à Francfort des difficultés particulières à vaincre, que créait le Mein : il a fallu diviser le réseau en deux systèmes, le *berg* et le *thal*. La cité à assainir était bien moins grande, il est vrai, que la nôtre, et moins peuplée ; mais aussi elle était moins riche, la population à protéger moins énorme, le péril d'introduire les épidémies dans le reste du pays moins urgent. Et nous avons l'in—comparable déversoir, la mer... Que nous manque-t-il ? Des hommes.

QUAND FERA-T-ON QUELQUE CHOSE ?

20 septembre 1886.

Nos voisins les Niçois nous donnent en ce moment un utile exemple. Sans autant de bruit qu'on a l'habitude d'en faire à notre Maison Commune, ils sont en train d'installer un *Bureau d'Hygiène*, sous la direction d'un de leurs concitoyens qui a passé par leurs affaires municipales, M. A. Balestre. Le fonctionnement a commencé il y a huit jours, le 13 septembre. La ville est sectionnée en cinq périmètres sanitaires, confiés chacun à un agent spécial. Les attributions de ces agents comprennent la propreté des rues, l'état des égouts, la tenue des maisons, les matières alimentaires, les débits de boissons, les lavoirs, les cas de maladies contagieuses. Il y a un service de jour et un service de nuit. Les employés portent sur leur képi l'inscription *salubrité*, pour que tout passant puisse les reconnaître et leur présenter ses réclamations. Le matin ils adressent au *Bureau* un rapport sur la journée précédente, et reçoivent un ordre détaillé pour celle qui s'ouvre. Les renseignements sont ainsi centralisés... Ne pourrait-on organiser quelque chose de ce genre à Marseille, en attendant une réforme d'ensemble exécutée sur les plus récentes données de la science?

Nous ne péchions ni par inexactitude ni par pessimisme, quand nous signalions que l'urgence croissante de la question d'assainissement pour Marseille tenait non plus seulement au danger des épidémies cholériques, mais à un état sanitaire général anormalement mauvais. C'est une terrible preuve mathématique que vient d'en fournir la statistique publiée pour 1885 par le service spécial de la Ville de Paris. Il en résulte très nettement que l'agglomération marseillaise est entre toutes les villes de France, et même par rapport à beaucoup de grandes cités en Europe, le centre le plus malsain. Pour nous borner à deux exemples, sur 100,000 habitants, la petite vérole y cause 91 décès, 9 à Paris, 5 à Berlin ; la fièvre typhoïde y atteint l'énorme proportion de 149 décès, alors qu'elle ne dépasse pas 63 à Paris, 19 à Bruxelles, 17 à Londres, 17 à Berlin, 14 à Vienne. Ces chiffres paraissent incroyables.

Très vraisemblablement, il doit exister autre chose que de la concomitance, une relation d'effet à cause, entre des faits aussi caractérisés et certaines conditions locales susceptibles

d'être combattues et détruites, ou au moins fort atténuées.
D'autres villes importantes après tout se sont trouvées dans
une situation analogue, mais ont su la modifier. Un livre paru
à Boston en 1885 raconte que Memphis, sur le Mississipi, se
décida à transformer il y a quelques années ses égouts, après
une invasion de fièvre jaune qui avait réduit des deux tiers
la population, et réussit. Au mois d'avril, quand mourut
ce George Varrentrapp à qui les Francfortois doivent un assainissement célèbre, la presse a rappelé que les maladies infec-
tieuses, fréquentes et funestes à Francfort dans la période
antérieure, y sont devenues bien plus rares et plus inoffensives
depuis l'œuvre conduite d'une main sûre par le dévoué hygiéniste. Qu'attend donc Marseille ? Elle a de vastes ressources,
la population à protéger y est plus considérable, la mer s'offre
comme déversoir. Quelle entreprise peut séduire davantage
de vrais démocrates, épris d'action et non de phrases ? N'est-ce
pas surtout dans les milieux plébéiens que se font sentir les
contre-coups de l'insalubrité d'une ville ? N'est-ce pas aux
familles ouvrières que profiterait le plus toute amélioration en
ce sens ?

LE TAUX ANORMAL DE LA MORTALITÉ MARSEILLAISE

16 février 1887.

Deux savants Marseillais viennent de nous donner sur la
question si grave de notre hygiène locale des travaux différents par l'objet comme par la forme, mais qui coïncident et
dont l'un justifie l'autre. Le docteur H. Mireur fait paraître
dans le *Sémaphore* une série d'études de démographie médi-

cale sur la mortalité comparée à Marseille et dans les villes les plus importantes de France ou de l'étranger ; il s'en dégage ce fait lamentable que le taux de mortalité est exceptionnellement élevé, véritablement anormal, pour la population marseillaise. Aucune démonstration ne pouvait avec plus de force que celle-là rendre opportune la solide et intéressante brochure que publie sur l'*Assainissement de Marseille* le docteur Rampal, professeur à notre Ecole de Médecine, vice-président du conseil d'hygiène et de salubrité du 1ᵉʳ arrondissement des Bouches-du-Rhône.

Ce n'est pas seulement pour la France que Marseille tient dans la noire statistique dressée par M. Mireur un rang tristement privilégié. Sauf Madras ou Barcelone, il y a là des chiffres désolants. — Voici des cités plus considérables : à Glasgow, 25,7 décès pour 1,000 sur 519,965 habitants ; à Liverpool, 23,7 sur 579,724 ; à Londres 19,5 sur 4,083,928 ; à Berlin 24,3 sur 1,292,230 ; à Vienne 28,5 sur 769,889 ; à St-Pétersbourg 28,8 sur 929,525 ; à Bombay même 28,0 sur 773,196 ; à Calcutta 28,8 sur 433,219 ; à New-York 25,5 sur 1,397,395 ; à Philadelphie 22,0 sur 949,432. — Voici des villes à densité numérique analogue : à Birmingham 19,2 sur 427,769 ; à Dublin 27,5 sur 353,082 ; à Manchester 26,4 sur 337,342 ; à Sheffield 20,6 sur 305,716 ; à Bruxelles 21,6 sur 436,214 ; à Amsterdam 23,9 sur 361,314 ; à Rome 26,2 sur 330,430, malgré la *malaria* et les fièvres endémiques ; à Copenhague 20,5 sur 278,000 ; à Baltimore 19,8 sur 408,520... Or le taux moyen des décès pour nous est 30,1 pour 1,000, et il est déplorablement supérieur encore depuis quelques années. Dans le reste de la France il est de 23,5 de 1867 à 1887 ; en Angleterre, de 22,4 ; en Suède de 20,4 ; en Espagne de 22,8 ; dans l'ensemble de l'Europe, de 26,2 !

M. Rampal a donc plus que mille fois raison quand il déclare que l'assainissement de notre énorme agglomération ne peut plus longtemps demeurer à l'état de projet ou de promesse,

qu'il y va de nos plus urgents intérêts, que l'heure d'agir a
sonné. Quelles causes ont jusqu'ici retardé l'action ? Il énumère
les principales, fautes administratives, difficultés financières,
divergences scientifiques. Il analyse les divers systèmes applicables, et qui se rattachent tous à ces deux partis—pris généraux : ou une canalisation spéciale recevant les eaux pluviales,
les eaux ménagères, les matières usées pour les porter dans
des usines où les résidus seront traités industriellement ; ou
le *tout à l'égout* dans des conditions déterminées, avec
évacuation à la mer, le plus loin possible de la ville. A propos
de la première méthode, il rappelle l'exemple de Memphis
cité par nous il y a longtemps ; à propos de la seconde, la
fructueuse réforme exécutée à Francfort, et que nous décrivîmes
l'an dernier, lors de la mort de George Varrentrapp, sur les
documents authentiques. Il conclut à l'adoption du *tout à l'égout*,
que recommande en effet notamment, nous semble-t-il, la
richesse d'eau que M. Rochard, dans la *Revue des Deux-
Mondes* du 1er février, signale à l'actif de Marseille.

Quel que soit le procédé auquel s'arrêtent les compétents, il
en faut choisir un, et au plus vite, pour refaire dans notre
centre la santé publique. Les statistiques sont de l'histoire, et
peut-être la seule absolument impartiale. Qu'était la mortalité
moyenne à Marseille avant 1871 ? De 1851 à 1867, elle est bien
plus faible qu'aujourd'hui ; en 1867, elle atteint 28,2 ; or la voici
en 1879 à 30,1, en 1880 à 32,3, en 1883 à 31, en 1884 à 33,9,
en 1885 à 32,9, en 1886 à 35,5... car cela empire constamment
et continûment ! On parlait moins de bien-être du peuple il y
a vingt-cinq ou trente ans, on y travaillait. Il y a à Marseille
une grande œuvre à accomplir. Il n'est pas admissible que
notre population soit condamnée à rester un cas intéressant,
une *monstruosité* statistique, en fait de mortalité.

LOGEMENTS INSALUBRES

9 juillet 1887.

Voici la saison des choléras revenue : où en est ce projet de loi sur l'assainissement des habitations insalubres, que déposa le 13 janvier le ministre du commerce et de l'industrie à la Chambre des Députés ? S'est-il évanoui comme la proposition présentée depuis 1884 par M. Nadaud, ou comme celle qu'élabora une commission dont M. Maze, si nos souvenirs ne se trompent pas, était le rapporteur ? Dans quels cartons bureaucratiques ou parlementaires tout ce beau zèle dort-il ?... Il fait terriblement chaud ; les grandes agglomérations populaires telles que Marseille sont exposées par des étés torrides à bien des sortes de périls ; en ce moment même il arrive de Sicile des bruits fâcheux ; la municipalité n'a pas eu encore le temps, et rien ne garantit qu'elle aura le moyen, de restaurer notre système d'égouts, comme fit Francfort grâce à son Varrentrapp. Autant de circonstances qui donnent une pressante actualité, dans cette énorme ville plébéienne, à la question des logements encombrés, des quartiers sales, des foyers malsains.

Comme toute l'œuvre sociale accomplie de 1850 à 1870, la loi du 13 avril 1850, que celle du 25 mai 1864 compléta, s'inspirait de vues généreuses et progressistes. Si les Français n'en n'ont pas obtenu tout le bien qu'on en pouvait attendre, la faute en est à eux. Elle en appelait, cette belle et libérale loi, à l'initiative de la commune : l'inertie, l'ignorance, l'égoïsme ont trop souvent répondu. En vain le gouvernement ne cessait-il d'engager les préfets, les conseils généraux, les conseils d'hygiène à stimuler le zèle des administrations municipales : on compte peu de villes où fonctionnent sérieusement les commissions de logements insalubres. Dans l'intéressant et substantiel ouvrage qu'il publie à cette heure même sur le *Logement de l'ouvrier et du pauvre*, M. Arthur Raffalovich énumère Paris, Lille, le Havre, Roubaix, Nancy... Il ne cite pas Marseille. Pourquoi ? Marseille n'a-t-elle pas près de 400,000 âmes ? Marseille ne renferme-t-elle pas une population ouvrière très dense ? Marseille n'a-t-elle pas été plus fréquemment et plus gravement atteinte que la plupart de ses sœurs françaises par les maladies épidémiques qu'engendre ou active l'insalubrité ?

La pensée maîtresse du projet de loi dont le Parlement est saisi peut se définir ainsi : transport des mesures d'assainissement aux conseils d'hygiène, qui prendront la place des municipalités convaincues d'impuissance. Le titre I détermine les immeubles soumis à la loi, non-seulement l'habitation, mais ses dépendances qu'indiquait insuffisament le législateur de 1850, et permet d'assujettir à l'inspection les locaux où le propriétaire réside, le droit au suicide ne pouvant conférer le droit à la création d'un foyer pernicieux. Le titre II spécifie les conditions dans lesquelles les règlements seront rendus ; ils devront être préparés, spécialement pour les diverses parties du territoire, urbaines ou rurales, pour les constructions existantes et les neuves, par les conseils d'hygiène, et rendus exécutoires par décrets d'administration publique après avis du comité consultatif d'hygiène. Les titres III et IV déterminent la procédure, et les garanties accordées à la propriété. Le titre V charge des *inspecteurs de l'hygiène* du contrôle des logements, et précise la nature des infractions. Le titre VI règle les sanctions pénales...

Nous ne donnons là qu'une sommaire analyse. Tous ceux qui s'occupent d'hygiène publique à Marseille, et au premier rang l'administration municipale bien intentionnée qui a repris

la gestion de nos affaires, devraient examiner de très près les
quarante articles du projet. Ils sont à temps pour faire parvenir
à la Chambre, ou au Sénat, telles observations qu'une expérience
locale malheureusement privilégiée suggérerait. Tel qu'il est,
le projet offre une garantie considérable : il a été élaboré avec
l'aide du *Comité consultatif d'hygiène publique de France*,
qui soumit au ministre ses conclusions le 5 octobre 1885 ; et
la commission supérieure de l'assainissement de Paris a
adopté, le 19 février 1886, des résolutions à peu près identi-
ques. C'est dire que la loi proposée constituerait une amélioration sérieuse, et résume l'état actuel de la science sur ces
graves sujets. Qu'il est regrettable que les lenteurs, les pertes
de temps, les incessantes digressions parlementaires en aient
retardé le vote ! A l'heure qu'il est, nous osons affirmer que
Marseille en aurait bon besoin.

QUE SUBSTITUER AUX QUARANTAINES MARITIMES ?

12 août 1887.

Il s'est tenu au Havre ces jours-ci un congrès très scientifique,
mais très pratique aussi, dont l'objet était bien intéressant, et
(si l'on peut ainsi parler) d'actualité saisonnière pour Marseille. Il s'agissait de rechercher, sur l'initiative et sous la
direction d'hommes compétents, le moyen de substituer aux
Quarantaines maritimes un régime moins préjudiciable au
commerce de toutes les nations, et qui pourtant ne supprimât
point les garanties nécessaires de la santé publique. Plus se
développe la circulation des personnes ou des choses, plus se
multiplient et se compliquent d'un bout à l'autre du monde les

transactions, et moins sont aisément supportées les entraves diverses qui résultent du système quarantenaire même adouci. La science, d'ailleurs, à mesure que les théories des germes gagnent du terrain, en est venue à se demander s'il n'y aurait pas mieux à trouver que des concentrations morbides de navire ou de lazaret pour empêcher la formation de foyers épidémiques successifs après les foyers d'origine.

Ainsi est née cette proposition : au lieu d'essayer vainement d'isoler à l'arrivée, ne serait-il pas préférable d'assainir avant ? Oui, répondent M. Proust, M. Brouardel, d'autres hygiénistes qui font autorité. Le programme discuté sur cette base au Havre a été celui-ci : organiser, à bord du navire en cours de traversée, la prévention des maladies exotiques transmissibles. De là tout un code de prescriptions. A l'embarquement, minutieuse visite des passagers, de leurs colis, des marchandises. Si on aborde dans un port contaminé, mouillage à distance, communications restreintes à l'indispensable. Au cas de maladie, désinfection continue, isolement dans une cabine spéciale aérée, infirmier assujetti à certaines conditions. Au cas de décès, désinfection par l'étuve ou les agents chimiques, jet à la mer du cadavre, des vêtements, de la literie. Pendant toute la durée du voyage, extrême propreté, surveillance sévère de l'alimentation et des eaux surtout, fréquente peinture au lait de chaux des postes d'équipage, nettoiement incessant de la machine, lavage des lieux d'aisance au chlorure de zinc, aspersion des cales au chlorure de chaux...

Ces règles, et bien d'autres qui ont été indiquées, constitueraient une prophylaxie efficace. Si l'on suppose un navire protégé du premier au dernier moment du voyage, il devient inutile d'opposer tels retards gêneurs ou ruineux au débarquement. — Mais de cette protection, qui nous assurera ? L'exécution impitoyable des règles repose sur le médecin, qui devra en répondre, et communiquer son registre d'observation aux bureaux sanitaires sous la foi d'un serment; et pour que sa responsabilité soit sérieuse, on a émis le vœu qu'il dépendît non de l'armement, mais de l'État. Admettons que la loi le fixe ainsi, et que l'État fasse des choix sûrs au lieu de caser des recommandés, et que le contrôle soit diligent; quelle preuve fournira, à l'arrivée, la certitude que le navire est sain?... Questions délicates, plus que ne le croient peut-être les savants officiels. Et cependant il les faut résoudre. Nos armateurs marseillais se sont-ils fait suffisamment représenter au congrès du Havre? L'affaire en valait la peine, car notre port souffre plus qu'aucun autre et des épidémies et des quarantaines, double épreuve alternative pour notre navigation si atteinte déjà par la diminution du fret.

Le congrès a eu raison de conclure : « choisissez ; le dilemme « est inéluctable, subir les quarantaines sans se plaindre, sans « ruser avec elles, sans les annuler peu à peu, ou les faire dis-« paraître par une réglementation préventive que tiendrait au « courant la science. » Ces assemblées, qui ont un air de doctrine, mûrissent pourtant les solutions. Une loi sanitaire rigoureuse du bord, si elle n'abolissait pas la vieille quarantaine toujours défendable, tendrait, jusqu'à élimination peut-être, à en réduire les durs effets.

LES GRANDES VILLES POPULAIRES AU CONGRÈS INTERNATIONAL D'HYGIÈNE.

7 septembre 1887.

Dans une quinzaine de jours se réunira à Vienne un très important *Congrès international d'hygiène*. Peut-être n'existe-t-il pas d'ordre de faits où un accord débattu par la science des diverses nations civilisées et une action concertée des gouvernements puissent être plus utiles. On examinera dans ces assises des questions de l'intérêt le plus considérable et le plus pratique pour les grandes villes. Ce sont par exemple, d'après le programme, les mesures à rechercher pour réduire les ravages que font dans les agglomérations urbaines (et surtout ouvrières) la fièvre typhoïde, la diphtérie, la phtisie pulmonaire, pour prévenir les épidémies cholériques ou en restreindre le péril, pour diminuer la mortalité infantile, pour empêcher les fraudes de tout genre qui vicient l'alimentation, pour arrêter les progrès de plus en plus généralisés de l'alcoolisme.

Nous osons dire que Marseille est, hélas! au premier rang parmi les cités à population nombreuse et dense qu'une assemblée scientifique de cette sorte est capable de servir. On se rappelle avec quelle précision, au commencement de cette année, M. le docteur Mireur, depuis lors entré dans notre municipalité nouvelle, établit que Marseille occupe une place d'exception dans la statistique sanitaire. Le taux moyen de mortalité y est plus élevé qu'à Londres, qu'à Berlin, qu'à Saint-Pétersbourg, qu'à Bruxelles, qu'à Amsterdam, qu'à Rome, qu'à Copenhague, qu'à Vienne même où se tiendra le Congrès, qu'à New-York, qu'à Philadelphie, qu'à Bombay : de 28,2 sur 1,000 habitants en 1867, il est monté à 30,1 en 1879, à 32,3 en 1880, à 33,9 en 1884, à 35,5 en 1886. Ces affections qu'engendre ou active l'insalubrité, qui déciment surtout les classes laborieuses, et dont le Congrès s'occupera, les fièvres typhoïdes, la diphtérie, le choléra, elles ont ici des terrains préférés. Et quant à l'intoxication par l'alcool, cette sobre race provençale, arrivée à boire 5,860 hectolitres du poison en 1875, en a bu l'an dernier 16,500 hectolitres!

C'est pourquoi il ne nous semblerait pas inutile pour Marseille qu'elle prît part à un *Congrès international d'hygiène* comme celui qui s'ouvrira le 26. La France y sera représentée

par des délégués de l'Etat, de la Faculté de médecine de
Paris, du Conseil municipal de Paris (mieux inspiré en cela
que d'ordinaire), de l'Académie de Médecine. Dès le premier
jour le doyen de la Faculté de Paris, M. Brouardel, parlera
sur la propagation de la fièvre typhoïde. Dans cette enquête et
ces débats le témoignage de la démographie marseillaise ne
serait ni sans compétence ni sans intérêt. Pourquoi notre
Conseil municipal, dont l'œuvre principale (avec le relèvement
financier) devrait être l'assainissement, n'enverrait-il pas à
Vienne M. Mireur? Et notre conseil d'hygiène, dont le vice-
président, M. Rampal, a publié naguère une pressante étude
sur l'assainissement local? Et nos associations médicales? On
dit que sur 1,400 ou 1,500 membres actuellement inscrits les
Français, toujours un peu lents et routiniers, ne figurent pas
pour plus de 70 ou 80 noms. Nous voudrions que Marseille y
joignît son contingent. Peu de villes ont en cette matière des
contributions plus topiques à fournir, et des leçons plus
urgentes à recevoir.

VILLES ETRANGÈRES QUI ONT SU S'ASSAINIR

16 septembre 1887.

Les nouvelles sanitaires de Sicile, en même temps qu'elles
confirment une fois de plus la nécessité d'organiser une règlementation draconienne à bord des navires ou de subir les
quarantaines, doivent ramener l'attention des pouvoirs publics
sur l'urgence de l'assainissement de Marseille. Elle se divise,
cette grande question de l'assainissement des villes, en deux

ordres d'idées distincts : *l'assainissement des habitations,*
et ce qu'on peut appeler *l'assainissement·général urbain,*
voirie, abattoirs, drainage, enlèvement des ordures, eaux, par
dessus tout égouts. Marseille eût été utilement représentée, pour
ce qui touche à ce deuxième cercle d'études et de réformes, au
Congrès international d'hygiène qui s'assemble à Vienne
le 26. Où en sommes-nous depuis 1884 ? Un projet de réseau
d'égouts a été dressé, il a passé par les formalités et les
enquêtes administratives ; l'Etat a promis d'y contribuer pour
fr. 600,000 ; des oppositions se sont élevées contre le tracé du
collecteur supérieur Sud... et l'affaire en est là.

Il serait temps qu'on en finît avec la période de préparation,
avec celle des objections aussi, et qu'on se décidât à mettre
énergiquement la main à l'œuvre. La Ville a inscrit pour cet
objet un crédit de fr. 200,000 à son budget 1887 ; il lui en
coûtera, affirme-t-on, cinq ou six fois autant ; mais qu'importe ?
L'entreprise se soldera toujours en bénéfice, car elle est destinée à changer la condition véritablement anormale de notre
ville en fait de mortalité, et il n'en existe guère d'autre
moyen, si l'on y joint certains efforts contre l'insalubrité des
logements. L'expérience est, dans les Deux—Mondes, formelle,
irrésistible en ce sens. Nous avons exposé les résultats
obtenus par deux villes bien différentes, bien éloignées, qui
d'ailleurs procédèrent diversement, Memphis et Francfort ;
d'autres exemples aussi concluants valent la peine d'être
indiqués.

A New-York, le taux de mortalité demeura élevé tant qu'on
ne s'occupa point de la question d'une manière scientifique,
avec suite, et qu'on laissa les choses aller. C'est, en 1865, sous
l'action stimulante de la presse qu'un comité de citoyens
provoqua la création d'un *Board of health* et le vote d'une loi
sur les logements, complétée à reprises successives, notamment
en 1878 et 1881, par ce qu'on nomme le code *sanitary* de
New-York. Le taux de mortalité, qui avait été longtemps de

28 par 1,000, est tombé à 26 d'abord, puis à 25,5, et il est à noter qu'il demeure deux fois moins favorable dans les quartiers moins assainis que dans les autres. — A Londres, quand les parties basses n'avaient pas de système d'égouts satisfaisant, les fièvres enlevaient chaque année de 30 à 40,000 victimes. Aujourd'hui, si fâcheux que soit encore l'état de certains quartiers, ce n'est rien par comparaison ; la canalisation emporte les matières et les eaux fétides dont étaient imprégnés auparavant le sol et les fondements des maisons ; la mortalité s'est abaissée à 19,5.

A Bristol, la mortalité était, en 1850, de 28 pour 1000. On a établi 200 kilomètres d'égouts, supprimé les fossés découverts et les cloaques, appliqué des règlements sévères, mis à profit pour le drainage et l'écoulement des eaux la situation entre l'Avon et le Frome ; et Bristol est monté au sommet de l'échelle sanitaire, et la mortalité n'y est plus que 17,9 par 1000 ! — A Berlin, agglomération énorme, l'amélioration de la santé générale a été parallèle aux progrès de la canalisation souterraine. En 1875, 57 maisons à peine communiquaient avec l'égout ; le *Magistrat* et le conseil municipal ont consacré près de 100 millions de francs, qu'il a bien fallu emprunter, à une canalisation de tuyaux ramifiés à l'infini ; 17,000 maisons environ sont par là reliées à l'égout, et tenues d'y évacuer tout, absolument tout ; un drainage pneumatique envoie en moins d'une heure la masse attirée dans des dépotoirs en pleine campagne. 19,000 maisons reçoivent en outre l'eau de la ville. Les affections typhoïdes ont rapidement diminué ; et aujourd'hui, quoique Berlin compte plus de 1,300,000 habitants, quoique Berlin souffre de l'encombrement comme toutes les grandes villes, le taux des décès n'y dépasse plus 24,3 par 1000.

Comment ne pas rougir de honte devant ces chiffres, 25,5 à New-York, 19,5 à Londres, 24,3 à Berlin, 17,9 à Bristol, quand on songe qu'à Marseille le taux de mortalité a varié

depuis huit ans de 30,1 en 1879 jusqu'à 35,5 l'année dernière,
et qu'il suffirait de vouloir pour mettre un terme à cet état de
choses ? Quelle tâche peut être plus urgente pour qui a charge
de la cité, que d'abolir le plus possible les causes qui engendrent et qui activent les affections dont nos classes laborieuses
sont décimées, fièvres typhoïdes, diphtéries, épidémies ?
Nos chaleurs brûlantes en été et notre situation de port ouvert
quoi qu'on fasse à toutes les importations n'aggravent-elles
pas le mal ? Faisons donc ce qu'ont su faire, parmi bien
d'autres, New-York, Memphis, Londres, Francfort, Bristol,
Berlin. Pour le *tout à l'égout*, que Berlin a adopté nettement,
nous avons deux conditions particulièrement favorables :
l'abondance d'eau, que M. Rochard signalait naguère à notre
actif, et la possibilité d'évacuer dans l'immense mer, qui vaut
mieux que la Sprée, très loin du littoral habité. Mais que nous
prenions ce système, ou un autre, prenons-en un, et agissons :
il est temps.

UN PREMIER ESSAI FRAGMENTAIRE DE CANALISATION
SOUTERRAINE.

4 janvier 1888.

Demain doit revenir devant le Conseil municipal l'importante
question non point de l'assainissement de Marseille comme on
le dit beaucoup (c'est aller trop vite, et le mot comprend bien
autre chose), mais d'une première entreprise de canalisation
souterraine nouvelle. Dans la séance du 27 décembre, au nom
de la commission instituée le 15 juillet 1887, il a été proposé

que les travaux de l'égout supérieur sud soient mis en adjudication, que le déversement aux Catalans soit porté à la pointe entre l'anse du Capelan et le vallon des Auffes, que l'égout supérieur nord soit réoffert aux enchères avec 15 °/₀ de majoration sur tous les articles du cahier des charges, et qu'il soit procédé immédiatement à l'étude du réseau inférieur. Comme dans tout microcosme parlementaire, les avis se sont divisés. Malgré le rapport de M. Jourdan, malgré l'adjuration vigoureuse d'agir présentée au point de vue hygiénique par M. Mireur et au point de vue commercial par M. J.-Ch. Roux, le Conseil a sursis jusqu'après impression des documents.

Rien de plus juste s'il ne s'agissait que de se décider en plus complète connaissance de cause. Mais se décidera-t-on ?... Il n'est pas inutile de préciser où l'on en est, car le public ne s'en rend pas un compte net. L'idée de compléter notre système urbain d'égouts aboutit, à la suite des choléras de 1884 et 1885, à un plan pratique qui a été surnommé le *Projet des Ingénieurs*, parce qu'il émane des ingénieurs de l'Etat. Ce projet comporte l'exécution d'une série d'égouts de ceinture du Port, divisés en réseau supérieur et réseau inférieur. Après les enquêtes obligatoires, sur l'approbation du conseil général des ponts et chaussées et du comité consultatif d'hygiène publique, le gouvernement s'obligea à contribuer pour fr. 600,000 à la dépense, sous condition que les deux collecteurs supérieurs nord et sud seraient exécutés les premiers, que les eaux du réseau inférieur seraient rejetées au-delà de la digue de la Joliette, que le ministère des travaux publics donnerait son adhésion définitive pour les trois collecteurs, que l'exécution aurait lieu sous le contrôle des ingénieurs du Port. Le 11 juillet 1887 le conseil municipal adopta des tracés et vota des crédits pour commencer l'œuvre, que presse un vif mouvement d'opinion locale.

Pourquoi la mairie actuelle, au lieu de passer à l'action, la laissa-t-elle suspendre par des doléances et des contre-projets ?

S'il·était juste de s'y arrêter, quelle raison y aurait-il de tenir jamais une solution pour acquise ? Quoiqu'il en soit, une sous-commission fut consultée sur le danger d'un déversement du collecteur sud dans l'anse des Catalans ; par un rapport de M. Chapplain, elle répondit négativement, désignant de préférence un point nouveau. Une autre sous-commission pâlit sur un contre projet, et conclut au rejet. C'est en l'état de tant d'études réitérées, contradictoires, vraisemblablement cons-ciencieuses, que les conseillers municipaux ont à prendre un parti. Ils ont eu maintenant sous les yeux le texte des rapports déposés ; chacun d'eux en sait autant qu'un honnête homme en peut savoir pour des matières spéciales, où il lui est sage de faire crédit aux techniques sous peine d'hésiter sans terme.

Il existe dans l'administration de Berlin et d'autres villes allemandes un élément, dont il est peut-être regrettable que le législateur n'ait pas pourvu nos communes françaises. En face de l'assemblée délibérante, semblable à celle qui siège à notre Hôtel--de--Ville, fonctionne formé par elle, et sous le nom collectif de *Magistrat*, un collège d'officiers municipaux : les uns, sans renoncer à leurs occupations personnelles, donnent une part de leur temps comme nos maires et adjoints ; les autres (17 à Berlin) sont des spécialistes de premier ordre, engagés pour 10 ou 12 ans, et largement rémunérés. Parmi ces *Stadträthe* payés, il y a, avec les bourgmestres, un ingénieur par exemple à fr. 12,500 de traitement, un architecte à fr. 18,000, un chef de contentieux à fr. 12,500. Ce sont les deux catégories des membres du *Magistrat* qui dirigent les grands services, avec une délégation de conseillers municipaux ou de simples citoyens intelligemment choisis : selon leur aptitude particulière ils s'occupent qui des taxes, qui des écoles, qui du gaz, qui des égouts. Le conseil municipal, qui les a institués, les contrôle. Mais au moins les affaires, au lieu d'être menées par des passants qui touchent à tout sans rien approfondir, ou par des adjoints qui dérobent en courant quelques demi-heures à leur journée professionnelle, sont expédiées par des gens du métier, qui ont fait leurs preuves, et qu'on attache au service de la Ville en les payant comme il convient.

Quand Francfort et Berlin ont eu à se donner des égouts, Francfort et Berlin ont fait de bonne besogne. La ville de Marseille n'a pas de haut personnel travailleur ainsi à ses ordres : qu'elle use du moins du personnel de l'Etat. Nous ne connaissons que deux écoles en administration, celle qui aboutit, qui laisse quelque chose après son passage au pouvoir, et celle qui entasse dossiers sur dossiers sans finir rien. Les projets d'égouts soumis au conseil municipal ont passé par toutes les filières de la science et de la bureaucratie : va-t-il en chercher d'autres ? Lorsque nous voyons dans une commission de ce genre des ingénieurs et des savants tels que M. Gay, M. Orsel, M. Guérard, M. Oppermann, M. Reboul, M. d'Allest, et qu'ils nous affirment que le projet enfin prêt à sortir des cartons constitue au moins un mieux considérable, nous nous inclinons. Si un regret nous semblait possible, ce ne serait pas pour telle ou telle contre-conception moins autorisée ; tout au plus aurait-on pu rêver une œuvre d'ensemble, conçue sur un plan rationnel général, d'exécution simultanée, cohérente et grandiose, non scindée et fragmentaire. Mais nous sommes des profanes, les finances ont leurs nécessités, et le progrès souvent est successif. L'unique mot que nous ajouterions à notre vote de confiance serait un assentiment au dernier dire de la sous-commission Mireur-Chapplain : Marseille ne sera assainie que lorsque tous les égouts jetteront leurs eaux—vannes en pleine mer.

HYGIÈNE MUNICIPALE

Le complexe problème de l'assainissement de la cité a reparu devant notre Conseil municipal, sous d'autres aspects que celui de la continuation du réseau d'égouts, qui n'en est qu'un chapitre. Une sorte de bilan de la santé urbaine en 1887 a été présenté par M. Mireur : il en ressort que le total des décès, qui oscilla entre 11,000 et 13,000 de 1883 à 1886, s'est abaissé l'an dernier à 10,967, et que les naissances se sont légèrement élevées, à 11,074, ce qui laisse un faible excédent au profit de la natalité. Sans transformer en titre à l'actif de la municipalité nouvelle ces résultats, puisqu'on ne saurait dire que rien d'important ait été fait encore, il est juste de les noter avec satisfaction, peut-être d'en imputer une part à quelques mesures de détail ou à une certaine vigilance générale d'administration. Le taux de mortalité est tombé à 28,9 pour 1,000 habitants. Il reste pourtant supérieur à la moyenne des autres grandes villes françaises, y compris Paris.

Et la comparaison avec les agglomérations considérables de l'étranger ne nous est pas plus favorable. Citons par exemple Berlin (20), Pétersbourg (23), Vienne (19), Amsterdam (16), New-York (20), Bruxelles (15); la liste s'allongerait aisément. Pour Bruxelles, qui vient en tête de ces six cas, la diminution des maladies épidémiques est attribuée à ce qu'il y a été créé depuis quelques années un service autonome d'hygiène. Une organisation analogue est demandée pour la France aux pouvoirs publics par le comité consultatif et les hommes compétents. On avait à Marseille annoncé en août 1887 que la ville allait fonder un *Bureau municipal d'hygiène*, comme il en existe au Havre (grâce sans doute à M. Siegfried), à Amiens, à Bordeaux, à Rouen, en Angleterre, en Belgique, en Italie. Espérons que ce louable projet sortira des cartons de l'Hôtel-de-Ville un de ces jours : il est plus opportun qu'ailleurs dans un énorme centre populaire, et dont la prospérité, comme le montra naguère fort justement M. J.-Ch. Roux, se lie aux conditions sanitaires. Que ce *Bureau d'hygiène* s'installe ; qu'il nous donne des rues propres, de l'eau claire ; si l'on entreprend des constructions d'égouts, qu'il veille à entourer de précautions les bouleversements de terres, qui provoquent souvent les fièvres typhoïdes et le pourraient surtout dans un milieu propice.

L'association des idées, cette capricieuse maîtresse des ordres du jour, a amené le Conseil municipal à toucher dans la même séance à un autre point grave de la matière, l'insalubrité des habitations. Un membre ayant demandé des nouvelles de la commission des logements insalubres, M. Mireur a répondu qu'elle ne fonctionne plus depuis trois ans, se juge trop mal armée, et attend le vote d'un projet de loi déposé. On connaît ce projet de loi, dont la pensée essentielle est de transporter aux Conseils d'hygiène les pouvoirs dont les municipalités paraissent convaincues de n'avoir pas voulu suffisamment user. M. J.-Ch. Roux a proposé d'émettre en faveur de l'adoption de la loi nouvelle un vœu, dont l'étude a été différée. Le fait est qu'elle dort dans les bureaux de la Chambre des députés depuis un an (13 janvier 1887) ; elle est là, au milieu de beaucoup d'affaires sérieuses dont nos politiciens ne daignent pas s'occuper, ayant d'autres soucis. Puisse l'approbation marseillaise contribuer à tirer la pauvre loi des limbes parlementaires ! Elle constituerait un progrès réel, résumant l'état actuel de la science. Pour l'instant c'est mal raisonner que suspendre toute application des règles en vigueur, comme M. Mireur en a accusé la commission spéciale; la loi du 13 avril 1850, celle du 25 mai 1864, ont fourni à certaines communes le moyen de faire beaucoup : pourquoi, jusqu'à introduction d'une légalité nouvelle, ne pas user de ce qu'on a ?

La grande et belle question, dans cette ville de près de 400,000 âmes, et où la population ouvrière est si dense, que celle de l'amélioration des logements plébéiens ! Que de maisons malsaines, bâties au mépris de toute hygiène, en matériaux perméables, sur des sols humides, sans écoulement des eaux ménagères, sans aération ! Que de familles entassées dans des chambres communes aux deux sexes ! Parallèlement aux réglementations plus efficaces que la législation promise nous donnera, se place l'œuvre de la création de logements économiques et salubres, avec les conséquences qu'elle comporte pour la mortalité, les épidémies, la moralité, l'épargne, avec l'accession du travailleur manuel à la propriété d'un foyer au moyen de la combinaison de l'achat par amortissement avec le loyer fractionné. Dans cette voie la France, qui se prétend la nation démocratique et avancée par excellence, demeure terriblement en arrière, et en France, surtout Marseille. Il serait l'heure que nous regagnions notre rang.

LE SOUS-SOL. — EXPÉDIENTS INEFFICACES — UNE RÉFORME PRÉCISE PROPOSÉE

28 mars-15 avril 1888.

I

Voici la question décidément posée. — Par une série d'arrêtés en 1886 et 1887, la précédente municipalité, puis l'actuelle aidée d'une commission sanitaire, ont entrepris de compléter ce que l'expérience a pu constater d'insuffisant dans la règlementation qui honore (comme tout premier effort dans une voie) leurs devancières de 1859, 1865, 1868. — La Ville est sortie victorieuse d'une longue lutte judiciaire soutenue contre ses interprétations des textes en la matière. — Elle notifie depuis quelques mois des avertissements aux propriétaires d'immeubles, pour qu'ils aient à exécuter dans un délai déterminé ses ordres nouveaux, notamment à l'effet de transformer les puisards sous trottoirs. — Un syndicat de résistance, sérieux, honorable, s'est constitué, et a commencé d'agir. — Enfin le savant qui occupe dans l'administration communale du 3 mai 1887 le poste si important d'adjoint délégué à l'hygiène publique vient de présenter au Conseil municipal un rapport étendu, pour justifier les mesures prises et esquisser un programme.

Saisis du solide travail qu'a versé au débat le *Syndicat des propriétaires Marseillais pour la défense des droits de la propriété immobilière,* nous n'avons pas voulu aborder l'examen des points graves et délicats qu'il discute avant d'avoir écouté et pesé la thèse contraire. Telle nous semble en toutes choses l'obligation morale de la critique sans parti-pris, qui n'est inféodée à personne, qui ne relève que de sa conscience. Nous connaissions bien les documents administratifs et juridiques du dossier ; mais il nous a semblé nécessaire, équitable, d'attendre que l'étude du docteur H. Mireur ait été imprimée et distribuée. Après l'avoir lue, nous nous félicitons d'avoir procédé ainsi. M. Mireur au surplus a le mérite à nos yeux d'avoir le premier posé avec l'ampleur qu'il comporte et traité avec méthode le problème de notre assainissement urbain, le premier établi combien nos concitoyens en cela aussi sont arriérés, le premier fixé l'attention sur le taux déplorable de la mortalité à Marseille par comparaison aux autres grandes villes françaises ou étrangères.

Est-ce à dire que nous ne puissions différer d'avis avec lui en l'espèce, ou avec la commission compétente dont le maire de Marseille a su l'entourer pour sa difficile tâche ? La commission et le représentant de la municipalité ne recherchent, nous en sommes convaincus, que la lumière, et sont prêts à accueillir toute vue réfléchie qu'ils reconnaîtraient juste. Mais au moins faut-il étudier leurs premières propositions dans le même esprit non prévenu, avec le soin qu'elles méritent, en se dégageant de tout *a priori* de routine ou d'égoïsme privé. Nous analyserons donc le *Rapport* soumis par M. Mireur au Conseil municipal le 6 mars, et ce sera préciser par un exposé sans lacune l'état du sujet. Nous ferons de même pour le *Mémoire* du groupe qui a installé une sorte d'office rue Pavillon, 15. Nous essaierons ensuite de conclure, ne demandant conseil qu'aux autorisés, nous appliquant à ne nous inspirer que du bien général et du dessein réformateur, progressiste, poursuivi par l'administration et ses auxiliaires. L'affaire en vaut la peine : peut-être la serrer de près est-il plus utile, et aussi intéressant, que de disserter de politique divisante et stérile.

II

Qu'a-t-on fait depuis trente ans à Marseille pour cette condition capitale de l'hygiène publique dans une grande ville, la salubrité du sous-sol ? Quelles ont été les étapes successives de la réglementation ? Quels obstacles a-t-elle rencontrés ? Où en est-on, et que reste-t-il à entreprendre ? Telles sont les questions traitées par le Rapport de M. Mireur. Tâchons d'en dégager l'essentiel pour le public, qui se perd un peu dans ce débat et n'y voit pas très clair.

Le Rapport prend pour point de départ le règlement de voirie édicté le 17 février 1859 par M. Honnorat, et qui prohiba de déverser le produit des vidanges sur la voie publique ou dans les égouts. Le 21 août 1865 un arrêté de M. Bernex ordonna à tous les propriétaires de pourvoir leurs maisons de fosses fixes ou mobiles dans le délai d'un mois ; le 5 février 1868 tout jet d'immondices fut interdit dans les égouts, par les fenêtres, par les tuyaux de descente, dans les ruisseaux ou aqueducs. Il y a toujours plus de mérite à ouvrir une voie qu'à y avancer ; il nous semble que M. Mireur aurait pu rendre plus de justice à ces efforts d'administrations initiatrices.

Sur l'exécution de ces textes surgirent les résistances. Beaucoup de propriétaires avaient été autorisés à déverser dans les égouts leurs eaux pluviales et ménagères, et à établir sous les trottoirs des cuvettes en maçonnerie ou pierres sèches, dites puisards ; la Ville leur reprochait d'évacuer par là autre chose que des liquides sans nocuité. Le tribunal de simple police de Marseille leur donna gain de cause le 20 septembre et le 22 décembre 1879 ; la Cour de cassation annula cette décision le 14 février 1880, et renvoya devant le juge d'Aubagne, qui relaxa. L'action fut reprise après le choléra de 1884. Le tribunal de Marseille se prononça de nouveau le 25 juin 1885 en faveur des propriétaires ; la Cour de cassation annula de nouveau le 3 avril 1886, et renvoya devant le juge de La Ciotat, qui le 7 août 1886 acquitta encore, posant en principe la légitimité de l'usage des puisards à des conditions à déterminer par la Ville. Sur un troisième pourvoi, la Cour suprême, chambres réunies, décida le 16 mai 1887 que les puisards étaient réservés aux seules eaux ménagères ou pluviales, et que les transformer en fosses était une déviation abusive de l'arrêté de 1865. Cette jurisprudence fut appliquée, sur renvoi, par le juge de Toulon à 128 propriétaires le 21 juillet 1887, et en appel, par le tribunal correctionnel de Toulon le 1er février 1888.

Entre temps la municipalité marseillaise avait estimé nécesaire de trancher par des textes nouveaux les doutes d'interprétation. Le 13 juillet 1886 un arrêté de M. Allard prescrivit la suppression de tout écoulement direct dans les

trois mois ; il exigeait 1° pour déverser dans les ruisseaux et
les égouts, des appareils à système diviseur et désinfecteur ne
rejetant que des liquides clarifiés, 2° pour déverser dans les
égouts, des appareils dilueurs étanches et imperméables avec
récipient métallique soit à l'intérieur des maisons, soit dans
les puisards ; dans les deux cas il imposait des concessions d'eau
proportionnées. Des contraventions à cet arrêté furent punies
d'amende par jugement du tribunal de simple police de
Marseille, le 3 mars 1887.

Le 3 mai, l'administration actuelle entrait à l'Hôtel-de-Ville.
Elle reconstitua la commission sanitaire, qui fut composée
d'hommes compétents, entr'autres M. Guérard, M. Chapplain,
M. Rampal, M. Combalat, M. Nicolas-Duranty, M. Livon,
M. Rietsch, M. Nicati, etc. La commission visita un certain
nombre de puisards, les trouva défectueux. Conformément à
ces conclusions, le maire prit le 15 juin 1887 un arrêté limi-
tant aux cas exceptionnels d'absence d'égout le déversement
au ruisseau et spécifiant les données d'installation des récipients dans les puisards, puis le 29 septembre 1887 prescrivit
que le récipient métallique fut noyé dans un massif de béton
et agréé par les agents communaux. La commission examina
seize types d'appareils, en déclara onze acceptables, en refusa
cinq. Elle résolut le 1er mars 1888 divers détails, et entendit
le bureau du *Syndicat des propriétaires* qui venait de se
former. Le 6 mars, M. Mireur soumettait son rapport au
Conseil municipal, qui l'approuva.

Tel qu'il ressort de ce travail, l'état actuel serait celui-ci :
sur 32,653 maisons dans Marseille, 5,000 desservies par des
tinettes filtrantes, 4,000 par des puisards, 10,000 par des
tinettes ordinaires que changent périodiquement les entreprises de vidange, mais qui souvent sont sans usage et
masquent le jet direct au ruisseau ; 13,600 dépourvues de tout
appareil ; dans les rues encore privées d'égout, des canalisations spéciales construites sans plan par les fontainiers,

conduisant à l'égout le plus rapproché, mal entretenues, mal étanches... Comment s'étonner dès lors que notre sous-sol soit infiltré d'éléments pernicieux ? que notre énorme agglomération se trouve sous la menace perpétuelle d'épidémies, typhiques ou autres ? que depuis quinze ans le taux de mortalité y excède 30 pour 1000, quand il ne dépasse guère 22 à Lyon, 25 à Bordeaux, 24 à Paris, 26 à Toulouse, 24 à Nantes, 19 à Londres, 24 à Berlin, 25 à New-York ? Nous avons dénoncé nous-même il y a longtemps l'anormalité déplorable de cette situation. M. Mireur fait remarquer que certains de nos quartiers urbains présentent des proportions inconnues partout ailleurs (47 p. 1,000 dans celui de l'Hôtel-de-Ville), et que ce sont précisément ceux où le jet au ruisseau subsiste.

Quel programme assigner à la réforme ? Le Rapport émet un vœu pour le *tout à l'égout*, et comme découragé d'avance de la lenteur qu'aurait une œuvre d'ensemble, demande qu'en attendant on construise des égouts nouveaux, on régularise les canalisations spéciales en réseau secondaire, on impose la grille fixe aux tinettes filtrantes, on assure la transformation des puisards par les appareils métalliques et leurs fréquents nettoyages.

Nous avons analysé le plus fidèlement possible l'étude de M. Mireur, sans en juger encore les conclusions. Elle se termine ainsi :

La France s'est laissée distancer en matière d'hygiène. Tandis qu'à la suite des travaux exécutés la mortalité par maladies infectieuses a baissé de 50, 60, 80 %, en Angleterre, en Allemagne, en Belgique, en Autriche, en Italie, ces maladies sont à Marseille plus fréquentes que jamais. Suivons l'exemple de Londres, de Glasgow, de Bristol, de Bruxelles, de Berlin, de Vienne, de Turin, des grandes villes américaines, où la fièvre typhoïde par exemple ne se produit plus qu'à titre exceptionnel. Nous sommes solidaires, la santé des uns sauvegarde la santé des autres...

Excellentes paroles, que contre-signera tout bon Marseillais.

III

On n'a encore rien trouvé de mieux, pour connaitre une
affaire, que d'en examiner de près et sans opinion arrêtée
d'avance le dossier, les arguments contraires, les aspects.
divers. Avec le même soin d'exactitude que dans l'analyse du
rapport de M. Mireur, dépouillons donc le *Mémoire* fourni par
le groupe qui a pris le nom de *Syndicat des propriétaires
Marseillais pour la défense des droits de la propriété
immobilière.* Si le nom gagnerait à être raccourci, il ne serait
pas juste d'en dire autant pour le *Mémoire.* Il contient beaucoup de faits, d'observations, d'idées, en 19 pages. On l'a daté
du 7 mars ; c'est la veille que le président de la commission sanitaire avait conclu devant le Conseil municipal. Nous
ne sommes plus ici devant une étude d'ensemble de cette
grande question, l'*Assainissement de notre sous-sol urbain*.
Il s'agit d'une plaidoirie sur un seul point, un détail, du sujet,
les *puisards*, comme l'intitulé l'indique. Cela est normal :
l'esprit civique ne s'éveille dans notre pays que sous l'aiguillon
d'intérêts atteints. Rien n'empêche que de là il ne s'élève à
des vues d'utilité collective. Ainsi procédera le *Mémoire*,
ébauchant à la fin un programme, les linéaments d'une solution.

La première thèse des protestataires est celle-ci : les obligations récentes mises par deux maires de Marseille à la
charge des propriétaires de maisons à puisards sont inexécu-
tables ; la pose des appareils qu'agrée l'administration ne donne
au regard de la Ville aucune sécurité à qui en usera. La modification imposée aux puisards remonte à la mairie de M. Allard ;
l'arrêté du 15 juin 1887 a simplement réglé un mode d'exécution de celui du 13 juillet 1886. Or que prescrivait l'arrêté de
1886 ? L'installation d'un appareil dilueur étanche imper-

méable, *n'exigeant aucune vidange périodique*, ne rejetant que des eaux épurées. C'était l'appareil Mouras, qui parut dans le monde, non sans *humbug*, en 1881. Mais pour qu'il y ait vidange automatique, il faut entre la capacité de la fosse, le volume de liquide, la quantité de matières, des proportions telles qu'on a vite reconnu l'impossibilité d'astreindre à des récipients de dimensions irréalisables sur la voie publique. La Ville s'est dès lors contentée de marmites d'un mètre cube : partant, aucune vidange automatique, nécessité de curage périodique, évacuation de liquides infects. Que devient la visée de 1886 ? Et s'il ne s'agit plus que d'une expérience pour essayer d'avoir un peu plus d'étanchéité, comment condamner les particuliers à de lourdes dépenses, sans garantie ni de la durée de l'engin ni de la suite des idées administratives ?

Cela établi, le *Mémoire* se demande : si la Ville persiste dans sa prétention, les propriétaires menacés ont-ils le droit et le moyen de s'y soustraire ? Il répond : oui, par le rapprochement des intéressés en un syndicat capable de couvrir les risques et d'affronter les frais d'un litige. Au reste le brevet Mouras est tel que chacun peut s'affranchir de ce que le *Mémoire* appelle (inexactement, semble-t-il) un monopole abusif, en construisant une fosse à syphon sans payer tribut au cessionnaire, ou en le sommant de garantir que le récipient d'un mètre cube assure les *desiderata* municipaux, vidange automatique et évacuation épurée. — Le *Mémoire* est conduit par là à cette troisième démonstration, que substituer une boîte en tôle à un récipient en maçonnerie ne constitue même pas une amélioration sensible. D'où ce dilemme : si l'on cherche une solution, les marmites Allard ne sont qu'un expédient provisoire, extrêmement onéreux, et inutile ; si on s'en tient à amender pour attendre mieux, il n'y a qu'à surveiller, faire entretenir, munir de syphons les puisards constatés défectueux.

Qui critique doit proposer quelque chose à la place de ce

qu'il écarte. L'auteur du *Mémoire* a senti cette obligation. Aussi en terminant passe-t-il en revue trois systèmes : des fosses mobiles à renouveler dans les puisards, des fosses fixes, le *tout à l'égout*. Le premier et le second lui paraissent inapplicables. Il se rallierait volontiers au troisième. L'innocuité lui en semble indubitable. C'est aux ingénieurs de lever les difficultés techniques. Quant aux obstacles financiers, plus sérieux en l'état de nos budgets communaux, la Ville pourrait assumer l'entreprise, et en amortir le coût par une redevance annuelle imposée aux propriétaires contre la concession définitive, perpétuelle, d'un *droit de chute à l'égout*. Les fonds feraient l'objet d'un budget à part sur ressources spéciales, dont l'affectation ne pourrait être changée, et pour lequel une sorte de contrat pourrait être lié par la Ville avec les syndicataires. Le *tout à l'égout* est légitimé par la vraie science. Il n'a contre lui que les inventeurs d'appareils et tous les industriels qui vivent de la vidange. Le procès est à gagner contre eux devant l'opinion et les pouvoirs publics.

Tel est cet intéressant travail, très clair, sinon très méthodique, précis, modéré (sauf dans la discussion de l'appareil Mouras). Il nous reste, après avoir résumé deux documents non point contraires, mais très différents, à dire sur quoi l'un ou l'autre, peut-être l'un et l'autre, ont pu nous convaincre.

IV

Le premier est-il fondé en toutes ses parties? La démonstration du second est-elle décisive? Précisons en quoi l'un et l'autre déterminent la conviction, sur quoi l'un ou l'autre n'y réussit pas. Une fois le terrain ainsi désencombré des erreurs, des malentendus, des exagérations qu'y ont introduits la succession de municipalités différentes, une interminable lutte judiciaire, le conflit d'efforts municipaux bien intentionnés avec les intérêts privés, la polémique, nous serons plus à l'aise pour essayer d'indiquer une solution.

Ce n'est pas le seul mérite d'avoir présenté la doctrine, l'historique administratif, les phases judiciaires du sujet, qui revient à M. Mireur. — Il a établi à quel degré Marseille est arriérée, combien navrant est son taux de mortalité. Nous ajouterons : quoiqu'en 1887 les décès aient baissé de 12,152 en 1885 et 13,158 en 1886 à 10,967 et soient restés inférieurs aux naissances, quoique la direction de l'hygiène publique soit incontestablement meilleure, la situation demeure anormale. Marseille garde par exemple un rang notable sur la liste des villes que la statistique signale comme ayant fourni l'an dernier le plus haut contingent à la fièvre typhoïde (482 morts contre 217 à Berlin, 79 à Vienne, 204 à Rome, 222 à Bordeaux, 34 à Anvers), à la diphtérie et au croup (545 contre 181 à Lyon, 201 à Amsterdam), — Où le rapport de M. Mireur n'a pas moins de force, c'est quand il montre, en face de ces faits, l'empoisonnement de notre sous-sol et nos 32,000 maisons sans organisation de vidanges, quand il affirme l'urgence d'agir, quand il appelle une réforme profonde, quand il réclame en l'attendant la construction de nouveaux égouts (on en commence un place de Lenche), la régularisation du réseau incohérent créé par les fontainiers, l'amélioration des *minima* actuels.

A son tour, il le faut reconnaître, la protestation des propriétaires d'immeubles à puisards est topique sur plusieurs points. Aucun argument sérieux ne lui est opposé quand elle prouve : — que les puisards furent installés tels qu'ils sont avec la tolérance, et même l'agrément, de la Ville ; — que la modification, prescrite en 1886 avait pour objet la *vidange automatique,* constatée irréalisable depuis lors à cause des dimensions, et que la raison d'être principale en a dès lors disparu ; — que si le rôle de la cuvette de tôle est réduit à celui d'une précaution de plus pour l'étanchéité, l'utilité en devient trop mince, trop incertaine, trop précaire pour autoriser la commune à charger les particuliers de frais très lourds; — que dans un bref délai, deux ou trois ans peut-être,. ces appareils métalliques se détérioreront inévitablement; que la dépense se renouvellera à des intervalles imprévus, et peut même être frustratoire si la Ville change d'avis comme elle l'a déjà fait, ou recommande des procédés plus ingénieux, ou adopte un système général d'assai-nissement.

Par contre le Syndicat de résistance a faussé, en les forçant, certaines de ses thèses. — Il est excessif d'avancer que la modification imposée aux puisards est inexécutable, puisque 400 propriétaires l'ont exécutée. — Et il l'est encore de nier que le récipient améliore en rien le puisard : car la commission sanitaire qui l'a admis n'est pas composée d'incompétents, et à la maçonnerie étanche que proposent les propriétaires a voulu ajouter une précaution de plus. Précaution dérisoire, soutenez-vous; mieux vaudrait se contenter de dire : précaution possible,.. tant qu'elle durera, et elle ne peut durer. — Il est inexact de qualifier l'appareil Mouras de « monopole abusif », car le monopole est un privilège octroyé à *un seul,* et *quatre* appareils dilueurs ont été déclarés acceptables, le *Mouras,* le *Piquemal,* le *Dalmas,* le *Fourniaud.* Et peut-être est-il temps de faire justice à ce propos de la légende calomnieuse qu'on tente de faire circuler sur la volonté qu'aurait la Mairie d'imposer tel ou tel appareil, au bénéfice de tel ou tel possesseur de brevet. — Enfin le Syndicat a un peu l'air de ne proposer du nouveau que pour la forme, et la visée de son intervention semble bien être, au moins jusqu'ici, de mettre à profit une erreur de détail pour sauver le *statu quo...* Et cependant le *statu quo* est intolérable !

C'est un devoir de protester quand l'administration paraît, de la meilleure foi du monde, s'engager dans une mauvaise voie; mais c'en est un aussi de réagir contre

l'égoïsme, l'esprit de routine, l'avarice de trop de propriétaires, surtout à Marseille. Voilà pourquoi nous regrettons
que le Syndicat ait sur certains chefs diminué la portée de son
argumentation. — Mais avec la même sincérité impartiale
nous dirons à la Ville : le rapport de l'adjoint délégué cesse
d'être probant, lorsqu'il insiste sur le mode d'amélioration
proposé pour les puisards. Ce n'est qu'un détail. Et pour qui
embrasse cette ample, cette belle question de l'assainissement
de notre sous-sol, il y a de quoi rester confondu de l'importance presque ridicule que peu à peu ce détail a prise, de la
passion et de l'entêtement qu'on y met des deux côtés. Il sert
de thème à procès depuis 1879, dans le rapport de M. Mireur
il occupe encore 50 pages sur 90 ! Nous dirions volontiers qu'il
cache aux regards du public les véritables aspects de la réforme.
Puisqu'il en est ainsi pourtant, il faut s'y arrêter un peu, examiner de près ce qu'il en est d'une dispute où bien des gens
prennent parti sans y voir clair.

V

M. le docteur L. Rampal, qui est après le préfet des Bouches-du-Rhône le président effectif du Conseil d'hygiène, et
qui fait partie de la Commission sanitaire municipale, apporte
au débat une contribution opportune et autorisée :

Monsieur,

J'ai lu avec grand intérêt vos études sur la question de l'assainissement de Marseille. Je vous félicite d'avoir apporté à cet examen
le désir d'une calme impartialité, et d'avoir montré par l'analyse du
Rapport de M. Mireur et du *Mémoire* du Syndicat des propriétaires
que vous restiez fidèle à votre programme. — Permettez-moi de
relever la légère erreur involontaire que vous avez commise en
attribuant à M. Mireur le mérite d'avoir le premier posé ce grand
problème avec l'ampleur qu'il comporte. La brochure que j'ai publiée

sur l'assainissement du sous-sol de Marseille est de date antérieure. De plus, dans le numéro du 30 mars 1887 du *Marseille-médical*, j'ai fait une étude des conditions d'assainissement de la *Maison*. Depuis cette époque, je poursuis l'exécution d'un plan d'étude complet, en recherchant pour chaque arrondissement de notre ville :

1° La distribution des eaux potables, le nombre de maisons qui la reçoivent, l'origine de ces eaux ;

2° Le nombre des garnis, maisons meublées, hôtels, habitations insalubres ;

3° Le nombre et la nature des établissements insalubres, ou seulement industriels ;

4° L'état des voies publiques, le nombre et la place des bouches d'égouts.

Ce plan, vous le voyez, consiste à rechercher quelles sont les conditions hygiéniques et les causes d'insalubrité dans chaque arrondissement de la ville.

Or depuis longtemps j'en ai tracé les lignes principales et développé les idées autour de moi et dans le sein de la Commission sanitaire. Dans les comptes-rendus du Conseil d'hygiène que j'ai l'honneur de présider depuis quinze ans, nous avons insisté bien souvent sur cette importante question de l'assainissement.

Aussi, tout en laissant avec grande satisfaction à mon excellent ami l'honneur et le mérite d'avoir donné au problème une forte impulsion par l'exposé complet des documents, par le prestige de ses fonctions et de ses recherches spéciales, je crois pouvoir revendiquer l'initiative d'une solution pratique et rationnelle.

Ce qu'il faut craindre, c'est qu'on ne continue à piétiner sur place.

Nous sommes malheureusement habitués à voir qu'au lieu de simplifier ces questions d'utilité générale, on les embrouille, on les complique. Un projet est à peine indiqué, on suscite un contre-projet. Si l'un veut opérer le déversement des égouts sur un point de la plage, l'autre le trouve mauvais et propose de le porter ailleurs. Pendant qu'à Paris on n'hésite pas à demander un canal qui porterait les eaux résiduaires de cette ville jusqu'à l'Océan, ici trop de gens craignent de souiller la Méditerranée. Si l'on est unanime pour reconnaître le besoin d'un assainissement général et profond, on ne l'est pas moins pour désirer qu'il s'accomplisse sans contrarier personne : électeurs et éligibles, locataires et propriétaires, mais surtout cette nuée d'inventeurs dont chacun possède un système parfait.

La campagne entreprise par les propriétaires dans la question des *puisards* est née du froissement d'amour-propre d'un inventeur, dont l'appareil n'a pas été accepté par la Commission sanitaire. Elle s'est élargie ensuite; actuellement elle a pris des proportions qui ne sont pas négligeables, parce qu'elles pourraient entraîner un temps d'arrêt fâcheux.

Or qu'y a-t-il au fond de cette question des puisards?

La Commission sanitaire a constaté que 4,000 excavations creusées sous les trottoirs de nos rues étaient autant de puits perdus, dont les parois en mauvais état laissaient infiltrer dans le sol toutes les matières qui y étaient déversées, les eaux ménagères et les produits de vidanges. Quels que soient les arrêtés ou règlements antérieurs en vertu desquels ces excavations ont été établies, on ne saurait reprocher à la Commission d'en poursuivre l'assainissement : c'est la mesure de voirie la plus immédiatement urgente. Quant aux voies et moyens, la Commission a demandé, comme le Syndicat, une solide réfection des parois avec des matériaux de première qualité, et elle a ajouté les conditions dans lesquelles, à son avis, un appareil métallique, exigible en vertu d'un arrêté antérieur, devait être placé pour échapper aux fuites possibles que le Syndicat signale, et auxquelles il n'a pas été le premier à penser.

C'est bien à tort que l'on fait à la Commission le reproche d'exposer les propriétaires à subir les exigences de M. Mouras, inventeur d'une fosse à vidange automatique, ou de son cessionnaire pour la région. Tous les appareils qui offraient : 1° une interruption de communication entre le puisard et la maison par une fermeture hydraulique à syphon ; 2° une disposition semblable entre le puisard et l'égout; 3° une provision d'eau suffisante pour délayer les matières solides, et pour représenter une couche assez épaisse au-dessus de l'ouverture du tuyau d'amenée et du tuyau de fuite, ont été acceptés par elle, et les propriétaires sont demeurés libres de choisir, entre ces appareils, celui qui était à leur convenance.

Est-ce avec plus de raison qu'on s'est attaqué au mode de fonctionnement?

Il est certain qu'il doit y avoir un rapport entre la capacité de l'appareil et la quantité de matières qu'il est destiné à emmagasiner, puisque les avantages hygiéniques résultent des modifications que ces matières subissent sous l'influence d'un travail de fermentation intérieure spéciale pour laquelle un séjour prolongé est nécessaire. S'ensuit-il que l'appareil doive atteindre des proportions qui le rendent, dit-on, inapplicable? S'ensuit-il également que s'il est de moindre capacité, il y aura des engorgements qui nécessiteront la vidange répétée?... La démonstration de ces objections n'a pas été faite à la Commission. Il y a dans son sein des membres qui se sont soumis aux prescriptions de la Municipalité. Depuis un fonctionnement qui remonte à six mois, ils n'ont dû avoir recours ni à des réparations, ni à la vidange de l'appareil.

Je ne m'arrêterai pas à discuter l'observation suivante : si l'appareil a une capacité faible, les matières seront, à chaque vidange de cabinet, rejetées presque tout de suite à l'égout qu'elles infecteront. En effet le jet direct à l'égout est demandé par le Syndicat, et est aujourd'hui considéré par tous les hygiénistes comme le meilleur de tous les modes d'évacuation des matières en dehors de la maison.

Il est vrai que les égouts à Marseille ne sont pas préparés pour recevoir ce mode d'évacuation. Mais n'ont-ils pas jusqu'à ce jour reçu par l'intermédiaire des puisards tout ce que les parois de ces excavations ne laissaient pas passer directement dans le sol?

Donc la mesure acceptée par la Commission n'est pas comme l'affirme le Syndicat une aggravation de l'état antérieur, si elle n'apporte pas, ainsi qu'on le dit sans le prouver, une amélioration réelle.

Ce n'est donc pas dans l'ordre des considérations purement hygiéniques qu'il faut rechercher les motifs d'opposition qui inspirent le Syndicat.

Ce qui effraye, ce qui pousse à la révolte, à la coalition, c'est la dépense qui se renouvelle avec les administrations municipales successives de notre Hôtel-de-Ville, et contre laquelle rien ne garantit pour l'avenir.

Eh! bien, posons la question sur son véritable terrain.

Il n'y a qu'un seul moyen de garantir les propriétaires contre les dépenses renouvelées des puisards modifiés, contre les changements de systèmes de vidanges des administrations futures. C'est l'exécution d'un plan général d'égouts capables de tout recevoir; c'est l'application à Marseille du *Tout à l'Egout*, c'est-à-dire ce que j'ai demandé dans ma brochure sur l'*Assainissement* de notre ville, et ce que demande aujourd'hui le Syndicat. Pour que cette application soit possible, il faut :

1° Le temps de construire les égouts ;

2° L'argent pour payer les travaux, mais l'argent avant tout, car on ne pourra songer à l'accomplissement de cette œuvre salutaire

sans en assurer les voies et moyens d'exécution. L'argent n'existe
pas à la caisse municipale : il ne peut y entrer que par un emprunt;
la garantie de cet emprunt exige une taxe proportionnelle à répartir
entre tous les propriétaires. Combien parmi ceux-ci sont disposés à
accepter dores et déjà cette charge nouvelle? A en juger par les
manifestations qui se produisent, il y en a beaucoup en paroles, très
peu en fait. Mais en pareille occurrence les faits seuls ayant une
valeur, il faut en arriver à l'acte.

Que tous les propriétaires mis en demeure de modifier leur système de vidange non conforme aux arrêtés municipaux, que tous
ceux qui n'ayant pas de moyen d'évacuation sont appelés à en créer
dans leurs maisons, répondent aux sommations de l'autorité par un
engagement ferme de payer la taxe proportionnelle qui pourrait leur
incomber par suite de l'établissement d'un réseau complet d'égouts,
— sauf réserve de se faire représenter dans une commission où le
quantum de cette taxe serait débattu, et de voir toute mesure provisoire suspendue jusqu'à une date déterminée qui ne constituerait
pas un délai trop long.

Par l'issue des procès dits des puisards, qui soumis successivement
à toutes les juridictions ont définitivement été tranchés en faveur
de la Ville, on a pu se convaincre que l'autorité municipale, agissant
au nom de la santé publique et dans l'intérêt de la salubrité commune, a la faculté de choisir ses moyens et le droit de les imposer.

Ne serait il pas puéril de recommencer une nouvelle campagne?

Ne vaut-il pas mieux se souvenir, que les épidémies et les maladies endémiques dont l'insalubrité favorise les ravages prélèvent,
sans nous consulter, une taxe bien plus lourde sur nos personnes,
sur notre industrie, sur notre commerce ?

Voilà, cher monsieur, les idées que je confie à vos efforts si puissants de publiciste.

Veuillez agréer l'expression de mon affectueuse considération.

Docteur Louis RAMPAL,
Vice-Président du Conseil d'Hygiène.

La réclamation de priorité que soulève le début de cette
intéressante lettre est légitime. Il y est rendu trop complète
justice au savant qui a charge de l'hygiène municipale, pour
que celui-ci ne reconnaisse pas avec la même loyauté des titres

incontestables. Depuis quinze ans, par ses actes administratifs comme par ses écrits, M. Rampal est à la tête du mouvement sur la grande question qui nous occupe. Nous revendiquerions pour M. Mireur, avec les mérites que son confrère indique, le mérite particulier d'avoir fixé l'attention publique sur le taux anormal de la mortalité dans notre ville.

Quant au fond du sujet, les réflexions si compétentes de notre correspondant en éclairent vivement certaines parties.

VI

Cette difficulté des *puisards*, dont il faut nous dégager avant de conclure, dont nous avons dit qu'elle a fini par cacher au public les sérieux aspects de la réforme, qu'est-ce en effet, qu'un détail à tort grossi de la question ? — Sur 32,653 maisons de Marseille, en voilà 4,000, les moins défectueuses en général, les plus jeunes, où les propriétaires ont essayé d'un déversement à l'égout avec système séparateur (imparfait, soit) : ils ont d'ailleurs organisé relativement bien leur vidange, se sont pourvus d'eau ; et ce sont les seuls de qui on s'occupe fortement, les seuls qu'on traque ! — Mais les 5,000 immeubles à tinettes filtrantes, qui écoulent dans les ruisseaux ou le réseau souterrain des matières à peine diluées ? Et les 10,000 à tinettes sèches, avec le hideux changement périodique, et dont la plupart, dans les vieux quartiers surtout, n'ont le récipient que pour la forme et lancent au ruisseau ? Et les fosses fixes, comme celle dont les gaz empoisonnés ont tué cinq hommes il y a juste un mois rue des Deux-Ponts à Paris ? Et les 13,600 habitations dénuées de toute espèce d'appareils ? Quand au lieu de guérir 28,000 malades graves on se bat autour de 4,000 indisposés, on prend vraiment le mal par le petit côté !

Que sont donc ces puisards ? Des chambres creusées sous le trottoir, closes par un tampon en fonte, communiquant avec l'égout et le tuyau de chute, séparées de l'égout par une grille. On les traite comme absurdité pure : l'étranger en a, et les municipalités qui les créèrent n'étaient pas des collections d'imbéciles. — Et soit dit en en passant, la mortalité Marseillaise, qui est depuis quinze ans de plus de 30 p. 1,000, ne dépassait pas 28 en 1867, époque de moindre propreté, assure-t-on ; ce qui prouve que le mal n'est pas tout là, et dépend aussi d'autres causes, les fraudes alimentaires par exemple, ou l'énorme accroissement de consommation de l'alcool.— Donc, faisant un premier jet partiel à l'égout, la Ville avait vendu le droit d'y verser les eaux vannes, en imposant, en avant de la maison, le puisard-arrêt des corps solides. Malheureusement il y eut des abus, et les puisards furent accusés d'évacuer autre chose que des eaux ménagères. Il ne faut rien exagérer : avec des grilles fixes à mailles serrées, ils devenaient assez inoffensifs. Mais les fontainiers nettoyaient mal. Les critiques furent si vives, qu'on parla de suppression. Alors apparut le procédé Mouras, comme un remède transactionnel (M. Guérard, 1885, M. Huot, mai 1886). Il eut d'incontestables succès. L'arrêté de juillet 1886 l'imposa aux puisards dans un but de *vidange automatique*, qui là ne put être atteint. La Commission sanitaire de 1887 trouva cet arrêté ; elle ne l'eût probablement pas dicté ; elle énonça dans quelles conditions on pouvait en tirer le parti le moins imparfait ; sous sa forme mesurée, la lettre de M. Rampal laisse entrevoir cela.

On sait comment surgit le *Syndicat* de résistance, on connait ses arguments. Nous avons dit ce qui nous en parait inexact, ce qu'il en reste de vrai. — Nous admettons les points exposés si clairement par M. Rampal : 1° que les propriétaires ne sont nullement assujettis à un monopole ; 2° que l'appareil dilueur prescrit peut être une précaution de plus, donc une amélioration, dans le fonctionnement du puisard. — La réponse n'en demeure pas moins forte. — Précaution de plus, soit, là où il y avait la moindre urgence, et précaution bien mince.

Ah ! s'il s'agissait de vidange automatique, ce serait une autre affaire. Appliquée en grand, la fosse Mouras a donné d'excellents résultats, officiellement constatés, à la caserne Ganteaume (bas-fort St-Nicolas), à l'infirmerie régimentaire de la caserne Beauvau (Menpenti). Dans l'espèce, elle n'échappe pas à la vidange périodique, la *Commission technique de l'assainissement de Paris* en avertissait déjà dès 1882.— Amélioration possible, soit... tant qu'elle durera : or peut-elle durer plus de trois ou quatre ans ? Concédons encore que oui : la Ville ne changera-t-elle pas d'opinion ? Eh ! l'histoire même des puisards répond. Le jugement de La Ciotat du 7 août 1886 n'établit-il pas qu'ils furent bâtis selon un règlement, sur plans agréés, par des employés imposés, et que des immeubles communaux en usèrent ? L'arrêté de 1886 ne prohibait-il pas la vidange périodique, qu'ordonne celui de 1887 ? Maintenant même est-on d'accord sur le point de savoir si mieux vaut isoler le récipient, ou le noyer dans l'indestructible chaux du Teil ?

M. Rampal fait remarquer, non sans des doutes visibles, ou au moins des réserves, que jusqu'ici les objections contre les arrêtés de 1886-87 n'ont pas été démontrées. Mais supposez que l'expérience les démontre au bout de deux années, rendra-t-on l'argent ? Ce qui revient à dire qu'un maire, si armé qu'il soit par la loi du droit de « choisir ses moyens de salubrité et de les imposer », ne peut condamner une catégorie particulière de contribuables à de lourdes dépenses pour un résultat incertain, précaire, non garanti. *Summum jus, summa injuria*. Encore si on avait su réduire les frais à peu ! Mais l'installation pour laquelle on menace de verbaliser coûte de fr. 350 à fr. 400, plus l'abonnement annuel de curage pour des entrepreneurs qui ne cureront pas plus que par le passé et qui poussent au système, plus le recommencement inévitable. L'administration croit-elle que 2 ou 3,000 propriétaires vont sans se défendre jeter en l'air (ou plutôt en terre) 14 ou 1,600,000

francs, s'ils sont convaincus, fût-ce à tort, que ce sera de
l'argent en pure perte ? Non, elle ne l'obtiendra que par la
force. La première lutte judiciaire a duré de 1879 à 1888 :
beau résultat !... Et que veut-on, sinon faire du puisard une
fosse fixe ? C'est retourner à la théorie du jugement du 7 août
1886, la légitimité de l'usage des puisards comme fosses
d'aisance sous des conditions à régler par la Ville ; les conditions ont changé, voilà tout. La Cour de cassation a dit le
16 mai 1887 qu'à tort on transformait les puisards en fosses
fixes. Vaut-il la peine d'y revenir par des arrêtés nouveaux ?

Le distingué vice-président du Conseil d'hygiène sent tout
cela, il l'admet tacitement. Aussi adresse-t-il cet appel aux
propriétaires qui se plaignent : « pour vous assurer contre les
« risques qui vous effraient il n'est qu'un moyen, l'application
« du *Tout à l'égout* sur un plan d'ensemble ; forcez-y la Ville
« en vous engageant à payer la taxe qui en résultera, *à condi-*
« *tion que tout expédient provisoire soit suspendu* jusqu'à
« une date déterminée. » C'est un conseil très ingénieux :
nous en reparlerons à propos des voies et moyens. Mais dores
et déjà il est juste d'ajouter : un municipe, qui a charge de
370,000 habitants, ne peut pas faire dépendre ses sages ou
déraisonnables décisions de la sagesse ou de la déraison, de
la libéralité intelligente ou de l'avarice égoïste, de l'entente ou
des dissentiments des possesseurs de 4,000 maisons. S'ils ont
l'énergie de prendre et l'habileté de réaliser la résolution qui
leur est recommandée, nous applaudirons; mais s'ils ne le
font pas, est-ce un motif pour que la Ville s'enfonce dans une
impasse ? Elle reproche aux puisards d'être mal entretenus,
d'amener des infiltrations ; ne pourrait-on la prier de réparer
d'abord ses égouts, où des gens qui les connaissent affirment
qu'il n'y a pas 20 mètres de suite en bon état ? On nous dit :
l'administration municipale ne voudra rien entendre. Elle en a
le droit. Mais alors qu'elle ne s'étonne ni des syndicats, ni des
litiges interminables, ni de l'impopularité, ni des accusations

bêtes, qui nous révoltent, dont nous avons fait justice, qui circulent pourtant, qui s'aggraveraient par l'impossibilité de comprendre un entêtement puéril.

La vérité qui domine tout, c'est que la Ville se trouve pour l'assainissement du sous-sol dans la période d'étude, la période extrême, la plus proche du but. Elle doit s'abstenir de *rien préjuger* en ce moment, elle doit *tout réserver*. Y aurait-il un rôle pour l'outil-puisard dans l'organisation générale d'une évacuation rapide des matières et des eaux à l'égout ? Peut-être, et nous verrons. Mais dans cette hypothèse ni le mode d'installation ne serait exactement le même, ni le payeur du coût. Cessons donc de grossir hors de toute mesure un point secondaire, travaillons tous au principal... Quoi ! alors, le *statu quo* ? Non certes. Si le service d'hygiène tient à faire, en attendant une solution, de l'amendement provisoire, qu'il interdise l'usage des tinettes filtrantes, qu'il exige des syphons obturateurs, qu'il empêche par la force le jet direct au ruisseau. Mais tout cela encore, c'est du petit, de l'*à-peu-près*, de l'insuffisant, du presque inutile. Il y a mieux à entreprendre, et il est temps. C'est là-dessus qu'il nous reste à indiquer à grands traits notre avis.

VII

Arrivons donc, pour finir, à ce qui est la vraie, ou plutôt la seule Réforme. Il va de soi qu'ici nous ne prétendons à aucune compétence personnelle. Demandant conseil aux autorisés, nous nous décidons par les données acquises à la science, le sens commun, le vif désir de voir aboutir le dessein de bien public que poursuivent l'administration et ses auxiliaires. Encore y aurait-il quelque embarras si la question n'était instruite, du moins autant qu'elle peut l'être, et pour une période assez longue. Il ne reste actuellement rien à inventer quant aux grandes lignes de l'assainissement des agglomérations urbaines. Après les progrès réalisés à Berlin, à Londres, à Bruxelles, à Amsterdam, à Francfort, à Genève, comme en Amérique, le sujet a été étudié à fond pour Paris par des hommes de haute valeur scientifique et pratique, M. Alphand, M. Brouardel, M. Durand-Claye, M. Bouley, etc. Nous avons lu avec soin l'énorme volume des *Procès-verbaux de la Commission technique de l'assainissement de Paris* (Chaix, 1883), composée d'inspecteurs-généraux des ponts et chaussées (parmi lesquels le créateur de nos ports M. Pascal), d'ingénieurs, d'hygiénistes, qui travaillèrent sur place et hors France de fin 1882 à fin 1883. Appliquant à Marseille leurs solutions, nous inspirant des documents étrangers postérieurs, esquissons une conclusion.

Quant aux principes, le *Tout à l'égout* ne fait plus doute pour la science, sauf pour l'exutoire : elle considère, tout pesé, que nul système pour débarrasser une ville de sa vidange n'est plus simple, plus sûr, plus salubre. Partout où l'étranger l'a appliqué, la baisse du taux de mortalité a confirmé cette opinion. Sur ce point au moins la Commission de l'assainissement de Paris et le Conseil d'hygiène de la Seine, à Marseille la Commission sanitaire et la Ville, M. Mireur, M. Rampal, le Syndicat des propriétaires, se rencontrent. La seule difficulté, l'exutoire, n'existe pas pour nous : nous avons la mer. Ah ! si Paris l'avait ! Complétons donc le *Tout à l'égout* par le *Tout à la mer* de Frankland. — Comment réaliser ces deux idées ? Nous écrivions il y a trois mois déjà, à propos des collecteurs supérieurs nord et sud, quel était notre regret de ne pas voir préférer « *une œuvre d'ensemble, d'exécution simultanée, cohérente et grandiose, à une œuvre fragmentaire.* » Notre sentiment reste tel : des entreprises successives et scindées seront d'une utilité médiocre, retarderont et gêneront la Réforme, finiront même par coûter plus cher. La Ville en est jusqu'ici au projet qu'on surnomme à tort le projet Guérard : c'est le projet Montricher qu'il faudrait dire. Certes nous

admirons Montricher : mais 1846 n'est pas 1888. En se rési-
gnant à l'égout des Catalans, qu'on ne pourrait utiliser pour le
Tout à l'égout, le Conseil municipal décida pourtant la confection d'un projet d'ensemble et vota un crédit d'étude. Le rapport,
que M. Jourdan a présenté le 27 décembre, signalait un projet.
Quel est-il ?

L'auteur en est M. Cartier, agent-voyer en chef du Département. Il consiste en un grand émissaire central de 9 kil., qui
partirait du cours Saint-Louis (assez élevé au-dessus de la mer),
et irait, en prenant l'Huveaune au passage pour nettoyer comme
on a fait à Bruxelles, déboucher derrière les collines de Mazargues, dans la calanque de Courtiou. Les pentes seraient de 0.40
à 0.50 c., plus fortes qu'à Londres. Grâce au Canal, une quantité
d'eau suffisante assurerait le régime constant et la régularité
de vitesse nécessaires pour le *Tout à l'égout*. On y ramènerait
tous les égouts secondaires, avec des machines élévatoires là
où il faudrait. Le Prado serait assaini. Ni les ports ni le littoral
ne seraient plus infectés. Tout serait conduit (en 3 heures de la
Cannebière) à la mer, où sur le point assigné un courant fort et
rapide entraîne au large, où des fonds de 40 et 50 m. existent.
La dépense est évaluée à 5 millions maximum... Voilà un projet
radical et définitif. Si pratique (et c'est beaucoup) que puisse le
faire présumer la qualité du signataire, nous n'avons nul titre à
l'apprécier. Celui-là ou un autre, peu importe : nous n'avons
cité celui-là que pour établir que la proposition n'a rien de
chimérique. Nous comprendrions très bien par exemple qu'un
plan de ce genre fût modifié par les ingénieurs de l'Etat (la Ville
demanderait à M. Pascal de vouloir bien s'adjoindre à eux,
puisqu'il a pris part aux travaux de la Commission de Paris et
qu'il est revenu se fixer à Marseille), et que la Ville en confiât
l'exécution, au dessus de ses chefs de service ordinaires, à un
agent supérieur tel que M. Cartier.

Le principe d'un grand collecteur admis, comment y organiser l'évacuation ? Au point de départ, le plus d'eau possible

dans la maison, expulsion immédiate des immondices et résidus, isolement de l'égout par des interceptions hermétiques et permanentes. — Entre la maison et l'égout, le puisard pourrait soit pour les boues de la rue (comme la *gully* de Londres), soit même pour l'habitation comme à Berlin, jouer le rôle de surveillant interposé et de regard d'inspection. — Dans l'égout, la circulation facile par les pentes, de puissantes chasses, de fréquents curages. — Dans quelle mesure pourrait-on essayer de l'utilisation agricole pour les eaux d'égout, très à la mode en ce moment? Cela est à voir. L'Académie de Marseille a mis très opportunément l'examen de la question au concours de la fondation du duc de Villars. On peut concevoir, quoique notre territoire s'y prête peu, une utilisation partielle. En ce cas il serait bon peut-être, comme l'a recommandé M. Daremberg dans le *Journal des Débats*, de séparer les eaux des matières de vidange et des détritus d'hôpitaux, n'employant que les eaux, envoyant l'excès à la mer, et si les doutes de M. Pasteur quant à l'épandage se vérifiaient, envoyant tout à la mer. Quant aux matières de vidange, la mer les recevrait toutes (et finalement c'est bien peu). Mais, avons-nous ouï dire, ne reviendraient-elles pas au rivage? Objection puérile, comme répond M. Daremberg, surtout si l'orifice est à distance suffisante, au milieu d'un courant; bien des villes maritimes anglaises font ainsi.

M. Pasteur, combattant l'épandage sur les terres, a dit récemment : « vous proposez, non pas *de conduire les germes* « *à la mer, où ils ne pourraient plus nuire*, mais... » Indirectement, le mot trace aux Marseillais le parti à prendre. Pour le prendre, ils sont dans des conditions admirables : une richesse d'eau que M. Rochard a signalée, que M. Mireur estime à 792 l. par jour et par habitant, et la Méditerranée. Faisons donc avec cela un grand collecteur à sections spacieuses, à conduites lisses, à vif aérage, à accès commode, à rinçage énergique, à pente assez forte pour tout entraîner au flot, qui dévorera tout !

Restent les voies et moyens. Evaluons la dépense à 5 millions comme M. Cartier. C'est cher ? Non certes, si vous faites le compte des maladies transmissibles, des morts précoces, des ruines, et la balance. Il y a deux façons d'exécuter l'œuvre. — Ou bien la Ville la ferait, au moyen d'un emprunt remboursable en 30 ou 40 ans comme à Londres, avec un *budget à part* comme à Berlin pour ne pas noyer le produit dans le torrent des recettes générales, et en couvrant l'intérêt ainsi que l'amortissement par une taxe sur les maisons au prorata du revenu locatif ou du métré de façade. A 4 %, cela fait 200,000 francs répartis sur 32,653 maisons : qu'est-ce ? Ici se place le conseil ingénieux de M. Rampal, qui engage les propriétaires à forcer la main à la commune par une souscription spontanée de cette taxe. Rien de mieux. S'ils ne le font pas, la Ville les astreindra. Et ils aimeront tous mieux payer une taxe annuelle, sachant qu'elle sert à quelque chose, à assainir leurs maisons comme à assainir leur cité, qu'enfouir une grosse somme tous les trois ans dans du provisoire inefficace.—Ou bien la Ville concèderait l'entreprise à une compagnie, comme il en fonctionne à Londres, qui se chargerait des travaux, dont elle récupèrerait avec bénéfice le montant 1° par un droit annuel de chute à l'égout, le plus clair de son revenu, 2° par la faculté de vendre des eaux d'égout. En ce moment même la République Argentine adjuge ainsi les travaux de salubrité de sa capitale : toute maison dans le périmètre acquittera à l'entreprise une quotité mensuelle, l'entreprise émettra des bons ou obligations garantis par ces quotités, elle s'engage à livrer dans les trois ans de la signature du contrat. Nous préfèrerions ce mode au mode municipal, les administrations de Marseille n'ayant aucun esprit de suite (1). Mais les deux sont bons. — Ni dans l'un ni dans l'autre les

(1) Contre l'instabilité municipale le contrat serait une garantie. La situation des finances de Marseille, l'importance de son passif et des annuités (fr. 5,463,990) qu'il comporte, les aleas et les lenteurs d'une exécution par la Ville, les vices des exploitations administratives, paraîtraient aussi militer pour le système d'action indirecte par concession.

propriétaires n'ont à faire et à solder les travaux, ce qui est absurde. Toute l'affaire est dirigée et payée par la Ville ou la société concessionnaire, ce qui garantit une besogne harmonique, sérieuse, et éteint les résistances des égoïsmes privés.

Réalisation technique, voies et moyens, durée d'exécution, tout est donc simple. Telle est, en raccourci, l'œuvre à entreprendre de toute pièce, au lieu de se perdre en expédients stériles ou de plaidailler. Puisse-t-elle être une des tâches de la municipalité, quelle qu'elle soit, qui va avoir quatre ans devant elle (1)! Il est temps de vider une question qui touche à la santé de près de 400,000 êtres humains et à tous les intérêts d'une grande cité.

(1) La municipalité élue le 6 mai 1888 a entendu cet appel. Dans la séance du 26 juin 1888, le Conseil municipal de Marseille a applaudi un remarquable rapport de M. J.-Ch. Roux, adjoint au maire, qui propose de substituer aux essais partiels et aux expédients une œuvre d'ensemble, un assainissement complet par l'adoption du *tout à l'égout* et du *tout à la mer*, de construire un grand collecteur selon le projet Cartier décrit plus haut et d'y rattacher les égouts secondaires, enfin de faire exécuter l'œuvre par la Ville au moyen d'un emprunt que gagerait une taxe annuelle sur les maisons. Le 27 juin, le maire donna des instructions à M. Cartier pour l'étude d'un projet définitif de collecteur et un voyage d'études à Paris et Bruxelles. Le rapport de M. Cartier a été lu au.Conseil municipal le 12 octobre 1888.

MUTUALITÉ ET PRÉVOYANCE

22 janvier 1887.

Il y a huit jours s'assemblaient à Paris de nombreux représentants de sociétés de secours mutuels et de retraites, qui venaient de se sentir atteintes par les premiers contre-coups d'un changement de régime encore incomplet. Vainement, réunis en congrès national au mois de mai dernier (et c'était à Marseille), les délégués de 800 associations, qui ne comprennent pas moins de 130,000 adhérents, avaient soumis au Parlement des observations contre la loi alors en délibération, et contre un autre projet, sur la mutualité même, adopté par le Sénat, renvoyé à la Chambre (1). Vainement ils avaient demandé le *maintien à un taux invariable de l'intérêt* servi au fonds de retraite des sociétés de prévoyance, déclarant ce vœu « d'importance vitale pour elles », expliquant que sans

(1) Un des points les plus critiquables du projet est l'impossibilité de se syndiquer dans un intérêt mutualiste. Les sociétés sont à peu près unanimes à revendiquer cette faculté. En fait, il existe un grand nombre de ces groupements. Qu'en fera-t-on? Dissoudra-t-on brutalement par exemple le *Grand-Conseil des sociétés de secours mutuels des Bouches-du-Rhône*, qui fonctionne depuis un demi-siècle, et auquel 120 ou 125 sociétés sont adhérentes? La législation nouvelle serait donc moins libérale, moins sympathique à l'expansion de la mutualité, que celle de 1852?... Il n'y a intérêt, en somme, à réviser une législation qui a donné d'admirables résultats, puisque la France compte en 1888 plus de 1,200,000 mutualistes, que pour perfectionner dans le sens indiqué par l'expérience de l'étranger. La période historiquement nécessaire des subventions de l'Etat semble close; un peu plus de liberté, l'étude des méthodes italiennes, voilà la voie à suivre.

fixité d'intérêt il devient impraticable d'établir pour le chiffre des pensions aucun calcul de prévision (*Memorandum* adressé à MM. les Sénateurs et à MM. les Députés, Marseille, impr. Barlatier, 1886)...

Efforts inutiles : autant en emporte le vent qui rend les parlementaires sourds aux réclamations compétentes. Deux mois après le congrès, la loi du 20 juillet 1886 décidait (art. 12) qu'un décret du président de la République fixera désormais au mois de décembre, d'après le taux moyen des placements de fonds en rentes sur l'État effectués pendant l'exercice par la Caisse nationale des Retraites de la vieillesse, le taux des tarifs à appliquer l'année suivante. Et en effet, le 23 décembre 1886, un décret présidentiel abaissait l'intérêt à 4 %. Comment veut-on, s'écriaient les mutualistes groupés le 14 janvier, que nous sachions dorénavant l'étendue des cotisations à imposer et que nous bâtissions nos calculs ? En 1882, 50 fr. coûtaient 1,000 fr., puis ils en ont coûté 1,111, aujourd'hui ils reviennent à 1,222 ; en trois années voilà 222 fr. d'augmentation. Quelle confiance pourront à l'avenir avoir les Prévoyants ?... Et une pétition, déjà couverte de 10,000 signatures, s'en allait essayer encore.

Ce n'est pas seulement pour avoir été le siège du deuxième congrès mutualiste que Marseille doit, il nous semble, prêter son concours à ces doléances de travailleurs intéressants : elle en a d'autres raisons. Notre agglomération populaire renferme un très grand nombre de sociétés de secours mutuels(1), et diverses caisses de retraites, dont la plus importante, la *Marseillaise*, accrue encore en 1886 de 1,400 affiliés nouveaux, possédait au 1er janvier 1887 un actif de fr. 1,691,267 qui la place au premier rang des institutions de l'espèce. Beaucoup de nos concitoyens se sont dévoués à cette cause si digne de sympathie ; beaucoup ont étudié et connaissent à fond, non

(1) Voir l'appendice, à la rubrique *Sociétés de secours mutuels.*

seulement par la théorie comme des politiciens ou des économistes, mais par la pratique, ces questions si attachantes, M. E. Delibes, M. Millou, M. Bonniot, d'autres encore. Nous ne saurions oublier, (et les pensées de l'élite dans tous les partis se sont peut-être assez élargies, assez apaisées, pour savoir le reconnaître), que le développement de la mutualité en France date de 1850 et 1852, que la Caisse des Retraites est née le 18 juin 1850. La mutualité ! c'est, comme la coopération, la grande adversaire de l'utopie anti-sociale ; et les signataires du *Memorandum* de 1886 avaient le droit d'écrire : « nous ne « vous exposons ni des chimères, ni des revendications outrées ; « libres de toute préoccupation politique, étrangers à toute vue « de bouleversement social, nous ne poursuivons qu'un but, « aider à la solution pacifique des vastes problèmes qui inté« ressent notre paix intérieure et notre prospérité. »

Aux conditions nouvelles dont se plaignent les défenseurs de la mutualité on donne pour motif les lois du cours de toute valeur, et plus d'un économiste approuve. Nous ne disons pas que tout soit faux dans ces considérations, mais nous disons qu'en ce moment on les exagère. Il en est de ceci comme de l'excessive réduction dont on veut frapper l'intérêt servi aux caisses d'épargne, et non pas pour faire servir le profit à quelque progrès de ces institutions, mais pour le perdre dans les caisses du Trésor devenu banquier. Quoi qu'on dise, toutes ces mesures là, au fond, sont fiscales, suggérées par la gêne financière. Mais mieux vaudrait remédier à cette gêne par l'économie courageuse portée là où elle doit l'être. Que les Chambres y songent : si l'économie politique rigide a fait écarter l'idée de l'Etat protecteur et subventionnant, il ne faudrait pas non plus passer au pôle inverse, à l'idée de l'Etat spéculateur sur l'épargne qu'il détient, car ce serait ne tenir compte ni des sacrifices que s'imposent les plus utiles institutions, ni des services immenses qu'elles rendent au pays.

30 août 1887.

Dans quelques jours, le 8 septembre, s'ouvrira au Havre, pour se clore le 11, un concours sur les questions qui sont les plus intéressantes pour les 8,000 associations françaises de secours mutuels, de retraites et de prévoyance. Il faut, pour y prendre part, être membre honoraire ou actif d'une société de secours mutuels ayant requis avant le 28 août son inscription. Des prix sont offerts par le chef de l'Etat et le ministre du commerce. Parmi les sujets mis au concours nous avons remarqué l'assurance collective en cas d'accident ou de décès, les retraites pour la vieillesse, l'enseignement professionnel, les syndicats, les unions de sociétés mutuelles dans une même ville, un même département, ou l'ensemble du pays. Déjà dans ce dernier ordre d'idées, M. Maze, sénateur, annonçait le mois passé à l'assemblée générale d'une prospère société de Versailles, les *Ménages Prévoyants*, le projet de création d'une *Union nationale des sociétés de secours mutuels*, dont le conseil dirigeant serait choisi parmi les hommes les plus compétents et les plus dévoués à cette cause.

Pourquoi tous ceux qui sont (comme nous avouons l'être) saturés, excédés de la politique pure, ne se tourneraient-ils pas vers ces belles études attachantes, dont l'objet commun est l'amélioration pacifique et graduée de la vie morale ou matérielle du peuple? Le voilà, le terrain sacré, et vainement cherché par les Français politiquants, où des compatriotes de toute condition, de toute confession, de toute opinion, peuvent se rencontrer dans une noble concurrence des partis! Plus nous allons, plus on le comprend: quinze sections (1) sont réservées aux *Institutions de prévoyance* dans l'exposition

(1) Une seizième a été instituée en août 1888.

de 1889, et plus particulièrement trois aux institutions que vise le programme du Havre, la Ve aux *Sociétés de secours mutuels*, la VIe aux *Caisses de retraites*, la VIIe aux *Assurances contre les accidents ou sur la vie*... Nous ne savons dans quelle mesure nos Mutualités marseillaises auront concouru au Havre, ni même si elles l'ont fait. Elles sont nombreuses pourtant, et actives ; elles offrent (nos pharmacies mutualistes par exemple) de vigoureux spécimens de ces organisations ; au nombre des récompenses de l'espèce conférées le mois dernier, Marseille a compté deux médailles d'or, l'une au trésorier de *Sainte-Cécile*, l'autre au président de la société de *Saint-Blaise, évêque*.

Il est à souhaiter qu'au Havre des mémoires approfondis montrent quel préjudice regrettable, au moins inutile, la loi de juillet 1886 porte aux Mutualités par l'abaissement du taux d'intérêt à la Caisse des Retraites, quel bouleversement elle jette dans l'économie de leur système de pensions. Sans la fixité du taux d'intérêt il devient impossible d'établir des calculs de prévision pour l'épargne collective confiée à l'Etat, et l'égalité entre mutualistes est violée soit par l'inégalité de rendement d'un capital uniforme attribué à chaque sociétaire, soit par l'inégalité plus grave de la constitution d'un capital destiné à assurer une pension uniforme. Le distingué président de *Sainte-Cécile*, M. Ménard, l'a démontré dans le *Journal de Marseille* pour cette association d'artistes musiciens si digne de sympathie, qui voit réduire de 1/5 par comparaison à ses premières retraites les pensions de 1887, pour lesquelles depuis vingt-six ans, sous l'égide de la législation de 1852, elle avait calculé son fonds de retraites.

Avec le maintien de l'intérêt à un taux invariable, le concours du Havre pourra signaler à l'attention des pouvoirs publics d'autres questions actuellement agitées par les milieux mutualistes : la reconnaissance des syndicats entre plusieurs groupes, la faculté pour les sociétés simplement autorisées de

recevoir des dons ou legs et d'opérer des versements collectifs
à la Caisse des Retraites, l'accroissement des subventions
pour les sociétés approuvées. Cédant au goût heureux qui se
répand de plus en plus pour la connaissance critique des
résultats étrangers, on y aura peut-être examiné le rapport
déposé par M. Danby devant cette *Commission Belge du
Travail* qui vient d'achever une œuvre remarquable :
M. Danby proposa d'instituer dans son pays des comités de
propagande mutualiste par arrondissement, d'inviter les
communes à fournir aux réunions un local et un mobilier, de
rendre incessibles et insaisissables les parts des sociétaires.

A nos yeux, le trait caractéristique de l'heure actuelle en
cet ordre de faits si intéressant, c'est le mouvement qui pousse
vers l'assurance généralisée, même obligatoire. On veut
parer aux besoins provoqués dans la famille qui vit au
jour le jour par la maladie, l'accident professionnel, ou la
mort, d'une manière plus forte et plus sûre que ne le peut
faire la société de secours mutuels. On espère en avoir
découvert le moyen. Qui sait si le progrès nouveau ne pourrait être greffé sur le précédent, aussi admirable à sa date,
car tout mérite est relatif en histoire? Qui sait si l'on ne
pourrait se servir du rouage tout organisé et éprouvé pour
l'office plus large qu'amène l'évolution naturelle du développement social?

22 octobre 1887.

Ce soir et demain d'intéressantes institutions locales de
prévoyance libre célèbreront dans des réunions gaiement
fraternelles leur fête périodique. Demain ce sera l'importante
caisse de retraites privée que préside avec un dévouement si
intelligent M. Delibes, la *Marseillaise* : toute jeune encore,
puisqu'elle ne date que du 26 juin 1880, elle compte déjà
plus de 23,000 adhérents, elle ne cesse d'en admettre de

nouveaux, et elle possédait à la fin septembre un actif de plus
de fr. 1,965,000, ce qui est dire qu'elle touche à son deuxième
million si elle ne l'a actuellement dépassé (1). Plus ancienne,
éprouvée et consacrée par le temps, la *Société philanthropique des commis et employés* commémorera ce soir le
trente-neuvième anniversaire de sa fondation.

Elle est née le 8 octobre 1848, notre *Société des commis*, au
moment du premier éveil des préoccupations sociales; mais
elle n'a gardé de ce millésime de baptême, il convient de l'en
féliciter, aucune arrière-pensée politicienne. C'est purement et
simplement une association de secours mutuels destinée dans
notre grande ville commerciale et industrielle aux employés,
aux travailleurs dont le travail est plutôt intellectuel que
matériel; les patrons n'en font pas partie, à moins que s'étant
élevés du rang de commis au patronat, ils ne désirent rester
affectueusement affiliés à l'auxiliatrice qui les a aidés à gravir
l'échelle. Sont *membres actifs* les employés âgés de 15 ans
au moins, de 40 au plus, qui payent une cotisation mensuelle
et un droit d'entrée variables suivant l'âge, la première de
2 fr. à 4 fr. 20, le second de 12 à 36 fr. Sont *membres honoraires* les personnes qui tiennent à seconder l'œuvre et versent 25 fr. par an au *minimum*. Contre la *maladie*, la
Société assure pendant huit mois au plus les soins de ses
médecins, les frais de médicaments, une indemnité de 2 fr.
par jour. Contre l'*incapacité de travail*, elle alloue des
secours hebdomadaires calculés sur la base de la pension de
retraite. Contre la *vieillesse*, elle attribue des pensions de
200 fr., accrues d'un supplément variable prélevé sur les
souscriptions de l'honorariat. En cas de *décès*, elle accorde
des secours facultatifs aux veuves et aux orphelins.

Voilà un large et utile cadre. La Société a-t-elle prospéré?

---

(1) Au 15 juillet 1888, le deuxième million est dépassé, l'actif atteint fr. 2,288,931. — L'autre
grande caisse de retraites privée à Marseille, la *Société de prévoyance en faveur de
la vieillesse*, date de neuf ans; elle avait le 31 juillet 1888 un actif de fr. 1,333,488.

Les chiffres répondent. Au 30 juin, elle comprenait 2,419 membres, dont 1,776 actifs et 480 honoraires ; elle servait des pensions à 163 retraités. Son capital atteignait la somme de fr. 770,000, qui est placée en valeurs d'État ou garanties par l'Etat, et sur laquelle fr. 610,000 étaient au compte des retraites (1). Un conseil, élu pour deux ans par l'assemblée générale, administre ; le président actuel, M. Chanal, est très zélé, et s'occupe beaucoup de recruter des jeunes gens. Peut-être y aurait-il dans les règlements plus d'un point à améliorer : ainsi un droit d'entrée qui va de 12 à 36 fr. n'est-il pas un peu prohibitif, alors que la moyenne des droits d'entrée en 1884 n'excédait pas 4 fr. 30, d'après le *Rapport du ministre de l'intérieur sur les sociétés de secours mutuels* publié l'an dernier ?... Le côté particulièrement louable à nos yeux est l'indépendance absolue de l'Etat. La Société n'a jamais recherché le régime de l'*approbation*, elle se tient à celui de l'*autorisation*. Il faudrait au moins que les mutualités autorisées pussent recevoir des dons et legs, etc. Pour n'avoir pas été subventionnée, la Société n'en a pas moins réussi. Souhaitons aux convives de ce soir la continuation d'un succès, que mérite la prévoyance libre toujours préférable à la prévoyance officielle.

(1) Voir plus loin, p. 169.

CEUX QUI ONT TROP FROID

29 décembre 1887.

La température s'est brusquement abaissée, il gèle jusque
dans notre doux Midi, et l'hiver qui a commencé le 22 semble
devoir être rigoureux. Il est difficile de concevoir qu'on puisse,
les pieds devant l'âtre, y regarder rire la flamme gaie, ou en
des nuits de mistral hurlant, avec 6 ou 7 degrés sous
zéro, reposer dans la chambre bien close, et cependant
songer avec indifférence que tout près de soi, à quelques
rues de distance, pour des femmes, de vieux perclus,
de débiles petits êtres grelottants, le froid est meurtrier. Car
outre tous les corps qu'il atteint à fond, on en meurt, même
dans les grandes villes riches ; de temps en temps (ce matin)
les journaux publient un de ces cas ; plus d'un passe ignoré...
Il y a d'abord les dénués de gîte et de moyens d'existence ;
ils sont nombreux ici, il en entre une moyenne de 250 chaque
soir à l'Asile nocturne ; que ceux qui doutent aillent examiner
les habits en lambeaux, tâter les mains engourdies. Mais il
ne faut pas croire que la cruauté saisonnière aggrave la misère
des seuls vagabonds. Épargne-t-elle les *Sans travail* comme

ce mécanicien dont le *Petit Marseillais* signalait récemment la détresse ? « Faute de vêtement », écrivait la *Chambre syndicale des conducteurs de machines de terre*, « il ne « peut se présenter dans les ateliers, sa femme est aveugle, « il couche sur le sol. »

Laissons de côté ces situations exceptionnelles, qu'a amenées quelque long chômage. Figurons-nous simplement l'ouvrier chargé de famille, qui par la pluie, le vent ou la neige rentre trempé d'eau, au sortir souvent d'un fourneau torride. Aucune alimentation substantielle ne l'attend pour réparer les forces et refaire du calorique. Hélas ! ce n'est pas toujours par vice qu'il a bu le verre d'eau-de-vie avec un camarade ; cela empoisonne à la longue, mais cela donne le coup de fouet au surmené, ou il se l'imagine ; nous qui mangeons à notre faim et buvons à notre soif, réfléchissons aux excuses de l'alcool. On se couche, les couvertures sont rares, la bise glisse par les fenêtres disjointes, les enfants sont revenus mal couverts de l'école ou de l'apprentissage, la femme tousse. Quelle place dans le budget domestique, après la nourriture, le vêtement, les chaussures, les outils, le blanchissage, le pétrole éclairant, le loyer, le pharmacien, reste-t-il pour le chauffage ? Que de maladies nées alors, ou empirées ! Quels moissonneurs que décembre ou janvier pour la phtisie du peuple, cette insatiable décimatrice (1) !

Les *Hospitalités de nuit* arrachent l'errant au ruisseau glacé, prennent une bûche à nos foyers pour le réchauffer quelques heures. Peut-être, dans une cité énorme comme Marseille, devrait-on créer, pour les hivers trop âpres où ne luit plus le soleil bon à tous, des abris, fût-ce en hangars, où l'indigent trouverait de quoi se protéger, se ranimer ; dans les pays de montagnes, il y a bien pour les voyageurs ce qu'on nomme des *hospices*, pour les bêtes même des granges contre

_____

(1) Décimatrice est à Marseille le mot strictement exact : voir p. 176.

les tourmentes! L'Assistance publique et les œuvres privées pourraient chercher quelque sorte de secours analogue au bois que par droit ou par tolérance chaque habitant de certaines communes rurales ramasse dans la forêt voisine. Mais tout cela, c'est du domaine de la charité : la justice sociale a une autre tâche, améliorer les conditions générales de la vie. Beaucoup d'industries, naturellement les houillères en tête, allouent le chauffage gratuit ou des subventions de combustible. A un degré au-dessus reparaît le rôle précieux des Coopératives de consommation. La *Ménagère*, à Paris, fait avec Anzin et d'autres compagnies des marchés, qui lui permettent de livrer le coke, le bois, les briquettes avec 10 % d'économie, le charbon avec 20 %. La baisse du coût des choses nécessaires, la hausse naturelle des salaires, tels sont les deux termes de la solution. Mourir de froid, ou à peu près, doit devenir aussi impossible que mourir de faim. N'est-ce pas trop déjà que la mortalité comparée soit si inégale dans les diverses couches d'une société civilisée ?

LES EMPLOYÉS

CONDITION DES EMPLOYÉS ; ORGANISATIONS · PARTICULIÈRES
D'ÉPARGNE

4 mars 1882.

Le sort des employés à Marseille ne nous paraît pas moins
intéressant que celui des ouvriers manuels. L'employé a
dû recevoir une instruction assez coûteuse. Il est astreint à
certaines obligations pour son loyer, pour sa tenue et celle
de sa femme, pour l'éducation de ses enfants. Il fournit
une somme peut-être plus régulière de labeur ; à certaines
époques il est forcé, dans le commerce, l'industrie, la
banque, d'ajouter à ses heures fixes des suppléments de
travail ; il ne *fait* jamais *le lundi*, lui. — Tout ce qui est de
nature à améliorer la condition de l'employé est digne
d'attention.

Nous voulons signaler à ce titre des institutions d'épargne,
dont le premier type fut donné, vers la fin de 1879 à Paris,
par un groupe d'employés intelligents du Crédit Industriel et
de la Banque de France.

Sous le nom expressif de la *Fourmi*, ce groupe fonda une
association de prévoyance, dont l'objet était de créer, moyennant une faible cotisation des ad' ents (3 fr. par mois et par
part), un fonds commun destiné à acquérir par série de dix
ans le plus grand nombre possible d'obligations françaises à
primes. Les petites économies, ainsi accumulées sur des
valeurs de tout repos, et productives d'un intérêt fixe en dehors

des *aleas* de lots (Crédit Foncier de France, Ville de Paris, etc.), profitent d'une somme constamment croissante de chances de gain. Les titres et l'argent sont déposés au Crédit Industriel, qui s'est chargée gratuitement de ce service. Le capital et les revenus seront partagés, lors de la liquidation, ainsi que les lots s'il y a lieu, entre tous les participants de la même série, et au prorata de la mise de chacun.

Aucune formalité gênante pour l'admission : il suffit d'une simple adhésion écrite aux statuts. Des livrets peuvent être demandés au nom des femmes mariées et des enfants. La Société est administrée par un conseil de douze membres, dont les fonctions sont gratuites.

Si un participant veut se retirer avant le terme, il lui est remboursé 80 °/₀ des sommes versées, ainsi que des intérêts et lots. En cas de décès, les héritiers touchent la totalité de ce qui revient au défunt, ou prennent la suite de ses engagements pour leur propre compte.

Au bout de vingt-huit mois de fonctionnement, il se trouve que 2,800 parts ont été souscrites par plus de 1,600 participants. Le capital qui s'élève déjà à fr. 250,000 environ, est représenté par 950 obligations diverses à primes. Des chefs de maisons considérables, M. Durrieu, président du Crédit Industriel, MM. Kohn et Reinach, M. Jaluzot du *Printemps*, etc., ont pris des parts pour donner leur patronage moral et effectif à l'entreprise (1).

A Marseille la combinaison que nous venons d'esquisser a trouvé des imitateurs. Divers groupements, sous des noms tels que l'*Economie*, la *Société des valeurs à lots*, les *Amis réunis* (2), ont suivi l'exemple de la *Fourmi*. Qui sait si l'excellente *Société philanthropique des commis*

(1) Au 30 septembre 1888, le capital, représenté par 19,972 obligations françaises à lots, atteignait 6,779,930 fr.

(2) Voir l'appendice, à la rubrique *Organisations spéciales d'épargne*.

et employés, qui a l'avantage d'un cadre plus large, ne pourrait pas faire dans son budget un coin à l'idée ?

Elle est intéressante, cette idée. Elle est moralisatrice, comme tout ce qui porte à l'épargne. Elle est ingénieuse. Elle nous paraît mériter la sympathie et la vulgarisation dans cette immense ruche d'employés laborieux et économes qui est Marseille.

UNE MENACE D'IMPOT SPÉCIAL

25 novembre 1885.

Il y a quelques jours, au Havre, a eu lieu, au cercle Francklin, un *meeting* des employés de commerce, pour protester contre un danger qui menace cette nom—breuse et intéressante catégorie de travailleurs. Il ne faut pas oublier que les questions relatives à l'impôt sur le revenu ne sont plus à l'état de vague thème électoral : une loi est proposée, et la Chambre en sera bientôt saisie. Or, au milieu de beaucoup de charges que cette loi rendrait plus graves ou plus vexatoires, elle assujettirait pour un impôt de 2,50 pour cent les appointements des employés de commerce, comme ceux des employés des administrations publiques ; et une seule concession semble avoir été faite aux premières doléances qui se sont produites, la promesse de n'appliquer la taxe qu'en dessus de fr. 1500. La réunion du Havre, qui avait déjà organisé un pétitionnement, a discuté d'autres moyens de défense, et a fini par constituer un comité de vigilance chargé d'aviser le cas échéant.

Il est facile de comprendre l'émotion qu'a provoquée parmi

les employés la perspective du fisc prélevant sur leurs modestes salaires, outre ce qu'il prend déjà aux contribuables, une taxe directe. La condition des employés dans les villes n'est pas moins digne d'intérêt que celle des travailleurs manuels à la tâche ou à la journée, déclarés par le projet exempts de l'impôt ; même, à bien des points de vue, elle appelle plus de ménagements. Le commis a dû se procurer une instruction assez coûteuse pour être en mesure de se frayer un chemin parmi l'énorme et croissante concurrence des demandes. Il est astreint à certaines obligations pour le loyer et la tenue de son logement, son vestiaire, celui de sa femme, celui de ses enfants, à l'éducation de qui il doit pourvoir ; il fournit à ses patrons une somme de besogne plus régulière que l'ouvrier ; il ne connaît pas le *lundi* ; il est même forcé à certaines époques de l'année, d'ajouter un supplément de labeur à ses heures fixes. Voilà pour les charges. Si en regard on place les ressources, il ne serait pas malaisé d'établir que les traitements mensuels d'un grand nombre représentent un chiffre inférieur aux salaires gagnés dans bien des corps d'état.

Et ce serait ces appointements de fr. 2,000, de fr. 2,500, de fr. 3,000, à peine suffisants à l'employé pour joindre les deux bouts et élever sa famille, que de cruels financiers viendraient réduire ? N'est-ce pas assez des mille formes de l'impôt indirect pour saigner à blanc le petit budget du ménage ? Le *meeting* du Havre a bien fait de jeter le cri d'alarme, d'organiser une résistance légale. Le personnel si considérable d'employés, qui vit dans notre grand centre commercial et industriel, fera prudemment de se joindre à celui du Havre, de protester tandis qu'il est temps encore, comme les fermiers, dont on veut grever les bénéfices au moment où la concurrence étrangère les écrase, comme les patentables dont on veut alourdir les patentes en pleine crise d'affaires.

L'ASSURANCE CONTRE LE CHOMAGE DES EMPLOYÉS

10 septembre 1887.

Dans le mouvement très étendu, très varié, qui a pour objet une amélioration du sort pour le plus grand nombre, pour les moins favorisés de la vie sociale, il est incontestable que l'attention en France est presque toute tournée vers la classe des travailleurs manuels ; il n'en reste plus guère pour ces modestes auxiliaires du commerce, de l'industrie, de l'administration qu'on peut embrasser sous le nom générique d'*Employés*. Il y a là une catégorie de laborieux qui ne mérite pas moins d'intérêt, de sympathie ; dans une grande agglomération urbaine comme Marseille, d'un employé un peu subalterne ou d'un ouvrier, c'est le second qui se trouve dans la condition la plus favorable. Pourvu d'une éducation coûteuse, astreint à certaines exigences de logement, de vêtement, de budget domestique, fournissant une tâche plus régulière, l'employé ne reçoit souvent pas un salaire supérieur : il vit à Marseille d'un émolument mensuel qui, à de rares exceptions près, oscille entre 50 et 300 fr. Combien de peintres, de mécaniciens, d'ébénistes habiles ou diligents gagnent davantage !

Il semble donc qu'il soit juste de rechercher, dans cette autre sphère aussi, des moyens de faciliter la rude lutte pour l'existence. — En vue de la vieillesse, directement ou par la mutualité, les employés ont la *Caisse des Retraites,* et dans de nombreuses administrations des organismes particuliers du même genre. — La mutualité les aide encore dans la *maladie.* — Ils ont à leur disposition le précieux contrat d'*assurance sur la vie.* — Ils diminueraient sensiblement le coût de la vie matérielle quotidienne par des *coopératives de consommation* installées entre employés similaires. — Mais le *chômage*? Quel ennemi pourtant! Le dur temps à passer pour un père de famille que cet *intérim* entre deux places, si par exemple (nous écartons l'hypothèse du congédiement mérité) la maison où il était engagé liquide, ou si elle réduit son personnel, nécessités que multiplie depuis deux ou trois ans la crise des affaires! Il joignait avec peine les deux bouts; il n'a pas de réserve, ou si petite! Comment acquittera-t-il le semestre de loyer, nourrira-t-il la maisonnée, paiera-t-il l'école des enfants?... Telle est l'idée dont partirent à Berlin, il y a deux ans, les employés de commerce pour créer une *Caisse d'assurance contre le chômage* entre eux.

Elle est ingénieusement et prudemment conçue. Les affiliés ne sont admis que jusqu'à l'âge de 45 ans. Les subventions ne sont payées pour la première quinzaine que si le chômage se prolonge; elles sont comptées jour par jour, à dater de l'avis transmis à la caisse. On a droit à 30 marcs par mois pour une prime mensuelle de 1 marc, à 40 pour 1 m. 50, à 60 pour 2 m. 50. L'assuré aidé pendant un semestre n'obtient plus rien qu'après neuf mois de séjour dans une position, ou en prouvant qu'il a vécu une année de ses ressources propres, ou en versant la cotisation totale d'une année. Tout assuré qui chôme doit déclarer quels sont ses revenus accessoires, et en abandonner le quart à la caisse; si ces profits atteignent le double du secours, celui-ci s'arrête. Si au moment du chômage l'assuré est en retard pour sa prime, l'impayé est déduit du secours. De sévères restrictions sont appliquées à l'assuré s'il perd sa place par sa faute (cas malheureusement peu rare en tout pays), ou s'il n'accepte pas celle qu'on lui propose (autre cas connu de quiconque a quelque pratique de la chose), ou s'il n'en cherche pas. Enfin, clause sage, tout assuré doit traverser deux ans d'épreuve avant de rien recevoir.

Il va de soi que l'incapacité de travail est en dehors de ces combinaisons, puisqu'alors l'employé Berlinois trouve son point d'appui dans les *Caisses d'assurances* obligatoires

contre la maladie. Telle quelle, limitée au chômage, l'institution nous paraît excellente. C'est la première de l'espèce,
croyons-nous, en Allemagne ; il faudra la voir à l'œuvre ; mais
elle compte déjà de nombreux adhérents, et des ressources
financières sérieuses lui sont acquises. Nous croyons bien
faire en l'indiquant, comme un utile sujet d'étude, à l'esprit
d'initiative de notre population marseillaise d'employés, dans
les rangs pressés de laquelle les jeunes hommes d'intelligence,
de bon sens, de goûts progressistes ne manquent pas. Beaucoup sont des clients de la Caisse des Retraites, de la Caisse
d'Epargne, de telle ou telle compagnie d'assurances sur la
vie. Ils ont su se donner des Mutualités, la belle *Société
philanthropique des commis et employés*, un syndicat
professionnel. Ils ont des groupes de prévoyance, qui
sous l'appellation de *Fourmis* ou d'autres noms joignent
à l'économie l'*alea* d'un placement des fonds en valeurs
sûres à lots. Contre le chômage, qui hélas ! n'est pas une
rareté dans cette ville où l'industrie, le négoce, les situations
privées passent par tant de hauts et de bas, pourquoi n'imi-
teraient-ils pas les employés de Berlin ?

BUDGETS DOMESTIQUES D'EMPLOYÉS ; COOPÉRATIVES
DE CONSOMMATION

15 septembre 1887.

Nous croyons qu'il serait possible aux employés de
diminuer le coût de la vie par des associations coopératives de consommation. Il n'est guère contestable que
cette partie d'une population urbaine qui embrasse des classes
diverses d'auxiliaires de l'administration, de l'industrie, du
commerce, n'ait de plus en plus besoin de moyens ingénieux

·pour atténuer les difficultés de l'existence matérielle. Elle vit d'un émolument mensuel que nous avons évalué pour la moyenne, et sauf les exceptions favorisées par un mérite rare ou par d'heureuses chances, à une somme variant entre fr. 50 et fr. 300. Subsister avec une famille dans une ville comme Marseille en ne pouvant faire fonds que sur ce revenu, est-ce chose très simple? Pour nous en rendre compte d'un peu plus près, essayons d'établir, sur des données approximatives, le budget domestique normal d'un petit ménage de ce genre.

Supposons, afin d'éviter tout grief de pessimisme, presque le point maximum des appointements dont nous venons d'indiquer les deux limites, soit fr. 250 par mois, et une famille bornée à 2 enfants. On pourrait assez raisonnablement calculer comme suit le budget annuel de ces quatre personnes, dont une seule, le chef de la maison, est en mesure de fournir un travail rémunéré :

1° Nourriture :   *par jour :*

Pain	1	»
Vin	1	»
Viande	1	»
Fruits, légumes, beurre	»	30
Œufs	»	20
Fromage	»	25
Poisson	»	25
Sel, poivre, etc	»	05
Café, lait, sucre	»	40

4 45, *soit pour l'année.* 1.624 25

2° Chauffage	100	»
3° Eclairage	60	»
4° Blanchissage	52	»
5° Menus frais, journal, fil, cirage, etc	30	»
6° Vêtements { du mari 100 / de la femme 200 / des enfants 60 }	360	»
7° Chaussures	80	»
8° Loyer	500	»

Total..... 2.806 25

On arriverait à des chiffres analogues, et plutôt supérieurs, si au lieu d'un employé marié on prenait comme spécimen un célibataire ayant charge de père et mère âgés, cas fréquent. Voilà presque épuisés les fr. 3,000 d'appointements. Que reste-t-il non seulement pour les distractions légitimes, mais pour le chapitre toujours trop large de l'imprévu, et pour les frais de maladies, et pour l'éventualité du chômage involontaire aux risques de laquelle nous conseillons de parer (comme le font les employés de Berlin) par l'assurance ?

Il y aurait donc un réel, un pressant intérêt à réduire le coût de la vie matérielle quotidienne, et aucun instrument n'y est plus efficace que la coopérative de consommation. Récemment, à Genève, la *Société coopérative suisse de consommation* a rendu les comptes de son dernier exercice, clos au 1er juin 1887. Elle comprend 2,315 affiliés. Pour un semestre, les ventes se sont élevées à fr. 380,832 sur lesquelles le bénéfice net n'atteint pas moins de fr. 54,784. Un dividende de 12 % a été réparti sur les achats. Et le rapport constate ce fait très important que depuis la fondation de la Société, c'est-à-dire depuis dix ans, les prix de détail de tous les articles d'alimentation à Genève ont baissé, par contre-coup, dans une proportion qui varie selon les articles entre 12 1/2 et 57 % !

Pourquoi dans les grandes agglomérations urbaines, les employés qui y sont nombreux, et qui ont su se rapprocher pour des mutualités ou des participations d'épargne, ne demanderaient-ils pas à la coopérative de consommation le secret de la *vie à meilleur marché ?* La façon la plus naturelle, et aussi la plus puissante, de concevoir l'entreprise serait d'y faire entrer toutes les variétés de la profession. Peut-être serait-il plus simple, plus pratique, de commencer sur une petite échelle, entre camarades et amis qui se connaissent, ou au moins entre co-intéressés, par groupes similaires, industrie, armement, commerce, administrations, banque.

C'est souvent sous cette forme restreinte, sans capital, sans autre force initiale que les bonnes volontés, et sauf à s'élargir peu à peu, que naissent en cet ordre d'idées les institutions les plus solides et les plus utiles.

MUTUALITÉ

26 janvier 1888.

Ce soir doit tenir son assemblée générale annuelle la très intéressante et déjà ancienne *Société des commis et employés de la ville de Marseille*. Son bilan au 31 décembre 1887, qui sera soumis aux adhérents, présente des indications caractéristiques de prospérité. Pour ceux qui suivent du dehors un développement si digne de sympathie, il est bon de noter aux *comptes débiteurs* l'avoir constitué surtout en rentes sur l'Etat et obligations de villes, de chemins de fer, du Crédit foncier, ensemble plus de f. 770,000, d'autre part aux *comptes créditeurs* le total de la caisse de retraites inaliénables, f. 626,649, et le compte de revenus, f. 111,992. L'effectif du personnel comprend 2476 membres, dont 524 honoraires-bienfaiteurs, 1785 actifs, 167 retraités ; il ne cesse de s'accroître, l'augmentation n'est pas moindre de 270 pendant l'exercice qui vient de finir (1). Il faut certainement rapporter une part des récents progrès d'une institution, excellente en soi, à l'activité intelligente de son président actuel, M. Chanal.

(1) Au 30 septembre 1888 le nombre des membres est de 2747, dont 1971 actifs, 594 honoraires, 182 retraités ; le capital atteint fr. 802.058, dont fr. 638,000 au compte des retraites.

Les mutualistes français se réunissent tous les trois ans en congrès ; celui de 1886 fut tenu à Marseille même. Le prochain aura lieu à Paris en 1889, et des délégués ont été désignés par le congrès de Marseille pour le préparer. Ces délégués ont provoqué naguère une réunion qui a formé le bureau du comité organisateur sous la direction de M. Maze. Ils se sont adjoint 50 présidents des sociétés de secours mutuels de la Seine, et en province des correspondants nombreux. Bien des questions nouvelles pour la Mutualité sont depuis quelque temps fort débattues. Notre *Société des commis et employés* estime que les mutualistes ont intérêt à administrer eux-mêmes leurs affaires, sans rechercher la tutelle de l'Etat. Elle a raison, sans qu'il fût juste pourtant ni exact de contester l'élan donné et les services rendus à ce mouvement par le patronage de l'Etat dans la première phase. Dans un pays où le rôle du pouvoir central n'est pas exagéré, la Belgique, le régime ressemble au nôtre.

Partout se groupe de plus en plus le monde des employés, dont on ne saurait trop vivement plaider la cause. — Ceux de Grenoble inauguraient un *Cercle* le 16 janvier. — Nous signalons à l'attention de la *Société* de Marseille la tentative qui se poursuit à Paris, sous ce titre la *Réunion Commerciale,* pour créer un trait d'union permanent entre les employés et les chefs de maison, un centre commun d'information pour les uns et les autres. C'est un effort original et sage pour faire une sorte de famille des collaborateurs de l'œuvre commerciale ou industrielle, aux degrés divers de la hiérarchie. — Notre *Société,* si elle a du goût pour les voies neuves, seconderait aussi fort utilement l'introduction sur notre grande place de l'*assurance contre le chômage des employés.* Ce procédé de prévoyance n'a rien d'utopique, puisqu'il fonctionne avec profit à Berlin, à Liverpool, à Manchester. La *Société des commis et employés* serait mieux en mesure que personne

de mûrir, de rendre pratique, de faire aboutir l'idée (1).
D'une manière générale nous lui souhaitons l'esprit d'initiative ; Marseille en a besoin, par un temps où tout se renouvelle et marche.

(1) Dans sa séance du 8 février 1888, le conseil d'administration de la *Société des
commis et employés de Marseille* a mis ce vœu à l'étude.

LA MALADIE DU PAUVRE

1ᵉʳ mai 1888.

On vient de distribuer deux *Comptes-rendus de l'adminis-tration des Hospices civils de Marseille*. Deux à la fois, sans doute pour se remettre au courant d'un arriéré, ce qui est fort louable. De tels documents comporteraient, à nos yeux du moins, l'examen le plus attentif, si ceux-ci ne manquaient de fraîcheur : l'un s'applique à l'exercice 1885, l'autre à l'exercice 1884. Un rapport sur une gestion de 1884, imprimé en 1887 et rendu public en avril 1888 ! Voilà, à parler avec franchise, des mœurs statistiques du temps des pataches. Non que nous méconnaissions les difficultés que créent la multiplicité et la coordination des renseignements à recueillir et à grouper ; on n'en a pas moins fini par comprendre partout que les statistiques tardives perdent leur prix, et l'Etat lui-même, si peu prompt à se mouvoir, fait pour les siennes des progrès croissants. En général il est permis de poser comme règle que les informations d'une année doivent être livrées au public avant la fin de l'année suivante : sinon, tout peut s'être modifié, chiffres, faits, personnes, l'intérêt s'évapore. La commission distinguée qui administre nos Hospices, l'excellent agent-général qu'elle a eu raison de placer depuis le 1er juillet 1885 à la tête des services, nous excuseront de leur demander de couper court aux causes, que nous ignorons d'ailleurs, de lenteurs routinières.

N'entrons donc pas cette fois dans une analyse sur laquelle il nous aurait plu de nous arrêter : à quoi bon des remarques qui pourraient porter à faux, ou des raisonnements rétros-pectifs ? Quelques grandes lignes, à peu près constantes, suffiront. Fixons-les pour 1885, car au moins n'allons-nous pas remonter à 1884. Pendant l'exercice 1885, 19,595 personnes ont été soignées ou entretenues, ce qui a donné lieu à 555,086 journées de présence. La moyenne des malades a été de 796 par jour. La recette totale s'est élevée à f. 2,115,803, et la dépense totale à f. 1,590,431. Le prix de journée, dans le calcul duquel n'entrent pas certains frais, ressort pour l'Hôtel-Dieu à f. 2 64, pour la Conception à f. 2 38, pour la Charité à f. 1 20 ; négligeons en tout l'exception transitoire du Pharo. Le coût annuel d'un lit a représenté f. 965 à l'Hôtel-Dieu, f. 872 à la Conception, f. 438 à la Charité. La durée moyenne de séjour a été de 30 jours à l'Hôtel-Dieu, de 37 à la Conception, de 18 à la Maternité ; la moyenne de mortalité de 1 sur 6,49 à l'Hôtel-Dieu, de 1 sur 7,17 à la Conception, de 1 sur 14,81 à la Charité, de 1 sur 64,43 à la Maternité pour les femmes, de 1 sur 9,41 pour les enfants. Ce sont là des données générales à l'aide desquelles le lecteur pourra se former une idée du fonctionnement hospitalier à Marseille ; nous ne croyons pas qu'elles aient bien sensiblement varié pendant les deux années qui ont suivi.

Nos Hospices sont pauvres, relativement à ceux de Lyon par exemple, qui ont, croyons-nous, 5 millions de rente ; il est fâcheux qu'ils dépendent de la subvention muni-cipale, f. 750,000 en 1885, f. 800,000 aujourd'hui, car leur vie même est ainsi suspendue à un vote chaque année. Nous ne saurions trop rendre hommage à la mémoire de

M. Viton, qui ajouta le 6 janvier 1887 à d'autres libéralités un
legs dont le net équivaudra bien à un million. Des combinaisons ingénieuses et résolues par une main habile ont
rapidement assuré l'exécution de la belle entreprise de Sainte-
Marguerite, où nous espérons qu'il sera satisfait à toutes les
conditions nouvelles tracées par la science de la construction
et de l'installation hospitalières. Nous voudrions qu'on y
transférât à l'air pur la Maternité, qu'on créât quelque asile
pour les femmes *Convalescentes*, pauvres créatures qu'il
est impossible de voir sans serrement de cœur ressaisies en
pleine faiblesse par la vie d'effort. Nous voudrions que la
vieille Charité de la rue Trigance fût vendue, remplacée par
la Faculté de Médecine, comme la Faculté de Bordeaux,
transformation d'une école secondaire, se bâtit sur l'emplacement d'un hospice. Nous voudrions qu'on songeât aux
spécialisations infantiles, comme Bordeaux vient de se donner
un *Hospice d'enfants trouvés ou abandonnés* et un *Hôpital
des enfants malades*. Voilà à quoi doivent songer les grandes
villes, et non à la laïcisation. Hier, à Rochefort, le Président
de la République a décoré la supérieure des religieuses de
l'hôpital maritime ; à Bordeaux il a dit à celle des Enfants-
Assistés : « vous portez un costume que j'aime dans les
« hôpitaux, et pour lequel je professe une vive sympathie. »
Le mot honore M. Carnot. La commission de Marseille a eu
l'esprit de le devancer.

Un point indubitable se dégage des chiffres dans les
Comptes-rendus : c'est l'insuffisance des établissements
hospitaliers dans une agglomération de 376,000 habitants,
mieux vaudrait dire de 450,000 avec la population flottante.
On ne cesse de refuser des malheureux dans nos hospices
encombrés, et voilà véritablement, quand on songe à ce qu'est
la maladie pour le dénué de tout, une chose affreuse, une
négation de solidarité sociale qui ne devrait pas subsister
dans un état de civilisation comme le nôtre ! S'en prendre aux

étrangers qui usurpent la place d'indigènes, est-ce une vue juste ? L'un de nos députés, M. Chevillon, signala le fait en février à la Chambre. Eh ! oui, il est certain que plus de 40 % d'étrangers, cela est lourd, cela est surtout disproportionné, semble-t-il, à l'immigration locale. Mais qu'y faire ? C'est une obligation légale qui incombe là à nos Hospices ; et peut-on considérer comme inéquitable de soigner des outils humains qui s'usent à notre service ? Mieux vaut chercher le remède dans l'extension des établissements par le concours de tous les pouvoirs publics. N'y aurait-il rien à essayer dans la voie de la *localisation par quartiers*, que M. Straüss proposa au conseil municipal de Paris (où tout n'est pas absurde), et en y adaptant l'idée anglaise des *hôpitaux-baraques à rez-de-chaussée* inaugurés à Liverpool ? Peut-être pourrait-on aussi développer l'*Assistance à domicile* : nous avons déjà l'admission aux consultations gratuites, aux médicaments, aux bains de l'Hôtel-Dieu ; le *Dispensaire général de Lyon* a une action plus large...

Que de passionnantes questions autour de la question hospitalière dans une grande ville ! Ah ! que la politique paraît misérable à côté !

8 juillet 1888.

Vers la fin du mois, du 25 au 31, s'ouvrira à Paris, dans les salles de la Faculté de médecine, un Congrès organisé par les hommes de haute science et de noble cœur qui ont entrepris campagne contre un des fléaux décimateurs de nos populations urbaines ouvrières. Il s'agit de la tuberculose : le Congrès mettra en lumière les premiers résultats acquis et les efforts à poursuivre dans les recherches commencées sous la direction d'un membre illustre de l'Institut, le professeur Verneuil. La découverte du bacille de la tuberculose pulmonaire, que Robert Koch annonça à la *Société médicale de Berlin* le 24 avril 1882, que des études françaises multipliées ont confirmée depuis lors, a-t-elle été suivie de conquêtes curatives ? Quel développement a le mal parmi les causes de la morbidité dans notre pays ? Peut-on entrevoir des certitudes d'en atténuer la marche ? Voilà les questions qui vont se poser, avec d'autres : elles n'ont pour nous que trop d'intérêt, car l'ennemi à combattre tient une place redoutable dans la mortalité des agglomérations comme la nôtre.

Marseille, surtout la Marseille plébéienne, est une pourvoyeuse infatigable de phtisiques. Les recherches statistiques naturellement incomplètes que nous avons pu faire attribueraient plus d'un dixième de nos décès annuels à cette cause-là. Pour 1885 par exemple, janvier sur 965 décès donne 123 phtisiques, février 104 sur 751, mars 122 sur 803, avril 98 sur 803, mai 103 sur 738, juin 107 sur 828, juillet 107 sur 1925, août 131 sur 2,302, septembre 103 sur 1809, octobre 96 sur 828, novembre 110 sur 770, décembre 116 sur 921 : en tout 1320 sur 12,723 (1). La proportion mensuelle a un caractère régulier, qui est navrant et décourage. Comment n'en serait-il pas ainsi ? Que de victimes désignées d'avance, enfants nés d'alcooliques ou mal nourris, pauvres jeunes filles surmenées, femmes convalescentes épuisées par une reprise trop prompte de travail après la maladie ou les couches ! L'affection cruelle éclate : il faudrait du repos, on n'a point d'épargne qui le permette ; des soins et des précautions hygiéniques, ils sont trop coûteux ; un logement salubre et aéré, la maison est malsaine, et on n'a qu'une chambre encombrée d'autres hôtes, ou souvent une soupente.

La maigre et pâle malade essaie alors de l'hôpital. Mais les hôpitaux refusent le phtisique pendant la première et la seconde

---

(1) On évalue à 1600.000 les décès imputables chaque année à la phtisie pour l'ensemble de la France.

période, les seules, hélas ! où des soins soient efficaces. Gardons-nous d'en faire un grief contre notre administration hospitalière : la durée de la tuberculose pulmonaire varie de quelques mois à une vingtaine d'années ou davantage, et la première obligation n'est-elle pas de réserver aux demandes urgentes des lits envahis avant d'avoir pu refroidir ? Les Anglais, eux, ont su fonder des *hôpitaux de poitrinaires*, avec ce qu'il appellent des *chambres de respiration*. En France la charité privée a engagé le bon combat naguère. L'*Œuvre des jeunes poitrinaires*, créée à Paris, s'est installée depuis le 19 mars 1881 à 18 kilomètres de là, en Seine-et-Oise, à la campagne, dans un château et des bâtiments de ferme entourés d'un parc de 11 hectares. On va à Villepinte par le chemin de fer du Nord. A Paris, 25, rue de Maubeuge, fonctionne deux fois par semaine un dispensaire tenu par des médecins distingués qui trient les malades, et dirigent sur Villepinte quand il y a de la place ou que l'état le comporte. On a déjà de remarquables réussites. Cela est bien compréhensible, puisqu'on dispose de l'air pur et de l'ensemble d'une action réparatrice : or si la science est sûre de quelque chose en la matière, c'est de pouvoir prolonger largement la vie.

M. le docteur Verneuil nous fit l'honneur de nous écrire l'an passé, le 13 mai, à la suite de ce que nous avions dit de sa belle entreprise dans une séance publique de l'Académie de Marseille. Il sollicitait de l'aide morale et matérielle, dont l'*Œuvre de la tuberculose* avait bien besoin. Ne se trouvera-t-il pas à Marseille, dans notre corps médical si dévoué, quelque homme d'initiative pour se faire le promoteur d'un élan local en ce sens ? Nous allâmes plus tard visiter la maison de la rue de Maubeuge, pour soumettre aux religieuses admirables qui la dirigent un projet, un rêve : étant donné que la station l'hiver au grand air pur sous un ciel doux, l'été à de certaines altitudes, est un moyen démontré curatif, ne pourrait-on expérimenter l'envoi de quelques hospitalisées de

Villepinte en novembre sur notre littoral méditerranéen
ensoleillé, en juillet dans les montagnes des Pyrénées ? Nous
avions déjà une promesse de donation de 10,000 mètres de
terrain sur la tiède plage de Cavalaire : à Argelès, à Luchon,
ou ailleurs, le concours estival serait venu. Oui, mais il faut de
l'argent, et Villepinte se suffit à peine. Nous soumettons
l'idée au Congrès du 25 (1). Elle a de quoi séduire un millionnaire Marseillais : s'il en est que visite le Bonheur, qui n'est
pas lié à la richesse, quel beau gage à lui offrir pour le fixer !

19 septembre 1888.

Nous avons sous les yeux le compte-rendu administratif
et médical de la gestion de l'Asile Public d'Aliénés de Marseille pendant l'exercice 1887. On l'imprime depuis peu, et
on fait bien : cette publicité relative assure un certain
contrôle de l'opinion, permet de suivre et de rapprocher les
résultats, fournit des données utiles, pousse à la recherche
continue du mieux. La brochure que nous venons de lire avec
attention renferme des rapports du directeur, le docteur
F. Dubief, des deux médecins en chef, M. Rey pour la section des hommes et M. Boubila pour la section des femmes,
d'un membre de la commission de surveillance, M. Léonce
Conte, juge au Tribunal civil. Tous nous ont intéressés par
les renseignements qui s'y groupent et les vues exposées :
celui de M. Dubief, de qui la compétence est double, reflète
l'esprit d'initiative et d'activité de la direction; celui de
M. Conte nous a plu par le soin, l'indépendance des appréciations, le goût généreux du sujet. Nous dirons tout à l'heure
ce qui manque, à notre avis, dans ces documents.

(1) Un projet du même ordre a été annoncé au congrès : la création de deux maisons
pour les enfants nés de phtisiques, l'une sur le littoral méditerranéen, près de St-Raphaël,
l'autre en Seine-et-Oise, grâce à un don de M. d'Ormesson. L'hospitalisation alternée sur
la plage de Cavalaire et à une altitude curative des Pyrénées est une idée un peu différente.

La partie statistique résume le mouvement de la population soignée et les faits médicaux. On y suit les malades admis en 1887 soit pour la première fois, soit par rechute, transfert, ou réintégration d'évadés, et les sortis, soit guéris, soit améliorés, ainsi que les décédés, chacune de ces catégories avec les diverses formes mentales, les causes présumées de la folie, les professions, les états-civils, les âges, les lieux d'origine ou de domicile. Il y aurait bien des points à relever : bornons-nous à quelques-uns. L'alcoolisme reste pour les hommes la plus intense parmi les causes précises incriminées, 22 sur 203 ; et parmi ces 203, il y a 56 paralysés généraux, indice d'une expansion de la folie paralytique à Marseille parallèlement à l'abus généralisé des spiritueux (1). Les militaires, fait bien triste, constituent le groupe le plus nombreux entre les professions connues. C'est surtout sur le mouvement général que l'attention doit se porter. Le 1er janvier 1887 le chiffre des hommes était de 581 ; il en est entré 249, sorti 358 ; restaient au 31 décembre 472, mais la diminution est due à des transferts. Il y avait 582 femmes ; il en est entré 188, au lieu de 181 en 1886, et de 168 il y a six ans ; il en est sorti 157 ; restaient 613. La population moyenne, qui était en 1855 de 1,096, avait monté à 1,135 en 1886, et atteint 1,156 en 1887 ..

De notables améliorations ont été réalisées pendant l'année. Évidemment le directeur encore récent est un progressif, et sait aboutir. De la fin 1886 à 1888, on a heureusement modifié les conditions hygiéniques et le fonctionnement économique de la maison. L'eau malsaine de l'Huveaune a été réduite au nettoiement, et remplacée comme eau potable par celle de la Durance ; un bras du Jarret, qui traversait exhalant des miasmes et facilitant les noyades, a été converti en une allée d'arbres. Les archives ont été classées, la lingerie et la

(1) Voir plus loin, au chapitre *L'accroissement de la consommation de l'alcool.*

buanderie agrandies, le pensionnat des dames a été doté de
plus de confort, les cellules sont chauffées. On a supprimé dans
les bains le sytème de robinets qui, en permettant l'arrivée de
l'eau chaude par le fond des baignoires, rendait une négligence ou une erreur dangereuse. A la camisole de force on a
substitué le maillot de l'asile Sainte-Anne. La vigilance a été
assez constante pour qu'il n'y ait pas eu de suicide chez les
femmes ; un seul est à regretter chez les hommes. Deux femmes reconnues saines ont été libérées, ce qui prouve le souci
d'éviter certaines accusations produites avec exagération dans
ces derniers temps. On a restitué les malades à une liberté
surveillée, et à la vie normale d'un travail médicalement
organisé, puissant moyen curatif.

Enfin nous allons voir entrer dans la période d'exécution un
projet d'ensemble, destiné à mettre notre Asile Saint-Pierre,
déjà ancien, mieux en harmonie avec le nombre croissant des
malades et les perfectionnements de la science aliéniste. Le
plan, conforme aux indications des inspecteurs-généraux, et
que le zélé directeur de l'Assistance publique au ministère de
l'intérieur, M. H. Monod, a examiné sur place ces jours-ci,
comprend la construction d'un bâtiment d'administration
faisant face au boulevard Baille, de trois pavillons pour loger
le directeur et les médecins, d'un étage sur le vestiaire actuel
pour installer la communauté ou le service de surveillance,
d'un quartier de traitement, et l'appropriation du bâtiment
d'administration actuel en pensionnat des hommes. L'incohérente bâtisse qu'on appelle par antiphrase la Villa disparaîtra.
Le beau jardin qui s'étend de la porte Saint-Pierre au verger
sera mis à la disposition des malades. Le pensionnat des
femmes sera accru d'un corps de logis. La demeure des
pauvres déments ne s'ouvrira plus sur la voie lugubre où
s'alignent un Refuge, une prison, un hôpital, un cimetière.
Le devis s'élève à fr. 485,000 ; la dépense sera couverte par
l'encaisse, les larges bonis annuels, et un emprunt dont le
rapide amortissement sera aisé.

Quels vœux nous suggère, à notre tour, cette sommaire étude ? — Nous souhaitons que la transformation du vieil Asile s'accomplisse ; nous fîmes partie de la commission de surveillance, et savons combien il y a à faire pour abolir l'encombrement qui nuit au bien-être et au classement, pour assurer à chaque malade le cube d'air désirable, pour appliquer les progrès expérimentés en d'autres pays. — Nous savons aussi quel caractère spécial donne à la maison de Marseille la variété des cas fournis par l'armée de terre ou de mer et les immigrés de toute provenance ; nous voudrions que l'administration centrale le comprît, renonçât (comme le réclame avec fermeté M. Conte) à en faire un poste inférieur, ne changeât pas sans cesse les médecins au moment où ils commencent de connaître la clientèle locale et de s'y intéresser. — Nous voudrions que la statistique annuelle fût éclairée par une comparaison avec les dix exercices précédents. — Nous voudrions enfin que les rapports fussent complétés par un bref compte-rendu financier. Tout ce qu'on nous dit à ce point de vue, c'est que l'exercice clôt par un excédent de recettes de fr. 94,848, supérieur au double de l'excédent moyen des dix dernières années. Nous en félicitons la direction ; car ces bénéfices, très légitimes, surtout sur les pensionnats, facilitent les réformes. Mais nous demandons à connaître le nombre des journées de nourriture de l'administration et des malades, le prix de revient de la journée de nourriture, le coût total de la journée d'un aliéné, la situation de l'établissement. Il nous paraît en ce moment confié à des chefs assez actifs, pour que ces *desiderata* leur soient soumis avec confiance.

LA VIE POPULAIRE RURALE

DÉPOPULATION

21 juin 1884.

On signale des départements voisins, et surtout du Var, ce fait que les agriculteurs sont menacés de manquer de bras pour faire les moissons, et seront réduits à solliciter l'aide des soldats auprès de l'autorité militaire.

Cependant beaucoup de fermiers dans ces localités sont très heureux ; les salaires sont exactement payés ; la vie animale est peu coûteuse ; tels propriétaires qu'on pourrait citer surveillent à peine les paysans, et même leur font le dimanche des distributions de cigares, de bière, etc.; en un mot le travail est doux et aisé.

Et malgré tout les travailleurs ne veulent pas rester aux champs. D'abord ils ne peuvent arriver à s'entendre entre eux. Ensuite ils désirent tous vivre à la ville : qu'ils l'avouent ou non, c'est là la plaie.

Tout les y pousse, tout contribue à les démoraliser, à leur inspirer le goût des plaisirs urbains. Un correspondant du Var nous conte que naguère, dans un village de sa région, arrivèrent deux musiciens ambulants, homme et femme; après avoir chanté dans quelques fermes, ils allèrent demander au maire l'autorisation de dire d'autres chansons un peu plus amusantes, et le magistrat s'étant montré partisan du *laissez-faire*, les fermes furent infestées de couplets obscènes. Dans toutes ces petites localités il n'y a plus guère que les cafetiers et les marchands de vin qui prospèrent.

Le paysan quitte la campagne, où il vit tranquille, à peu de frais, pour aller s'enrôler ouvrier dans les villes, où il espère trouver des jouissances plus vives, plus variées, mais où il luttera contre la croissante cherté de l'existence et finira par se jeter dans les grèves funestes.

Pendant ce temps, à la campagne, on en est venu à ce point que certains propriétaires, pour ne pas laisser leurs biens dépérir, se sont faits leurs propres fermiers, appellent des concours du dehors, dirigent eux-mêmes les labeurs subalternes.

En sorte qu'on songe sérieusement à faire appel à des journaliers piémontais, comme les industriels le font dans les villes pour se procurer des ouvriers. Qui sait ? le jour viendra peut-être où il faudra recourir à des Chinois !

Ce sont là des faits tristement symptomatiques, qui appellent toute l'attention du législateur. Bien courte est la vue de ceux qui imaginent qu'une simple modification de forme gouvernementale suffirait à y remédier.

MALAISE AGRICOLE : ROUTINE ET PROGRÈS

28 février 1888.

Nous nous occupons surtout, écrivant dans une énorme agglomération industrielle et commerciale, des progrès économiques et sociaux que comporte la vie plébéienne des villes.

Mais la Provence compte aussi des populations rurales, et les choses qui les intéressent ne doivent pas nous trouver ignorant ou inattentif dans le bruit de l'égoïste existence urbaine. Le débat ouvert en ce moment en deuxième délibération au Sénat sur le projet de loi relatif au Crédit agricole est un chapitre de ce vaste sujet. Bien d'autres améliorations sont réalisables pour les producteurs de nos campagnes, qu'il serait urgent de retenir sur leur sol. Il y a les *syndicats*, nés de la loi du 21 mars 1884, qui sont 500 déjà, qui se groupent en fédérations départementales, qui marchent vers une représentation nationale de l'agriculture. Il y a les *institutions de prévoyance* à organiser pour l'ouvrier rural dont la vieillesse est souvent misérable et asservie aux cupidités familiales, l'*assistance publique* à fonder, le coût de la vie à réduire par les *coopératives de consommation* (comme 18 villages le font avec succès dans la Côte-d'Or). Il y a une justice rapide et économique à constituer par des *prud'hommes* comme on y tend en Suisse...

Au premier rang de ces questions est celle du *crédit agricole*. Nous en cherchons depuis longtemps la formule. L'Empire en eut l'intuition ; son entreprise fut déviée. D'autres nations ont réussi. Dans la Prusse rhénane, les banques Raffeisen prospèrent ; d'autres fonctionnent sur des types analogues dans le reste de l'Allemagne, en Bavière, en Hongrie. En Italie, ce sont les mutualités de M. Luzzati, les caisses de M. Wollenborg surtout, la *Banque agricole milanaise*. Le Danemark, la Suisse, l'Angleterre, l'Écosse, la Russie pratiquent le crédit agricole ; la jeune Roumanie a depuis six ans une loi instituant dans chaque district des caisses dont le capital est avancé 2/3 par l'État, 1/3 par le district, et qui font de l'escompte ou du prêt sur gage agricole. D'ailleurs, dans ces pays qui n'ont pas notre timidité, on a compris quel rôle pouvait revenir dans cette sphère aux institutions d'épargne. La grande *Caisse d'épargne de Milan,* qui a 300 millions de dépôts, prête aux agriculteurs. En Belgique, la *Caisse générale d'épargne et de retraite sous la garantie de l'État* est autorisée depuis 1884 à prêter à l'agriculture par l'intermédiaire de *Comptoirs agricoles.* Tandis que nos caisses d'épargne françaises tenaient le 1er janvier 1888 2,365,201,382 fr. de dépôts, qui s'absorbent dans la dette flottante, facilitent l'excès des dépenses publiques, préparent ou masquent les emprunts !

Il est temps que la France sorte de ces voies, et cesse, là encore, de déclarer toute réforme chimérique. Un projet de loi qui viendra bientôt devant les Chambres ouvre aux caisses d'épargne une liberté de gestion dont il pourrait être fait quelque usage pour le crédit agricole, non point dans les villes industrielles ou commerçantes, mais dans les centres de contrées rurales. Sans aller jusque-là, bornons-nous pour aujourd'hui à souhaiter que la loi spéciale, réapparue au Sénat après l'échec de 1884, prévale sur une opposition d'arriérés. Le crédit du cultivateur s'établirait par le prêt sur gages agricoles, récoltes, instruments, bestiaux, sans que le cultivateur eût à se dessaisir : le privilège du propriétaire bailleur serait par suite restreint à deux années échues, l'année courante, l'année à échoir ; les indemnités d'assurances seraient attribuées aux créanciers privilégiés ou hypothécaires ; la signature de l'agriculteur deviendrait escomptable, étant commercialisée. On conseille sans cesse aux agriculteurs français de renouveler, de perfectionner leurs outillages et leurs procédés d'exploitation : en voilà le moyen. Que l'œuvre s'opère par la création d'un *Crédit agricole* sur des bases analogues à celles du *Crédit foncier*, avec des privilèges du même genre, sous la surveillance du gouvernement, ou qu'on laisse l'initiative privée installer des *Sociétés de crédit agricole*, le point pour nous est secondaire : l'important est qu'on se tire de l'ornière et de l'inertie.

Des objections... eh ! il en est à tout. Elles n'ont pas manqué

au Sénat. M. Oudet, à qui pourtant on doit l'extension à
l'agriculture de la loi de 1884 sur les syndicats, a combattu
l'ensemble du projet. M. Lucien Brun s'est écrié que la loi
livrerait les agriculteurs aux usuriers ; l'art. 3, qui a trait à la
commercialisation, a été renvoyé à la commission pour un
libellé nouveau. Il est bon que les textes proposés soient
mûrement étudiés ; mais que ce soit dans une pensée d'amendement, non d'obstruction. Toutes ces réformes sont connues,
appliquées ailleurs. Pourquoi, par exemple, le gage sans
déplacement serait–il périlleux, quand les Belges et les Italiens
en usent, quand le crédit agricole a été fondé dans nos propres
colonies, à la Martinique, à la Guadeloupe, à la Réunion, par
la loi de 1851 qui permit d'engager les récoltes pendantes
par racines ?... Nous avons à Marseille même, dans un poste
financier élevé, un témoin autorisé de ce qu'ont d'excessif ces
allégations d'impraticabilité et d'utopie en la matière. A-t-on
assez répété que la commercialisation des effets à cause
agricole est impossible, que si l'escompte commercial basé sur
des opérations rapides et des bénéfices faciles à prévoir est
aléatoire, l'escompte agricole serait ruineux ! Quand M. Giraud,
actuellement directeur de la succursale de la Banque de France
à Marseille, fut appelé en 1865 à Nevers, sans doute entendit-il
formuler par plus d'un sage ces aphorismes décourageants.

Qu'on lise la déposition si précise dans laquelle il expliqua,
en 1880, devant la commission parlementaire du crédit
agricole, ce qu'il fit dans la Nièvre. Les ressources industrielles et commerciales s'offraient très limitées. Les
richesses agricoles le surprirent : races bovines admirables
et recherchées, 40,000 bœufs expédiés par an, des fermiers
économes et respectant mieux le contrat verbal scellé
par une poignée de main dans les foires que bien des
négociants leur signature. Tout était de dégager des faits
le crédit évident de l'agriculteur. M Giraud réussit à faire
considérer par le gouverneur et le conseil de la Banque

comme commercial le papier créé par les fermiers en vue de l'*embouche* ou engraissement, et qui offrait plus de sécurité que bien des effets de commerce quotidiennement acceptés ; il lui ouvrit les guichets de l'escompte ; les banquiers locaux suivirent. Avec les emboucheurs de premier ordre, il opérait directement, et pour les autres par billets qu'endossaient deux banquiers. En dix ans il fournit 140 millions à l'agriculture nivernaise, qui en gagna 25. Il déclare que sa confiance ne fut jamais trahie, qu'il n'eut ni un protêt ni un retard. On obtiendra tout autant ailleurs, en appliquant aux circonstances et aux espèces les mêmes vues... Nous voudrions avoir fait toucher du doigt par cet exemple que les faits démentent, étudiés de près par des esprits ouverts, les méfiances de la routine. Le Conseil général des Bouches-du-Rhône émit en septembre un vœu, sur la proposition de M. Maglione, pour que le projet de loi sur le crédit agricole fût repris. Il l'est : qu'il aboutisse. Même imparfait, il n'en représentera pas moins un progrès sensible sur le *statu quo* et les thèses du *rien à faire*.

16 avril 1888.

Voici bientôt deux mois que nous n'avons plus de traité de commerce avec l'Italie, que nous protégeons nos produits en frappant les produits italiens, les vins par exemple ou les soies, de droits à l'entrée, et que nos voisins font de même. En vendons-nous plus cher nos soies ou nos vins ? Il ne paraît pas. — Mais, dit-on, les Italiens expédient en Espagne des vins qui nous en reviennent. Ne serait-ce pas précisément un indice de l'inanité de ces barrières ? — Ou serons-nous bien avancés si devant une insuffisance de la récolte indigène, nos consommateurs boivent plus d'alcool au lieu de vin importé ? — Jusqu'ici en tout cas la hausse n'est pas venue. Sur certains articles c'est la baisse qu'on a vu apparaître. Nous lisions naguère dans

un journal de la région cévenole : « sur nos marchés les prix
« des cocons et des grèges sont tellement tombés, que nous
« n'osons plus compter sur la prochaine récolte pour nous
« donner un peu d'argent. » Les premiers résultats ne semblent donc pas donner tort aux gens qui voient une panacée
décevante dans la thèse du *Marché intérieur aux seuls
producteurs nationaux.* Nos protectionnistes se passionnent
pourtant de mieux en mieux, les nouveaux droits ne leur
suffisent plus... Hélas ! les ouvriers des villes commencent
d'en vouloir autant. Et pourquoi pas ? Qu'a de moins raisonnable contre la concurrence étrangère la protection de la
main-d'œuvre que l'autre ? Elle a en plus l'excuse de la pauvreté.

Plus de traité avec personne, telle est bien la doctrine
de commerce international que soutient, avec talent du reste,
un des écrivains distingués de l'école, M. E. Lecouteux, dans
une des dernières livraisons du *Journal d'agriculture
pratique.* Il entend que la douane défende notre agriculture à
l'égal de nos autres industries. Il combat vivement ceux qui
proposent des conventions transactionnelles par où chaque
peuple s'assurerait, au moyen de droits d'importation modérés,
le placement lucratif de ses excédents exportés chez ses
co-contractants. « En 1892 — nous citons textuellement —
« expirera le traité de Francfort. Pas d'hésitations ; notre
« grand intérêt est de tout faire pour développer le travail de
« nos campagnes, doubler la puissance de production de notre
« territoire; le reste viendra par surcroît... Plus de traité en
« 92, mais un simple tarif général de douanes qui nous per-
« mette de développer chaque industrie en raison de nos
« intérêts. Que l'industrie et l'agriculture s'unissent contre
« les traités de commerce à l'échéance de 92. » Des taxes et
encore des taxes, jusqu'à ce que le salut soit assuré par la
douane, et que notre agriculture n'ait plus rien à craindre des
agricultures étrangères.

Peut-être y aurait-il pour nos agriculteurs autre chose à essayer contre le bon marché des peuples à sol neuf et à modestes salaires que la réclamation violente d'un marché artificiel. — Il y aurait à rechercher les moyens de lier des rapports directs avec les consommateurs : tout près de nous, à Avignon, M. Verdet et son groupe viennent d'en faire l'expérience pour la vente de leur bétail. — Il y aurait à rompre avec l'absentéisme des propriétaires, à quitter la ville où les goûts retiennent. — Il y aurait à remplacer l'action isolée par l'action sociétaire ; aux Etats-Unis des syndicats ou des compagnies exploitent les domaines ruraux ; en Allemagne et en Italie il existe des caves coopératives. — Il y aurait à arracher des pouvoirs publics la réduction d'impôts trop lourds. — Il y aurait à rendre plus faciles et moins onéreuses les avances que nécessite la situation, et en ce sens on aurait pu élever la voix quand naguère le Sénat discutait si étrangement le projet de loi sur le crédit agricole. — Il y aurait à étudier tout ce qui peut abaisser les prix de revient ou accroître la production. — Il y aurait à fixer le cultivateur sur la terre natale autrement que par des jéré-miades de réaction, à organiser des mutualités de secours, des caisses de retraite, des combinaisons d'assurances contre la maladie, les accidents, la mortalité des animaux, la grêle. — Il y aurait bien d'autres choses encore, que de plus compétents indiqueraient mieux. Pour beaucoup de ces efforts on a les 500 syndicats que la loi de 1884 a fait surgir ; leur rôle pourrait être immense.

Mais que fait-on en France pour le relèvement de l'agri-culture nationale ? Toutes les fois que des esprits ouverts proposent de suivre l'étranger dans une voie nouvelle, tout le monde, gouvernement, parlementaires, praticiens, crie à l'utopie. Ce modeste projet de loi récemment soumis au Sénat, l'a-t-on assez poursuivi de cette injure !. Il en a avorté. Deux ou trois lignes en demeurèrent, d'un tel intérêt pour le crédit agricole que la haute assemblée les a renvoyées au milieu d'éclats de rire à la commission pour supprimer un titre désormais absurde. Et cependant cette commercialisation des engagements agricoles, des hommes tels que M. de Parieu ou auparavant M. Batbie l'avaient recommandée, elle existe et fonctionne avec succès chez d'autres ! Mais n'est-il pas convenu que toute réforme est irréalisable pour les Français, que rien de ce qui est excellent ailleurs n'est bon pour nous ? Allez donc exposer à nos protectionnistes le mécanisme des banques rurales solidaires de Raffeisen en Allemagne ou de Wollenborg en Italie. Allez donc leur dire qu'il y a jusqu'au Japon des caisses d'assurance mutuelle agricole, qui fournissent des secours, des aliments, des semences, des instruments aratoires, des avances d'impôt. Allez leur décrire la ferme de Dalrymple, 640,000 hectares, qu'exploite avec la force du capital associé tel groupe financier de New-York. A tout ils auront la même réponse : l'unique mode de salut est de fermer la France. Cette antienne retentit de temps en temps (le 21 février encore) aux Communes anglaises, contre la Russie, l'Amérique ou l'Inde ; mais elle ne fait guère de conversions. On est là convaincu qu'aucune protection ne rendrait les conditions d'autrefois, que pour se tirer d'affaire il faut renoncer aux méthodes du passé, et porter un effort viril dans des voies neuves.

L'ALIMENTATION DU PEUPLE TROP CHÈRE

LE PAIN

16 avril 1887.

Voilà depuis hier la taxe officielle du pain rétablie à Marseille, et on discute cette résurrection, qui se lie dans l'esprit
du public aux premiers effets de la loi récemment votée sur
les céréales. On reprend les vieilles thèses, d'un côté la liberté
de l'industrie et du commerce, de l'autre l'intérêt populaire
dans cette consommation de vitale nécessité. Sur le fond, il
y a bien à dire pour et contre, plus que ne le croient les gens
qui ont le bonheur de voir en tout un seul aspect des questions;
sur la forme, on peut se demander si la mesure prise subi-
tement par les Délégués municipaux n'excède pas un peu les
pouvoirs « de pure administration conservatoire et urgente »
que leur assigne l'article 44 de la loi du 5 avril 1884. Mais il
y a mieux, plus utile à chercher. Dans la cherté du pain le
prix du blé est pour quelque chose certes : mais le coût de la
cuisson n'est-il pas pour beaucoup?

Les petits consommateurs, les ménages modestes, les

familles d'employés qui joignent avec peine les deux bouts, les ouvriers ont un moyen pratique très simple et très sûr de se procurer du pain excellent à meilleur marché quand il leur plaira. Ce moyen, c'est l'association coopérative. Il y a des boulangeries coopératives déjà dans bien des villes, et les résultats en sont éloquents. Sans les retracer tous, présentons-en quelques-uns à nos concitoyens, assez retardataires sur ce point comme sur bien d'autres en fait de progrès démocratiques réels, encore qu'on parle très haut chez nous de socialisme : ceux qui en parlent le plus haut, le plus bruyamment, emploieraient mieux peut-être leur ferveur, si elle est sincère, à étudier les intéressants exemples auxquels nous faisons allusion, et à en entreprendre ici l'imitation.

Roubaix a fondé une boulangerie coopérative, qui en 1886 comptait 1,149 sociétaires, et faisait fr. 400,000 d'affaires. La fabrication y dépasse 1,200,000 kilos. Sur les bénéfices on a amorti les constructions, constitué une réserve, et cela n'empêche pas de distribuer 0.23 c. par franc de consommation.

A Reims, les *Établissements économiques* comprennent une boulangerie coopérative prospère.

A Saint-Ouen, quelques travailleurs ont débuté avec fr. 5,000 : on voit qu'il n'est pas besoin de beaucoup d'argent pour essayer. Un ingénieur leur avança les fonds pour installer une meunerie à vapeur, un pétrin mécanique, tout un outillage peut-être un peu trop perfectionné ; la clientèle se forme petit à petit.

A Angoulême, c'est le patronage qui a créé la boulangerie coopérative, avec un reliquat de souscription de bienfaisance, une douzaine de mille francs. Le trait caractéristique là est que toutes les catégories sociales participent à la réussite : aussi a-t-elle été très nette. On vend le gros pain aux ouvriers au-dessous du prix courant, et aux bourgeois le petit pain au prix courant, les deux pains étant d'ailleurs de même qualité : les ouvriers réalisent un bénéfice et n'en donnent point, les bourgeois fournissent le gain, et font le bien sans qu'il leur en coûte. La société a bâti une maison de fr. 150,000, construit des fours, acheté un beau matériel, assis sa réserve de façon à pouvoir maintenir les bas prix ; elle répartit les dividendes, et en donne une part à des œuvres d'assistance. Elle est administrée gratuitement par 30 membres élus. En ce moment même elle fabrique 6,500 kilos de pain par jour, et le vend à un peu moins de 0.23 c. le kilo en moyenne : or nous le payons à Marseille 0,42 c. 1/2 (1).

Mais, disent les amateurs d'objections, ceux qui en font à tout (et cela est aisé), l'ouvrier préférera le petit détaillant, à qui le lie la chaîne d'une dette ancienne ou la possibilité de la dette future. On a vu en effet quand le pain baisse, quand la coopérative offre moins d'avantages, certains ouvriers la quitter, retourner au marchand qui leur laisse entrevoir le malsain crédit. Malgré tout beaucoup persistent. C'est tout justement un des admirables bienfaits de la coopération que d'affranchir l'ouvrier de cet autre esclavage, l'endettement. Les achats sont réglés comptant, ou à la fin de la semaine le jour de paye; sinon, il faut sortir de la société. Ainsi l'ouvrier s'habitue à l'ordre, à l'économie, et comme il s'en félicite aux phases de chômage !

En tout cas, la chance la moins incertaine de faire réduire le prix du pain est la naissance de boulangeries coopératives. Lorsqu'en 1873 quelques ouvriers créèrent à Audincourt, dans le Doubs, un magasin coopératif d'épicerie et de boulangerie, ce fut le signal d'une baisse générale de prix chez les boulangers et épiciers de la localité ; et l'établissement prospéra tout de même, en dépit de la concurrence acharnée... Le véritable instrument du bon marché dans la vie alimentaire du peuple, c'est la boulangerie coopérative; aucune taxe municipale n'y aidera aussi bien.

---

(1) 0.40 c. en octobre 1882, sous le régime de la taxe officielle.

5 juillet 1887.

Les faits ont donné tort à ceux qui niaient que la loi de surtaxe sur les céréales dût faire renchérir le pain, première nourriture du peuple. Les farines qu'on cotait 46 fr. 75 en juin 1885 étaient à 60 fr. cette année à la même époque de l'exercice cultural, le 10 juin 1887. Comment une telle augmentation n'aurait-elle pas relevé le prix du pain? Que la hausse enrichisse l'agriculture et nos paysans, c'est autre chose : le capital intermédiaire, la spéculation, en profite plutôt que le producteur. Quant au boulanger, il est atteint, lui aussi, par l'importation du pain étranger, qui de 370,365 kilos en juin 1885 est montée en juin 1887 à 601,357 (1).— Contre le prix du blé, le consommateur ne peut rien; mais il entre dans la cherté du pain un second facteur, le coût de fabrication. Et contre cet élément-là nous dîmes, quand la taxe fut établie à Marseille comme elle l'est ailleurs, à Alais par exemple à dater de ce matin, que le véritable outil de lutte était la *coopération*.

Nous citions à ce propos des données précises, des chiffres, le succès des boulangeries coopératives à Roubaix, à Reims, à Saint-Ouen, à Angoulême. Des faits nouveaux confirment ces vues. Voici qu'à Hambourg les ouvriers boulangers, congédiés par les patrons à la suite d'une grève, se sont associés : plus de 5,000 ont souscrit des actions, effectué les versements. Ils ont inscrit l'entreprise au registre des raisons sociales de Hambourg; ils se serviront de la vapeur, et produiront diverses qualités de pain. Le bien sort quelquefois du mal : plût au ciel que nos grèves françaises eussent des dénouements aussi pratiques ! — A Nîmes, la boulangerie *la Renaissance* a près de 200 adhérents, et encaisse déjà de jolies recettes par semaine. — Celle de Roubaix, dont nous

(1) En 1888, à 7 millions de kilos.

avons parlé, a plus de 1,300 sociétaires : elle a fait en 1886 fr. 110,672 de bénéfices, sur fr. 426,550 d'affaires, et cela représente fr. 74 d'épargne pour chaque membre, qui a payé d'ailleurs son pain au prix ordinaire.

Plus prospères encore sont les boulangeries coopératives anglaises. On sait quel immense développement a pris en Angleterre l'institution coopérative : il a été tout récemment établi, au congrès de Carlisle, que 1,409 coopératives, comptant 911,797 affiliés, ce qui équivaut à 4 1/2 millions de participants, ont réalisé, en 1886, 78 millions de bénéfices sur 812 millions d'affaires. Les boulangeries coopératives anglaises emploient surtout le four à vapeur, qui peut produire 1,000 kilos de pain ordinaire par jour moyen, et plus encore avec des heures supplémentaires ; dès qu'on atteint 7,000 kilos par semaine, le gain devient notable. Un grand nombre usent de la machine pour le pétrissage. Le prix de revient varie de 1 fr. 25 à 2 fr. 50 par sac de 127 kilos de farine transformée en pain, suivant le cours des salaires, le bon emploi des machines, et la quantité de pain fabriqué.

Ainsi l'esprit de routine arriérée peut seul contester les résultats matériels de coopératives de consommation pour le pain, à moins qu'elles ne soient mal administrées. Quant aux résultats moraux, on les devine : le plus important est la substitution du *comptant* à ce détestable crédit, qui mine la famille ouvrière. Une conclusion essentielle à retenir s'est dégagée des discussions du congrès de Carlisle : c'est que le meilleur système de vente coopérative est la vente au tarif ordinaire du commerce de détail similaire. Acheter directement du producteur par larges quantités, à prix avantageux par conséquent, et revendre sans les risques du crédit, voilà les deux sources de bénéfice : quant à concurrencer les autres marchands par une baisse, cela ne vaut rien.

La boulangerie coopérative, telle est la ressource la plus sûre pour les travailleurs de notre énorme agglomération

marseillaise, s'ils veulent contrebalancer les effets fâcheux de
la nouvelle législation économique. Malgré le temps écoulé et
le progrès naturel de bien-être qu'il aurait dû à lui seul
amener, nous payons le pain plus cher qu'il y a vingt ans à
Marseille : car le prix en descendit constamment, sauf deux
fois, au-dessous de 40 centimes dans la période comprise entre
1863 et 1871. Il faut que le prix s'abaisse dans cette ville
ouvrière, grenier du pays. Tâchons de ne pas payer huit sous
le kilo de pain que telle boulangerie coopérative donne à cinq.

18 octobre 1887.

Voilà le prix du pain remonté à 40 centimes, et la bien
faible réduction du mois dernier évanouie. Ainsi se dénoue,
quelles que soient les apparences et les formes, le conflit qui
s'était élevé comme à Saint-Ouen et ailleurs entre l'administration municipale et les industriels de la boulangerie. Peut-
être ne valait-il pas la peine de faire tant de tapage, et de
demander l'obéissance aux patrons récalcitrants, si au bout
de quelques jours la commission des subsistances devait
accepter leur thèse. C'est toujours notre histoire, beaucoup
de bruit pour rien. Que fait dans ces occasions la presse soi-
disant populaire ? Elle jette feu et flammes, elle accable de
critiques excessives ou inexactes les boulangers ; ceux-ci
tiennent bon, et les journaux se taisent vite : il est plus
piquant de parler de Mme Limouzin ou du dernier crime ; et
le boulanger reste bientôt maître du terrain. Pourtant la
question prend une actualité plus vive à l'approche de la
mauvaise saison et des froids d'hiver, si rigoureux aux petites
gens et aux pauvres.

Oh ! il est clair que la commission de la taxe et l'édilité ne
seraient pas à court d'explications, si elles répondaient devant
le public à notre interpellation ; elles ne manqueraient pas de
dire que telle donnée du calcul s'est modifiée depuis deux ou

trois semaines, et que les prétentions dont les journaux ont retenti comme les salles de l'Hôtel-de-Ville sont devenues fondées. On connaît la théorie des boulangers : c'est que les impensès de panification étaient décomptées trop bas, et que si le pain demeure à huit sous, ils ne peuvent plus faire face à leurs frais généraux. Il faudrait cependant s'entendre. La fournée de pain retirée du four a une certaine valeur qui dépend à coup sûr du coût de la cuisson, par conséquent du taux des salaires, mais où entre aussi la valeur de la farine dont est faite la pâte. Or l'impôt des farines qui rapportait plus de deux millions à la commune de Marseille a été successivement aboli de 1881 à 1886, sans être remplacé dans notre budget municipal, et le prix du pain n'a pas diminué! Les blés ont baissé, et le prix du pain n'a pas diminué! Voilà qui paraît bien étrange aux profanes. La vérité est que si une hausse des farines se produit, le pain renchérit, et que si les farines baissent, la hausse acquise est maintenue sous un prétexte ou sous un autre ; puis advienne un nouveau mouvement de reprise des farines, une hausse nouvelle du pain s'ajoute à la précédente.

Ainsi grandit, plus ou moins coupé d'intermittences, l'écart bizarre entre le cours du pain et celui des matières premières. A ces deux causes de la cherté de l'aliment nécessaire, *maintien des hausses* et *coût de fabrication*, il en faut joindre une troisième, moins remarquée : c'est que le *nombre des boulangers* s'est accru d'une façon exagérée. Nous avons relevé à Marseille (et ce chiffre doit être plutôt au-dessous de la réalité) 482 boulangers sur 376,381 habitants, ce qui représente *1 boulanger pour 780 consommateurs*. A Paris la proportion est bien différente, puisqu'on l'a évaluée à *1 boulanger pour 1,300 consommateurs*. Aussi le boulanger parisien fabrique-t-il bien plus, c'est-à-dire à meilleur marché : le prix du pain était récemment à 33 centimes. Le même fait que nous signalons pour Marseille a été noté à

Lyon, où la proportion est encore pire, 1 pour 603. A quoi cela tient-il ? A l'invasion des grandes villes par les déserteurs des campagnes : Marseille notamment a des immigrés de toute la région environnante. Ils arrivent pour se créer un négoce, et se lancent dans les petits commerces faciles, boulangeries surtout, débits de vins, magasins de comestibles ; et ces commerces s'accroissent plus vite que les besoins normaux de la population.

Nous l'avons déjà dit, nous le répétons, le remède véritable à la cherté du pain sera dans la création de *boulangeries coopératives*. Dans les centres où ces institutions se sont formées, elles ont prospéré, et les coopérateurs ont le pain à un prix infiniment moindre, et le prix a baissé par contre-coup pour le public ; en outre l'ouvrier coopérateur s'accoutume au paiement comptant, et perd l'habitude du funeste crédit. Notre grande cité populaire est en retard pour ce progrès économique et social comme pour tant d'autres. Il y avait naguère une de ces associations en voie de constitution sous le titre de la *Fourmi* ; elle devait même, si notre souvenir est exact, tenir une réunion à la salle Valette, et la réunion fut ajournée par suite d'une conférence de députés radicaux, à laquelle elle eût été probablement fort préférable pour le bien-être du peuple. A-t-elle eu lieu depuis lors ? L'affaire s'organise-t-elle ? C'est dans cette voie, sans compter la taxe, que les humbles ménages consommateurs trouveront ce bienfait, le *pain à meilleur marché*.

20 octobre 1887.

On nous adresse une lettre fort bien faite, fort habile, dans l'intérêt des boulangers. Quoique ce plaidoyer *pro focis* (c'est le cas de le dire) ne nous ait paru probant que sur des points de détail, nous le discuterons volontiers, car il est juste dans tout débat loyal d'examiner les divers aspects de la cause, et d'ailleurs, loin d'avoir aucun parti-pris contre les patrons boulangers, nous nous rendons compte des difficultés que traverse actuellement toute industrie.

Notre correspondant, qui dirige à Marseille une boulangerie connue, nous demande de « réfuter certaines parties » de notre opinion :

Je cite textuellement vos paroles : « Peut-être ne valait-il pas la « peine de faire tant de tapage, et de demander l'obéissance aux « patrons récalcitrants si au bout de quelques jours la commission « des subsistances devait accepter *leur thèse.* »

Et je rectifie : la commission des subsistances n'a pas accepté la thèse soutenue par les patrons boulangers. Ces derniers, par la voix autorisée du président de leur Chambre syndicale, demandaient : 1° la révision des impenses qui leur sont accordées ; 2° une appréciation plus juste du prix de revient des marchandises qu'ils emploient. La commission des subsistances a refusé de revenir sur un vote acquis au sujet des impenses fixées à 8 fr. 80 par fournée, et n'a pas voulu faire entrer en ligne de compte les farines cylindrées qui sont seules employées par les boulangers du centre de la ville.

Sur la demande du maire, un rapport a été fourni par notre Chambre syndicale pour justifier notre demande de 10 fr. 45 de frais par fournée au lieu des 8 fr. 80 qui nous sont alloués. Les municipalités précédentes avaient accepté ce chiffre de 10 fr. 45, et l'on ne peut expliquer la réduction qu'on nous fait subir, alors que nos frais généraux augmentent chaque année, que par suite d'erreurs matérielles que nous avons eu à relever. C'est ainsi que la moyenne des loyers qui était de 1500 fr. a été ramenée à 1000. Ce dernier chiffre est absolument faux. Il a été établi sans aucune preuve à l'appui et admis comme moyenne, alors que d'après le relevé officiel des loyers payés par nous, la moyenne exacte est de 1440 francs.

Pour l'éclairage, on nous alloue 0 fr. 60 c. par jour. Nous avons prouvé, — et M. Couture, directeur de la compagnie du Gaz, a certifié l'exactitude de nos calculs, — que les 0 fr. 60 c. d'allocation suffisent pour assurer l'éclairage de notre magasin (un bec à raison de 180 litres à l'heure), mais que nous ne pouvions avec cette somme assurer notre travail de nuit, soit la consommation du bec qui brûle à la gloriette et de celui placé à la bouche du four.

Il serait facile, en continuant de citer chaque article de nos impenses, de prouver l'exactitude de nos chiffres. Nous avons demandé et nous demandons encore qu'un tribunal officieux se prononce entre les chiffres de la commission et les nôtres. Nous ne craignons pas la discussion ; nous la demandons au contraire. Mais il est important que l'on sache que le prix de 0 fr. 40 cent., qui est actuellement appliqué, est reconnu nécessaire et juste par la commission des subsistances, que ce prix a été établi d'après les chiffres d'impenses de cette commission, et que *notre thèse* n'a pas été acceptée jusqu'à ce jour.

Si j'aborde un autre point de votre article, je crois qu'il serait bon de mettre, en regard des deux millions que rapportait à la Ville l'impôt sur les farines, l'augmentation du salaire de l'ouvrier qui a été porté de 5 à 6 fr. par jour, et la finesse de qualité qui s'est accrue dans de grandes proportions ; à tel point que le pain marseillais de 500 gr. qui se vend à la balance à raison de 0 fr. 40 cent. le kilo, est considéré partout ailleurs comme pain de luxe. Il est parfaitement juste de dire que le pain se vend à Paris à 0 fr. 33 c. le kil. ; mais il serait bon d'ajouter qu'on ne donne à ce prix-là que de gros pains de 2 kil. en pâte molle, et que le pain de 500 gr. se vend à un prix bien supérieur à notre pain de taxe.

Quant au nombre des boulangers, il est évidemment supérieur aux besoins de la population ; mais à qui la faute ? Au législateur qui a laissé aux municipalités le droit de taxer le pain, alors qu'il ne maintenait pas le nombre limité des fours.

Le *Sémaphore* a dit aussi avec raison que le seul moyen d'arriver à donner le pain à bon marché était de fonder des boulangeries coopératives, qui seraient d'autant plus prospères que les plaintes des consommateurs seraient davantage justifiées. J'ajoute que nous ne craignons pas cette concurrence. Mais avouez que c'est là un moyen peu favorable pour arriver au résultat que vous préconisez: la réduction du nombre des fours. D'ailleurs, nos clients estiment que le prix de 0 fr. 40 c. est en ce moment très raisonnable, et nous ne recevons que des éloges pour l'emploi de nos farines supérieures qui donnent un produit à l'abri du moindre reproche.

Veuillez agréer, etc.

Jules DAVEIGNO,
(Boulangerie Finaud, rue Thiars, 5).

On tient donc à bien établir que la commission des subsistances « n'a pas accepté la *thèse* des boulangers », et a fixé d'après ses propres données d'impenses le chiffre de 40 centimes. Nous l'apprenons avec intérêt, puisque la commission n'a cru devoir expliquer par aucune · indication son rapide changement de taxe. Resterait à savoir comment, n'*acceptant pas la thèse* des boulangers, elle est arrivée à leur prix, ou si le prix de 0 40 c. ne satisfait plus les boulangers, et si c'est 0 45 c. ou 0 50 c. qu'ils réclament ?... En tout cas, la lettre ne justifie point les bizarres écarts entre le cours du pain et celui des matières premières. Elle ne répond rien de sérieux à notre objection du dégrèvement de 2 millions sur les farines. On pourrait mettre en regard, dit M. Daveigno, l'augmentation du salaire des ouvriers, porté de 5 à 6 fr. par jour ; mais il ne s'agit là que du *chef de pelle*, et au surplus le taux des salaires avait déjà subi la majoration quand a eu lieu la récente suppression de l'impôt sur les farines. La vérité est que ce dégrèvement, une des causes qui ont détruit l'équilibre de nos finances municipales, n'a profité en rien au public. Et si demain l'octroi était aboli, les consommateurs paieraient aussi cher pour tout, et on leur en donnerait les raisons démonstratives aussi ingénieusement que le font les boulangers.

Notre contradicteur nous a mal compris en nous croyant favorable à une limitation légale ou administrative du nombre des fours. Nous avons signalé, parmi les motifs d'exagération du prix du pain, le nombre des boulangeries, qui excède comme à Lyon, et à la différence de Paris, les besoins normaux de la population. Mais ce n'est nullement à dire que nous proposions le retour à des pratiques surannées. Les mesures restrictives de la liberté du commerce et de la fabrication ne valent pas grand'chose. Au fond même (et nous espérons faire plaisir au moins par là à nos contradicteurs) nous ne nous dissimulons pas les inconvénients de la taxe. Ils ont été le mois dernier rappelés au Congrès de l'*Association française pour l'avancement des sciences*, dans la section d'économie politique, non seulement par le président du syndicat des boulangers de France, M. Ramé, par ceux des syndicats de Paris et de Toulouse, mais surtout par un observateur plus désintéressé, M. Léon Donnat. Par exemple la taxe pèse d'une façon arbitraire, anti-proportionnelle, sur le boulanger des quartiers riches et celui des quartiers pauvres, car le prix de revient n'est pas égal pour les deux ; elle est un prix moyen, et en achetant à ce prix moyen, le petit consommateur paye en partie les frais généraux de la boulangerie de luxe, sans compter que l'industriel peut être conduit à se rattraper sur la qualité.

Tout pesé, le retour au droit commun serait préférable, avec concurrence, et surtout avec ces *boulangeries coopératives* dont nous préconisons depuis longtemps l'organisation à Marseille. Celle d'Angoulême vend le pain à 23 centimes ! Et Reims ! Et Roubaix ! Et les exemples anglais, si nombreux, si décisifs ! Voilà le véritable outil du bon marché dans la vie alimentaire du peuple dont l'intérêt seul est l'objectif de nos observations, car ce n'est ni pour nous ni pour la bourgeoisie en général, M. Daveigno et ses amis le pensent bien, que nous déclarons le pain trop cher à 8 sous. Alors que du temps seul et du progrès devrait sortir pour les masses ouvrières une existence matérielle plus facile, est-il satisfaisant de payer l'aliment indispensable plus cher qu'il y a vingt ans ? Car il ne faut pas oublier que de 1863 à 1871, le prix du pain à Marseille descendit constamment, sauf deux fois, au-dessous de ce chiffre de 40 centimes dont notre contradicteur assure que les Marseillais d'octobre 1887 sont ravis.

26 septembre 1888.

Au milieu du trouble que soulève en ce moment sur divers points la question du pain, grèves de patrons ou d'ouvriers,

émeutes aux portes des boulangeries, réquisitions municipales
des fours, le congrès de la meunerie française vient d'émettre
le vœu de l'abolition de la Taxe, « qui, laissée à la discrétion
« des maires, maintient la boulangerie seule en dehors de la
« liberté accordée à toutes les autres industries. » La taxe,
a-t-il été dit dans le débat, nuit au consommateur, en ce
qu'elle tend à empêcher d'employer des matières premières
de qualité supérieure ; il faut laisser au boulanger la faculté
qu'a tout industriel de fabriquer un produit qui convient à sa
clientèle ; la loi de l'offre et de la demande suffira à régler les
prix. — Voilà qui semble logique. Cependant il y a dans les
faits de quoi embarrasser. Il est également vrai que le pain
est trop cher, et que les boulangers sont fondés à se plaindre.
Peu s'enrichissent, la plupart vivotent, beaucoup souffrent ou
font faillite. Donc, si on les rend maîtres des prix, ils les
fixeront plus haut que les taxes. Mais alors ?

Il paraît bizarre que le pain étant trop cher, les boulangers
ne gagnent pas. Cela tient à plusieurs causes. — Avant tout,
dans les villes, ils sont trop nombreux. Nous l'avons démontré,
chiffres en mains, pour Marseille ; quand on songe qu'en 1864
il n'y avait à Marseille pas plus de 250 boulangers, et qu'il y
en a 500 aujourd'hui ! — Secondement ils font trop de crédit,
et des crédits trop hasardeux : on les règle à la fin du mois,
ou plus lentement ; qu'il survienne un chômage, ou qu'un
client peu scrupuleux déménage et disparaisse, le boulanger
attendra indéfiniment, ou perdra ce qui lui est dû. Ces
habitudes passent pour faciliter la vie des ménages ouvriers ;
au fond, c'est un mauvais service qui leur est rendu, et un
des avantages décisifs de la coopération est l'école du
comptant, qui n'est pas plus impossible à suivre, l'expérience
le prouve, que celle du désordre. — En troisième lieu, nos
boulangers ont des charges croissantes, frais de fabrication,
combustible, loyer, impôts, assurances, gaz, entretien de la
boutique et du matériel, réparations des fours, salaires,

portage, intérêt du capital engagé. — Enfin c'est sur eux que le droit de douane pèsera surtout selon toute vraisemblance, si les municipalités, qui ont à ménager leurs électeurs, appliquent partout la loi du 19 juillet 1791.

Dans cet ensemble de conditions, qui tend plutôt à s'aggraver, le régime de la taxe officielle, il en faut convenir quand on veut être impartial, est un peu dur. Il livre une industrie, pieds et poings liés, à l'arbitraire des administrations communales, plus ou moins sagement composées selon les localités ou selon les heures. Il est vrai que ces administrations déterminent leur tarif sur l'avis de commissions des subsistances, compétentes, honnêtes, indépendantes en général, et que ces commissions se décident elles-mêmes d'après le cours des farines, en raisonnant sur un mélange supposé de différentes sortes de farines, et en accordant une prime de cuisson pour la transformation de la farine en pain. Mais quoi de plus délicat que cette besogne ? Sur quelles bases par exemple supputer les pertes qui résultent de découverts malheureux ? A Marseille où l'on use de blés si divers selon les années ou le mouvement de l'article, comment dégager de ces variétés un prix unique ? Entre tant de boulangers, alors que l'un achète à crédit par petites quantités et que l'autre s'approvisionne en gros au jour opportun, quand les impenses diffèrent pour chaque entreprise, quand celui-ci fabrique beaucoup et celui-là peu, des moyennes n'aboutiront-elles pas à laisser Pierre en bénéfice et Paul en perte ?

Tout cela est juste. Et pourtant il est inadmissible que le commerce du pain soit assimilé aux autres, même d'alimentation. — C'est le blé d'abord qu'il faut dégrever. Les promoteurs de la ligue contre le *pain cher*, qu'on avait accusés d'un trop gros mot, commencent d'être justifiés par les faits, et il ne faudra pas s'étonner que le renchérissement prédit s'accentue. Sait-on à quoi a déjà conduit la déraison protectionniste ? La farine sous forme de farine payant à l'entrée

8 fr. par 100 kilogr., et 1 fr. 20 seulement sous forme de pain,
des boulangers dans certains départements, le Nord par
exemple, se sont mis à fabriquer ou à faire fabriquer hors
frontière, en Belgique ; peut-être verra-t-on cuire du pain en
Suisse pour les Lyonnais et en Italie pour Marseille.— Le blé
allégé, si le pain persiste à supporter mal le bénéfice
d'intermédiaires, il faudra viser à se passer d'eux. On parle de
boulangeries municipales ; c'est une idée fausse ; mais les
municipalités pourraient aider à la constitution de *boulangeries coopératives*. La compagnie du chemin de fer d'Orléans
a facilité la création de boulangeries de ce genre à Paris, à
Tours, à Périgueux, à Capdenac, à Montluçon, à Ussel, à
Poitiers, à Bordeaux ; les habitants des localités peuvent en
faire partie ; la réduction du prix de vente par rapport à celui
du commerce représente à Paris 0 fr. 105 par kilogr., soit
28 %. — Enfin qui sait si la solution industrielle de l'avenir
ne sera pas dans la concentration en de grandes sociétés, à
capitaux plus forts, à outillage nouveau, réduisant les frais
généraux par la répartition sur des affaires plus étendues ?

LA VIANDE

6 mars 1888.

La *crise de la viande !* le mot semble bizarre : on l'emploie
fort en ce moment, et ce n'est pas qu'à Marseille. Dans la
dépense d'une grande agglomération urbaine si la *question
du pain* joue un rôle notable, la *question de la viande*
compte aussi. Quoiqu'en disent à la commission instituée *ad*

hoc par le maire de Marseille les délégués des chambres syndicales de la boucherie, le prix des viandes au détail impose aux
ménages d'ouvriers et d'employés des charges croissantes,
et en empêche beaucoup de prendre une alimentation substantielle. De même les établissements hospitaliers, charitables,
scolaires sont amenés à ne fournir que des rations insuffi-
santes aux malades, aux infirmes, aux enfants qui leur sont
confiés. Le mal est devenu si sensible qu'on parla il y a trois
ou quatre mois, pour le démentir ensuite, d'une taxe municipale de la boucherie. Encore notre ville n'est-elle pas la plus
mal partagée parmi les populations du Midi, qui toutes ne
peuvent se procurer qu'à des conditions onéreuses une viande
médiocre : c'est pire à Bordeaux, à Nice, à Carcassonne, à
Nîmes, à Draguignan, à Gap, à Digne, à Avignon.

Comme il arrive d'ordinaire, la cherté du bétail tué coïncide
avec la baisse du bétail vivant. On a signalé le fait à la *Société
nationale d'agriculture ;* il paraît que depuis 1870 les cours
n'avaient pas fléchi à ce point. Dans l'Est la baisse est de
moitié, en Auvergne de 40 % ; en Normandie des vaches
achetées 500 fr. ne se vendent pas au-dessus de 200. Dans le
Maine, pays de grand élevage de l'espèce porcine, le porc gras
a subi depuis octobre une moins-value de près de 30 %. Du
moins, si les fermiers producteurs souffrent, les consommateurs devraient-ils en profiter : tout au contraire ils payent
davantage... Le groupe agricole de la Chambre a entrepris sur
cet étonnant état de choses une enquête. Sept membres recueillent dans les départements des réponses à un questionnaire : à
quel prix moyen est tombée la viande sur pied ? à quel prix est
livrée la viande de boucherie ? l'avilissement de la première
provient-il d'un excès de production, ou de l'importation
étrangère, ou d'autres causes ? la consommation a-t-elle
diminué ? quelles mesures pourraient sauvegarder cette partie
de la richesse agricole ? quel est le rôle des intermédiaires ?
a-t-on tenté d'établir des boucheries coopératives ?

Sans proscrire absolument (si ce remède extrême et d'expédient devenait indispensable) les taxes communales, nous n'en sommes point partisans. Tout ce qui porte atteinte aux libertés économiques nous choque *a priori* comme une erreur, et en fait l'efficacité nous en paraît douteuse. Consacrée par le décret du 24 février 1858, la liberté de la boucherie n'a rien, en principe, qui la différencie des autres *laissez-faire* des industries et des transactions. La taxe officielle du pain n'a guère servi à Marseille depuis dix mois qu'à faire crier les patrons boulangers, à suggérer une intéressante plaidoirie, à susciter une *Gazette de la boulangerie*. Que produirait une taxe analogue sur la boucherie ? Le bœuf se vend ici de 1 fr. à 4 ou 5 selon les parties ; tel bœuf a 10 kilos de filet, tel autre 8 ; taxera-t-on le poids ou la valeur ? Comment asseoir une taxation juste, évaluer avec équité toutes lesdonnées d'un prix suffisant, loyers, frais généraux, crédits à faire ?

Il surgit naguère un projet plus acceptable : créer une société dont le capital servirait à l'installation et à l'approvisionnement de plusieurs magasins à ouvrir simultanément dans divers quartiers. Ces magasins débiteraient la viande à des prix diminués : 1° de la totalité des bénéfices actuellement perçus par les intermédiaires entre les vendeurs de bétail et les bouchers ; 2° de la moitié au moins de la majoration prélevée par les bouchers. Constituée sur ce programme, la *Société des Boucheries Economiques* (dont le capital ne dépassait pas fr. 40,000 et était divisé en actions très accessibles de fr. 100), promettait de livrer les diverses qualités de viande de boucherie avec des rabais de 20 à 25 °/₀ sur les prix actuels de détail, de 5 à 10 °/₀ sur les prix des ventes en gros ou demi-gros aux maisons de bienfaisance, asiles, écoles, hospices. Elle espérait en outre donner aux actionnaires, malgré la modération du gain réalisé sur chaque vente, intérêt et dividende ; en sorte que le souscripteur aurait eu chance de bénéfice annuel sur son titre, et

en tout cas certitude d'économie importante sur sa dépense
quotidienne.

Qu'est-il advenu du projet ? Il est certain que le contraste
irritant entre la dépréciation du bétail sur pied et la hausse
de la viande de boucherie provoque de tous côtés des
tendances hostiles aux intermédiaires. Près de nous, à Avignon, un syndicat, à la tête duquel figurent des propriétaires
ruraux de la région, ont organisé la vente directe de leur
bétail aux consommateurs, qui bénéficient des commissions
supprimées. Le plus sûr moyen encore de parer au mal
est la solution coopérative. Depuis quelque temps il se
produit de tous côtés, sauf bien entendu dans notre ville routinière, des tentatives de ce genre. A Nîmes, M. de Boyve, le
promoteur du mouvement coopératif méridional, a créé une
boucherie coopérative avec l'aide d'agriculteurs, MM. Causse,
Colomb, Mourier, Bruneton, Dumas, d'un banquier, M. Nègre,
etc. Il nous semble qu'on pourrait amender en ce sens le
projet de société d'alimentation économique dont nous parlions
plus haut. Comment le consommateur ne surpayerait-il pas
l'aliment qu'il reçoit de troisième ou quatrième main ? De
toute façon il y a quelque chose à rechercher : réduire l'extrême
cherté de la vie ouvrière est devenu dans les grandes villes
une pressante nécessité.

22 mars 1888.

Aujourd'hui s'assemble à l'Hôtel-de-Ville la commission
instituée pour étudier un projet de taxe sur la boucherie. Le
préfet des Bouches-du-Rhône vient de lui communiquer une
pétition adressée au ministre de l'agriculture par de très nombreux ouvriers de notre ville, qui se plaignent de la cherté de
la viande. Nous avons déjà dit que nous n'étions guère partisan
des taxations communales dans cet ordre de faits, qu'elles
lèsent la liberté des industries sans racheter ce tort par une

efficacité bien certaine, que l'établissement sur des bases équitables en est (et particulièrement dans l'espèce) difficile. Le remède, ajoutions-nous, n'est pas là. Au moins faudrait-il essayer de le chercher, comme on le cherche ailleurs, dans les voies de la coopération, du rapprochement entre le producteur et le consommateur.

Lundi a eu lieu à Nîmes l'ouverture de la *Boucherie coopérative* dont nous annoncions le fonctionnement prochain, et qui s'est créée, croyons-nous, grâce à l'initiative de M. de Boyve, l'actif promoteur du mouvement coopératif dans le Midi. Elle est installée rue Guizot, 18. Son conseil d'administration, que préside M. Albert Hérisson, est composé de notabilités locales. Elle débite d'excellente viande à des prix réduits. C'est une société anonyme à capital variable, qui compte 980 actionnaires. Dès l'ouverture, 650 acheteurs se sont présentés, et la recette a atteint fr. 1,300 par jour. Un grand nombre de personnes se plaignent d'être obligées par l'affluence d'attendre pour être servies ; deux succursales dans d'autres quartiers sont déjà jugées indispensables.

A Roubaix, un particulier, fils de cultivateur, entré à l'âge de quinze ans dans une compagnie de charbonnages, dévoué à la classe ouvrière, joignant l'expérience à des goûts de progrès, a fondé de ses propres ressources une *Boucherie coopérative* : M. Copin aîné ne demandait rien aux consommateurs que la préférence, et leur assurait 50 °/. des bénéfices nets, l'autre demie couvrant les frais généraux, le loyer, les salaires, l'intérêt du capital, le temps et les soins. Dès le premier mois l'entreprise comptait 800 clients et leur donnait 5 °/. à titre de rabais, le second mois 6 °/., le troisième 10. Elle maintient depuis lors ce chiffre, qui représente un gain de 20 °/.. Qu'est-il arrivé ? C'est que les concurrents ont abaissé leurs prix : le demi-kilo de bœuf est descendu de 1 fr. à 0,60 c.

Nous avons à Marseille environ 430 bouchers, ce qui correspond à 874 consommateurs par marchand. Si les 874 clients

trouvent que le marchand vend trop cher, pourquoi se lais-
sent-ils faire la loi par lui ? Ils n'ont qu'à s'entendre et s'unir,
à former un syndicat, à organiser moyennant une cotisation
qui sera très faible une boucherie : ils sont sûrs de 20 °/₀ de
rabais. On a calculé qu'il suffit pour un établissement de
grouper un nombre de consommateurs suffisant pour absorber
en une semaine le poids moyen d'une tête de gros bétail, et
même que tout groupe de 300 membres peut aborder l'affaire
sans crainte d'échec. Il va sans dire que l'on se met en relation
directe avec le producteur, afin d'éviter les intermédiaires
multiples dont l'éleveur rural et l'acheteur urbain font les
frais. Que Marseille est arriérée et routinière ! Qu'elle regarde
donc du côté des autres villes qui la devancent toujours, qu'elle
imite Nîmes, Roubaix, Dijon où une quarantaine d'agriculteurs
vont ouvrir aussi un magasin ! Nous conseillons vivement à la
commission communale saisie de laisser là les idées de taxe,
et de se tourner dans le sens que ces exemples indiquent. Elle
pourrait favoriser une combinaison soit en fournissant gratuitement un local, soit d'autre manière. Les producteurs ven-
draient à la valeur réelle, et les ouvriers marseillais, qui sont
justement soucieux de diminuer le coût de la vie, auraient de
bonne viande à 20 ou 25 °/₀ meilleur marché.

COOPÉRATIVES ALIMENTAIRES GÉNÉRALES ; CUISINES POPULAIRES.

15 septembre 1888.

Nous venons de voir avec plaisir portée sur le terrain
véritable par le *Comité de propagande coopérative* récemment créé et par nos trois ou quatre sociétés locales de

consommation cette question pratique, qui préoccupe à Marseille comme partout les familles ouvrières, une alimentation plus saine et à meilleur marché. Pour ce qui est du pain, le système d'une taxe municipale a été sanctionné au Conseil général par le rejet d'un vœu qui tendait au laissez-faire. M. Baret a vivement plaidé pour la taxe ; il a présenté sur les griefs des boulangers certaines observations que nous avions développées, par exemple quant à l'excès du nombre des concurrents dans cette industrie à Marseille. Mais la taxe n'est guère rigoureuse ; la voici revenue à 0 40 c. pour la première quinzaine de ce mois. C'est un expédient, nécessaire pour aller au plus pressé, aux abus ; mais nous préférerions l'action des coopératives, comme cette boulangerie d'Angoulême qui débite à bas prix 10 à 12,000 livres par jour, comme la *Roubaisienne* qui a donné en 1887 pour le second semestre 22.43 % de bénéfice (1). Il en va de même pour la viande, et pour les autres articles alimentaires dans les coopératives généralisées.

Par d'autres combinaisons ingénieuses, voisines de la coopération, on cherche depuis quelque temps à rendre moins coûteuse et moins fraudée l'alimentation populaire. Il y a un mois avait lieu à Genève, sur l'initiative d'un comité de conseillers d'Etat, de députés et de citoyens dévoués qui veut doter cette ville de *Cuisines populaires*, une réunion destinée à vulgariser le mécanisme de cette institution. M. Wyss, qui la préside depuis dix ans à la Chaux-de-Fonds, où elle ne nourrit pas moins de 1,800 personnes par jour sur 20,000 habitants, a tracé l'historique de l'entreprise. L'ouvrier se procure là un diner complet pour 0,60 c. (soupe 0,15 c., légumes 0,10 c., viande 0,25 c., pain 0,05, vin 0,10 c. le verre). Entre les heures des repas on sert des aliments froids ;

(1) A Vittel (Vosges), le maire, M. Bouloumié, écrit au *Temps* (octobre 1888) qu'au lieu de taxer, il a pris l'initiative d'une coopérative, la *Fourmi :* organisée par actions de 5 fr., cette société vend meilleur marché, et sera la régulatrice du prix du pain.

il n'est jamais débité de vin sans aliments solides. Ce qui n'a pas été consommé dans la journée est distribué le soir aux indigents. Chacun paie d'avance en achetant des jetons à la caisse, et beaucoup d'ouvriers en prennent le jour de la paye pour les jours suivants. Les locaux sont ouverts de 6 heures du matin à 9 heures du soir. La société, qui a débuté avec fr. 240 pour tout capital, réalise plus de 100,000 francs de recettes annuelles, a reçu des dons, et possède déjà 25,000 fr. de réserve.

Des sociétés semblables existent ailleurs en Suisse, à Bâle, à Saint-Gall, à Zurich, à Morat, au Locle, à Neuchâtel. Le capitaine Wolff a fondé récemment à Londres, à Birmingham, à Liverpool des cuisines publiques analogues, du coût de fr. 25,000 environ, et qui fournissent un menu sain à 0 40 c., pain non compris. En France on a commencé quelques essais en ce sens à Lyon, à Nancy, à Grenoble, à Mâcon. Il ne faut pas confondre de telles fondations avec les *fourneaux* dus chez nous à la charité, ou avec notre *Bouchée de pain* qui secourt les misérables. Ce ne sont point des œuvres soutenues par des personnes généreuses, ou vivant de quêtes ; ce sont des institutions d'utilité démocratique, aussi éloignées de l'aumône que de la spéculation. Les administrateurs achètent en gros des denrées de bonne qualité ; l'économie sur le prix de revient et sur les frais généraux leur permet de fournir au prix le plus modique, tout en couvrant la dépense et en servant un intérêt aux souscripteurs. Ne cédant rien à crédit, n'offrant pas de mets spéciaux, ils ne nuisent pas aux petits restaurants ; ils ne vendent ni bière, ni liqueurs, et cèdent du vin rouge seulement, avec la nourriture. En vue d'aider à l'esprit de famille, ils donnent les aliments à emporter à un prix inférieur et par portions plus fortes, facilitant le repas au foyer pour les ménages où mari et femme travaillent hors la maison.

Gardons-nous de répéter ici encore cette banalité routinière,

que des institutions de ce genre, bonnes pour les pays
étrangers, sont irréalisables en France. Pour prendre un des
exemples français, et dans une ville bien moins ouvrière, bien
moins peuplée aussi, que Marseille, les *Restaurants Economiques de Nancy* rendent les mêmes services. Ils ont en
1887 délivré 839,675 portions, la viande à 0,20 c., la soupe
à 0,10 c., les légumes à 0,10 c., le pain (250 gr.) à 0,10 c.,
le vin à 0,10 c. : ce sont à peu près les prix suisses.
Qu'importe si ces prix étaient ici un peu plus élevés ? Les
salaires le sont aussi. L'œuvre Nancéenne se soutient par
elle-même ; elle a fait la baisse dans les petits restaurants et
chez les marchands de vin ; elle ne fournit que des subsistances de premier choix et un vin naturel ; les ouvriers qui
ont de la famille y prennent le nombre de portions dont ils
ont besoin. Pourquoi ce qui est possible à Nancy, ou à Genève,
ne le serait-il point à Marseille ? On aborderait l'entreprise
soit sous la forme coopérative, qui permet de réaliser les
mêmes gains ou de réduire encore les prix, soit sous la forme
déjà éprouvée, mais en intéressant les ouvriers par l'émission
d'actions minimes : le comité génevois émet des actions de
3 fr. Un capital extrêmement modique (10,000 fr. à Genève)
sufît (1). Nous voudrions voir le groupe promoteur qu'ont créé
nos Coopératives locales de consommation étudier l'idée.

(1) Le comité génevois a obtenu d'une souscription publique fr. 18,000, plus que la
somme demandée (septembre 1883).

M. LE PLAY ET L'ÉCOLE DE LA PAIX SOCIALE

9 avril 1882.

Nous devons un adieu au noble et puissant esprit, au grand homme de bien que le pays vient de perdre.

Encore que M. Le Play parlât du Décalogue aux Français de 1882, les politiques et les économistes qui sourient du Décalogue ne pouvaient contester qu'il eût toute sa vie été un savant, un administrateur, un pratique et un positif. Sorti le premier de l'Ecole polytechnique, il s'était élevé jusqu'au titre d'inspecteur général des mines ; il avait dirigé autrefois en Russie l'immense exploitation minière des Demidoff ; il organisa avec un succès éclatant les Expositions universelles de 1855, de 1862, surtout de 1867 ; il occupa dans de rares conditions d'autorité les charges de conseiller d'Etat et de sénateur, en un temps où le Conseil d'Etat et le Sénat étaient formés d'une élite administrative et politique.

A une heure de cette vie laborieuse, dans les monts Ourals, frappé du contraste entre le bonheur de certaines populations primitives et la souffrance d'autres populations très civilisées, il résolut, comme jadis Descartes, de « voyager, pour distinguer le vrai et le faux » en ces questions. Il parcourut l'Europe trois fois. De cette enquête naquit une œuvre grandiose, originale et forte : les *Ouvriers Européens,* les *Ouvriers des Deux-Mondes,* le *Rapport de 1867 sur les ateliers qui conservent le mieux la paix sociale*; la *Réforme sociale en France,* l'*Organisation du travail,* l'*Organisation de la famille,* la *Constitution de l'Angleterre,* la *Réforme en Europe et le salut en France,* la *Constitution essentielle de l'humanité.*

Le principe en était, véritable apport au savoir humain, d'appliquer à l'étude des sociétés la méthode d'observation, féconde dans les autres sciences. Les conclusions furent formelles. Au nom de l'expérience, elles condamnaient les théories sociales issues du procédé idéologique et de l'*a priori,* la perfection originelle, la liberté systématique, l'égalité absolue, la félicité indéfinie. Elles niaient que l'incontestable progrès matériel pût changer les notions immuables, qui ont toujours servi et servent partout d'assises à la prospérité des races. Elles disaient : les peuples qui se conforment à la loi morale irréductible que résume le Décalogue prospèrent, ceux qui s'en écartent déclinent, ceux qui la répudient disparaissent. Les conséquences de ces idées fondamentales, elles sont tirées et appliquées pour chaque ordre de faits de l'existence sociale par les travaux si précis, si clairs et si vastes de M. Le Play.

Il aimait avec ardeur la vérité patiemment conquise, le bien, et sa patrie. Il souffrait de voir la France atteinte de maux profonds, l'instabilité politique, la poursuite d'une égalité envieuse, l'oubli de leurs devoirs par les classes riches et instruites, le mépris du passé national, l'existence agricole sacrifiée à l'urbaine, la foi aveugle en la raison individuelle à côté du scepticisme religieux, l'anémie de la vie locale, la dissolution de la famille par l'affaiblissement du pouvoir paternel, par la mobilité des foyers, par la perpétuelle pulvérisation des patrimoines...

A combattre ces maux il consacra, surtout depuis nos

malheurs de 1871, d'infatigables et émouvants efforts. Un nombre toujours croissant de bons citoyens se disciplina autour de lui. Il était animé d'une conviction si communicative ! doué d'une si rare aptitude non seulement à provoquer l'adhésion, mais à susciter les prosélytismes ! L'ensemble de ses vues, exposé dans une langue vigoureuse, nourrie de pensée, et précise, a frappé et passionné depuis quinze ans une multitude d'esprits distingués en France, et un peu partout en Europe. Il excellait à les rapprocher. Il fonda, sur le vœu de l'Académie des Sciences, la *Société d'Économie sociale,* qui continue l'enquête du maître par la méthode des monographies de conditions et de familles. Puis il créa les *Unions de la Paix sociale,* groupements de propagande organisés sur tous les points du pays, dont les listes intéressantes à lire rassemblent toutes les classes, toutes les confessions, toutes les opinions, et qui répandent leurs doctrines par une revue bi-mensuelle, la *Réforme sociale.* Sous ce titre l'*Ecole de la paix sociale, son développement, son avenir,* le vénéré penseur a donné à cette revue sa dernière publication. En voyant ce mouvement d'idées recruter des milliers et des milliers d'adhésions en France, s'étendre en Angleterre, en Belgique, en Espagne, en Autriche-Hongrie, jusqu'en Amérique, comment méconnaître qu'il réponde à un besoin de ce temps ?

La réconciliation des Français divisés, sur le terrain neutre et large d'une profonde réforme sociale, tel était en France l'objectif de M. Le Play. Dans ce grand cabinet studieux de la place Saint-Sulpice, où notre souvenir aime à le revoir, les hommes de bon vouloir se rencontraient venus de tous points de l'horizon. On était saisi de respect devant cet esprit puissant de synthèse et si sage, si impartial, si ouvert, si croyant en définitive — don touchant chez un vieillard — à la bonne foi générale. Nous voudrions pouvoir citer des fragments des lettres qu'il nous faisait l'honneur de nous adresser. Personne n'a eu à ce degré d'élévation et de loyauté les sentiments

d'union patriotique qui nous seraient si nécessaires. « Secouer
« toutes les haines, dans ma conviction qui date de loin et qui
« se fortifie chaque jour, cette réforme des cœurs doit être la
« vraie vertu du Français qui aspire actuellement à guérir son
« pays... La haine est devenue un mal français ; elle sévit par-
« tout, même parmi ceux dont le devoir est de propager la loi
« chrétienne d'amour. Je vous promets quant à moi un cœur
« exempt du mal régnant. » Et quelle sincérité ! A chaque
page : « si quelque chose dans ceci vous choque, tenez-le pour
« non avenu, l'intention est droite. »

En politique, il était étranger à tout particularisme exclusif.
Certaines injustices le révoltaient, il en blâmait sévèrement
même ses amis. En juin 1876, il chargea un ami de soumettre
des vues essentielles de réformes au Prince impérial, dont il
savait la culture d'esprit et l'élévation d'âme : quelle joie,
quand il eut la preuve que ce jeune homme si noble, si pur, si
sincère avait lu, étudié ses ouvrages avec la passion du bien !
Cela n'impliquait chez M. Le Play aucune préférence. Le parti
qui sauverait le pays de la condition morale où il se débat, et
le guérirait des maux dont il souffre, tel était le meilleur aux
yeux du philosophe désintéressé. Il ne voyait de moyen pour
arriver à refaire une France que dans l'union. Nous répon-
drons à sa pensée suprême en promettant de demeurer
fidèles à ce principe, et en formant le vœu que son école vive
pour devenir de plus en plus entre les contingences des partis
un terrain de ralliement patriotique.

L'ENFANCE PAUVRE

TRAVAIL INFANTILE

2 Juillet 1887.

Des protestations s'élèvent en ce moment contre l'excessif et croissant emploi des enfants dans les théâtres. Ceux de nos concitoyens, de plus en plus rares, qui ne constatent pas l'abus qu'en font les exploitations parisiennes, ont pu l'entrevoir récemment à Marseille dans le *Petit Poucet* et le *Tour du Monde.* Eh'! oui, il n'est pas douteux que l'art actuel de la figuration n'obtienne de charmants effets de la présence de ces mignons acteurs au milieu de tels ou tels spectacles ; mais que cela est détestable, hygiéniquement et moralement ! Quelle influence veut-on qu'exercent sur la santé de ces pauvres petits la privation de sommeil et l'effort gymnastique ou mnémotechnique de sept heures du soir à deux heures de la nuit, sur leur formation mentale la vie des coulisses? Le travail infantile dans l'industrie est réglementé : n'est-ce pas une industrie que l'entreprise d'une scène ? Et le mal gagne sans cesse : il n'y a qu'à se rappeler les foules de marmots que l'*Eden* exhibe dans ses prodigieux ballets.

C'est une question qui préoccupe le législateur partout que la protection du travail prématuré. — En Allemagne la commission du Reichstag, qui vient de clore l'enquête, demande qu'on interdise d'occuper dans l'usine l'enfant au-dessous de 13 ans, et absolument dans les mines. — A l'autre bout du monde civilisé, aux Etats-Unis, dans le Maine, a dû entrer en vigueur hier 1er juillet une loi, le *bill Looney*, qui défend d'admettre dans une manufacture ou un atelier du territoire de l'Etat aucun enfant au-dessous de 12 ans, sous peine d'amendes sévères pour les directeurs, les parents, les tuteurs. De 12 à 15 ans, l'enfant ne peut être employé que pendant les vacances des écoles publiques, à moins qu'il n'ait fréquenté l'école pendant seize semaines (dont huit continues au cours de l'année qui précède l'embauchage) ; et encore, en ce dernier cas, doit-il continuer de fréquenter une école pendant un temps déterminé chaque année. La journée de travail jusqu'à 16 ans est limitée à dix heures, la semaine à soixante.

Nous avons fait en France certains progrès dans cette voie. Le plus récent rapport de la commission supérieure du travail des enfants signale qu'au dire des inspecteurs chargés de surveiller l'application de la loi du 19 mai 1874, les industriels comprennent de mieux en mieux leur situation vis-à-vis des très jeunes ouvriers ; ils sentent, à de rares exceptions près, qu'il y a solidarité entre leur intérêt et les ménagements dont la loi prescrit d'entourer le développement corporel ou mental de l'enfant. — Détail curieux, la commission supérieure avait noté dans diverses circonscriptions une diminution du nombre des enfants protégés par la loi de 1874. Le fait est dû peut-être au ralentissement de l'activité industrielle, mais probablement plutôt à ce qu'en vue d'un gain immédiat les familles renoncent aux lenteurs des apprentissages, et placent leurs enfants comme porteurs de dépêches dans l'administration des Télégraphes, comme grooms dans les hôtels, les cercles, les grands magasins, les maisons de banque ou de commerce. Ils les confient de même comme figurants précoces aux directeurs de théâtres. La tendance est sensible, et elle est fâcheuse : l'apprentissage y perdrait dans les industries, et surtout en ce qui concerne le pernicieux travail scénique, l'enfance ouvrière y perdrait plus encore.

7 janvier 1888.

Tous ceux de nos concitoyens qu'attriste et inquiète une certaine pullulation d'enfance misérable, mendiante, ou exploitée à Marseille, apprendront volontiers que parallèlement à l'étude de divers projets de lois sur la matière (1), une grande association créée dans un but analogue va tenir ce mois-ci sa première assemblée générale. On l'appelle l'*Union française pour la défense ou la tutelle des enfants abandonnés, délaissés ou maltraités*. Les statuts, adoptés dans une réunion nombreuse sous la présidence d'un sénateur qui a déjà fait beaucoup dans cette voie, M. Théophile Roussel, en précisent ainsi l'objet : 1° intéresser l'opinion publique au sort des enfants abandonnés, délaissés ou maltraités qui, dans l'état actuel de la législation, ne sont pas protégés, et hâter, par publications, pétitions ou tous autres modes, le vote définitif de lois ; 2° offrir à toutes les œuvres publiques ou privées qui s'occupent de l'enfance malheureuse les moyens de publicité et d'information propres à faciliter leur tâche ; 3° signaler, protéger ou recueillir les enfants en danger physique ou moral, les placer soit chez des particuliers, soit chez des patrons en vue de l'apprentissage, soit dans des établissements existants ou à fonder.

Certes le programme est large et beau. Ces sortes de groupements vulgarisateurs et stimulateurs sont très répandus en Angleterre ; les classes supérieures les dirigent, persuadées

(1) Ces projets de lois sont toujours pendants devant les Chambres (octobre 1888).

qu'il y a des devoirs nouveaux dans notre état social, et que l'inertie conduit à la déchéance. Jadis, en France, on eût crié à la superfétation utopique ; on commence à comprendre que les progrès légaux gagnent à être préparés, que l'opinion avertie et éclairée pousse dans une ligne plus droite les décisions parlementaires. La société dont nous annonçons la naissance est administrée provisoirement par un conseil où les femmes figurent (et c'est bien naturel), où l'on remarque des noms de tous les cultes et de tous les partis, Mme de Barrau et M. Frédéric Passy, Mme Jules Simon et le comte de Colbert– Laplace. Les cotisations, qui ne sont pas l'essentiel, sont minimes : 12 fr. pour les membres titulaires, 5 fr. pour les simples affiliés. Il sera formé, ce qui est indispensable, des sections en province.

Une région peuplée et un centre plébéien comme les nôtres ne resteront pas en dehors d'un tel mouvement. Nous avons déjà depuis 1873 une *Société protectrice de l'enfance*, reconnue d'utilité publique par décret du 26 mai 1875, et qui d'une part surveille les enfants mis en nourrice hors de la maison maternelle, d'autre part accorde aux mères pauvres des secours, des layettes, des vêtements, des denrées alimentaires (1). Il s'agit aujourd'hui d'un domaine voisin, mais distinct. Notre énorme cité n'ignore aucune des variétés de la détresse et de la souffrance enfantines. Nous connaissons les ouvriers ou les ouvrières trop jeunes, employés à des besognes excessives ou dangereuses, et que devraient défendre aux termes de la loi du 19 mai 1874 des commissions qui ne fonctionnent pas. Nous sommes sans cesse les témoins indignés de l'abus corporel et moral de pauvres petiots livrés trop vite aux exhibitions cabotines de nature diverse. Le spectacle quotidien de la rue, l'expérience personnelle de chacun, la lecture des journaux nous montrent fréquemment de navrants exemples : débilités

(1) En 1887, cette Société a secouru 452 familles.

battues par des parents alcooliques ou abrutis, garçonnets dressés à quémander l'aumône en attendant le vol, fillettes lancées aux ventes louches de fleurs et demain aux prostitutions précoces... Il y a fort à faire sur notre terrain pour l'œuvre nouvelle.

2 février 1888.

Une mesure que nous réclamions il y a six mois en faveur des enfants employés dans la figuration des théâtres vient d'être adoptée par la commission de la Chambre des députés qui se trouve saisie du projet de loi sur les Moralement abandonnés. Diverses plaintes s'étaient produites à Paris contre la présence de très jeunes enfants dans les représentations des scènes de tout genre, cirques, cafés-concerts. Le préfet de police ne s'était pas cru suffisamment armé pour intervenir, la loi du 7 décembre 1874 sur la protection de l'enfance dans les professions ambulantes et celle du 19 mai 1874 sur la protection de l'enfance dans l'industrie ne lui paraissant pas applicables. Une délégation cantonale, celle du 20ᵐᵉ arrondissement, s'émut de cette réponse, qui nous semble s'inspirer d'un esprit interprétatif bien timide : elle émit le vœu que la législation fut complétée par le classement des théâtres, cirques ou bals au nombre des établissements industriels, quant au point de vue qui nous occupe.

Sans accepter cette formule, quoiqu'après tout une entreprise scénique soit une industrie, la commission parlementaire propose d'introduire dans la loi nouvelle un article qui prohibera l'emploi de mineurs au-dessous de 16 ans dans les représentations publiques. Nous ne saurions trop applaudir à cette proposition, ni trop en souhaiter le vote par la Chambre. Le mal signalé de toutes parts à Paris existe et s'est aggravé de même en province, à Marseille comme dans d'autres villes. Les exhibitions enfantines sur les planches y sont aussi de plus en plus fréquentes et étendues. On en use dans les féeries comme un *Petit Poucet* ou un *Tour du Monde*, dans telle comédie ou tel drame, dans certains ballets en attendant la création de quelque *Éden* à masses dansantes, dans les revues, dans les pièces finales des cirques, sur les tréteaux des grossiers spectacles forains. Qui n'a senti son rire se figer, sa gaîté se troubler d'un remords, son cœur se serrer, en voyant apparaître de pauvres petits, dont les plus jeunes ont 5 ou 6 ans et les plus vieux ne dépassent pas 12, affublés d'oripeaux, brûlés par le gaz, grimaçant (avec la peur d'être battus sans doute) un pas chorégraphique ou répétant une phrase incomprise?...

Il se peut que l'on obtienne d'agréables effets décoratifs de l'intervention de ces mignons acteurs. Mais que serait le dilettantisme assez féroce pour acheter cela de leur santé de corps ou d'âme ? Priver de sommeil ces débiles créatures jusqu'à deux heures de la nuit, leur imposer un dur effort gymnastique ou mnémotechnique, les mêler à la vie des coulisses, jeter des fillettes à la prostitution précoce du déshabillement devant la rampe, cela nous semble aussi répugnant qu'inutile. Le *minimum* d'âge pour le travail des enfants dans l'industrie est trop bas en France : il nous faudra le relever, comme l'ont fait la Suisse et l'Autriche, comme le feront tôt ou tard tous les pays civilisés ; il ne sera pas moins nécessaire de prohiber absolument le labeur de nuit, permis à partir de 12 ans dans quelques fabrications, le papier par exemple, ou le verre. Mais si tout cela n'est pas fait encore pour l'atelier, le chantier, ou l'usine, qu'on ne tarde pas davantage pour le théâtre, qui ne représente que du plaisir. Puisqu'il existe des familles assez cupides, ou assez insouciantes, ou assez misérables, hélas ! pour sacrifier à un gain hâtif le développement corporel ou mental de leurs enfants, que le législateur protège contre de tels abus les pauvres êtres sans défense !

LA MALADIE DE L'ENFANT PAUVRE

1ᵉʳ septembre 1887.

Le conseil général des Pyrénées-Orientales vient de voter ces jours-ci la création à Banyuls-sur-Mer d'un de ces établissements que la science actuelle désigne sous le nom de *Sanatoria*, et où elle s'applique à guérir les enfants pauvres destinés sans cette aide à encombrer les hôpitaux des villes. Banyuls, qu'est cela ? Une petite localité du littoral roussillonnais, où il y a peu de journées complètement sans soleil, où le mistral comme en Provence balaie et assainit fréquemment l'atmosphère. En lisant la délibération de l'assemblée départementale de Perpignan, une question que nous nous sommes souvent posée nous est revenue à l'esprit. Pourquoi Marseille, où l'esprit démocratique et la bienfaisance ont tant d'initiative, n'utilise-t-elle pas pour ses enfants pauvres, à elle, les ressources qu'elle tient de la nature et des circonstances ?

Toutes les conditions sont réunies. Notre population ouvrière est énorme ; l'alcoolisme y sévit de plus en plus, pour ne citer que celui-là parmi les tristes maux des agglomérations urbaines ; partant, que de santés enfantines à refaire ! Nous avons les puissants moyens naturels : l'eau de mer froide ou à chauffer, les bains de sable, le climat tonifiant des plages, les brises marines, le chaud soleil et les vents salubres des côtes méditerranéennes, ces belles températures hivernales qui permettent presque la permanence de l'hydrothérapie au flot salé. La cité est riche, en tant qu'être collectif, et dans ses individualités. Elle compte dans les rangs de son corps médical des travailleurs jeunes, chercheurs, épris de progrès. Enfin la noble libéralité d'une Mère, celle même qui devança notre temps et fonda Bergk-sur-Mer, a mis à notre disposition, sur le rivage même, l'asile du Pharo.

Certes la villa impériale a rendu bien des services au cours de nos récentes épidémies cholériques ; on en pourrait pourtant retirer un profit populaire plus continu. Le voilà, notre Bergk, notre Banyuls, le *sanatorium* tout indiqué. On y pourrait, si on aime mieux, organiser un de ces *hôpitaux d'enfants* que Paris a ouverts rue de Sèvres et rue de Charenton. Et aussi un de ces *Dispensaires pour enfants*, où les petits *expectants* (comme on dit en langue hospitalière) peuvent, en attendant une admission disputée à l'hospice, venir chercher gratuitement les consultations, les opérations secondaires, les pansements, les bains ou douches, les remèdes, les premiers soins du début des souffrances chroniques, tout ce faute de quoi, hélas ! trop d'enfants de familles indigentes ou presque indigentes deviennent infirmes pour la vie, incurables : une de ces institutions comme celle du docteur Gibert au Havre, ou comme celle que la *Société philanthropique* de Paris a établie rue de Crimée il y a cinq ans, sinon aussi complète que la fondation de Mme Heine.

Dira-t-on que tout cela serait trop onéreux ? Non, les moyens matériels ne manquent pas. Il ne faut rien exagérer d'ailleurs. Le dispensaire du Havre a déjà soigné près de 8,000 enfants pour 56,000 fr. ; quelle est celle de nos Œuvres locales qui ne coûte davantage ? Le *Temps* donnait l'autre jour pour celui de la *Société philanthropique* les résultats du quatrième exercice clos en mai dernier : 1,126 guérisons et 244 améliorations sur 1,700 cas, dont 80 guérisons et 27 améliorations sur 157 rachitiques ! Et le *Temps* ajoutait qu'on a pu faire autant de bien avec de très médiocres dépenses... Oh ! que notre Conseil municipal ferait une belle et bonne chose en cédant le Pharo à l'administration de nos Hospices, sous condition qu'une part déterminée du récent et considérable

legs de M. Viton y fût employée au soulagement de ces misères
de l'enfance plébéienne malade !

5 novembre 1887.

On vient de faire prendre corps officiellement, et pour le
pays tout entier, à une belle entreprise, dont nous demandions
ici il y a deux mois aux Marseillais de prendre l'initiative
pour leur part avec les ressources qu'ils tiennent de la nature
et des circonstances. *L'Œuvre nationale des hôpitaux
maritimes de France,* qui aura pour objet de refaire une
santé à tant d'enfants du peuple destinés sans cette aide à
encombrer les hospices des villes, s'est constituée définitivement ces jours-ci. Elle a pour président le secrétaire-
perpétuel de l'Académie de Médecine, pour vice-présidents
M. Rochard l'éminent hygiéniste et le nouveau directeur
très actif de l'Assistance publique, notre quasi-concitoyen
M. H. Ch. Monod. Nous remarquons dans le conseil d'administration d'autres hautes compétences, les médecins de
Bergk-sur-mer par exemple et du dispensaire Furtardo-Heine,
ce dévoué professeur Verneuil qui s'est jeté si vaillamment
dans le combat contre le fléau de la tuberculose.

Nous avions soulevé la question, à propos de la décision du
conseil général des Pyrénées-Orientales qui établit naguère sur
le littoral roussillonnais, à Banyuls, un *Sanatorium.* En
même temps, à une autre extrémité du territoire, un des
administrateurs, probablement un des promoteurs de l'*Œuvre
nationale,* M. Pallu, inspecteur des enfants assistés de la
Loire-Inférieure, fondait avec le puissant concours de Mme Heine
la colonie de Pen-Bron. Il paraît que sous le rapport du site et
des conditions sanitaires on ne peut rêver mieux. Cette lutte
contre les plus navrantes maladies de la misère, celles qui
délabrent et tuent l'enfance indigente, il s'agit de l'étendre.
Qu'est-ce que deux ou trois hôpitaux maritimes ? L'Angleterre,

la Hollande, la Suède, la Belgique ne s'en tiennent pas là ; l'Italie toute jeune en compte vingt-deux.

Que ne connaissons-nous dans notre riche et bienfaisante Marseille ces libéralités magnifiques qui assurent au nom d'un citoyen, souvent au nom d'une simple femme, la gratitude de vingt générations ! Voilà Mᵐᵉ Heine qui ouvre, dote, soutient un merveilleux *Dispensaire infantile* au cœur de Paris ; voilà la baronne Alquié qui a légué 2 millions pour un *hôpital d'enfants*, qu'on va installer rue de Bagnolet : que n'avons-nous, même en réduction, de ces générosités grandioses qui lèvent les obstacles ! Au moins pouvons-nous offrir à l'*Œuvre nationale* la Méditerranée plus clémente que l'Océan, des plages pour les bains de sable, un climat tonifiant, des vents salubres, un tiède soleil, des températures hivernales permettant presque l'ininterruption de la thalassothérapie, et avec tout cela une population généreuse, toujours prête à seconder de ses élans quelque bonne action des pouvoirs publics. Au lieu de compter parmi ses immeubles vendables ce château du Pharo qui a déjà servi d'asile à des souffrances d'humbles, que notre municipe, sûr de répondre ainsi aux vues nobles de la donatrice, le mette à la disposition de l'*Œuvre nationale*, dont le but est de restituer à la France des forces vives atrophiées ou perdues. Nous signalons cette négociation-là au zèle et à l'intelligence de M. Monod, qui en connaît les éléments. Le soulagement des enfants pauvres malades, peut-il y avoir entreprise plus attachante ?

26 avril 1898.

Une libéralité belle et touchante de deux Lyonnais ramène nos regards sur l'indifférence de Marseille pour cette forme si intéressante, si émouvante de la souffrance et de la misère humaines, la maladie de l'enfant pauvre. Il y a

peu de jours, un domaine de trente hectares dans la presqu'île
de Giens, à quelques kilomètres d'Hyères, a été offert par
M. et Mme Sabran aux hospices de Lyon, déjà enrichis par tant
d'efforts de la charité privée. Les donateurs agissent au nom
et en mémoire d'une fille qu'ils pleurent, exactement de même
que le mois dernier un Suisse, M. Volkart-Amman, a remis
en souvenir d'un fils perdu 50,000 fr. à la ville de Winther-
thour pour en constituer un fonds consacré à soigner des
enfants pauvres malades. On créera sur les terrains Sabran
un de ces établissements que la science appelle des *Sanatoria;* on y transportera les petits rachitiques que le ciel
gris, les tristes pluies, les logis malsains achèvent; on leur
donnera de l'air pur, un régime approprié, le doux soleil, les
brises salubres, l'hydrothérapie marine...

Ce sera sans doute quelque chose comme la colonie de Pen-
Bron, établie naguère en face du Croisic. Mme Heine, à qui on
doit beaucoup pour Pen-Bron, a fondé en plein Paris une autre
sorte d'institution non moins précieuse pour l'enfance plébéienne d'une grande ville. Le *Dispensaire Furtado-Heine*
publie pour ses travaux de 1887 une statistique, qui en révèle
les rapides développements. Il y a été donné du 1er janvier au
31 décembre 44,454 consultations, 13,523 de plus que l'année
précédente; 6,967 jeunes clients nouveaux sont venus y demander gratuitement ces premiers soins, faute desquels tant d'indigents au début de la vie seront plus ou moins infirmes pour
toujours. Le service de médecine a vu passer 3,981 malades
nouveaux et 16,034 anciens; le service de chirurgie et ortho-
pédie a traité 1,095 nouveaux et 10,227 anciens, a exécuté
500 opérations, a fourni 323 appareils. Le service d'ophtal-
mologie a reçu 830 nouveaux et 8,735 anciens. L'accroissement ne démontre que trop à quels douloureux besoins des
agglomérations urbaines répondent des œuvres de ce genre.
Combien de maux légers dans l'enfance ouvrière, depuis les
affections d'yeux par exemple ou d'oreilles jusqu'au coup reçu

par le gamin des rues, s'aggraveront peu à peu, deviendront incurables par la difficulté d'arriver au pansement ou au remède !

·Quelle opulence généreuse, ou tout uniment (cela a suffi plus d'une fois) quelle hardiesse dévouée du cœur créera à Marseille un *Dispensaire infantile,* comme en a bien ouvert un au Havre un simple médecin, le docteur Gibert ? Notre administration hospitalière, puisqu'elle est jusqu'ici assez médiocrement pourvue, ne peut guère songer aux hôpitaux spéciaux de Londres ou de Paris ; pourquoi n'essayerait-on pas d'y organiser, ce qui serait peut-être préférable, de l'*Assistance médicale à domicile* pour les enfants ? Surtout quand utilisera-t-on les ressources qu'on tient de la nature et des circonstances ? C'est aux plages de notre Méditerranée que M. Sabran enverra les chétifs innocents de la Croix-Rousse. Nous émettions il y a cinq mois le vœu que la Ville cédât dans ce but le château du Pharo à l'*Œuvre nationale des hôpitaux maritimes de France.* On dit qu'au moins pour le moment, la tendance du milieu municipal serait à garder le Pharo pour le cas d'épidémies, peut-être à le faire entrer dans l'ensemble de nos hospices civils. L'affectation épidémique est grâce à Dieu accidentelle, transitoire ; pour nos hospices il y aurait là plutôt une charge ; la place est marquée au contraire dans le réseau que l'*Œuvre nationale* se propose de créer. Comme à Bergk, comme dans l'asile anglais de Margate au bord de la Manche, Marseille ferait profiter là ses enfants pauvres des puissants moyens qu'une thérapeutique nouvelle demande à la mer ; elle y guérirait ses malingres, elle y reconstituerait par l'hygiène les forces de ses petits convalescents.

HYGIÈNE.— COLONIES DE VACANCES.

24 juillet 1888.

Les vacances vont commencer pour la petite population des écoles primaires de Marseille, les vacances de fin d'année, qu'on appelle les grandes. Nous voudrions signaler aux pouvoirs locaux comme à l'initiative bienfaisante des bons citoyens l'heureuse façon dont elles sont utilisées au profit de l'enfance plébéienne dans certaines villes étrangères. Savants et observateurs chez nous ne cessent de se plaindre de la dégénérescence sensible dans les classes ouvrières; les statistiques sont peu rassurantes sur ce point. On est d'accord qu'il faut aviser, faire de bonne heure de la santé physique et morale, inscrire l'éternelle vérité du *mens sana in corpore sano* à la base d'une réforme de notre éducation primaire. Dans un ordre d'idées analogue les Belges et les Suisses ont depuis quelques années adopté un excellent usage : ils expédient des colonies d'enfants du peuple, pendant la suspension des travaux scolaires, courir la montagne ou les bois. C'est, sur une échelle plus large, ce que fait en Angleterre l'œuvre présidée par la duchesse de Teck, qui recueille des souscriptions pour donner aux *poor children* un congé de temps en temps à la campagne, et a envoyé ainsi en 1887 14,000 enfants respirer le plein air pendant douze heures.

La ville de Bruxelles a organisé cet été pour ses écoles communales quatre colonies, deux de garçons, deux de filles; les garçons de telle école se rendront à la lisière de la forêt de Soignes, ceux de telle autre à Florennes; les filles iront les unes dans la province de Namur, les autres près d'Ath;

chaque colonie comprend une trentaine d'élèves, et doit rester au moins quinze jours en course. Parallèlement, une association, le cercle *Le Progrès*, s'occupe d'un projet très ample en ce sens. — A Genève c'est une œuvre, soutenue par des cotisations généreuses, qui s'est chargée de l'application. En 1887, par ses soins, 81 pensionnaires ont été mis en mouvement par groupes; l'un de 21 fillettes et 5 garçons, a été conduit à Marchissy; l'autre, de 22 garçons et 3 fillettes, à Burtigny, un troisième, de 30 fillettes, à Genollier. Les jeunes touristes sont reçus dans des familles villageoises, sous la surveillance d'un régent ou d'une régente. Le séjour dure près d'un mois. Cette année le comité a formé 4 colonies, qui ne comprennent pas moins de 97 enfants : 52 fillettes réparties à Genollier et Marchissy, 45 garçons de même à Burtigny et Bassins. Le départ a eu lieu le 14 juillet; on rentrera le 4 août.

Les résultats sont tout à fait encourageants. Ainsi, pour Genève, les rapports des chefs de colonies constatent l'absence de maladies, et même d'indispositions, la conduite très satisfaisante des enfants, les bons traitements dont les entourent les familles où ils sont logés. Des pesées (nos lecteurs connaissent cet ingénieux procédé de la médecine actuelle) ont donné une augmentation moyenne par enfant de 520 grammes dans telle localité, de 683 dans telle autre, de 925 même dans une troisième plus favorable. Les petits écoliers reviennent fortifiés, restaurés, chez leurs parents. Le moyen ne serait pas moins utile dans nos grandes agglomérations urbaines pour soustraire les enfants de ménages ouvriers aux jeux de la rue et au vagabondage précoce : nous le préférerions de beaucoup sous ce rapport aux classes gardiennes de vacances. Il a été fait quelque chose en ce sens à Paris : outre les vacances d'études pour les élèves de ses écoles supérieures (Turgot, J.—B. Say, Lavoisier, Arago, Colbert, Sophie Germain, Diderot professionnelle), le Conseil municipal, quelque-

fois intelligent dans ses innovations, et certaines œuvres, le
Patronage des apprentis du 17ᵉ arrondissement par exemple,
ont organisé des excursions. Pourquoi à Marseille la municipalité ne ferait-elle pas quelque essai pour ses écoles, et l'initiative des particuliers pour les écoles libres ?

30 août 1888,

Il y a quelques jours en Suisse, à Zurich, un Congrès
international s'est occupé, non de vaines déclamations ou de
rêves antisociaux, mais de questions pratiques bien intéressantes pour l'enfance populaire, et sur lesquelles nous avons
souvent appelé l'attention marseillaise. L'objet principal, et
qui donnait son nom à l'assemblée, était cette idée des
colonies de vacances que nous avions précisément il y a un
mois, sans être informé du Congrès de Zurich, signalée à
l'occasion de l'actualité saisonnière. Mais le cadre des travaux
avait été, non sans raison, un peu élargi. On y avait fait
entrer deux autres sujets, les *sanatoria*, l'*hygiène scolaire*.
Des délégués de neuf nations étaient venus; le bureau a été
composé de six présidents, pour la France, l'Allemagne,
l'Italie, la Belgique, l'Autriche, la Suisse. L'impératrice Frédéric, passionnée pour le progrès social, a envoyé un télégramme de sympathies.

L'institution des *colonies de vacances* est née il y a douze
ans, à Hambourg et à Zurich, s'est développée en Allemagne
et en Suisse, a passé de là chez d'autres peuples. En France,
elle est d'introduction très récente : le premier essai fut fait
en 1883, dans le 9ᵉ arrondissement de Paris. Des savants de
Dresde et de Zurich ont exposé les résultats physiques
obtenus par des modifications dans le poids, la vigueur
musculaire, l'état du sang des écoliers voyageurs; d'autres,
de Francfort et de Brême, ont rendu compte des résultats
pédagogiques et moraux, qui dépendent surtout du choix des

régents de colonies. Le Congrès a adopté comme organe un journal créé à Hambourg, avec obligation d'y recevoir des communications en langue française ; il a remercié les compagnies de chemins de fer et de navigation qui accordent des rabais sur le transport, et a décidé la formation d'une collection de documents statistiques. Les délégués français ont indiqué qu'à Paris l'organisation s'est étendue en 1887-88 aux 20 arrondissements, et qu'elle commence de fonctionner en province. Pourquoi à Lyon, à Bordeaux, à Bayonne, et point à Marseille ? Que les écoles communales fassent donc un essai, ou que les écoles libres les devancent. Bien des familles, par exemple de petits employés, paieraient volontiers une partie des séjours.

L'examen des *sanatoria* a conduit aux conclusions suivantes : il y a urgence à combattre le rachitisme dès l'âge le plus tendre, depuis trois mois, au plus tard à trois ans ; les hôpitaux maritimes conviennent avant tout, et comme équivalent les stations au pied des Alpes (nous ajouterions des Pyrénées ou des Vosges) ; le traitement et la durée des cures doivent varier selon les cas. Les tentatives françaises ont été décrites. Sans doute n'a-t-on pu mentionner ce que le *Sanatorium* d'Arcachon vient de publier, relativement à 1887, pour 20 enfants présentés par les sociétés de secours mutuels et les syndicats professionnels de Bordeaux : les pesées ont accusé un accroissement moyen de 2 kilogr. 817 gr. en trois mois ; l'état général a été reconstitué ; 85 % de guérisons sont constatées. Le 27 septembre s'ouvrira le *sanatorium* de Banyuls : il comprend 7 hectares, 18 pavillons, et recevra 100 garçons et 100 fillettes. Ces maisons maritimes se multiplient en Italie, en Angleterre, en Belgique. Pour elles aussi nous répétons : que fait Marseille avec son ciel et sa plage ? que ne donne-t-elle son château du Pharo à la *Société nationale ?* Le conseil général des Pyrénées-Orientales a alloué 200,000 francs à Banyuls ; pourquoi le nôtre ne prendrait-il pas l'initiative ?

L'hygiène scolaire a été le dernier sujet traité par le congrès d'août 1888. On y a longuement parlé des *classes gardiennes*, qui ont réussi en Allemagne, et chez les Suisses, à Genève, à Winterthour, à Saint-Gall, à Zurich, à Bâle. Nous y reviendrons un jour ou l'autre. La grande question des *jeux* a été approfondie. Les congressistes ont assisté dans un jardin public à des exercices variés et salutaires, pour les jeunes filles, les balles, le tennis, le croquet, pour les garçons le *foot-ball*, le tir à l'arbalète. Pauvres petits Français, que vous êtes en arrière sous ce rapport ! Le *Temps* publie en ce moment même une série d'articles comparatifs remarquables sur les sports de l'adolescence anglaise, y compris le *pédestrianisme* (1). Le Congrès a enfin recherché les moyens de surveiller la vue dans les écoles : M. le docteur Nicati avait entrepris à Marseille d'excellents efforts en ce sens ; où en est-il ? et l'a-t-on aidé ? Tous les enfants sont myopes maintenant ; il doit bien y avoir quelque chose à faire !

Quel fruit attachant et noble du développement des relations humaines que des rendez-vous comme celui de Zurich ! Les savants des pays représentés en auront rapporté chez eux des vues neuves et le désir de les répandre. Que Marseille, qui ne prend part à rien de ce genre, songe, elle aussi, à l'enfance pauvre !

(1) La campagne du *Temps* a abouti à la fondation de la *Ligue nationale d'éducation physique.*

LE PETIT COMMERCE DÉTAILLANT

1ᵉʳ mai 1888.

Plus on va, plus le petit commerce de détail se plaint en province (et dans les grandes villes surtout) comme à Paris. Il souffre certainement à Marseille. En voici un indice : tandis que l'épargne prise sur le salaire, celle des ouvriers et journaliers ou des gens de service, n'a pas fléchi dans notre zone en 1887, celle des modestes patentés diminuait. Astreints à des loyers assez élevés, à des frais d'installation que l'exigence du public alourdit, à des avances de fonds pour tenir la marchandise à la disposition de chalands qui viennent ou ne viennent pas, à des taxes mobilières et à des patentes exagérées, les détaillants sont en outre menacés par trois concurrences : les *grands magasins,* les *coopérations,* les *forains.* — Les *forains* sont sur notre place, où l'administration leur a laissé envahir trop de terrain, un véritable fléau pour les marchands établis, aux impôts et aux charges de qui ils échappent. De ce côté le mal pourrra être atténué : il suffit d'être plus sobre en fait de concessions de foires et de licences de camelots. La question est beaucoup plus délicate sur les deux autres points.

Que faire en effet en face des *grands magasins*, soit contre ceux qui s'organisent dans les centres importants, maisons-mères ou succursales, soit contre la propagande et les envois toujours plus goûtés de ces puissantes usines qu'on nomme le *Louvre*, le *Bon Marché*, etc.? Ils répondent à une tendance générale du négoce et de l'industrie, l'association : abondamment pourvus de capitaux, s'approvisionnant par quantités énormes, achetant au comptant, satisfaits d'un faible gain à cause de leur chiffre d'affaires, multipliant l'annonce et les articles-réclames, ils vendent de tout dans un même local, et à des prix inférieurs, qui ne les empêchent pas d'accumuler des bénéfices annuels considérables. Pour les combattre, le petit commerce baisse ses prix ; mais il ne peut ni les réduire assez, ni fournir d'aussi bonne qualité, car il ne profite point des avantages que le producteur accorde à l'acheteur en gros. De là de croissantes colères contre les accapareurs, les monopoleurs, les vampires, qu'on accuse aussi de peser sur les cours de la main-d'œuvre. On propose de les assujettir à autant de patentes qu'ils exploitent de branches, de les frapper d'un impôt progressif sur le loyer, etc. — Et cependant force est bien de reconnaître que si l'intérêt du marchand est de vendre le plus avantageusement possible, celui des consommateurs est d'acheter au plus bas prix possible : or les consommateurs sont la masse du pays.

C'est aussi pour alléger le coût de la vie matérielle quotidienne, pour arriver à de l'économie, sur l'alimentation par exemple ou le vêtement, qu'ont surgi les *associations coopératives de consommation*. Elles ont médiocrement réussi aux États-Unis ; en Angleterre leur succès est certain et large. Elles permettent aux travailleurs manuels, le gros de leur clientèle, de supprimer l'intermédiaire, et de réaliser de l'épargne gratuite : pas de cotisation comme dans les mutualités, un simple livret de sociétaire, la promesse de faire ses emplettes courantes au magasin collectif, et chaque fois qu'on achète, c'est-à-dire à toute heure, on prépare, on forme, on grossit le dividende à percevoir en fin d'année. Il s'est créé par exemple à Montpellier, en juillet 1887, sous le titre la *Prévoyance montpelliéraine*, une épicerie coopérative qui compte, croyons-nous, 5 ou 600 sociétaires ; dès les premiers six mois, elle donnait, toutes dépenses payées, 5 °/₀ de bénéfices, sans compter l'avantage d'abolir la funeste habitude du crédit, et celui de fournir des comestibles non falsifiés. Mais on pense si ce progrès, qui nuit comme tous les progrès à des intérêts existants, est accepté sans protestation par le petit commerce. Il y a des grèves qui n'ont pas eu d'autre secrète origine. Dernièrement M. Gide, professeur d'économie politique à la Faculté de droit de Montpellier, ayant fait une conférence sur les *magasins coopératifs,* les détaillants de la ville appelèrent M. Comby, avocat des chambres syndicales parisiennes, qui foudroya les coopérations au nom de la division du travail.

Du mouvement naturel de lutte et de défense qui s'est produit ainsi en divers sens dans le commerce de détail, il semble sortir en ce moment une idée nouvelle : le recours à la loi du 21 mars 1884 pour la constitution de syndicats professionnels. Des marchands d'un même métier se groupent, achètent en gros aux producteurs directs, emmagasinent les marchandises dans un dépôt central, chargent un gérant de les répartir entre eux selon leurs commandes et d'encaisser les factures. Le loyer du magasin central est payé par des cotisations, le gérant est rétribué par le prélèvement d'une commission. Ainsi on espère profiter comme les grandes sociétés des remises faites aux acheteurs de gros, et lutter contre les coopératives en abaissant les prix afin que le client ne songe pas à de la coopération. Les épiciers de Reims et de la région sont les initiateurs de ce procédé ; leur dépôt central s'est rapidement trouvé trop étroit, il a fallu en ouvrir un plus important. Nous ne voyons rien que de très légitime dans cette organisation ingénieuse, qui se prête, semble-t-il, à beaucoup de commerces de détail. Par celle-là ou par d'autres, mieux vaut se débrouiller et frayer de nouvelles voies que perdre son temps en récriminations contre des faits, des phénomènes économiques, qu'il est bien difficile d'entraver sans porter atteinte à la liberté du travail ou à l'intérêt de la foule consommatrice.

Il y a dans le jeu même des choses un autre remède tout naturel à la situation dont pâtit actuellement le commerce de détail. Ce commerce est trop peuplé. A mesure que son champ d'activité devient plus étroit, sa tâche plus pénible, son sort plus précaire, il y afflue un nombre toujours plus fort de concurrents, ménages ouvriers munis de quelques économies, domestiques retirés, émigrants des contrées rurales qui enceignent les agglomérations urbaines. Ainsi est sans cesse plus laborieuse la dispute d'un profit déjà amaigri par des causes complexes. Combien peut-on compter de fonds de boulangers dans Marseille ? 484. Combien de boucheries ? 430. Combien de débits de vins ? 758. Combien de cafés et débits de boissons ? 1,026. Combien d'épiciers ? 1,377. Voilà des chiffres que nous croyons très rapprochés de la vérité : ils indiquent une proportionnalité démesurée par rapport au nombre des habitants. Dans une même rue on rencontre plusieurs épiceries, plusieurs boucheries, plusieurs débits de boissons. Aucun de ces similaires trop voisins ne fait ses frais, aucun ne gagne. Ni la loi ni les réglementations administratives ne peuvent rien, de notre temps, contre cette pléthore ; mais on peut espérer qu'elle se corrigera d'elle-même, et que ces emplois de modestes épargnes attireront moins d'amateurs quand la rémunération en sera décidément démontrée insuffisante.

UNE BOURSE OUVRIÈRE

3 novembre 1887.

Marseille va avoir, bien peu de temps après Paris, une *Bourse du travail manuel,* comme elle a sa Bourse du commerce. Ce genre d'institutions est une nouveauté, qui excite non seulement à droite, mais même à gauche, d'assez vives méfiances, à notre avis injustes si on ne dévie pas du but annoncé. Il n'y a rien de déraisonnable en soi à centraliser les éléments d'information dont peuvent avoir besoin les ouvriers, à faciliter et régulariser leurs relations d'offre et de demande avec les patrons. Notre Conseil municipal s'est occupé de l'affaire il y a une vingtaine de jours, sur un rapport très sérieux et très sage de M. J. Jourdan. Il a voté en faveur de l'entreprise trois sortes de subventions : un local, 25,000 fr. pour frais d'installation, une allocation annuelle de 7,000 fr. Dans cette délibération le choix de la Halle des Capucins semble avoir seul jusqu'ici frappé la presse locale ; peut-être aurait-on pu avoir la main plus heureuse pour l'emplacement à désigner ; mais c'est un point secondaire, que nous négligerons. Le fond de la question, et la manière dont l'essai sera compris, nous intéressent un peu plus.

A Paris la nouvelle organisation a commencé de fonc-

tionner rue Jean-Jacques-Rousseau, et la Ville songe à
en agencer une autre, sur un plus large plan, rue de Bondy.
Dans sa séance du 28 octobre, le conseil municipal a adopté
un projet de règlement. La Bourse de la rue Jean-Jacques
Rousseau sera gérée par une commission de 21 membres,
qu'éliront pour un an les délégués des chambres syndicales
ouvrières et des groupes corporatifs : cette commission, à la
tête de laquelle seront deux secrétaires, un trésorier, et un
archiviste, sera rémunérée. Un crédit annuel de fr. 20,000
sera inscrit au budget communal pour payer ces indemnités.
Dans chacun des 22 bureaux que comprend l'établissement,
des employés spéciaux serviront d'intermédiaires entre les
ouvriers en quête du travail et les patrons en quête d'ouvriers ; la rétribution de ces employés est laissée à la charge
des chambres et des groupes.— La réglementation marseillaise est conçue dans des données analogues : un conseil
d'administration sera élu par l'*Union des chambres syndicales*, et devra adresser au moins chaque trimestre un rapport
à la municipalité qui prête son concours.

On accuse les fondateurs de la Bourse parisienne d'en avoir
fait un rendez-vous exclusivement réservé aux ouvriers, et
dès lors inutile (sauf aux conciliabules politiques) si les
patrons n'y vont pas embaucher, car il faut deux parties
pour former un contrat. Pourquoi en serait-il ainsi ?
Un millier de coiffeurs, patrons et ouvriers confondus,
ont tenu là une grande réunion le 28 octobre, pour
discuter les plaintes des garçons coiffeurs contre les
agences de placement. Les placeurs ne songent, dit-on,
qu'à multiplier le plus possible leurs interventions lucratives ;
ils casent les premiers ceux qui donnent le plus fort cour-
tage, au mépris du tarif fixé par ordonnance de police qui
interdit de percevoir plus de 3 fr. pour les salaires mensuels
de 30 fr. ou au-dessous, et plus de 5 fr. pour les salaires
supérieurs. Le fait est que le *meeting* capillaire du 28 octobre

a interdit aux membres de la corporation patronale et ouvrière de se pourvoir aux agences, et a demandé la suppression de ces parasites, invitant les patrons et ouvriers non présents comme ceux de la province à s'adresser à la chambre syndicale, seule en mesure de fournir une sûre entremise ; le siège en a été indiqué à la Bourse de la rue Jean-Jacques Rousseau.

Voilà un rôle légitime, utile, qui n'a rien d'absurde ni de révolutionnaire, et il ne paraît pas que les patrons en aient été écartés. Que Marseille, en tout cas, se garde de l'écueil signalé : si les Bourses du travail manuel peuvent rendre des services pratiques, ce sera à la condition *sine qua non* de faire du rapprochement, non de l'antagonisme, et de mettre en présence l'offre et la demande, en contact l'ouvrier qui cherche un emploi et le patron chez qui cet emploi est disponible. Tel semble bien l'esprit de la réglementation marseillaise : les ouvriers discuteront avec les patrons les clauses de l'engagement ; quelle que soit leur nationalité (et c'est là une libérale précaution contre les fâcheuses tendances du moment aux exclusivismes), ils jouiront des avantages que pourra procurer la Bourse ; il est expressément entendu que *la politique en sera bannie.* « Les ouvriers doivent se persuader », a dit en propres termes le rapporteur, « que nous avons voulu mettre entre « leurs mains non une arme de guerre, mais un instrument « de travail ; ils n'ont rien à attendre de la politique bruyante, « ni des politiciens qui nuisent à la cause du peuple en discré- « ditant les idées les plus raisonnables. » Voilà des paroles loyales et sensées. Il est permis de trouver un peu lourds, en l'état de nos finances locales, les sacrifices que la Ville a consentis ; ce n'est pas nous qui les regretterons, s'ils inspirent aux groupes ouvriers le ferme vouloir de faire à leur tour leurs efforts pour assurer la réussite de l'œuvre naissante, et pour la justifier aux yeux de ceux qu'elle inquiète.

23 octobre 1888.

Bourse ouvrière serait une dénomination plus exacte que *Bourse du travail* ; ou au moins faudrait-il dire *du travail manuel*, car le travail intellectuel en est un aussi, et le travail commercial, et d'autres. Mais peu importe un mot. Il y a près d'un an nous applaudîmes avec confiance au projet d'introduire à Marseille l'institution, une nouveauté assez discutée : la voilà inaugurée ; nous avons voulu assister à la fête. A quoi est destinée une Bourse de ce genre ? Le gros public ne nous semble pas s'en rendre exactement compte. Elle doit servir à deux choses : à faciliter et régulariser l'offre et la demande entre ouvriers et patrons, à centraliser les éléments d'information sur les questions du travail manuel. Il est juste et raisonnable après tout que les travailleurs manuels aient comme les commerçants, les industriels, les détenteurs de capitaux, un marché public clos et couvert. L'idée est d'application récente, mais remonte à plus de quarante ans. Les *bureaux de placement*, si décriés aujourd'hui, et qui ont du reste dévié avec le temps, furent à leur époque (tout progrès est relatif à sa date pour qui veut être équitable) un effort pour aider par une réglementation surveillée la main-d'œuvre à se louer.

Placement gratuit avec libre discussion des salaires, et *statistique*, voilà le cadre d'une activité très légitime, très utile, très saine. La municipalité de Marseille et le conseil général des Bouches-du-Rhône n'ont donc pas eu tort de se prêter à la tentative : il leur faut seulement veiller sans tracasserie inutile, mais sans débile duperie, à ce qu'elle ne soit pas dénaturée. L'installation dans l'ancienne Halle désaffectée et transformée de la rue de l'Académie a été intelligemment comprise : l'architecte de la Ville, M. Huot, a bien approprié au but ce vaste *hall* de stationnement et de réunion, ces salles de conseil, ces bureaux, cette bibliothèque, ce secrétariat pour les inscriptions d'employeurs et d'employés ; nous n'y critiquerions guère que la tribune ; une tribune n'est pas de mise dans les Bourses commerciales auxquelles celle-ci s'assimile, une tribune conseille d'enfler la voix et de gaspiller le temps. La direction de l'établissement a été remise à l'*Union des chambres syndicales ouvrières des Bouches-du-Rhône*, qui gérera par son conseil d'administration, par trois commissions, l'une d'initiative, de contentieux et de propagande, l'autre de finances, la troisième de statistique, chaque chambre syndicale étant représentée dans chaque commission, et enfin par des secrétaires rétribués. Une cinquantaine de chambres syndicales sont déjà adhérentes. Un journal sert d'organe, l'*Ouvrier syndiqué*, qu'on suivra avec attrait s'il ne sort pas de sa ligne. Tout ce fonctionnement atteste un esprit d'organisation et de méthode digne d'être signalé aux gens qui croient ces qualités le monopole des classes lettrées.

Il y a des risques. Oui, et de diverse sorte : l'intrusion des politiciens, les rivalités et les querelles entre groupes, les pérorages stériles de l'ignorance qui s'ignore et se grise de demi-notions, les passions d'antagonisme social, la commodité de ralliement pour des grèves vite brutales, peut-être l'insuffisance des offres si les patrons négligeaient le rendez-vous. La politique surtout, la maudite, qui gâte tout en France ! A l'inauguration même, telle harangue un peu déclamatoire et à allusions, tels mots dans les allocutions les plus prudentes, telles réflexions lancées dans l'auditoire contre la faiblesse des promoteurs que sans doute on espère déborder, pouvaient justifier certaines appréhensions. On sait quels écarts il a fallu réprimer à la Bourse de Paris, à celle de Saint-Etienne. Mais des abus ne sont pas un motif de se refuser à une expérience bonne en soi. Tout a ses dangers. Le règlement concerté entre la Ville et l'*Union* est simple, bref, correct, libéral. L'art. 1 par exemple admet tous les ouvriers, syndiqués ou non, et sans distinction de nationalité, précaution que nous sommes heureux de noter contre les exclusivismes du protectionnisme à la mode. L'art. 2 prohibe toute réunion ayant trait à un objet politique. Le maire, M. Baret, a terminé son discours par un mot vrai, et qui dit tout : « Nous avons « tenu notre parole, à vous maintenant de tenir la vôtre. »

Oserons-nous le dire ? Parmi les paroles échangées, nous avons préféré celles des hommes qui représentaient l'*Union*. Sauf une ou deux exceptions, elles étaient aussi courtoises, et il y avait moins de phraséologie, plus de substance. C'est ainsi que l'un des secrétaires, M. Auguste Ferra, a lu un rapport condensé, précis, topique sur les résultats obtenus jusqu'ici par l'*Union*, qui avant de prendre possession de la Bourse siégeait rue Fortia... Ce mouvement des chambres syndicales (1) est d'un puissant intérêt. Au fond, ce sont des corporations ouvertes et libres (le demeureront-elles ?) qui renaissent modernisées. Ce qui nous y plaît, c'est l'exemple de *self-made* et de *self-government*, de fière organisation et de courageuse action pratique à l'anglaise, comme des *Trade's Unions* francisées et modifiées. De l'argent même, elles en auront, et beaucoup. Si les ouvriers français savent avancer dans ces chemins, écarter sans pitié les bavards, les chimériques, les violents, les rêveurs de quadrature du cercle, ils feront de la besogne. Peut-être s'exagèrent-ils un peu leur rôle et ce qui en peut naître : l'illusion est excusable à la jeunesse vigoureuse ; quiconque passe, ne fût-ce qu'une heure, dans ce milieu ressent quelque chose de cette hallucination, il semble que le tout de l'activité humaine soit là. Non, et puissent les travailleurs intelligents regarder au delà les mille formes de la vie ! Mais nous, sachons voir les forces nouvelles entrées dans le monde, avec lesquelles la prévoyance, la justice et la sympathie sociales doivent compter.

(1) Voir l'appendice, à la rubrique *Chambres syndicales*.

LE MOUVEMENT COOPÉRATIF DANS LE MIDI

16 septembre 1886.

Dimanche s'ouvrira, à Lyon, le deuxième congrès des Sociétés coopératives de consommation. Nous engageons à n'en pas perdre de vue les travaux tous ceux de nos amis que passionnent les questions sociales, et nous avons remarqué avec grand plaisir que les quatre associations Marseillaises de l'espèce ont la semaine dernière élu des délégués. — C'est l'an dernier que le premier congrès a été tenu ; tout y a été dû à l'initiative et au dévouement d'un Méridional homme de bien, M. de Boyve ; 80 Sociétés y prirent part, à Paris. Cette fois on ne marche plus sur un terrain inexploré ; plus de 600 Sociétés sont connues ; beaucoup d'entre elles à coup sûr voudront rechercher en commun les meilleurs moyens d'activer et de rendre fécond ce mouvement qui en est en France à la période de début, mais dans lequel les classes ouvrières paraissent s'engager avec ardeur et confiance.

C'est une des œuvres les plus intéressantes que celle-là, parmi toutes les entreprises dont le progrès économique populaire est l'objectif. Il n'y a pas de plus légitime application du vieux proverbe *l'union fait la force* que l'association entre ceux qui vivent du salaire ou dont les ressources sont étroites, pour se procurer l'économie dans la vie matérielle quotidienne. La liberté du travail et la concurrence sans frein qui en est l'inévitable suite ont eu pour fruits, dans le commerce de détail, bien des abus et des fraudes, dont personne ne pâtit plus que les petits acheteurs : la coopération met à la place de tout cela la bonne foi. Elle substitue au crédit, à l'envahissante dette, danger mortel pour l'humble ménage, le comptant. Ce qui s'en allait en pure perte, elle le transforme en bénéfices, et facilite ainsi l'épargne. M. Fougerousse en signalait dans la *Réforme sociale* du 1er septembre, et le mois passé à Limoges dans une réunion ouvrière, un avantage spécial dont les applaudissements de l'auditoire confirmaient l'importance : les coopératives par leur débit de vin (considérable à Paris) réduisent le rôle des marchands de vin, avec cette différence qu'elles vendent *à emporter*, c'est-à-dire pour le repas de famille, et non sur le *comptoir*.

Si l'histoire des coopératives de production a été jusqu'à ce jour un désolant nécrologe, les coopératives de consommation ont donné de plus encourageants résultats. La ville de Paris a récemment fait connaître l'issue de la première répartition faite sur le legs magnifique que laissa il y a sept ans un Marseillais, M. Benjamin Rampal, en faveur des coopérations : on a aidé 47 sociétés, dont 44 de production mortes (ou peu s'en faut) sauf une quinzaine, 1 de crédit qui est sur le point de déposer son bilan, 2 de consommation (l'*Union fraternelle d'Auteuil* et la *Société civile du 18e arrondissement*) qui sont en excellente situation. Marseille, pour laquelle il est étonnant que notre généreux concitoyen n'ait pas réservé une part de ses 1,295,000 francs, a vu se créer quatre coopératives de consommation (rue Chauvelin, à Menpenti, rue Fort-du-Sanctuaire, à la Belle-de-Mai); elles paraissent prospérer.

Il y a cependant des difficultés nombreuses à surmonter :

les unes morales, l'indifférence, la routine, d'autres matérielles, certains frais parasites par exemple, ou l'obstacle au
bon marché qui vient des transports par petites quantités. Le
congrès des 19-22 septembre apporte à l'étude précise de ces
questions plus de données expérimentales que celui de 1885.
L'essentiel est qu'il ne dévie pas de son réel objet : il s'agit
de procurer au travailleur manuel l'économie dans la consommation, et point de déclamer sur telle ou telle façon de ren-
verser l'ordre naturel du travail. Un acte initial de sagesse
domine la constitution du congrès : la *Fédération des
Sociétés coopératives de France* a eu le bon sens de choisir
pour la présidence, comme à Plymouth les Anglais choisirent
le comte Morley, non pas un politicien, mais un économiste,
M. Ch. Gide, professeur à la Faculté de droit de Montpellier.
Faisons des vœux pour que la majorité de l'assemblée s'inspire de vues aussi sensées, et maintienne les délibérations
dans un cercle de recherches pratiques; souhaitons en particulier que le rôle des délégués Marseillais fasse honneur aux
milieux ouvriers de notre grand centre industriel. Et de notre
côté, nous bourgeois, intéressons-nous, sans méfiance, sans
préjugé, à ce mouvement si digne non seulement d'attentive
observation, mais de sympathie cordiale.

18 janvier 1887.

Comme l'Académie de Marseille s'occupait naguère d'attribuer un legs qu'elle avait reçu à des initiatives pratiques
locales ayant pour objet l'amélioration du sort de la classe
pauvre, nous fûmes tous d'accord pour réserver une part
(après celle de l'éducation morale populaire, du crédit mutuel,
de la prévoyance) à l'association de consommation. Il s'agissait de donner non pas une aide matérielle (la somme disponible était trop minime), mais une publique indication
d'intérêt, de sympathie, au mouvement coopératif local à peine

naissant. Il vient de se fonder à Nîmes, où réside le dévoué
promoteur des Congrès, M. de Boyve, et sous sa direction, un
journal mensuel auquel nous voudrions de nombreux lecteurs
dans notre grande ville industrielle. L'*Emancipation,* étrangère à toute vue de parti, sera l'organe des associations
ouvrières et du centre régional coopératif du Midi. Elle
compte des collaborateurs d'une haute compétence autour de
M. de Boyve, M. Brelay par exemple, et M. Charles Robert.

Un ouvrier intelligent, M. Poizat, y discute dans le troisième numéro cette question déjà débattue à Lyon : la coopération doit-elle être un simple outil de bon marché, ou un
instrument de formation du capital ? Dans le premier système,
on poursuit le but immédiat des travailleurs manuels, dont
le salaire est souvent réduit par la maladie ou le chômage :
on procure, en vendant à très bas prix, une précieuse économie
sur les dépenses de la vie courante. La famille absorbe d'ailleurs ce profit, elle suffit plus aisément à ses besoins, mais
c'est tout. Le second système vise plus loin ; il tend à rendre
les coopérateurs capitalistes par l'achat des marchandises en
grandes quantités, la revente à peu près au prix du commerce,
et la capitalisation des bénéfices. Prenons un exemple, celui
de la *Société ménagère de chauffage* qui s'est établie à
Lyon-Vaise il y a trois ans environ. Elle a livré depuis lors
à ses adhérents 57,541 bennes de charbon à 2 fr. 20 au lieu
de 2 fr. 80, prix du commerce, différence 0.60 c., et malgré
cet écart, a encore réalisé fr. 4,000 de gain net ; si elle avait
diminué le prix de vente de 0.10 c. seulement, elle aurait déjà
en propriété un fonds de fr. 32,775, avec quoi elle pourrait
fonder une caisse de retraites.

Nous ne savons auquel des deux systèmes ont donné la
préférence les coopératives de consommation organisées à
Marseille, et notamment celle du quartier de Menpenti qu'a
désignée l'Académie. Mais la question est singulièrement
intéressante. La coopération en est à ses débuts, il est difficile

d'en mesurer encore la puissance. Ce qu'on en peut dire, c'est qu'elle rend deux services énormes, indiscutables, aux petits ménages laborieux en substituant la bonne foi aux onéreux abus du négoce de détail et le *comptant* au funeste crédit. Les bons citoyens qui vouent leur temps et leur peine à seconder des efforts si féconds ne sauraient être trop loués. Dans une sorte de programme que publie l'*Emancipation*, divers groupes, l'*Abeille*, la *Renaissance*, la *Solidarité*, s'adressant aux coopérateurs lyonnais qui entreprennent une fédération méridionale, répudient toute direction de l'Etat : « nous ne comptons que sur la liberté et sur nous–mêmes », déclarent–ils en propres termes, « pour arriver à notre amé– « lioration sociale ». Voilà de sages, de justes, de nobles paroles, qui diffèrent trop des incohérentes ou violentes utopies pour que les vrais conservateurs, les conservateurs progres– sistes et démocrates, n'y applaudissent pas.

24 août 1888.

A Marseille le mouvement coopératif commence à peine, alors qu'il devrait depuis longtemps tenir une large place dans la vie populaire de notre grande agglomération industrielle. Qu'on songe que la ville de Dewsbury, où eut lieu à la fin mai le 21e congrès des sociétés coopératives anglaises, compte 30,000 habitants, et que son association profite à plus de 20,000 personnes, possède 3 millions, distribue 15 % en moyenne! — Un projet de loi, déposé le mois dernier par le cabinet, viendra devant la Chambre la session prochaine. Il tend à faciliter la création de coopératives, en diminuant les formalités et les frais que comporte la loi générale du 24 juil- let 1867 sur les sociétés anonymes. Les coopératives pour– raient se constituer par un simple acte sous seing–privé, et ne paieraient qu'un droit fixe d'enregistrement. En cas de retraite ou d'exclusion d'un sociétaire, il serait admis au partage des bénéfices de l'année courante, et il lui serait permis de reprendre l'intégralité de son capital. On ne saurait qu'approuver ces dispositions. D'autres visent le contrôle à exercer par les ouvriers dans les coopératives fondées par des établissements industriels, ce qui pourrait, en affaiblissant l'élément de patronage qui s'y trouve mêlé, ébranler certaines organisations prospères.

A Marseille comme partout en France, il ne s'agit guère, quand on parle coopération, de sociétés de *production*. Mais le *crédit* et la *consommation* semblent depuis quelque temps y cheminer petit à petit. Nous avons exposé (1) les premiers essais locaux de crédit coopératif, la *Banque Provençale* qui date de 1885, la *Fraternelle* née cette année même au mois de février. Deux coopératives de consommation fonctionnent au quartier ouvrier de la Belle-de-Mai, la *Ruche sociale,* qui a trois ans d'existence déjà, et la *Ménagère* plus récente. Leur nombre d'adhérents et leurs magasins sont encore modestes. Elles offrent un trait original signalé par M. Gide, quand il est venu naguère avec M. de Boyve prêcher la cause coopérative à Marseille : on s'y réunit avec femmes et enfants, on y chante, on y danse, on s'y récrée honnêtement; il y a là, en germe, tout un progrès de mœurs qui profiterait à la vie de famille, et réduirait heureusement la clientèle du marchand de vins comme du funeste café-concert. La même œuvre utile est faite par le *Cercle de la Coopération,* que les promoteurs de la *Banque Provençale* ont établi dans le vieux Marseille, à la Grand'Rue : ouvriers et bourgeois s'y rapprochent en outre dans des rencontres précieuses pour le développement d'une bienveillance réciproque.

Çà et là apparaissent d'autres tentatives. Voici, à Men-

---

(1) Voir plus loin *Du crédit populaire.*

penti, l'*Avenir social.* En mars passé les employés de la
Compagnie des chemins de fer P.-L.M. abordèrent dans une
série de réunions l'idée de constituer entre eux une coopérative de consommation alimentaire : nous ne savons où en est
le projet. Une boulangerie est en voie de formation, la
Fourmi. Le titre pourrait être mieux choisi, car celui-ci s'est
vulgarisé pour des combinaisons spéciales d'épargne ; mais
ce point est secondaire, et l'objet est excellent. A propos de
la question du pain, nous avons recommandé ce moyen
comme bien préférable aux taxes municipales pour amener
la baisse des prix. Hier encore nous lisions le compte-rendu
des opérations de la *Boulangerie coopérative de Roubaix*
en 1887 : le bénéfice s'est élevé à fr. 109,743, qui représentaient 22 °/₀ du chiffre de la consommation des sociétaires;
après prélèvement de fr. 9,973 pour la réserve et l'amortissement de constructions nouvelles, on a partagé fr. 99,769
sur une consommation totale de fr. 498,655. Le gain net a
été de *vingt* centimes par chaque *franc* de consommation.
Une pareille économie ne vaut-elle pas la peine dans le
budget d'un ménage d'ouvrier, ou même de modeste employé ?

Le *Cercle de la Coopération,* qui avec quelque persé-
vérance pourrait devenir un centre pour les groupes mutualistes et les chambres syndicales, ferait bien de propager les
principes coopératifs par la lecture comme par les conférences
dont il a déjà pris l'initiative. Nous lui recommandons dans
le premier de ces deux buts le petit imprimé que répand
l'*Abeille Nîmoise.* C'est, en langage très simple, familier
même, un résumé des « cinq raisons qui ont engagé l'auteur
« à s'affilier à une société coopérative de consommation. »
Elles tiennent sur une feuille : « 1° parce que je suis sûr que
« derrière le comptoir se trouve quelqu'un pour bien me
« servir, et qui en vendant a le même intérêt que l'acheteur ;
« 2° parce que je ne paie pas plus cher qu'ailleurs, et qu'au
« moment de l'inventaire il me revient un dividende; 3° parce

« que le magasin économise pour moi, sans que j'y pense;
« 4° parce que j'apprends à songer aux autres ; 5° parce que la
« coopération est le moyen pratique pour l'ouvrier de prendre
« l'habitude des affaires et de relever sa condition. » Voilà
bien à peu près tous les véritables articles de la foi coopérative. On connait le mot anglais énergique : le coopérateur
eats himself into a capitalist, devient capitaliste en man-
geant. Ajoutons : en achetant au comptant, en se guérissant
de la plaie rongeuse du crédit.

L'autre forme de la coopération, la production, a jusqu'ici
donné de médiocres résultats dans notre pays : l'action patronale paraît demeurer un type préférable. Il n'en est pas
différemment à Marseille, du moins à notre connaissance.
Quelle mauvaise inspiration eut notre concitoyen Benjamin
Rampal de consacrer sa fortune en mourant au développement
des coopératives de production, et parisiennes ! On a dressé
plusieurs fois le bilan du legs Rampal : il est piteux. Les
prêts se remboursent de moins en moins, comme le fait ressortir encore le dernier document, le rapport de M. Hattat.
On a accordé des renouvellements, les sociétés ne s'exécutent
pas; beaucoup ont fait faillite. Il est vrai que la faute est peut-
être à l'emploi fait de ce dépôt par le conseil municipal de
Paris, et qu'à ce point de vue, jusqu'à 1887 du moins, Marseille n'aurait pas fait mieux. Mais que Rampal n'a-t-il légué
son don considérable à quelque institution permanente et non
politique de sa ville natale, ou à des *trustees* Marseillais
comme on dit en Angleterre ! On aurait pu avec cette somme
magnifique, dans une cité où les libéralités sont rares, faire
bien des choses conformes à l'intention du testateur, et si la
coopération était dans ses vues, fonder par exemple une solide
banque populaire, ou une grande société de consommation
comme celle de Dewsbury, à Marseille.

PRISONS A TRANSFORMER

31 janvier 1888.

La question de la réforme des prisons départementales, qui nous intéresse, car rien n'a été fait dans les maisons du boulevard Chave et de la rue Saint-Pierre à Marseille, vient d'être réveillée devant le Sénat par une interpellation de l'homme dont le nom est lié à la cause du progrès pénitentiaire. M. R. Bérenger, constatant que le nombre des récidivistes continue de croître malgré la relégation, a demandé ce que le gouvernement compte faire pour assurer enfin la substitution du régime organisé par la loi du 5 juin 1875 au pêle-mêle dépravateur de l'incarcération en commun. Le ministre de l'intérieur a expliqué l'inertie certaine par les lacunes de la loi elle-même, qui n'avait pas donné le droit de contrainte contre les départements ; 17 prisons seulement ont été transformées. Il a promis de poursuivre la tâche, et aussi de prêter son concours à toute proposition propre à hâter l'application du nouveau régime.

Le fait est que treize ans se sont déjà écoulés depuis la loi de 1875, sortie d'une vaste enquête parlementaire, et que les résultats en ont été dérisoires. Il y a en France 382 prisons

départementales ; et moins d'une vingtaine ont été modifiées
quant au système de détention préventive ou expiatoire !
Nous avons dit plus haut que les prisons de Marseille ne
sont pas dans la catégorie améliorée. A quelles causes
convient-il donc d'imputer cette obstination à ne point exécuter une loi, qui par le but était une grande loi, qui en tout
cas, de quelque façon qu'on la juge, était la loi et devait
être obéie ? La plus apparente de ces causes a été indiquée
par le ministre : les prisons de courte peine sont propriétés
départementales, et les conseils généraux, prodigues pour
tant de dépenses qui s'inspirent plus ou moins directement
de pensées électorales, refusent de voter les crédits nécessaires pour opérer de coûteux remaniements tout au plus
utiles à la diminution de la criminalité. Ne croit-on pas que
le médiocre état de leurs finances trop engagées de tous côtés
y est pour beaucoup ? Et encore des entreprises de longue
haleine comme celle dont il s'agit ne courent-elles pas
risques d'être singulièrement ralenties, hésitantes, quand
l'administration se sent trop mêlée aux mobilités politiques ?

Il est possible pourtant de se tirer de cette stagnation. Il
faudrait d'abord réparer l'oubli du législateur de 1875, et
comme le conseille M. Labroquère dans une étude publiée
par le *Bulletin de la Société générale des prisons* (janvier
1888), rendre la dépense obligatoire pour les départements,
ou leur offrir le moyen de s'en libérer en rétrocédant à l'Etat
la propriété de leurs prisons. On a d'ailleurs sensiblement
abaissé, grâce aux efforts de l'administration pénitentiaire et
de la *Société générale des prisons*, le coût des constructions
de l'espèce. En attendant, il a été déposé le 28 janvier 1884
un projet de loi, qui oblige les départements à créer dans
un délai de cinq ans un nombre de cellules suffisant pour y
placer le quart au moins des détenus : qu'on le vote, qu'on
l'applique. Ne rien vouloir faire en pareille matière, dans un
département populeux et riche comme les Bouches-du-

Rhône, nous paraît, nous l'avouons, injustifiable. *— Par contre il nous semble nécessaire de tenir compte des amendements demandés par de bons esprits au régime cellulaire. La cellule pour toutes les catégories pénales n'est peut-être pas plus juste que tant de prétendues panacées. Séparation de jour et de nuit, abolition de la promiscuité corruptrice, emprisonnement individuel dans la cellule saine avec visites du directeur, du ministre des cultes, des membres des commissions de surveillance, des associations charitables ou de patronage, des parents ou des amis de moralité reconnue, telle est la solution véritable. Mais celle-là, il y faut aboutir.

DU CRÉDIT POPULAIRE. PREMIERS PAS A MARSEILLE

LA QUESTION EN FRANCE ET A L'ÉTRANGER

12 mai 1885.

Nous sommes en France tout ensemble très téméraires et très timorés. Croirait-on que dans une énorme ville ouvrière comme Marseille, où l'esprit d'initiative et les sentiments généreux ne manquent certes pas, l'idée du crédit populaire passe encore à peu près pour une utopie ? On n'en voit guère que les aspects dangereux ; on oublie que les banques de cet ordre sont de vraies banques, qui prêtent au travail après examen de la solvabilité et des habitudes d'épargne, suivant des règles spéciales, rigoureuses, éprouvées ; on ignore que des exemples toujours plus nombreux, fournis depuis trente années par les pays les plus divers de la vieille Europe, démontrent la sécurité des institutions qui étonnent ainsi le Français routinier.

Il y a quelques jours une des banques populaires de Belgique, celle de Huy, tenait son assemblée générale trimestrielle. Le président a constaté qu'en vingt ans le total des créances non recouvrées s'est élevé à fr. 3,000 sur un chiffre d'affaires de 5 millions. On objectera, a-t-il ajouté, que ce résultat est dû à l'extrême prudence des administrateurs : non, la cause principale en est la probité des travailleurs avec qui la société opère presque exclusivement, et depuis qu'elle existe, la banque n'a pas eu dix fois recours à l'huissier. Ces faits ne nous étonnent pas. Les banques populaires ne sont-elles pas aussi florissantes en Italie? Sans citer les renseignements que M. Léon Say, homme peu chimérique, rapporta d'un récent voyage, rappelons que la *Banque populaire de Milan*, fondée en 1867 avec fr. 700 de capital, a aujourd'hui 15,000 actionnaires, 7 millions de fonds social, 4 de réserves, 50 de dépôts, qu'elle fait 100 millions d'escomptes par an, qu'elle a 1 effet protesté sur 400 et perd 0,17 c. sur fr. 1000 avancés.

A l'honneur de ce que nous appellerions volontiers le *catholicisme social,* la notion du crédit ouvrier chemine surtout en France sous les auspices de la fraternité chrétienne. La *Banque populaire d'Angers* est issue de cette origine ; il en est de même pour quelques autres en province. En plein Paris, le *Crédit mutuel et populaire de la rue des Lombards* a été créé le 16 juin 1882 par un franciscain hardi, un Provençal, le P. Ludovic de Besse ; la Banque de Naples a bien été établie en 1539 par un jésuite, le P. Salméron, et elle a en 1885 50 millions de capital, 110 de réserves. Parti d'un capital minime, le *Crédit mutuel et populaire* a rapidement étendu ses opérations, grâce à l'aide du *Comptoir d'Escompte de Paris* auquel il réescompte une partie de son papier. Aux termes de l'art 3 des statuts, la Société a pour objet de faciliter l'épargne, l'assurance, le crédit, l'escompte, *principalement aux ouvriers,* au petit commerce, *à la petite industrie* ; aux termes de l'art. 58, les actionnaires chefs de groupe veillent à ce que les membres de leur groupe votent en connaissance de cause, pour que la présentation d'un

candidat soit toujours une garantie réelle de son honorabilité
et de sa solvabilité.

Trait caractéristique, les actionnaires du *Crédit populaire
de la rue des Lombards* ont décidé, dans l'assemblée générale
de 1884, qu'on ne servirait aux actions ni intérêt ni dividende :
la société n'a point à rémunérer un capital qui est gratuit ;
la spéculation y est impossible, la prospérité ne profiterait
qu'aux réserves et à la clientèle. Le *nemo militans Deo
implicet se negotiis sæcularibus* n'a donc que faire ici.
Cette œuvre de zèle social n'est d'ailleurs qu'une dépendance
d'un vaste plan d'institutions économiques : secours mutuels,
caisse d'épargne, rapports entre clients et fournisseurs,
économat domestique, associations coopératives de consommation, placement, garni pour les ouvriers de passage, bureau
de consultations... Deux grandes idées dominent cet ensemble :
l'organisation de la justice dans le monde du travail, la
protection du travail honnête contre l'abus de la toute-
puissance de l'argent. Tel est le résumé d'un curieux volume,
*Association chrétienne des honnêtes gens sur le terrain
des affaires* (Paris 1884), où le P. Ludovic et ses collaborateurs ont résumé leurs études. Les vues originales et larges,
l'esprit de paix, le désintéressement de toute pensée de parti,
la parole ardente et précise de l'initiateur de ce mouvement,
un jour qu'il nous fit l'honneur de nous développer son
programme, nous frappèrent beaucoup. Il est bien intéressant
de voir sortir de la noble source du dévouement religieux
des progrès sociaux et démocratiques.

27 novembre 1885.

Il est impossible de ne pas remarquer, pour peu que l'on
examine l'importante et délicate question du crédit populaire,
que des institutions de cet ordre fonctionnent depuis un temps

assez long déjà dans d'autres grands pays d'Europe, et que
l'expérience n'y vient nullement donner raison aux idées qui
ont cours chez nous sur la matière. Tandis en effet qu'en
France les politiques ne s'occupent pas du crédit populaire et
les financiers le déclarent une utopie, progressistes et gens
d'affaires se sont mis d'accord ailleurs pour essayer, et leurs
essais prospèrent. L'état du développement des banques populaires sur divers points de l'Europe et les résultats les plus
récents confirment pleinement ces observations.

En Allemagne, où les banques populaires existent depuis
trente-cinq ou trente-six ans, elles étaient en 1883 au nombre
de 3125, disposaient d'un encaisse de 800 millions, avaient
suffi dans le cours de l'exercice à 2500 millions d'avances
réparties entre un million d'emprunteurs, et avaient donné
un bénéfice moyen de 11 fr. 25 %. — En Belgique, il y avait
21 banques, qui ont distribué 6.64 %. — En Italie, où l'on
se rappelle que M. Léon Say alla naguère les étudier en détail
sur place, le nombre des banques populaires est de 380, elles
ne cessent de s'accroître, et elles ont produit en 1883 un
bénéfice moyen de 8 25 %.— En Russie, on en compte déjà
1865, très florissantes la plupart, et qui facilitent notamment
aux paysans leur émancipation par l'achat des terres.

La vérité nous oblige à reconnaître que les Belges et les
Italiens sont constitués en monarchie, que l'Allemagne est un
empire à autorité concentrée, que la Russie est un empire à
pouvoir presque absolu. Une république doit être avant tout
préoccupée des intérêts du plus grand nombre ; pourtant
le fait est là, ces peuples jouissent de ce progrès démocratique depuis assez longtemps, et nous ne l'avons pas.
A quoi tient-il qu'en France le crédit populaire n'existe
réellement point, sauf des tentatives insignifiantes et
isolées ? que la question soit au dernier rang parmi
les mille nouveautés proposées par nos hommes d'Etat ?
qu'à part les écoles de M. de Mun ou de M. Le Play, personne

ne s'en soucie ? et que le nom seul de banque populaire fasse
fuir les hommes pratiques, comme la formule d'une chimère
irréalisable ? Peut-être y a-t-il là quelque raison particulière
et sérieuse : tout ce que nous pouvons dire, c'est que nous
voudrions bien l'apprendre, ne l'apercevant pas.

APPARITION DE L'IDÉE A MARSEILLE

6 décembre 1885.

Le crédit populaire n'est jusqu'ici apparu en France que
par des tentatives peu importantes et isolées. Ces tentatives
pourtant, il convient de les signaler : plus elles sont rares et
se sont produites sur un terrain semé d'obstacles, plus elles
méritent qu'on leur rende justice.

Je crois bien que le premier essai remonte à une *Société-
mère du crédit mutuel*, installée à Paris vers 1857. En 1863
l'Académie des sciences morales met au concours la question
des *moyens de crédit dans leurs rapports avec le travail
et le bien-être des classes peu aisées*. Vers cette époque
M. Beluze fonda une *Banque de crédit au travail*, et
M. Batbie, qui venait de publier une sérieuse étude sur le
sujet, prit la tête d'un mouvement de propagande. Lyon vit
se créer le 10 avril 1865 une *Société lyonnaise de crédit au
travail*, au capital de fr. 200,000 : elle fonctionne encore,
croyons-nous ; le dernier bilan que nous ayons eu en mains
(au 28 février 1882) accusait près de f. 17,000 de bénéfice nets.

Vers 1875 un franciscain hardi, Provençal d'origine, le
P. Ludovic de Besse, reprit l'idée modifiée sous les auspices
de la fraternité chrétienne, de même qu'en Angleterre le

dévouement religieux fut le promoteur d'associations de prêts remboursables par acomptes hebdomadaires. Le 16 juin 1882, le P. Ludovic inaugurait à Paris le *Crédit mutuel et populaire de la rue des Lombards* sur ces bases particulières d'un capital gratuit et d'une gestion gratuite ; l'entreprise a fructifié. Il est curieux de voir un mois après surgir, sans doute sous le stimulant de la concurrence des opinions, une *Caisse populaire du 18me arrondissement*. Aux efforts du catholicisme social on peut rattacher des créations analogues dans le quartier de Montparnasse, à Angers, à Limoges, à Cette, à Toulouse, à Caen, au Mans , les fortunes furent diverses. Dans les milieux démocratiques avancés s'est constituée cette année même la *Caisse populaire du 17me arrondissement,* au capital de fr. 200,000.

Mais c'est surtout aux expériences faites dans le Midi que doit s'attacher notre attention. Celles que nous avons sous les yeux ne portent pas le caractère d'œuvres d'un prosélytisme spécial : que ce soit là dans notre pays un avantage ou un inconvénient, peut-être répondent-elles mieux aux indications des faits observés à l'étranger, et particulièrement de l'ensemble si vigoureux auquel Schulze-Delitsch a laissé son nom.

Un exemple notable et encourageant est fourni, depuis septembre 1875, par la *Banque populaire de Cannes et ses environs,* dont le capital, formé d'abord de 2,000 actions de fr. 50, s'est élevé peu à peu à 24,000 actions de fr. 50, soit à fr. 1,200,000. — Société anonyme coopérative, elle a pour objet de faire en faveur des associés les opérations suivantes : escompter leurs lettres de change, mandats ou billets, leurs factures ou notes de fournitures, marchandises ou travail approuvées et acceptées par ceux qui doivent les payer ; leur accorder des prêts à intérêt sur billets ou en comptes-courants ; recevoir en dépôt leurs fonds ou valeurs ; payer et recouvrer pour leur compte ; leur consentir des avances sur dépôt de titres· (art. 31 des statuts). Les prêts et les escomptes *les plus petits ont la préférence* (art. 33). Selon le système de Schulze-Delitsch, la banque prête à l'associé dans les limites des versements qu'il a opérés sur ses actions, et ne souscrit à un crédit supérieur que sous la caution d'autres actionnaires ou de tiers solvables. — Au 31 décembre 1884, la société avait constitué, par des prélèvements sur les bénéfices et des taxes d'entrée, une réserve de fr. 271,734 ; elle avait eu dans l'exercice un mouvement de 49,963,121 pour la caisse, et de fr. 34,183,337 pour le portefeuille ; son bilan soldait par un bénéfice net de fr. 245,170 66, qui laissait aux actions un dividende de 10 °/₀.

Peut-être sous l'influence de ces résultats, un établissement similaire s'est fondé à Marseille depuis quelques mois. La *Banque Provençale*, société coopérative anonyme au capital de fr. 150,000 divisé en actions de fr. 50, a la même forme légale, le même cadre d'opérations que son aînée de Cannes : elle y a joint l'intervention dans le paiement des sinistres d'assurances, l'avance sur marchandises et sur loyers ; elle s'interdit toute affaire aléatoire et de Bourse. A l'imitation des sociétés allemandes, elle fonctionne à la fois comme caisse de prêt et d'épargne. Avec des progrès de détail, l'organisation est à peu près semblable à celle de la *Banque populaire de Cannes*. Il n'y a qu'à souhaiter une égale réussite aux bonnes intentions, à l'honnêteté, à l'activité du groupe qui l'entoure et de l'homme qui la dirige, M. C. Roquefeuil : le seul conseil à leur donner, semble-t-il, est de se pénétrer de la pratique allemande, belge et italienne, avec un redoublement de prudence que le tempérament de notre pays commande.

Il y a partout des difficultés, et il ne faut pas croire qu'en Allemagne, lorsque Schulze-Delitsch aborda son entreprise en 1850, les classes laborieuses attendissent d'aussi modestes efforts des résultats appréciables, où que les classes aisées eussent grande confiance. Ce n'est nulle part une tâche facile que de prêter à l'ouvrier ou à un petit patron, de mesurer sur la probité vaillante et le travail lucratif l'avance et l'escompte, de procéder sans trop d'insécurité avec une clientèle de ce genre. Et en France, nous avons en plus des difficultés propres, une sincérité moindre chez l'ouvrier des villes entamé par l'antagonisme social, sa témérité, sa tendance à vouloir aller au-dessus de sa condition et de ses ressources. Mais nous avons par contre un goût admirable de l'épargne ; notre malaise social est un motif de plus pour aider à rapprocher dans les alliances légitimes le travail et le capital qui le féconde.

L'observation attentive des règles dont Schulze-Delitsch traça le modèle, la pratique des milieux plébéiens qui affine le discernement des habitudes de labeur et d'épargne, la rigoureuse limitation du crédit, la force de la mutualité ont permis aux banques populaires de vivre, de prospérer même, un peu partout en Europe : nous ne sommes pas après tout si inférieurs aux autres. Que l'Etat, au lieu d'être complaisant aux utopies périlleuses, favorise les *banques du peuple*, ne fût-ce que par la réduction des patentes éhontées dont il les grève ; que tous ceux qui estiment une nécessité de notre temps le soutien de la lutte contre les influences dissolvantes encouragent des institutions économiques capables de faciliter la tâche au travailleur raisonnable, d'éviter souvent la faillite aux modestes industriels, aux commerçants de détail, aux magasiniers, de préserver l'ouvrier courageux aux jours de chômage. Il peut y avoir des motifs d'appréhension et de défiance ; il n'y a pas, ou du moins il ne nous apparaît pas, de raison décisive pour que le crédit populaire en France soit une utopie.

19 mars 1886.

L'association dont nous avons signalé la naisssance à Marseille, la *Banque Provençale*, a tenu sa première assemblée générale le 18 février ; et le compte-rendu nous fournit des renseignements, que développe dans une *Etude* convaincue (imp. Schickler, 1886) le promoteur, M. C. Roquefeuil. Fondée le 18 juillet 1885, voici où en était l'entreprise après six mois d'existence. De 41 adhérents elle avait passé à 150, de 1525 actions à 2602. Le mouvement du portefeuille, qui représentait en août fr. 29,264, était en septembre de fr. 57,955, en octobre de fr. 122,679, en novembre de fr. 146,315, en décembre de fr. 240,452. Le côté faible, qui ressort du bilan au 31 décembre 1885, c'est l'insuffisance du capital, qui oblige au réescompte immédiat.

Y a-t-il un obstacle essentiel à ce qu'une institution de cet ordre, en corrigeant les défectuosités reconnues, se développe petit à petit dans notre centre à la fois très commerçant et très démocratique ? Il ne paraît pas, et les nouveaux résultats venus à notre connaissance pour des cas analogues rendraient plutôt vraisemblable l'opinion contraire. Non loin de nous, sur un terrain cent fois plus étroit, la *Banque populaire de Menton* a vu s'étendre considérablement ses affaires. Elle a distribué l'an dernier fr. 10,850 de bénéfices, soit 9,25 % de revenu net du capital. Et cependant, au point de vue du crédit populaire, qu'est Menton par comparaison à ce que pourrait être Marseille avec son peuple d'ouvriers de toute catégorie, de commerçants de détail, de modestes industriels, de marchands ?

L'exemple de Milan nous fait passer la frontière ; mais il est trop remarquable pour que nous n'annotions pas les documents de 1885. La *Banque populaire de Milan* date de 19 ans. En 1866 elle avait 1174 actionnaires et fr. 217,700 de capital, fin 1884 22,160 actionnaires et fr. 7,981,650 de capital ; au 30 novembre 1885, voici le capital arrivé à fr. 8,011,450, et le fonds de réserve à fr. 4,005,725, de quoi

braver des mécomptes. Il est curieux de suivre la marche des
bénéfices.

En 1866................	F.	16,030
En 1867................		40,322
En 1868................		55,251
En 1869................		93,579
En 1870................		160,517
En 1871.... .....,>.....		570,100
En 1872................		600,310
En 1873................		811,488
En 1874................		869,355
En 1875................		1,049,252
En 1876................		1,051,756
En 1877................		1,081,064
En 1878................		1,010,796
En 1879................		1,152,366
En 1880................		1,236,768
En 1881................		1,294,181
En 1882............:....		1,231,552
En 1883................		1,170,146
En 1884................		1,073,068

soit un dividende de fr. 6,20 pour 1884, ce qui correspondait
à 8,26 % de la valeur du titre. Et les bénéfices de l'année
1885 étaient déjà, au 1er décembre, de fr. 1,446,445 ! La
Banque répartit près de fr. 90,000 en subventions à des
œuvres locales de bienfaisance, Maternité, sourds-muets,
asiles d'enfants et d'aveugles, refuges de libérés, bibliothèques, écoles professionnelles, fourneaux économiques. Elle a
inauguré des prêts sur l'honneur (*prestiti sull' onore*) : en
1884 elle en avait consenti 117, pour fr. 10,130 ; et de ce
chef elle n'avait pas perdu un centime.

Il est vrai qu'à la tête de la *Banque populaire de Milan*
il y a un homme, un économiste éminent qui en est encore le

président honoraire, Luigi Luzzati. Jusqu'ici le Luzzati
français n'a pas surgi, et peut-être est-ce la cause principale
de la lenteur que met à s'acclimater· chez nous l'idée de
Schulze–Delitsch. Il faudra à nos essais de crédit coopératif
plus de patience, de modestie, de prudence qu'ailleurs pour
vaincre l'indifférence ambiante ou rassurer des doutes expli-
cables, tant qu'un nom éclatant ne luira pas sur le drapeau.
Il y a là pourtant une tâche utile et opportune : le petit industriel, le détaillant, le magasinier ont et auront besoin d'aide
en ces années de crise. L'Etat, qui gaspille tant, ne pourrait-il
donc donner un peu de soutien à des efforts intéressants, ne
fût–ce que par le dégrèvement de l'impôt ? Si l'on a pu dire
devant la prospérité des 3,000 banques populaires de l'Allemagne que la race allemande est plus apte à ces progrès
pratiques, nous ressemblons infiniment aux Italiens ; et
pourquoi leur serions-nous inférieurs ?

LA CAUSE DU CRÉDIT POPULAIRE DEVANT L'OPINION PUBLIQUE
A MARSEILLE

20 novembre 1886.

Hier soir a commencé salle Pain une série de quatre conférences du P. Ludovic sur cette question si intéressante. La seule
société coopérative de crédit qui existe à Marseille *(Banque
Provençale)* avait pris l'initiative des convocations. On avait
offert la présidence à M. Eug. Rostand ; il était assisté au bureau
par M. Ch. Vincens, vice-président, et M. Alf. Duboul,
secrétaire.

M. Eug. Rostand a précisé le terrain sur lequel s'engageait

le débat. Malgré la robe de l'orateur, ces réunions n'ont pas un caractère confessionnel : autrement il eût appartenu aux guides distingués du mouvement catholique de le diriger. Il voit dans le P. Ludovic un apôtre du progrès dans notre pays attardé, comme si était venu d'Italie M. Luzzati ou d'Allemagne M. Raiffeisen. Ce Raiffeisen, dont les 1000 banques fonctionnent en Allemagne avec les 2000 de Schulze-Delitsch, l'*Economiste français* ne l'appelle-t-il pas *un réformateur chrétien*? Après avoir présenté le conférencier, M. Rostand lui a donné la parole en ces termes : « l'état de la question en « France est sous la dépendance de ce doute : pourquoi ailleurs « tant de banques populaires florissantes ? y a-t-il chez nous « une raison décisive du contraire? Nous interrogeons « l'orateur, nous attendons sa réponse. »

Le P. Ludovic, dans un langage clair, simple, vibrant de conviction, par moments plein de la verve provençale, a développé un aperçu général et préliminaire sur le trouble des intérêts économiques, la nécessité de l'association des travailleurs honnêtes. Il a établi avec une grande vigueur l'utilité du groupement pour se défendre contre la faillite, se renseigner, avoir raison de la concurrence par le bon marché, se passer d'intermédiaires, se procurer le capital et le crédit.

De chaleureux applaudissements ont salué cet exposé, et après que le président a eu demandé si personne n'avait de question à poser, on s'est donné rendez-vous à ce soir.

21 novembre 1886.

La série des conférences annoncées a continué hier soir à la salle Pain, devant un public plus nombreux.

M. Eug. Rostand, président, a indiqué que l'orateur, ayant exposé la veille le trouble économique et la nécessité de l'association des travailleurs honnêtes pour s'assurer les conditions de réussite, notamment le crédit, allait pénétrer dans la question même des banques populaires. Il y a huit jours il étudiait le même sujet à Paris, dans ces *Unions de la paix sociale* fondées par Le Play, « peut-être le milieu « d'idées et de recherches le plus étranger aux vues de parti, « le plus libre, le plus désintéressé qui soit actuellement en « France » ; l'auditoire d'aujourd'hui promet au conférencier autant d'attention et de sincérité.

Le P. Ludovic entre en matière en opposant aux 5,000 faillites annuelles de Londres, où il n'y a pas de banques populaires, l'état de l'Allemagne et de l'Italie où les faillites sont moins fréquentes et n'atteignent guère les associés des établissements de crédit mutuel. Il trace à grandes lignes l'histoire des banques populaires. Il montre Schulze, après 1848, dans la petite ville de Delitsch où il était juge de paix, faisant sortir les petits patrons de l'isolement, inaugurant cet admirable mouvement que son successeur M. Schenke poursuit, et dont le bilan pour 1885 se traduit par le chiffre de 2118 banques populaires en fonctionnement, sur lesquelles en 38 ans 223 à peine ont dû s'arrêter. Il en est de même en Russie, en Autriche-Hongrie ; les Belges commencent ; les Italiens ont déjà 450 banques prospères. Revenant à l'Allemagne, l'orateur expose que le progrès s'est étendu ensuite aux populations des campagnes, grâce à un imprimeur westphalien, M. Raiffeisen, qui a introduit un nouveau type, sans capital social, sur la base de la solidarité : 1000 institutions de ce modèle existent déjà, *aucune* n'a échoué. En Italie, MM. Luzzati et Wollemborg sont à la tête d'un mouvement aussi fécond.

Comment la France fait-elle à peine les premiers pas dans cette voie ? Il y en a des raisons complexes. La première est qu'à l'étranger, le crédit mutuel a trouvé des apôtres, et que ces apôtres se sont adressés à des hommes capables de les comprendre, sérieux, économes, respectueux de tout ce qui est digne de respect. Il y a d'autres raisons encore : l'orateur les analysera.

M. Eug. Rostand salue ce moine catholique rendant justice aux efforts, à la bonne foi, du protestant Schulze, de l'israélite Luzzati. Il nous a raconté une histoire singulièrement atta‑chante. Pourquoi rien de pareil en France ? Si le défaut d'apôtres en était la seule explication, nous pourrions désor‑mais nous rassurer. Il y a d'autres causes : nous demandons au conférencier de nous les faire toucher du doigt.

22 novembre 1886.

La troisième réunion a eu lieu hier.

M. E. Rostand, président, demande au conférencier de poursuivre l'explication de la stérilité qu'en fait de crédit mutuel la France oppose au mouvement admirable dont il nous a raconté l'histoire, attachante comme un roman.

Le P. Ludovic expose que la troisième cause du succès à l'étranger fut la solidarité illimitée, moyen héroïque que Schulze fit admettre : on trouva ainsi des capitaux sans capital. Il est sorti de là une foule d'associations d'honnêteté, où la réciproque surveillance prévient la dépense et la dette. Raiffei‑sen et Wollemborg ont fait accepter la solidarité dans les campagnes. Elle est plus difficile dans les grands centres : quelques échecs, à Dresde notamment, la compromirent. Elle est repoussée en Belgique, en Russie, en Autriche, en Italie : la responsabilité s'y limite à l'action. En France on n'en vou‑drait à aucun prix.

Du moins les Italiens l'ont remplacée par des dévoûments nombreux et désintéressés. A Milan, nous trouvons la gratuité de 20 administrateurs, de 40 patrons groupés en comité d'escompte, de 60 membres dirigeant les *prêts d'honneur*. Jusqu'ici ce personnel ne s'est pas rencontré chez nous.

Quatrièmement il est indispensable d'avoir des directeurs capables de manier les deux formes de l'avance, prêt direct et escompte, et au début, si on a trop de frais, il est peu aisé de les rémunérer convenablement. On y est arrivé au dehors, mais non chez nous.

M. Eug. Rostand remarque qu'à mesure que ces entretiens approchent du terme, le sujet semble loin d'être épuisé. L'orateur terminera demain son analyse, et dira sans doute ce qu'il faudrait en France pour hâter l'heure du succès. Puisse sa démonstration être complète ! Car nulle part il ne serait plus souhaitable de refaire ce que l'économiste russe dont parle M. Fournier de Flaix disait avoir découvert en parcourant le long du Rhin les vallées desservies par les institutions Raiffeisen, « un monde nouveau de fraternité et « de paix sociale. »

24 novembre 1886.

Dimanche a eu lieu, à 2 heures 1/2, la séance de clôture. Malgré l'heure et le beau temps, l'auditoire n'a fait que s'accroître.

M. E. Rostand constate que jusqu'ici les causes de réussite notées au dehors n'ont rien dont nous soyons exclus. Dira-t-on que les Français diffèrent trop des Allemands ? Mais des Italiens ? Et qui a fait aboutir le mouvement en Italie ? Un propagandiste catholique ? Non, un israélite. Un théoricien rêveur ? Non, un sous-secrétaire d'Etat, qui a négocié les traités de commerce de son pays. Que l'orateur nous permette donc de le presser encore sur la question de praticabilité en France.

Le P. Ludovic expose que chez nous, les essais ont été grevés de trop de frais : un siège social, avec loyer, mobilier, etc. , quand ailleurs, on s'installait simplement chez un sociétaire ; des frais de constitution, de lourds impôts. En outre les banques étrangères furent de suite alimentées par les dépôts, l'épargne ayant là l'habitude de procéder ainsi, et par le réescompte, les banques d'Etat s'y prêtant. La Banque de

France accorde difficilement le réescompte (on l'a obtenu à Paris et Angers) ; quant aux dépôts, ils ne conçoivent encore que la garantie de l'Etat. Voilà comme les budgets des créations étrangères se sont plus vite équilibrés. N'y a-t-il pas une période où les entreprises se suffisent malaisément ? Qu'on se rappelle Suez pendant la construction.

Que faire donc en France ? 1° S'attacher à donner l'idée d'institutions d'épargne, et non de lucre. Rien de commun avec des affaires de spéculation. Qu'on supprime le dividende, ou qu'on le réduise à un intérêt, et s'il y a bénéfices, qu'on les mette en réserve ; les banques italiennes ont des réserves énormes, celle de Milan égale la 1/2 du capital social. — 2° L'honnêteté doit tout dominer. Dès qu'un sociétaire ne marche pas droit, lui ouvrir la porte, et s'il refuse, que l'assemblée générale l'élimine. Ces pratiques sévères ont assuré à Paris la confiance.

Le conférencier conseille à ceux qui tentent à Marseille d'avoir courage, il y a des difficultés partout. A l'auditoire il atteste sa foi en ces idées, et leur puissance pour une réorganisation sociale, plus difficile si on en demande le secret à des systèmes politiques ou même religieux contestés.

M. E. Rostand dit que le conférencier a parcouru le cercle qu'il s'était tracé. L'auditoire se joindra au président pour le remercier. A la question posée, il a répondu : non, il n'apparaît pas de raison décisive *a priori* pour que les institutions de crédit mutuel populaire ne se développent pas en France. Suivant un conseil de Le Play, le président ne soumettra pas de conclusions au vote : chacun reste libre, conclura pour son propre compte. Cette série de réunions n'aura pas été stérile, si elle a éveillé en quelques-uns le désir d'observer, d'étudier un mouvement économique, qui dans notre pays de démocratie définitive, tôt ou tard, se réalisera.

La clôture est prononcée.

RÉCENTS RÉSULTATS ÉTRANGERS

14 avril 1887.

Nous avons sous les yeux les comptes-rendus que viennent de présenter à leurs actionnaires pour l'exercice clos au 31 décembre 1886 diverses institutions de crédit populaire. Ces documents nous arrivent de pays divers, voisins immédiats de la France ; ils confirment trop nettement notre opinion sur ce sujet, qui intéresse une grande ville ouvrière comme Marseille, pour que nous n'en notions pas au passage les traits essentiels.

La *Banca Popolare* de Palerme est au capital de 500,000 *lire,* divisé en 10,000 actions de l. 50 : 446,750 l. sont souscrites, 389,136 versées. Elle a déjà des succursales et des agences dans la Sicile. Son mouvement d'affaires a été en 1886 de l. 71,840,470, en augmentation sur l'année précédente ; son mouvement de caisse, de l. 47,102,030. Elle a escompté 9885 effets, pour une somme de l. 8,801,898 ; le nombre des petits effets, comme cela doit être, domine (249 de l. 10 à l. 100, 1624 de l. 101 à 200, 2573 de l. 201 à 500). Il n'y a eu que 10 effets en souffrance, pour l. 10,142. Les bénéfices se sont élevés à l. 45,051, sur lesquels l. 33,062 sont attribués aux actions, et l. 5,401 à la réserve, qui atteint l. 40,856.

Nous avons parlé longuement de la puissante *Banque populaire de Milan,* que voici dans sa 22me année. La prospérité y est toujours la même. Le capital, formé aussi de titres de l. 50, est parti en 1866 de l. 217,000, et arrive aujourd'hui à l. 8,062,950 entièrement versés. Le fonds de réserve représente l. 4,031,475. Il y a eu en 1886 un mouvement de caisse de l. 1,572,700,282. Les gains, dont la marche a été continue, ont été de l. 1,100,472, dont l. 996,636 sont répartis aux associés à raison de l. 6.20 par titre, l. 93,836 aux employés (opportune application de la participation aux bénéfices), et l. 10,000 à des œuvres de bienfaisance,

A Naples, la *Banca Meridionale* est nouvelle, trois ans à peine de date. Le capital souscrit est de l. 575,825. Le mouvement du portefeuille a monté de l. 3,686,882 en 1885 à l. 5,545,323 en 1886 ; les comptes-courants à intérêts ont grandi de l. 86,238 en 1885 à l. 306,630 en 1886, les bénéfices de l. 24,553 en 1885 à l. 49,737 en 1886.

L'assemblée de la *Banque populaire de Liège* a eu lieu il n'y a pas vingt jours. 2,706 sociétaires avaient versé 49,900 f. Le bilan accuse comme entrées au portefeuille 18,685 effets, pour f. 4,629,474. La réserve est de f. 49,069. Le compte profits et pertes solde par un bénéfice de f. 26,342, sur lesquels f. 21,794, soit 4 1/2 0/0, sont assignés aux actionnaires.

Ces résultats nous autorisent en vérité à redire aux esprits très judicieux d'ailleurs qui ont jusqu'ici contesté la possibilité d'acclimater les banques populaires en France : pourquoi ce qui réussit de la sorte à Palerme, à Milan ou à Liège serait-il irréalisable à Paris, à Marseille ou au Havre ? Que tout d'abord le prodigieux développement des banques de Schulze-Delitsch ait été expliqué par quelque supériorité des mœurs ou des caractères, soit : mais si les Allemands ont plus d'aptitude au crédit populaire que nous, ou encore les Belges, pourquoi les Italiens, qui nous ressemblent fort ? Palerme par exemple est une superbe ville, fort en progrès comme toute l'Italie, nous racontait hier encore un touriste qui en revient : mais par quel privilège spécial des banques populaires y seraient-elles florissantes, et ne seraient-elles pas viables dans cette population de Marseille où la partie plébéienne est plus large, où le sens commercial et la pratique du crédit sont plus répandus ?

Il est vrai que les organisations prospères dont nous venons de résumer les plus récents résultats ont à leur tête ce que

Le Play appelait « des autorités sociales ». A Liège, le président est M. d'Andrimont. A Milan, Luigi Luzzati, le célèbre économiste, est président honoraire. A Palerme la présidence est occupée par le prince de Saint-Elia, ancien député, la vice-présidence par le prince de Gangi ; le conseil d'administration comprend six députés, le président et plusieurs membres de la Chambre de commerce. Peut-être une des causes de la rareté et de l'aspect rudimentaire de ces institutions en France jusqu'à présent est-elle le défaut de concours et le peu de foi des personnalités de cet ordre. Aucune n'aura-t-elle plus de clairvoyance ou plus de courage ?

RÉCENTS RÉSULTATS FRANÇAIS ET MÉRIDIONAUX

17 mai 1887.

Mais voici des exemples plus topiques encore, puisqu'ils sont français, et même méridionaux, tout voisins de Marseille.

La *Banque populaire de Menton* a pris en 1886 (c'était avant le tremblement de terre et les ruines qui en ont été la suite, mais qu'elle aidera peut-être pour sa part à réparer) une extension considérable. L'augmentation était de 5,730,119 francs sur l'exercice précédent. Au concours des commerçants de la région se joignent les sympathies de la colonie exotique. Le capital est de fr. 311,000 seulement, en 3110 actions de fr. 100. Le mouvement a été du 1er janvier au 31 décembre pour la caisse de fr. 8,907,263, en accroissement de 2,400,249 francs, et pour le portefeuille de fr. 10,802,354, en accroissement de fr. 3,288,346. Le compte profits et pertes solde par fr. 58,080; le bénéfice net est de fr. 21,218. Après allocation de 20 °/₀ au fonds de réserve, c'est un dividende de 5.41 °/₀ qui est acquis aux actionnaires.

L'affaire est bien meilleure encore pour ceux de la *Banque populaire de Cannes et ses environs*. Le capital était au 1ᵉʳ janvier 1887 de fr. 1,371,600, en 27,432 actions de fr. 50. La réserve statutaire atteignait déjà fr. 360,768, sans parler d'une réserve supplémentaire qui est de fr. 50,805. Le mouvement de 1886 a été pour la caisse de fr. 23,915,990, pour le portefeuille de fr. 21,549,991. Le compte profits et pertes solde par fr. 267,909; le bénéfice net représente fr. 138,860, sur lesquels, après les prélèvements pour la direction et le personnel, on distribue fr. 97,229, soit 3 fr. 50 par titre, 7 °/₀ du capital net d'impôt.

Y a-t-il tant d'entreprises de pure spéculation, sans but social, qui aient ce printemps réparti 5.41 °/₀, ou 7 °/₀? Voilà deux banques populaires qui ont donné cela à leurs actionnaires, et en outre ce bénéfice moral : la satisfaction d'avoir fait un peu de bien, d'avoir aidé par l'application saine du principe coopératif au crédit des ouvriers endettés ou désireux de s'établir, des artisans qui voulaient avoir un foyer à eux, des employés en quête d'un mince cautionnement, de petits industriels, de petits commerçants. La véritable manière de combattre le propagandisme collectiviste, la voilà. « Il existe « dans certains milieux », disait naguère M. d'Andrimont au 13ᵉ congrès des banques populaires belges, « une sourde ani- « mosité contre les institutions qui tendent à améliorer le sort « des travailleurs; il y a des gens auxquels il ne déplaît point « que l'ouvrier vive dans la misère, car sans elle il n'aurait « pas de griefs à soutenir! » Et on constatait, à l'appui de ces paroles, que parmi les ouvriers qui ont apporté à l'enquête du travail à Huy, à Liège, ailleurs, de vives plaintes, pas un seul n'appartenait aux nombreux affiliés des banques populaires de ces localités.

A Menton et à Cannes, comme nous l'avons noté en Belgique et en Italie, les notabilités sociales ne se sont pas désintéressées du mouvement que nous étudions. A Menton, M. Palmaro est président; à Cannes, M. Vigano est président honoraire, et nous remarquons dans le conseil d'administration des noms tels que ceux de M. Lacour, ingénieur, de M. Lefèbvre de Verville, etc.

Nous répétons : pourquoi dans une ville comme Marseille, à la population des petits patrons, des magasiniers, des travailleurs manuels, des commerçants modestes, des employés est énorme, où tant de familles luttent difficilement pour la vie, où le sens commercial, l'intelligence du crédit, le goût de l'épargne, le courage probe sont si répandus, pourquoi ce qui donne des fruits si rapides ailleurs serait-il irréalisable ou par avance condamné ?

ESSAIS A MARSEILLE

3 mars 1888.

Petit à petit l'idée du crédit coopératif, c'est-à-dire du crédit populaire, chemine à Marseille. Après la *Banque Provençale,* qui date déjà du 18 juillet 1885, et dont nous avons déjà parlé, il vient de se fonder le mois dernier à Marseille une nouvelle société coopérative de crédit, d'escompte, de recouvrements, la *Fraternelle.* La forme en est aussi l'anonymat à capital variable, l'action au type de 50 francs, l'objet procurer le crédit aux adhérents par le moyen de la mutualité. Il n'y a qu'à lui souhaiter de réussir. Marseille, qui compte 376,000 habitants, est loin d'autres grandes villes, de Liége par exemple, qui n'en a pas 150,000, et où la *Banque populaire* compte 3,000 affiliés. La *Banque Provençale* a eu en 1887 un mouvement d'affaires plus important qu'en 1886 (1). Elle avait organisé des conférences gratuites sur les questions de droit commercial et de comptabilité qui intéressent les petits patrons, œuvre louable ; il n'y a pas d'antidote plus sûr aux billevesées anarchistes ; Schulze-Delitsch a été l'adversaire le plus redouté de l'école socialiste allemande.

Nous avons remarqué que la *Fraternelle* a inscrit dans ses statuts cette clause : « recevoir et faire fructifier l'épargne des « associés. » La *Banque Provençale* avait eu aussi le projet en septembre dernier de s'annexer un service de ce genre, avec intérêts à 4 % l'an et comptes-courants semestriellement arrêtés ; elle y aurait admis les enfants des sociétaires, leurs gens de service, leurs ouvriers, leurs amis ; les versements partaient de 0.50 c., et ne pouvaient excéder fr. 1,000 ; les remboursements étaient à vue. Nous nous demandons s'il est désirable de voir les sociétés de l'espèce, durant la période difficile de leur acclimatation dans notre pays, viser au rôle de *Saving-banks*. Ce n'est pas que le principe soit faux en soi : la *Banque Populaire de Liège*, qui a réussi, a son bureau d'épargne, qui sert 3 %. Mais en France le développement de ces institutions est trop difficile, trop embryonnaire encore, leurs risques se compliquent de trop d'*aleas* particuliers, pour qu'elles y exposent les économies du pauvre ; l'exigibilité immédiate leur serait trop périlleuse en cas

(1) Au 30 septembre 1888, la *Banque Provençale* a eu depuis l'origine un mouvement total d'escompte et d'avances de fr. 3,599,284 ; elle accuse pour les trois premiers trimestres de l'exercice une augmentation de fr. 348,575 sur la période correspondante de 1887, et un bénéfice net de fr. 10,327,21. Le capital demeure insuffisant, fr. 133,700 en 2674 actions de fr. 50 ; le concours de la Banque de France serait à souhaiter.

e crise. Pour triompher de l'esprit français de routine, il leur
ut exagérer la prudence, s'enfermer rigoureusement dans
ur domaine, qui est la mutualité destinée à rendre le crédit
ossible aux petits producteurs.

Possible, disons-nous, et non point *facile.* C'était la théorie
rmelle de Schulze. « Si j'avais trouvé un moyen de donner
aux artisans le crédit plus facile qu'aux autres, je leur aurais
fait un présent funeste ; à ces travailleurs peu habitués dans
leur coin aux calculs et aux prévoyances, l'argent prêté trop
aisément n'eût point profité... Amis, vous êtes impuissants,
isolés : associés, vous serez assez forts pour vous élever au
crédit. Le but de votre union sera d'emprunter pour produire, et vous donnerez à l'argent emprunté une plus-value
qui vous permettra dans quelques mois de le restituer avec
intérêt. » A ces nobles conseils il est vrai que Schulze ajou-
it la notion qui fit la puissance de son système, la solidarité :
formez par contrat une union solidaire entre artisans du
même métier ou quartier, se connaissant, s'estimant ; cons-
tituez un fonds de garantie ; vous déclarant solidairement
responsables, adressez-vous à un bailleur de fonds ; il jugera
les associés et leurs opérations comme il juge un client
ordinaire qui se présente à l'escompte, sans pensée politique ou charitable ; il vérifiera que vous êtes capables, réguliers, solvables. Ainsi s'établira pour vous du pur crédit
commercial, dû simplement à l'union solidaire entre gens
qui se connaissent, se surveillent, se garantissent. »

Formule admirable de bon sens et de netteté pratique ! Les
sultats en ont été extraordinaires. Schulze est mort, après
n apostolat de 33 ans ; son œuvre lui survit, grandie et
condée. A ne considérer que les banques populaires qui
nt envoyé leurs comptes pour 1886, elles comprenaient au
er janvier 1887 451,000 membres, elles avaient un fonds
cial de garantie de 132 millions de marcs et en emprunts
urants 402 millions de marcs, soit plus de 500 millions de

francs (1).Que nous sommes attardés sur un tel développement!
On en recherche les causes : celles qui nous frappent le plus
sont notre goût paresseux du *statu quo*, la minimité des frais
dont se grèvent les associations allemandes, notre répugnance à
solidariser les ressources et les responsabilités(2). Si l'on veut
implanter en France la coopération de crédit qu'ont su réaliser
les Allemands, les Autrichiens, les Italiens, il faut se rapprocher des créations de Schulze, exclure impitoyablement tout
associé suspect de traites en l'air ou d'effets de complaisance,
écarter toute visée trop large, ne rien avancer sans une garantie. On végètera, cela est à craindre, tant qu'on n'aura pas
gagné la confiance des grands établissements financiers, conquis les guichets d'escompte de la Banque de France : or pour
en arriver là, un excès de sagesse, de rigueur, et de simplicité
est indispensable.

(1) 886 banques ont envoyé leurs comptes pour 1887. Elles comprennent au 1er janvier
1888 456,276 associés, 110,630,967 m. de mises, 24,244,992 m. de réserves, 427,125,264 m. de
dépôts; leur mouvement d'affaires a été en avances de 500,051,243 m., en escomptes de
788,283,614 m., en comptes-courants de 607,635,382 m.

(2) On pourrait ajouter l'existence de banques nombreuses qui mettent les capitaux à
la portée de la clientèle modeste, et les habitudes de l'épargne qui va aux caisses d'épargne
sous la garantie trop recherchée de l'État, au lieu qu'ailleurs les dépôts des sociétaires ou
de tiers se sentent en sûreté dans les banques populaires.

LE DIMANCHE OUVRIER

2 septembre 1882.

Une république nous a donné récemment sur le repos périodique une leçon, que notre Parlement pourrait méditer. Le peuple de Zurich, au mois de mai, a voté par 26,729 voix contre 17,945 le repos légal du dimanche, sauf pour les cas d'absolue nécessité et le fonctionnement des moyens publics de communication.

Rien n'est plus niais que de dire aux ouvriers : la question du dimanche ne vous intéresse pas, c'est une question cléricale. — S'il est une question sociale, une question ouvrière, c'est celle-là.

Proudhon, qui n'est pas suspect, a montré avec force que le précepte du Décalogue sur le *septième jour* assure au travail manuel et au repos la proportion normale, qu'on ne méconnaît pas impunément. « Comment Moïse rencontra-t-il si juste ? » s'écrie-t-il. « Comment expliquer une intuition si prodigieuse ? »

Enumérer les avantages de toute sorte, hygiéniques, moraux, matériels qu'offre le repos du dimanche est bien superflu. Ils sont d'évidence. — C'est la santé, la vie même de l'ouvrier qui est en jeu, surtout depuis le développement du travail dans l'usine : c'est sa vigueur physique, par suite celle de ses enfants, son intelligence, sa moralité, son bonheur domestique. — Et c'est aussi l'intérêt bien entendu du patron : car de deux ouvriers dont l'un peinerait sans trêve, et l'autre se délasserait un jour sur sept, c'est le second qui ferait plus de besogne, et de meilleure.

Macaulay a dit un jour avec une éloquente vérité à la Chambre des Communes :

> Bien que depuis des siècles nous nous reposions un jour sur sept, il est certain que nous n'en sommes pas plus pauvres, nous sommes au contraire plus riches. Ce jour de repos n'est pas un jour perdu. Quand le travail est suspendu, quand la charrue dort immobile dans le sillon, quand la Bourse est silencieuse, quand la fumée des cheminées cesse de monter dans les airs, il s'accomplit une œuvre aussi importante pour la richesse du pays, que toutes les autres qui ont eu lieu dans les jours les plus chargés d'occupation. L'homme répare et renouvelle ses forces en se reposant, de telle sorte qu'il retourne au travail le lundi avec l'esprit plus lucide, le cœur plus satisfait, et une vigueur physique toute nouvelle.

Dans les pays qui moins heureux que l'Angleterre ont vu s'altérer le respect du repos dominical, des efforts se produisent parmi les bons citoyens vraiment dévoués au peuple pour restaurer cette sauvegarde de l'ouvrier contre des exploitations cupides. Il existe une *Fédération internationale* dans ce but. — En Suisse, une *Société pour le repos du dimanche* a tenu le 23 juin sa 17e assemblée générale ; elle publie un *Bulletin,* dont le dernier cahier a été tiré à 14,000 exemplaires. — En France, l'école de M. Le Play agit dans le même sens. La *Société d'économie sociale* a ouvert une enquête dont la *Réforme sociale* publiera les résultats, et qui porte sur les points suivants : 1° situation de l'établissement (industriel ou agricole), et des similaires dans la

égion, au point de vue du repos dominical : 2° moyen
le conserver ou rétablir le repos dominical, difficultés ;
3° conséquences de l'observation du repos dominical sur la
prospérité de l'établissement, sur la condition matérielle et
morale des ouvriers, sur la production, sur le salaire ; emploi
que font les ouvriers de la journée du dimanche.

Comment les hommes de bien peuvent-ils, ainsi groupés ou
individuellement, travailler au maintien ou à la restauration
du repos dominical ? Il y a mille moyens. — Observer soi-
même scrupuleusement le dimanche, et en faciliter l'observation autour de soi. — Démontrer par les conférences, la presse,
les *tracts*, la propagande orale, aux ouvriers et aux patrons
que sur ce point aussi (et sur combien d'autres cela est vrai !)
leurs intérêts se rencontrent. — Faire réserver dans les
contrats la liberté du dimanche. — Favoriser les ateliers ou
magasins fermés le dimanche. — La société suisse dont nous
parlions a vendu en 1881 100,000 enveloppes de lettres portant au dos cette inscription : *Diminuez autant que possible
le travail de la poste et des autres services publics le
dimanche, afin que votre prochain puisse se reposer ce
jour-là.*

C'est qu'en effet même pour la poste, les télégraphes, les
transports, les pharmacies, c'est-à-dire les services répon-
dant aux besoins les plus permanents, il y a à faire pour le
repos des travailleurs. — A Genève, à Neuchâtel, les pharmacies sont fermées de 2 à 6 heures. On en laisse une ouverte
par quartier, et les autres en affichent l'adresse sur leurs
portes closes. — Pour les transports, la poste, le télégraphe, le
service est susceptible de réduction, indépendamment du
concours du public qui peut avancer ou retarder beaucoup
d'envois. Il faut songer à autre chose qu'aux aisances de la
vie.

Ceux de nos lecteurs qui désireraient participer aux efforts
faits dans l'intérêt du repos dominical pourraient adresser leur

adhésion s'ils sont catholiques aux *Unions de la paix sociale,* 195, boulevard Saint-Germain, à Paris, s'ils sont protestants à la *Société pour le repos du dimanche,* 19, rue de Candolle, à Genève. Les *Unions* agissent peut-être d'une façon plus désintéressée de la propagande religieuse, leur but est exclusivement social.

La cause qu'on sert ainsi est celle de la santé, de la moralité, de la félicité domestique, de la vraie indépendance de l'ouvrier : assurer à l'ouvrier une part du repos qui renouvelle ses forces, rafraîchit son âme, lui permet de trouver la société moins marâtre, et de dire à certaines heures : *il fait bon de vivre.* — Toutes les *blagues* et toutes les monstruosités collectivistes ne vaudront jamais pour l'ouvrier un libre et gai dimanche préparé le samedi soir par la femme pour toute la maisonnée, passé au foyer ou au grand air, les enfants sur les genoux ou devant les yeux.

10 octobre 1882.

Nous avons reçu un simple et touchant récit (1), où se trouvent décrits les funestes effets individuels et sociaux de la violation du repos hebdomadaire. Voilà un nouvel exemple, et assez curieux, des moyens variés que l'ingéniosité des hommes dévoués au bien peut employer pour coopérer au maintien ou à la restauration des bienfaits du dimanche. Celui-ci n'est certes pas à dédaigner : le roman, ce véhicule contemporain de l'idée, comme le journal.

Les mœurs observées et dépeintes dans ce livre sont celles de la Suisse romande. Sous réserve des différences de la couleur locale, qu'on remarquera avec intérêt, cela ressemble fort à la vie de notre France rurale actuelle : les mêmes traditions y maintiennent les mêmes calmes bonheurs, les mêmes

_____

(1) *Trois Destinées,* par A. Clément-Rochat, Lausanne.

erreurs (et au premier rang l'émigration aux villes) y sont la source des mêmes maux. L'écrivain a vu de près les faits qu'il étudie, et en a souffert.

Nous signalerons aussi, pour Marseille commerçante, la réponse qu'a versée à l'enquête ouverte une maison de Dieppe, qui s'occupe d'importation de charbons anglais. A Dieppe, le déchargement de ces charbons le dimanche consitue pour le réceptionnaire un important bénéfice, en même temps qu'il lui évite souvent de fortes indemnités de retard. Mais les conséquences en sont déplorables pour les ouvriers : ils considèrent le travail dominical comme une corvée supplémentaire, dont le gain n'est pas dû au ménage et est dissipé le soir même en excès ; le lendemain, éreintés, ils se surmènent par d'affreux alcools, et voilà le salaire de deux journées ôté au petit budget de la famille, sans compter la démoralisation de la femme découragée et l'exemple donné aux enfants. La concurrence empêche que des négociants puissent isolément réformer un tel état de choses ; mais la maison Dieppoise invite la Douane, dont la règle officielle est l'observation du dimanche (art. 3 de la loi de mai 1880), à refuser toute autorisation de déchargement, comme il en est dans les ports anglais ou américains.

Nous ne savons si la Douane apporte à Marseille les mêmes dérogations à son règlement. Mais combien d'entreprises, de chantiers, de magasins y enfreignent sans nécessité le repos dominical ! Dans diverses villes de l'Allemagne, les marchands sont arrivés à une entente. Dans une partie de la Suisse, les télégraphes réduisent de plus en plus le service du dimanche au *minimum* indispensable, sur certains points de 7 heures à 9 heures le matin, de 1 heure à 3 heures et de 7 heures à 8 heures le soir.

Dans une société bien organisée, — sauf des exceptions que les esprits pratiques ne doivent certes pas méconnaître, parce qu'elles sont inévitables, — un repos périodique de tous, et au

même jour, doit être facilité par les pouvoirs publics et strictement respecté par les particuliers. L'expérience prouve que
le repos du *lundi* n'est que l'oisiveté de la *bamboche,* et
d'autre part le labeur ininterrompu est un insupportable esclavage. C'est vraiment une des *libertés nécessaires* que la
liberté du dimanche, infiniment plus que d'autres, objets de
luxe. — A chaque travailleur français, réformateurs qui prê-
chez tant de charlatanesques billevesées, assurez son dimanche : vous aurez au moins fait quelque chose pour son esprit
et pour son corps. Je ne dis pas pour son âme : car on sait
qu'aux yeux des philosophes du socialisme actuel, l'ouvrier
n'a pas d'âme, — un peu de phosphore tout au plus.

23 août 1883.

La *liberté du dimanche,* en voilà une, de *liberté nécessaire,* que nous ne cesserons de réclamer pour les asservis de
la terrible machine à moudre qui est notre société d'aujour-
d'hui ! On ne peut pas dire que les efforts pour la propagation
du repos dominical aient fait de grands progrès en France ; du
moins le mouvement s'est étendu en Allemagne, en Autriche,
en Angleterre, en Danemark, en Italie, en Turquie, en Russie.
Interruption du labeur par les chefs d'usines ou de chantiers,
fermeture des magasins, suspension des travaux publics ou
privés, bien des résultats ont été obtenus tantôt sur un point,
tantôt sur un autre.

En Saxe, le gouvernement prend un arrêté ordonnant la
fermeture des ateliers ou boutiques, sauf avant 9 heures du
matin. En Bavière, le prince impérial d'Allemagne refuse
d'assister le dimanche à des manœuvres militaires. A
Berlin, 6,000 pétitionnaires sollicitent du Reichstag une loi
favorisant la cessation de l'activité commerciale le dimanche.
A Brighton, 7,869 habitants, sur 15,000, requièrent la fermeture des magasins. En Autriche, le cabinet propose au Parle-

ment une loi en faveur du repos dominical dans les mines. En Italie, une *Ligue des travailleurs pour le repos dominical* s'est constituée à Milan, et a fondé un journal propagandiste, *Il riposo festivo;* l'agitation existe à Gênes, à Livourne, à Alexandrie, à Turin, à Rome, à Naples, à Malte, à Venise, à Palerme où la conquête du repos dominical a été saluée par un pavoisement de la ville entière le 3 juin...

Notre attention vient d'être plus particulièrement ramenée sur ce point par une pétition qu'a adressée à la *Fédération internationale,* à Genève, un groupe important de télégraphistes suisses, et par une lettre de la *Société des journalistes hongrois.* Ces deux documents, en vérité, ont du bon, et il y a à prendre pour nous.

Les télégraphistes suisses, constatant que l'administration fédérale des Postes a réduit à 4 heures le temps d'ouverture de ses bureaux le dimanche, supplient que l'horaire limité déjà accordé à 60 °/₀ des bureaux télégraphiques soit étendu à tous. Ils formulent ces deux vœux :

1° Que tous, et surtout les hommes d'affaires, les sociétés, les touristes, etc., se fassent un devoir de limiter leurs dépêches au plus strict nécessaire, c'est-à-dire aux cas d'urgence, ainsi que cela se fait pour le service de nuit, et de faire leur correspondance, autant que possible, déjà le samedi, ou d'attendre au lundi ;

2° Que les autorités donnent le bon exemple, surtout en n'exigeant plus que les résultats des votes et élections, si fréquents et souvent secondaires, soient déjà transmis le dimanche soir.

Aurions-nous tort d'exprimer notamment ce dernier *desideratum* pour ce qui touche notre pays ? Nous y pensions le 12 août, en songeant à l'impitoyable encombrement du télégraphe ce jour et cette nuit-là, dans toute la France tracassée par les élections des conseils généraux. Les grands seigneurs de la féodalité politicienne se sont-ils une seule fois demandé si l'utilité du scrutin le dimanche dans la nuit au lieu du lundi matin vaut l'esclavage infligé à des centaines de leurs sem—

blables surmenés ? Les télégraphistes suisses nous semblent, quant à nous, avoir bien raison de s'écrier :

On ne peut affirmer sérieusement que la publication des résultats quelques heures plus tard soit d'une importance aussi grande que s'il s'agissait d'une révolution ou d'une catastrophe publique!

Non moins applicable à notre pays nous paraît la lettre adressée à la *Concordia* de Vienne par la *Société des journalistes hongrois* pour la suppression du travail le dimanche dans les imprimeries de journaux :

Nous renonçons à énumérer les sacrifices qu'exige la publication périodique d'un journal du lundi matin, sacrifices dont le plus grand consiste dans le fait que le personnel des administrations respectives, déjà tellement surmené par un travail nocturne, doit renoncer même au repos du dimanche et travailler jour et nuit sans interruption. En conséquence, les ouvriers typographes de Pesth demandent aux rédacteurs la suppression des feuilles du lundi matin, en se prévalant de l'exemple des typographes viennois qui doivent avoir adressé une demande analogue aux rédactions de leur ville. Les rédactions de journaux de Pesth ont, à ce sujet, tenu une conférence dans laquelle elles ont unanimement reconnu la légitimité du désir exprimé par les travailleurs de n'être plus astreints au travail du dimanche. Elles se sont, en outre, à l'exception d'une seule, déclarées disposées à ne point publier de numéro du lundi matin, 1° si tous les journaux de Pesth étaient d'accord à ce sujet; 2° s'il ne paraissait, non plus, aucune feuille, le lundi matin à Vienne.

Vous voudrez bien prendre connaissance des résolutions ci-dessus, et faire comprendre à messieurs nos confrères de Vienne qu'il dépend, dès aujourd'hui, de leur esprit d'équité que les ouvriers typographes de Pesth et de Vienne recouvrent un repos dominical si bien mérité, et, sans doute, si amèrement regretté, et que les journalistes soient, en général, délivrés de la pénible obligation d'éditer un numéro du lundi.

Nous aussi en France, nous le demandons : y a-t-il une nécessité absolue, ou un grand intérêt général, à ce que la *curiosité* d'un public égoïste soit assouvie par la lecture d'un journal le lundi matin, au lieu d'attendre quelques heures ?

Il existe chez nous une *Société protectrice des animaux,* riche, et très active : elle ne comprend pas l'animal humain. Nous devrions bien organiser en vue de réformes plus sérieuses que les thèmes à déclamations parlementaires, et pour celle-là en particulier, des sociétés protectrices des hommes. Certains politiques se moquent parfaitement, nous le savons, de semblables billevesées; on a aboli les derniers vestiges légaux de l'antique sanctification du dimanche. Nous pensons, quant à nous, qu'il y a là une question sociale, où sont intéressées la dignité et la liberté de l'ouvrier, l'hygiène des humbles, la vie de famille populaire.

8 octobre 1884.

Nous avons quelquefois parlé de la liberté du repos hebdomadaire comme d'une question sociale et économique tout à fait digne d'intérêt. L'idée d'une réforme sur ce point ne gagne que lentement du terrain en France, mais néanmoins y chemine. Des faits significatifs l'attestent çà et là. C'est ainsi que les journaux de Caen nous apprennent l'existence d'une sorte d'union formée parmi les propriétaires de la contrée pour la cessation des ventes publiques le dimanche : une déclaration a été souscrite par beaucoup d'entre eux à cet effet, et le nombre des adhérents ne cesse de s'accroître.

La Chambre des députés de Prusse s'est occupée du sujet il y a quelques mois, à propos d'une pétition qui demandait : 1° que le repos dominical fût assuré aux employés de l'Etat; 2° que le gouvernement provoquât des lois en vertu desquelles, dans les industries privées où la cessation complète du travail est inapplicable, le nombre des ouvriers employés le dimanche fût le plus restreint possible. Dans une mesure plus ou moins large, MM. Strosser, von Tiedmann, Bachem, von

Heeremann, Wagner proclamèrent la nécessité de faire droit à la partie justifiée de ces réclamations. Le commissaire du gouvernement déclara qu'une enquête se poursuivait, et se montra favorable au repos hebdomadaire. L'Assemblée écarta la motion de M. Graf, qui proposait le renvoi de la pétition comme simple document, et adopta les conclusions de la commission, c'est-à-dire le renvoi avec prise en considération.

Il est facile de remarquer dans d'autres pays des tendances analogues. En Autriche, on a pour la première fois cette année mis en pratique le repos dominical dans l'administration des postes, non point d'une façon absolue, mais par une réduction intelligente du temps de travail dans les bureaux; certains guichets sont fermés à midi, et les services les plus urgents ne fonctionnent que de telle à telle heure. En Norwège, les efforts dans le même sens se produisent pour divers ordres de faits : par exemple on a pris des mesures pour que les équipages de navires ne soient pas surchargés de besogne le dimanche.

On peut noter que ce mouvement n'est point spécial à une confession déterminée. En Allemagne, en Norwège, en Suisse, il est conduit par des membres zélés de la religion réformée. En France il est surtout sensible dans des milieux catholiques, sous des inspirations catholiques. La presse le juge par les côtés économiques et sociaux. Comme le disait le docteur Wagner à la Chambre de Prusse, « la force de production s'est « grandement accrue, mais il n'en serait résulté aucun bien « pour l'ouvrier si le fardeau du travail seul avait augmenté. » Un jour de détente physique et de repos dans la famille est indispensable. Sur ce point comme sur plus d'un autre, le législateur moderne ne saurait mieux faire que de revenir et de ramener les peuples à l'observation d'une coutume également profitable à leurs intérêts moraux et matériels.

25 avril 1885.

Le ministère belge a exposé il y a quelques jours à la Chambre des représentants les mesures qu'il a prises et celles qu'il se propose d'adopter encore pour assurer les bienfaits du repos du dimanche au personnel des postes, des chemins de fer, des télégraphes. Citons parmi ces mesures la fermeture des ateliers de réparation sauf les cas d'urgence, la suspension à midi des services de marchandises, la diminution du nombre des distributions postales, l'interruption absolue d'encaissement des quittances et effets de commerce, la réduction des heures de bureau pour le télégraphe.

Il existe dans le même sens un peu de tous côtés en Europe, un mouvement d'opinion très réel. En Allemagne, en Autriche, en Italie, en Norwège, en Suisse, de bons citoyens se préoccupent de la nécessité d'assurer un jour de liberté par semaine, et le jour traditionnel, aux ouvriers et employés, de rendre obligatoire ce repos pour les travaux de l'État, de provoquer des lois pour l'obtenir autant que possible dans les industries privées. A Copenhague, à Berlin, à Christiania, à Stuttgart, à Carlsruhe, à Naples, des progrès de ce genre ont été réalisés cette année. On réduit la durée des services postaux si enchaînants sans que l'égoïste public s'en doute, on cesse ou on ralentit les transports et les livraisons, on s'arrange pour éviter aux équipages de navires les embarquements ou débarquements non indispensables, on se refuse à ce que chantiers ou magasins restent ouverts. Tout cela pourrait se faire en France : nous y joindrions volontiers un silence de vingt-quatre heures pour les journaux à un sou, dont la confection a ses esclaves, sans autre nécessité que l'assouvissement des curiosités de la foule.

Dans un livre populaire, le *Carnet d'un ouvrier*, qui atteint à ce moment sa 4ᵉ édition en Italie, et que M. Usannaz-Joris vient de traduire en français, le travailleur dont M. Cantu a reproduit l'autobiographie, Savino Sabini, résume ainsi ses vues sur le plus urgent de la réforme appelée par les classes laborieuses :

S'il venait jamais à l'esprit du Roi ou des ministres d'écouter l'avis d'un homme qui a plus d'affection pour le peuple que pour eux, je leur conseillerais de se servir de leur pouvoir : 1°. pour empêcher l'emploi prématuré d'enfants dans les manufactures ; 2° pour veiller à la salubrité des ateliers ; 3° pour limiter les heures de travail de façon à laisser le temps suffisant au développement physique et intellectuel ; 4° *pour exiger le repos du dimanche* ; 5° pour tenir les sexes séparés ; 6° pour donner une bonne réglementation aux associations ouvrières...

Il serait intéressant de comparer ces idées du prolétaire italien aux exigences bêtes ou odieuses des clubistes, des *sublimes,* des sophistes de plume, des coureurs de candidature de notre *parti ouvrier.* Tenons-nous en à noter le prix que Sabini attache, avec une profonde et pratique raison, à la garantie du jour de repos traditionnel.

L'évidence de cette cause ne se discute pas. Un jour de détente physique est nécessaire, et il faut que ce jour soit celui qui se prête le mieux aux coutumes familiales comme aux possibilités de réparation de l'être moral sous les influences religieuses. Plus nous avançons dans l'âge industriel, plus l'aveugle intérêt tendra le ressort humain, et plus la bête qui est dans l'homme cherchera sa revanche dans l'abrutissement ou la révolte. Il nous faut poursuivre, en tout ordre, les réformes inspirées par cette croyance que l'ouvrier n'est pas un mécanisme, qu'il doit y avoir pour lui une dignité, une hygiène, une vie de famille. Quoi de plus triste que l'histoire lue naguère de ce pauvre diable rivé à sa tâche, et qui ne voyait jamais ses enfants que dans leur sommeil ? Il faut que le législateur revienne à assurer à la vie de famille populaire

a jouissance et la paix de ce dimanche, dont Sainte-Beuve le
ceptique nous dit en de charmants vers peu connus :

> Le Dimanche est pour nous le jour du souvenir ;
> Car, dans la tendre enfance, on aime à voir venir,
> Après les soirs comptés de l'exacte semaine
> Et les devoirs remplis, le soleil qui ramène
> Le loisir et la fête, et les habits parés,
> Et l'Eglise aux doux chants, et les jeux dans les prés ;
> Et plus tard, quand la vie, en proie à la tempête,
> Ou stagnante d'ennui, n'a plus loisir ni fête,
> Si pourtant nous sentons aux choses d'alentour,
> A la gaîté d'autrui, qu'est revenu ce jour.
> Par degrés attendris jusqu'au fond de notre âme,
> De nos beaux ans brisés nous renouons la trame,
> Et nous nous rappelons nos Dimanches d'alors,
> Et notre blonde enfance et ses riants trésors.....

10 novembre 1885.

M. de Bismark se flatte d'être un homme d'Etat expéri-
mental. Aussi quand fut proposée à son Reichstag l'abolition
par voie légale du travail du dimanche, il parut craindre quelque entrainement de politique idéaliste ; il déclara qu'avant
tout il fallait savoir ce qu'en pensaient les patrons et les ou-
riers, nul ne l'avait jamais vu si *représentatif*. Etait-ce
secret espoir d'enterrer l'affaire ? Ou façon détournée
e justifier et couvrir par avance toute décision en cet ordre
'idées par un ensemble de réclamations populaires? Qu'en
ait-on au juste, avec ce retors tacticien? Il fit voter une en-
uête, et l'enquête se fit.

Un questionnaire a été soumis dans toute l'Allemagne aux
orporations, aux chambres de commerce et d'industrie, aux
ociétés ouvrières, aux artisans, aux entrepreneurs, aux
uvriers eux-mêmes :

I. Est-ce que le repos du dimanche est pratiqué dans toutes les
branches de votre industrie ?

II. Est-ce que le travail du dimanche est régulier ?

III. Est-ce que ce travail s'accomplit : 1° dans toutes les branches de votre industrie? — 2° pour tous les ouvriers? — 3° le dimanche entier, ou pour quelques heures seulement?

IV. Est-ce que ce travail a pour cause : 1° des particularités techniques; — 2° des raisons économiques?

V. Quelles seraient les conséquences de l'interdiction de travail le dimanche : 1° pour l'entrepreneur au point de vue technique et économique? — 2° pour l'ouvrier relativement à la diminution de son salaire? — Ce dommage serait-il compensé, et par quoi?

VI. Dans votre industrie cette interdiction est-elle réalisable : 1° sans aucune restriction? — 2° avec quelles restrictions?— et quelles en sont les raisons?

Voilà qui est bien déduit, encore que les chefs IV et V de l'interrogatoire paraissent avoir pour objectif plutôt d'expliquer ou d'excuser que d'abolir le labeur dominical. S'il se constitue dans le Parlement français un groupe qui prenne en mains cette réforme, heureusement inscrite par M. de Mun dans sa lettre-programme du 1er novembre, il pourrait demander d'abord une enquête du même genre. Le cadre pourtant en est trop étroit : il n'est ni juste, ni scientifique, de fermer les yeux aux aspects moraux, par conséquent sociaux, du sujet. Avec des difficultés « techniques » et « économiques », l'hygiène des classes ouvrières, et leur bonheur domestique, y sont engagés. L'homme peut-il être réduit à l'état d'outil par un fonctionnement sans arrêt? La vie de famille lui est-elle possible s'il n'a jamais le moyen de goûter quelques heures de calme, de détente physique et morale, de tendresse, de réflexion avec une femme et des enfants pour qui il n'est qu'un passant nocturne?..

Ces facteurs-là, une enquête loyale en devrait tenir compte, comme des autres d'intérêt purement matériel. Alors on serait conduit à la solution véritable : à savoir qu'un jour de liberté par semaine est indispensable au travailleur manuel, et que ce jour doit être le jour traditionnel, qui se prête aux coutumes familiales comme à la moralisation religieuse. L'Autriche et la Belgique sont entrées dans cette voie : tout annonce qu'elles s'en trouveront bien. La loi autrichienne nouvelle est en vigueur depuis peu : on ne voit plus de parias peinant le dimanche sur des chantiers isolés dans le repos universel, les églises de toutes les confessions sont plus peuplées (ce qui peut faire espérer que les prisons le seront moins), et l'après-midi les parcs publics débordent de familles ouvrières ; il est vrai que le lundi matin on n'a pas de journaux à Vienne... mais est-il certain que les Français seraient plus déraisonnables, ou plus abaissés, s'ils jeûnaient de journaux un jour sur sept ?

Nous ne manquerions pas de confiance en une enquête française sur le dimanche. On a réuni à Berlin, il y a quelque temps, 600 ouvriers boulangers pour les consulter selon les formules de M. de Bismark. Leurs réponses n'ont guère été équivoques. — « Travaillez-vous toute la journée du diman-« che ? Oui. — Ce travail est-il régulier, ou n'existe-t-il qu'à « certaines époques ? Il est régulier. — Y a-t-il une rotation, « de telle sorte que chacun de vous ait certains dimanches « libres ? Non. — La continuité de la tâche est-elle nécessitée « par les conditions spéciales de cette industrie ? Non. — « Quelle en est la cause ? La concurrence ruineuse. — La « défense de travailler le dimanche serait-elle praticable ? « Oui. — Sans restriction ? Oui. — En résultera-t-il une dimi-« nution de gain ? Ce n'est pas à prévoir. — Quelles en seraient « les suites ? Nous aurons ainsi du repos pour le corps et pour « l'âme. »

Sauf peut-être le dernier mot de la dernière réponse, que la plupart des ouvriers français n'oseraient pas trop prononcer, la majorité répondrait vraisemblablement comme les boulangers berlinois si on obtenait en France une enquête semblable. Écartez les maniaques du *lundi*, qui n'est que le dimanche des excentriques ou des *sublimes* : quel employé de service public, de bureau, ou de magasin, quel ouvrier d'usine ne s'asseoirait plus heureux le samedi soir à la table de famille, s'il se sentait légalement assuré de la paix, du délassement, de la halte pour le lendemain?

1ᵉʳ juin 1886.

La question du repos hebdomadaire avance petit à petit. Tandis qu'en Allemagne se poursuit l'enquête ouverte par M. de Bismark, tandis qu'un peu partout en Europe le mouvement se propage, l'idée gagne du terrain de divers côtés en France. Les réformateurs des écoles ouvrières l'inscrivent sur leur programme; elle s'impose aux préoccupations des chefs de grandes entreprises. C'est ainsi que nous avons lu avec une vive satisfaction ce passage dans le compte-rendu présenté à la récente assemblée générale des actionnaires du P. L. M. :

Vous nous avez demandé aussi quelles mesures étaient prises pour assurer à nos employés le repos du dimanche. — C'est un desideratum fort difficile à réaliser en ce qui concerne le personnel affecté au service de la grande vitesse, puisque c'est le dimanche qu'en notre pays le mouvement des voyageurs est le plus actif. — Quant aux services des marchandises, il serait indispensable, pour entrer plus avant que nous ne l'avons fait *dans des mesures qui nous tiendraient fort à cœur*, que tout d'abord une décision légale, comme celles qui existent dans d'autres pays, intervînt pour limiter les droits du public et les obligations des Compagnies au point de vue des délais de transport, obligations qui sont déterminées aujourd'hui sans tenir compte des dimanches ni des jours de fête.

Que les hommes intelligents et soucieux de leurs devoirs, à la tête de nos administrations de chemin de fer, prennent « à cœur » une cause juste, nous ne pouvons en être surpris. De hauts fonctionnaires de l'État et des exploitations de voies ferrées participaient il y a quelques mois à Bruxelles à la quatrième *Conférence internationale pour l'observation du dimanche*. Les ministres avaient mis une salle à la disposition de l'assemblée. Il a été adopté là une série de résolutions intéressantes, dont nous recommandons le détail à nos lecteurs. Cette année même, l'association de catholicisme social que préside M. Albert de Mun a recueilli d'instructives dépositions sur ce questionnaire : le repos d'un jour par semaine est-il un bien pour l'ouvrier? pour son corps? pour son intelligence? pour sa famille? pour ses enfants, afin de les connaître et d'en être connu? pour son aisance même? les ouvriers qui ne chôment pas le dimanche gagnent-ils ou épargnent-ils davantage?

Il faut se garder, si l'on veut demeurer dans l'ordre des vues pratiques, de méconnaître que l'application du repos hebdomadaire offre pour certaines industries, et en particulier pour les chemins de fer, des difficultés exceptionnelles. Le rapport du conseil d'administration du P.-L.-M. a toute raison de les signaler, et d'en appeler au concours de l'Etat. Il n'en reste pas moins ce fait, et à notre avis la portée en est réelle : que pour la première fois les actionnaires (en dépit de tant de calomnies sur l'égoïsme du capital) ont soulevé la question, que les chefs de la puissante entreprise l'ont officiellement posée en des termes précis, et ont déclaré l'étudier dans un esprit de sympathie.

9 août 1887.

On vient de publier en Allemagne les résultats de l'enquête qu'ouvrit le 5 juillet 1885 sur la question du repos dominical une circulaire de M. de Bismark, et qui s'est tout récemment terminée. Il s'agissait de rechercher les industries dans lesquelles les ouvriers sont employés le dimanche plus ou moins régulièrement, les causes qui donnent lieu au travail ce jour-là, les conséquences d'une interdiction légale. Nous ne connaissons encore que les lignes générales des réponses reçues : les procès-verbaux comprennent trois volumes. Mais nous voudrions appeler sur ce document considérable l'attention des pouvoirs publics de notre pays, et de tous ceux que passionnent les améliorations du sort du peuple. Si l'enquête a été libre et sincère, aucun élément de solution ne peut être plus utile, plus sérieux, pour cette grande difficulté de morale et d'hygiène ouvrière.

Il se dégage quelques conclusions assez nettes du résumé qu'apporte la presse allemande. — Dans quelles branches de l'industrie travaille-t-on le dimanche ? Dans toutes à peu près, mais non dans tous les établissements de la même catégorie. Parfois une partie seulement des ouvriers est occupée. Enfin il est fréquent que le labeur ne dure pas toute la journée. — Quelles causes donnent lieu au travail du dimanche? Des causes techniques et économiques. Ici la nature de l'industrie s'oppose à toute interruption ; ailleurs l'interruption est réalisable, mais accroîtrait trop les frais ou diminuerait trop la production. Souvent il y a nécessité de réparations urgentes, ou de livraisons à court délai. — Quelles suites entraînerait une interdiction par la loi? La plupart des entrepreneurs pensent qu'elle serait dangereuse, qu'elle renchérirait la production, qu'elle abaisserait les profits ou les changerait en pertes. Parmi les ouvriers, les uns se préocupent de la réduction que subirait le salaire ; pourtant beaucoup se prononcent pour l'interdiction, notamment les mécaniciens, les charpentiers-menuisiers, etc. Ceux-là croient que la détente du dimanche féconderait l'effort, aiderait la vie de famille, raréfierait même les accidents.

La question est de celles qui ne peuvent plus guère être écartées par les gouvernements. Comme elle a contraint le peu sentimental chancelier à compter avec elle, elle s'est imposée aux législateurs de l'Autriche, de l'Italie, de la Suède, du Danemark,— En Russie, le ministère reçoit de villes diverses

des pétitions populaires.— En Belgique, le ministre des postes
et chemins de fer exposa naguère qu'il a pu, sans préjudicier
à la marche des services, assurer au personnel des chemins de fer le repos complet de trois dimanches sur quatre.—
En Suisse, les distributions postales se réduisent par l'initiative, qui se généralise, de bons citoyens renonçant à recevoir
lettres, journaux, colis, sauf les envois urgents ou recommandés, et on se rappelle que le dernier congrès des compagnies de chemins de fer, à Bruxelles, émit un vœu pour le
repos périodique des employés. — En Norwège, l'Etat a créé
dans ce but un corps d'agents de remplacement. — Cette
année même, en avril, le congrès ouvrier de Buda-Pesth a
demandé, sur la proposition des imprimeurs, l'interdiction
formelle de tout travail le dimanche. — Dès avant l'enquête
allemande, une commission du Reichstag avait décidé que les
femmes ne doivent pas être occupées le dimanche, et en
Alsace-Lorraine les cabarets sont fermés avant midi.

Les Français sont visiblement en retard. Dans la kyrielle
des projets de législation sociale qui sont soumis à nos
Chambres, et que la session à peine close a (comme les
précédentes) laissés pendants, nous ne voyons pas de proposition. Et il n'y a pas non plus d'enquête ministérielle, comme
celle qu'a faite M. de Bismark malgré son peu de faveur pour
l'idée. Pourquoi ? C'est que chez nous la politique entrave
tout : à gauche, on voit là un sujet peu ou prou catholique ; à
droite, on aurait peur de se donner une couleur cléricale. Tout
au plus pourrions-nous signaler une mesure récente, et bien
des gens s'étonneront d'apprendre qu'elle est due au général
Boulanger. Il osa réaliser le repos obligatoire du dimanche
pour le soldat, qui était soumis ce jour-là à une revue avec ou
sans exercices, occasion de fatigue et de punitions... Souhaitons que des préjugés de parti, ou des considérations étroites,
n'empêchent pas le Parlement de s'occuper d'une question
aussi intéressante pour le mieux-être moral et physique du

peuple. Qu'ils mettent à l'étude l'enquête allemande : le pour et le contre y sont exposés par les témoins les plus compétents qui soient, patrons ou travailleurs manuels. Il y a du vrai dans les objections, un terme moyen est à chercher, mais il faut faire quelque chose.

TRAVAILLEURS DE LA MER

14 janvier 1888.

Le jeune et brave marin qui commandait ce navire de notre port coulé à pic dans le golfe de Gascogne, le *Ministre-Abbatucci*, habitait à Marseille rue Montaux une maison en face de la mienne. Je l'avais entrevu quelquefois, ce gars de 28 ou 29 ans, entre sa mère et sa femme, la nièce d'un dominicain éminent dont le nom est à Marseille à la fois populaire et estimé d'une élite, le P. Mas. Le commandant Gérard Niqueux laisse une fillette de trois mois. Pauvre enfant inconsciente du malheur ! Pauvre veuve, si vite, si tragiquement veuve ! Quel don de *nouvel an* leur a apporté la nuit du 30 décembre ! Je l'avoue, ce drame maritime à proportions réduites, mais terrible, sollicite, retient aujourd'hui plus vivement ma pensée que les banales rentrées de nos parlementaires. Que les politiciens paraissent misérables auprès de ces travailleurs de la mer, à la merci de tant de choses !

Vingt malheureux ont péri avec le capitaine du steamer marseillais. En quelles circonstances brusques, obscures, navrantes, l'unique survivant l'a dit : les détails donnés par ce revenant d'une épave font frissonner. Saura-t-on jamais exactement si le désastre est imputable à une faute, ou à une série

de fautes, ou aux fatalités de l'Océan? Des responsabilités
diverses sont déjà mises en cause par la presse, en attendant
les enquêtes régulières. Aucune ne nous semble plus lourde,
plus impossible à décliner ou à atténuer, que celle de l'implacable passant Anglais qui, au témoignage de Sébastiani, aurait
refusé toute aide aux infortunés en perdition. S'il est établi
que des marins portant pavillon d'un grand pays ont pu voir
le bateau usé craquant et roulant sous les lames, entendre
l'appel désespéré de Niqueux et de l'équipage et ne pas même
tenter un sauvetage, rester sourds, filer, jamais notre gouvernement n'aura eu devoir plus impérieux, que celui de crier
justice, et d'obtenir un châtiment proportionné à un tel forfait
de monstrueux égoïsme.

Pourquoi, dans cette cité maritime, songeons-nous si peu à
ceux qui sont en mer? La vie est trop affairée, les victimes
sont des disparus, on n'a pas vu leur agonie, on ne suit pas de
funérailles. Et cependant Marseille ne doit-elle pas sa richesse,
sa noblesse, tout ce qu'elle est, tout ce par quoi elle compte, à
la mer? Ne connaît-elle pas de près, par sa race de pêcheurs
comme par ses matelots, ce monde des ouvriers du flot, moins
malade que celui de la main—d'œuvre terrienne, cœurs plus
sains, esprits plus droits, corps plus robustes? Ne regarde-t-
elle pas chaque jour fuir de ses quais et de ses plages les voiles
dans l'horizon chanceux ?... Il existe une *Société de secours
aux familles des marins français naufragés*, que préside
M. A. de Courcy (1), et qui a été instituée pour centraliser, pour
répartir par les soins dévoués des commissaires de l'inscription maritime les offrandes des amis des marins. Elle n'a que
neuf ans d'âge, et a répandu déjà des bienfaits considérables ;

---

(1) La *Société* vient de perdre M. de Courcy (octobre 1888); nous devons ici une mention
à ce philanthrope ingénieux, actif, qui avait bien voulu nous savoir gré d'appeler l'attention de Marseille sur les détresses de la mer, et nous recommandait pour le personnel de
la Caisse d'épargne des Bouches-du-Rhône l'étude de la substitution de son système du
Patrimoine aux retraites viagères.

mais ses ressources ont besoin de s'accroître. Tant de détresses
ne cessent de l'assaillir ! Le sinistre du *Ministre-Abbatucci*
n'aurait-il pas mis en deuil d'autres mères, d'autres épouses,
d'autres orphelines que celles du chef ? L'hiver, quand le
mistral se déchaîne sur nos rues, quand nous apprenons que
la tempête ébranle jusque dans nos bassins les navires à l'an-
cre, pensons un peu plus, Marseillais sur le rivage, aux pauvres gens qui peinent et luttent sur la mer pour nos spécula-
tions et nos négoces.

10 septembre 1888.

C'est une nourricière qui n'est pas négligeable que la pêche
de mer sur le littoral de la Provence. La famille de travailleurs
qu'elle fait vivre diminue, mais est fort dense encore. L'an
dernier, dans le seul port de Marseille, elle a occupé 623 bateaux et 1320 hommes, qui ont pris pour 889,000 kilogrammes
et vendu pour 880,900 francs de poisson frais. Les Bouches-
du-Rhône ont d'autres points producteurs, Martigues, La Ciotat,
Cassis, les tout petits ports charmants de Carri et de Sausset ;
Martigues par exemple, avec ses stations secondaires, a fourni
pour f. 1,689,300. Le revenu pour le département, le revenu
direct, sans tenir compte des reventes, a été de près de 3 millions en 1887. Pour la France entière on l'évaluait à 92 millions
en 1885, d'après la statistique que la Marine publie depuis
seize ans. La Chambre de commerce de Marseille devrait
recueillir pour notre zône des renseignements utiles sur les
quantités transportées, les espèces pêchées et leurs valeurs,
les mois plus ou moins favorables aux prises, les variations
des prix.

Dans la Méditerranée comme sur l'Océan ou la Manche, la
pêcherie maritime subit sa crise, elle aussi. Le nombre des
bateaux pêcheurs à voile, et aussi celui des robustes garçons
qui se vouent à les monter, sont loin de s'accroître comme

s'accroissent les populations à desservir. Il y a à cela des causes générales, ainsi le peu de goût des jeunes gens, surtout habitants ou voisins des villes, pour les labeurs durs, fatigants, dangereux du flot. D'autres raisons spéciales expliquent le malaise. Nos pêcheurs locaux, exactement comme nos ouvriers des quais ou des usines, se plaignent violemment de la concurrence d'immigrés, principalement d'Italiens ; bien des fois pourtant ils servent de prête-noms aux non-indigènes qu'ils accusent de leur ôter le pain quotidien. Les uns et les autres sont devenus moins scrupuleux qu'au bon temps de la probité professionnelle provençale ; ils usent d'engins de destruction qui dépeuplent les fonds au profit d'une pêche surmenée ; on en condamna naguère qui avaient employé la dynamite. La surveillance devrait être sévère, la répression rigoureuse, la règlementation administrative précise et complète.

Ne peut-on croire que l'industrie de la pêche est appelée, comme les autres, à passer par quelque transformation ? Elle en est demeurée ici, il faut l'avouer, à des routines bien antiques, à un matériel bien pauvre, à des ressources bien étroites. La classe qui s'y livre a gardé dans l'uniformisation banale et l'assombrissement inquiet de la vie ouvrière des traditions si caractéristiques, des mœurs si saines, si gaies et si simples, qu'il ne faut pas souhaiter de voir disparaître tout cela au profit d'exploitations commerciales. Mais il n'y aurait pas d'inconvénient, semble-t-il, à pousser nos pêcheurs vers des méthodes nouvelles. La jeune science sous-marine pourrait leur indiquer des quartiers inexplorés. Ce serait une tâche intéressante pour la Chambre de commerce de Marseille que d'étudier de près leur organisation professionnelle, comment on pourrait la moderniser, la mettre mieux en rapport avec les conditions actuelles du travail, aider par des subventions modestes tels groupes ou tels individus à acquérir des bateaux mieux faits, de meilleurs outillages de filets et d'engins. Nos riches et généreux armateurs devraient examiner ce

qu'ont fait, après les collisions avec les pêcheurs anglais,
M. Denaeyer à Ostende et à la Panne M. Bortier, vendant des
bateaux aux pêcheurs moyennant des annuités qui comprennent un amortissement.

Les Chambres ont voté des crédits d'encouragement aux
pêches maritimes : n'y a-t-il rien de large à essayer en ce
sens pour relever partout la pêcherie côtière ?... Nous voudrions voir aussi mieux défendre la vie et protéger la famille
des pêcheurs. En Angleterre l'*Institution nationale* a pourvu
les côtes de 300 bateaux de sauvetage, avec un matériel
puissant et des équipes dévouées : son revenu, pour la plus
grande part fourni par la libéralité privée, s'est élevé en 1887
à f. 1,424,250. Il faudrait chez nous que l'admirable *Société*
présidée par M. de Courcy fût énergiquement soutenue. Que de
veuves et d'orphelins font les naufrages d'humbles bateaux de
pêche ! M. de Courcy a raconté le 26 mai à son assemblée
générale le mot des cinq veuves, qui à cette demande : « que
« feriez-vous d'une somme donnée par la *Société* de Paris ? »
répondent : « nous nous associerions pour acheter une autre
« barque et continuer la pêche. » Ainsi fut fait : voilà l'instrument de travail rétabli, les enfants maintiendront le métier...
Profession noble, ce métier : qu'on songe à ne pas le laisser
péricliter. Nos côtes sont des fabriques de marins. Si les
femmes de nos pêcheurs ne faisaient plus que des fils ouvriers
terriens, ce serait grand dommage.

D'UNE RÉFORME DU GOUVERNEMENT LOCAL

QUANT AU NON-INDIGÉNAT ET AU NOMADISME DES FONCTIONNAIRES (1)

1876.

I

Admiré par les uns, critiqué par les autres, c'est un fait hors de conteste que dans la France moderne le gouvernement centralisé s'est développé dans des proportions toujours croissantes, empiétant sans cesse davantage sur le domaine de la vie locale et de la vie privée, de l'activité collective des groupes et de l'initiative personnelle de l'individu. De là est né, dans tous les ordres de l'organisation française, politique, diplomatique, administratif, judiciaire, financier, militaire, pédagogique, un régime de fonctionnaires, dépendant exclusivement du gouvernement central et de la bureaucratie permanente en laquelle se fixe ce gouvernement.

Ce régime de fonctionnaires présente, dans toutes ses branches, deux caractères accusés. Les fonctionnaires locaux,

(1) Publié dans l'*Annuaire des Unions de la paix sociale*, 1877.

c'est-à-dire envoyés par les bureaucraties centrales hors du siège central des administrations, sont :

1° Non indigènes, c'est-à-dire choisis par les administrations centrales en dehors de la qualité d'originaires des localités qu'ils sont appelés à administrer ;

2° Nomades, c'est-à-dire susceptibles d'être déplacés *ad nutum ;* et, en fait, fréquemment déplacés de localité en localité, sur la surface du territoire national.

Qu'on jette le plus superficiel coup d'œil sur la condition normale de tous les fonctionnaires locaux français : préfets, sous-préfets, conseillers de préfecture, magistrats de cours d'appel ou de tribunaux, magistrats du ministère public, ambassadeurs et consuls, trésoriers généraux, receveurs particuliers, percepteurs des contributions directes, directeurs, receveurs et agents des douanes, des contributions directes ou indirectes, du domaine, etc., ingénieurs des mines ou des ponts et chaussées, recteurs ou inspecteurs d'académies, doyens ou professeurs de facultés, proviseurs ou professeurs de lycées ou de collèges, généraux de division ou de subdivision, etc., — on constatera que tous ces délégués de la bureaucratie centrale à l'administration des localités en France sont à la fois non indigènes et nomades. La règle comporte une dérogation en droit, sur la mutabilité, pour les fonctionnaires de l'ordre judiciaire, qui sont inamovibles dans la magistrature assise, — et quelques tempéraments en fait, pour les fonctionnaires de l'enseignement supérieur, qu'on ne déplace point, ou pour les agents de certaines administrations, les eaux et forêts par exemple, laissés assez facilement dans leur région d'origine.

Pris dans son ensemble, ce régime n'est point d'institution récente. Depuis de longues années, tous les gouvernements qui se sont succédé dans notre pays ont suivi à cet endroit une pratique identique et constante. On peut seulement remar-

quer que cette pratique tend à diminuer ou à s'accroître parallèlement à la stabilité ou à l'instabilité même des formes
politiques. Mais quoi qu'il en soit de cet aspect de la question,
sur lequel il y aura lieu de revenir, c'est un fait d'évidence
quotidienne, que la condition non indigène et nomade de toutes
les catégories de fonctionnaires locaux. Quant au premier chef,
chacun le peut observer, et c'est même une sorte d'axiome
accepté, qu'un fonctionnaire est mal placé et ne peut agir utilement dans son pays d'origine. Quand au second, on sait que
le *Journal officiel* est perpétuellement encombré de nomenclatures interminables relatives aux mutations de fonctionnaires, à ce qu'on appelle, dans le vocabulaire technique, des
mouvements. Chaque jour, des Pyrénées aux Alpes, de
Bretagne en Provence, du Rhône à la Mayenne, sont placés,
déplacés, replacés comme des pions sur un échiquier, au
mieux des combinaisons politiques, administratives ou privées, les innombrables agents du personnel gouvernemental
français, du préfet au substitut, du percepteur au commissaire de police. Le personnel des relations extérieures n'est
guère traité autrement : l'ambassadeur est transféré de Constantinople à Lisbonne, et le consul, d'Espagne en Danemark.

II

Pour juger si la pratique que nous venons d'exposer sans
l'apprécier est saine ou vicieuse, utile ou contraire au bien
public, la méthode véritable ne consiste pas à la défendre ou
à la combattre par le raisonnement. Avant tout, il faut nous
demander si elle est conforme dans le passé aux traditions du
pays qui la suit, et dans le présent à la coutume des sociétés
stables et prospères. Aux déductions de la raison individuelle,
il est aisé d'opposer des déductions inverses, et le plus sincère a le droit d'être embarrassé entre des argumentations

contradictoires également spécieuses ; au lieu que des conclusions fondées sur l'expérience s'imposent avec les signes de
la légitimité et de la certitude aux esprits sans prévention.

III

Quelle est donc, en matière d'organisation administrative,
la tradition du passé en France ?

Personne n'ignore plus aujourd'hui quelle part la vie provinciale et communale prit dans le développement de l'ancienne France, quels vigoureux organismes locaux, fortement
unis entre eux par le commun dévouement au souverain,
personnification de la patrie, constituèrent l'unité nationale.
Dans le fonctionnement des autonomies, soit isolées, soit groupées, dans le jeu des franchises et des libertés locales, le pouvoir central ne revendiquait que le *minimum* indispensable
d'intervention : les autorités sociales indigènes jouaient un
rôle prépondérant. Il ne saurait entrer dans le cadre restreint
de cette étude de retracer ces faits, mis en pleine lumière par
de grands travaux et de nombreuses monographies. Les mille
différences des temps rendraient d'ailleurs difficile de proposer
pour modèles aux Français de ce siècle des organisations avec
lesquelles la France présente, profondément modifiée dans
ses éléments constitutifs, n'a plus que peu de traits communs.
Mieux vaut, tout en signalant l'étude féconde de ce lointain
passé, s'arrêter en arrière à cette période de notre histoire, où
le progrès des légistes, la marche ascendante de la monarchie,
l'absentéisme des aristocraties maîtresses du sol, l'excessive
concentration de la souveraineté, la corruption des classes
riches et lettrées avaient restreint déjà le champ du gouvernement local, et, dans la décadence générale, substitué peu à
peu aux saines influences des autorités sociales indigènes
l'action d'une bureaucratie dépendante d'administrations cen-

tralisées. Il est juste de reconnaître que, même à ce moment, la prudence de la souveraineté responsable corrigeait dans l'application les inconvénients toujours croissants de ce régime. On voit le prince, entouré et éclairé par son conseil, s'attacher à choisir les mandataires qu'il investit des fonctions locales dans le personnel dirigeant des localités, et leur laisser assez longtemps l'exercice de ces fonctions pour qu'ils puissent s'y rendre compétents, c'est-à-dire utiles.

Qu'on jette les yeux, par exemple, sur le précis des principaux offices publics de tout ordre exercés en Provence vers la fin du XVIIIe siècle, alors que les traditions du gouvernement local avaient fait place à un régime où l'on retrouve aisément (A. de Tocqueville, *l'Ancien Régime et la Révolution*) le type et les origines de l'organisation actuelle.

PRINCIPAUX FONCTIONNAIRES DE PROVENCE EN 1770, 1771, 1772. — Lieutenant général pour le Roi, résidant à Paris : le marquis de Brancas-Céreste (des Forcalquier-Brancas). — Intendant de justice, police et finances : le Premier Président du Parlement d'Aix, de la Tour. — Secrétaire de l'Intendance : Serré. — Subdélégués de l'Intendance pour Marseille : Antoine Aillaud et Brés. — Commissaires des guerres : de la Rouvière et Girard-Dudemaine. — Gouverneur et Viguier de Marseille : le marquis Fortia de Pilles.— Lieutenant de Roi pour la ville de Marseille : le marquis de Pilles. — Colonel inspecteur de l'état-major de la milice, des gardes-côtes, etc. . de Montgrand de la Napoule, — Chef d'escadre commandant la marine : de Glandevès. — Commissaire général ordonnateur de la marine: de Sinety.— Directeur de l'Observatoire de la marine : de Saint-Jacques Silvabelle. — Sénéchal de la sénéchaussée de Provence : marquis de Forbin-Gardanne. — Lieutenant général civil à Marseille : Paul. — Lieutenant général criminel à Marseille : Chomel. — Lieutenant criminel : Pelissier de Pierrefeu. — Gouverneur de la ville et du château de Sorgues : de Félix du Muy, comte de la Reynarde. — Commandant du fort Saint-Jean à Marseille : de Villeneuve. — Lieutenant particulier civil : de Catelin. — Lieutenant particulier criminel: Duroure. — Conseillers criminels : Duroure, Taurel, Gervais, etc.. — Gens du Roi : Corréard, Guien. — Conseillers honoraires : de Cabre, Seren. — Procureur général au Parlement : de Ripert. — Avocat géné-

ral au Parlement : Leblanc de Castillon. — Premier Président à la
Cour des Comptes d'Aix : marquis d'Albertas. — Présidents à mortier au Parlement d'Aix : de Gueidan, baron de la Tour d'Aigues. —
Lieutenant général civil et criminel de l'amirauté de Marseille : de
Gerin. — Lieutenant particulier : de Ricard-Gerin. — Aides-majors
des galères du Roi : de Castellane, d'Albertas. — Intendants du bureau du vin (privilège prohibitif de l'introduction du vin étranger) :
de Candole, de Mazargues, de Montolieu, de Ruffi, Escalon, Guien,
d'Aygalades, de Rians, de Foresta de Colongues, de Village, etc. —
Commissaire des fermes de la communauté de Marseille : de Castellane d'Adhémar. — Receveur des abonnements et de la gabelle :
Mayousse. — Commandant la place de Marseille : chevalier de Baus-
set. — Receveur des droits sur les marchandises du Levant : Sermet.
— Receveur général des finances : Noguier de Malijay. — Receveur
général des tailles : Gordes. — Receveur et contrôleur des domaines
du Roi : Delouze. — Receveur des gabelles : Meynier. — Receveur
général des cinq grosses fermes et gabelles : Roussier. — Inspecteur
général des fermes du Roi : Contencin.

Nous ne laissons en dehors de cette énumération que le
gouvernement général de Provence, délégation directe du roi,
donnée en souvenir de son illustre père au duc de Villars,
d'ailleurs prince des Martigues. Telle qu'elle est, et assez
complète, elle ne comprend que des noms de familles issues
de Provence ou fixées en Provence, appartenant soit à l'aris-
tocratie de la province, soit aux notables des bourgeoisies
urbaines. Tout Provençal aujourd'hui encore les reconnaîtra
sans peine, pour peu qu'il n'ignore pas absolument l'histoire
de sa « petite patrie ». Il y faut ajouter, bien entendu, les
maires et échevins, toujours choisis dans l'élite des populations : nous les laissons de côté, parce qu'il en est encore de
même, grâce à Dieu, pour ces charges municipales. La coutume d'emprunter les fonctionnaires locaux aux localités qu'ils
avaient à administrer souffrait peu d'exceptions. Elle s'appliquait aussi dans l'ordre ecclésiastique : aux mêmes dates, et
pour s'y tenir, on trouve Jérôme de Suffren, de Saint-Tropez,
évêque de Sisteron, de Boisgelin, archevêque d'Aix, etc.

De plus, les fonctionnaires ainsi recrutés étaient maintenus le plus longtemps possible dans l'exercice de leurs offices. Ils acquéraient lentement une connaissance toujours plus précise des lieux, des mœurs, des besoins, des choses et des personnes; il se formait entre eux et la localité, sans parler de l'attache de la propriété foncière et des traditions domestiques, des liens réciproques d'intérêt et de dévoûment. La continuation des mêmes charges au sein des mêmes familles, tant qu'elles s'en montraient dignes, n'était pas rare, et n'avait que peu d'inconvénients. La vieille maison provençale des de Pilles remplit presque sans interruption, de 1660 à 1789, les fonctions de gouverneur de Marseille. Aussi n'était-ce point un fait exceptionnel que les marques d'affection, et les libéralités par exemple, d'administrateurs à administrés : dès 1458, Jean de Village, viguier dans Marseille (et dont nous venons de retrouver un descendant sur le tableau ci-dessus, en 1770), fait don à la communauté de cette ville, tant en son nom qu'au nom de son épouse, d'un jardin sis près le port, sous condition de le convertir pour le profit de tous en une place publique, encore existante sous la dénomination de *Place Neuve*.

IV

Il serait curieux de rapprocher du précis qu'on vient de parcourir celui des fonctions correspondantes en 1876 pour ce même pays de Provence. A l'exception des charges municipales, il n'est pas téméraire d'affirmer que toutes ou presque toutes les fonctions publiques, préfectures, sous-préfectures, intendances militaires, généralats de division et de brigade, commissariats de marine, magistratures investies de l'action publique, trésorerie générale, recettes particulières, archevéché et évéchés, directions, contrôles ou recettes de tous les services financiers, et notamment des douanes,

des domaines, des contributions directes ou indirectes, recto-
rat et inspectorats d'académie, offices universitaires, etc.,
sont confiées à l'heure présente à des Français non Provençaux, et ne se rattachant par aucun lien spécial à la Provence.
En ce qui concerne les fonctions préfectorales, les plus mobiles
de toutes à la vérité, il est notoire, par exemple, que dans la
période sexennale de 1870-1876, le département des Bouches-
du-Rhône, l'un des plus considérables par son chef-lieu, a eu
pour administrateurs successifs : MM. Labadié, Esquiros,
Delpech, Gent, Cosnier, Salvetat, de Kératry, Limbourg,
de Tracy et Doniol. En écartant les éphémères créatures des
deux années révolutionnaires, les cinq derniers préfets se
sont succédé en quatre années. On comprend sans peine ce
que chacun de ces onze étrangers (1), quel que fût d'ailleurs son
bon vouloir, a pu apprendre des hommes et des choses d'un
milieu aussi important et aussi complexe que Marseille, et si
même chacun d'eux a pu prendre aux besoins régionaux un
intérêt sérieux. A ce régime la magistrature assise pourrait seule revendiquer quelques exceptions : dans le flot
d'instabilité qui nous emporte, elle a conservé, on le sait,
outre l'inamovibilité, et vraisemblablement à cause d'elle,
des traditions domestiques, qui maintiennent ou ramènent
dans le pays d'origine un certain nombre de familles de robe.
Quant à tous les autres ordres de fonctions, et sans prétendre
en quoi que ce soit que chacune ne soit pas honorablement
remplie dans la Provence de 1876, l'observateur a le devoir
de constater comme *plerumque fit,* chez les dépositaires
de charges publiques locales ce double caractère de *non
indigènes* et de *nomades,* absolument contraire aux traditions
du passé.

---

(1) Cinq nouveaux préfets se sont succédé à Marseille de 1877 à 1888. MM. Pihoret,
Tilman, Poubelle, Cazelles, Lagarde : cela fait seize en dix-huit ans.

V

Malheureusement en France, le souvenir, l'exemple et les précédents du passé sont une cause d'éloignement bien plutôt qu'une source d'enseignement et d'imitation. Plus qu'ailleurs, par conséquent, il est utile, entre deux pratiques, l'une offerte par le passé, l'autre suivie par le présent, de demander quelle est la préférable et la vraie à une enquête auprès des autres peuples contemporains.

Les hommes éclairés qui ont parcouru et observé les diverses contrées européennes affirment qu'aucun peuple ne présente avec tous les traits qu'il a en France le régime des fonctionnaires non indigènes et nomades. Quelques pays cependant en pratiquent les parties essentielles.

En Italie, par exemple, les fonctionnaires administratifs, politiques, financiers, judiciaires, pédagogiques, etc., à peu près semblables aux nôtres comme classification et attributions, sont, à l'exception des fonctionnaires ecclésiastiques, dépendants de bureaucraties centrales. Les ministères les choisissent en général non indigènes par rapport aux localités qu'ils ont à administrer (sauf le *sindaco*, chef de la municipalité). En outre, ils sont toujours à la disposition de l'administration centrale, et en fait, de l'avis de plus d'un Italien éclairé, sont trop fréquemment changés de résidence. Seuls les membres du corps judiciaire jouissent du privilège de l'inamovibilité, et s'élèvent en dignité par l'*avanzamento di classe sul luogo*. Les effets de cette organisation sont les mêmes qu'en France, compliqués des défauts qui furent signalés de tout temps dans les bureaucraties italiennes, amendés en revanche par la stabilité des institutions politiques.

L'Espagne a détruit une grande part de ses vieilles institutions de gouvernement local, et leur a substitué, à notre exemple, des bureaucraties centralisées à agents nomades. On sait si l'imitation de nos révolutions et de nos procédés a précipité la décadence de cette noble et généreuse nation. Dans l'application, les mœurs résistent encore sur plus d'un point à cette action dissolvante. Certaines fractions du territoire ont conservé des vestiges importants du gouvernement local, et l'on peut même dire que le gouvernement local demeure debout dans les trois provinces basques d'Alava, Guipuzcoa et Biscaye, où il porte ses fruits logiques de vertus privées et sociales.

La Russie souffre gravement d'avoir laissé croître outre mesure et tout envahir la végétation parasite et malsaine des bureaucraties nomades, substituées au gouvernement local. Il convient seulement de noter ce qui subsiste d'institutions locales en Finlande et dans les provinces baltiques. M. Le Play a raconté (*Réforme sociale,* ch. 63, § IX, note) comment le mal avait déjà, sous le règne de Nicolas, atteint une intensité telle, que le puissant et énergique tzar ne se croyait plus la force d'entreprendre la réforme. La bureaucratie russe offre les vices inhérents à ce régime, aggravés peut-être par un esprit de caste, dont notre sociabilité instinctive et nos mœurs ont jusqu'à ce jour prévenu le développement.

L'Allemagne marche toujours plus avant, depuis l'établissement de l'hégémonie prussienne, dans la voie d'une centralisation excessive. Les institutions fédératives, communes à tous les États de l'Empire, sont construites et fonctionnent en vue de ce résultat. Elles n'ont pas aboli cependant des diversités utiles dans l'organisation intérieure des différents pays de l'Allemagne, et la Prusse elle-même n'a pas une administration uniforme pour toutes ses provinces. Les fonctionnaires administratifs du premier degré, les *landräthe* par exemple, sont choisis de préférence parmi les notables locaux de l'arrondissement, et sur la proposition de l'arrondissement lui-même. De plus, et sans parler de divers contrepoids à l'omnipotence bureaucratique que maintiennent certains organismes traditionnels, les avantages inappréciables de la permanence aux mains des mêmes titulaires sont compris et appliqués pour beaucoup de fonctions publiques. Mais la tendance centralisatrice qui prévaut ne saurait manquer de développer toujours davantage le régime des fonctionnaires locaux non indigènes et instables. Là comme en Russie, l'esprit de caste et ce mal particulier qu'on a nommé la morgue bureaucratique s'ajoutent aux autres conséquences regrettables de ce régime.

Une société longtemps vantée comme la société modèle, maintenant aussi vivement attaquée, la république des Etats-Unis d'Amérique, a cédé, elle aussi, sans doute sous l'action des tendances naturelles aux sociétés démocratiques, à l'entraînement vers le régime des bureaucraties centralisées et instables. Elle n'a pas à s'en féliciter. A mesure que la bureaucratie a empiété sur le champ de la vie privée et de l'activité locale, les effets pernicieux que contient en germe ce mode de vie publique se sont développés, et notamment la multiplication sans raison et sans frein des offices publics salariés, redoutable dans le jeu de l'institution républicaine. « Il y a trente ans, » écrivait naguère (le 12 septembre 1876) M. de Molinari dans le *Journal des Débats*, peu suspect d'hostilité à l'Amérique, « on ne comptait guère que « *trois mille* fonctions rétribuées dépendant de l'administra- « tion publique. Aujourd'hui on assure que le nombre en a « atteint *quatre-vingt mille* et même *cent mille*. À chaque « élection présidentielle, le parti vainqueur s'en empare inva- « riablement par droit de conquête. » Ce n'est pas ainsi, on peut l'affirmer, que les grands et perspicaces fondateurs de l'Union américaine. Washington, John Adams, y entendaient l'exercice des devoirs publics.

Ainsi les peuples qui, dans des conditions diverses, et

dans une mesure plus ou moins étendue, suivent le régime des fonctionnaires locaux non indigènes et nomades, souffrent tous, avec les modalités propres à ce qu'un Allemand appellerait leur idiosyncrasie nationale, des maux qu'emporte cette pratique. Il n'est pas sans intérêt de voir maintenant, en manière de contre-épreuve, quels résultats a produits pour d'autres nations la pratique opposée.

VI

On peut citer, dans cette catégorie nouvelle, la Suisse, notamment certains cantons, les Pays-Bas, les peuples scandinaves. Arrêtons-nous un moment à la Suède, pays digne de sympathie, où règne la paix sociale, et dont l'organisation n'est pas très connue en France.

La centralisation existe en Suède en ce sens, que les principales fonctions publiques relèvent du roi et de ses ministres ; mais on n'y connaît pas notre régime de fonctionnaires locaux non indigènes et nomades. Quelques rares charges de confiance sont amissibles à la volonté du souverain : mais, pris dans la généralité, les fonctionnaires ne peuvent être changés que sur leur demande ou en vertu d'un jugement en forme. Un Suédois distingué me contait récemment avec quelle surprise, éloignée d'ailleurs de toute admiration pour ces coutumes, il vit un jour un Français, devenu depuis son ami, envoyé malgré lui, et sans motif appréciable, du consulat de France à Gibraltar en Suède. Il n'est pas rare d'entendre en France justifier des mesures de ce genre, soit à l'intérieur du pays, soit au dehors, par la considération de l'intérêt du fonctionnaire lui-même, dont l'éducation administrative s'étendrait et se compléterait par le déplacement.

Après les membres du conseil d'État et les chefs des départements ministériels, les fonctionnaires les plus élevés de l'ordre civil en Suède sont les gouverneurs de provinces *(landshöfding)*, choisis autant que possible par le roi parmi les autorités sociales les plus éminentes de la province, ses délégués directs, et qui communiquent avec lui sans passer par une hiérarchie-bureaucratique. Le *Landshöfding*, entouré d'un conseil consultatif local, a en outre une chancellerie composée d'un secrétaire du gouvernement, d'un trésorier, etc., qu'il nomme, et qui expédient les affaires sous sa responsabilité. Il régit les subdivisions administratives placées sous sa juridiction par des délégués : les *Kronofogde* pour les bailliages, les *Häradsskrifvare* pour les districts, les *Länsmän* pour les communes ou paroisses. Il ne peut changer à son gré, révoquer ou déplacer le personnel administratif placé sous ses ordres : qu'ils appartiennent à des catégories supérieures ou inférieures, les fonctionnaires ne peuvent être destitués ou déplacés que sur leur demande ou en vertu d'une décision judiciaire. La Diète veille sévèrement sur le respect de ces garanties précieuses. Enfin les municipalités urbaines sont affranchies de la tutelle du *Landshöfding* pour toutes les affaires de leur ressort qui ne touchent point à l'économie publique ou à la police.

L'organisation judiciaire n'est pas moins différente des magistratures composées de fonctionnaires instables. Dans les campagnes, le tribunal de district en première instance, le *Härads-Rätt*, est formé d'un juge que nomme le roi, et de douze *Nämndemän* (jurés-paysans) élus par le district : il se réunit en trois sessions par an, prononce en matière criminelle, juge en matière civile, et s'occupe de la plupart des affaires économiques du ressort ; en appel, le *Lagman–Rätt* est formé d'un magistrat que nomme le roi, et de douze assesseurs pris parmi les *Nämndeman* des tribunaux de district du ressort : il ne juge qu'en matière civile, les affaires criminelles allant directement aux Cours supérieures. Dans les agglomérations urbaines, la juridiction en première ins-

tance appartient au *Kämner–Rätt*, formé d'un juge et de
deux conseillers ; en appel, au *Rädstufvu–Rätt*, formé du
bourgmestre, que le roi choisit sur trois candidats présentés
par la bourgeoisie, et de deux conseillers ; les conseillers élus
directement par la bourgeoisie et formant le *Magistrat*, corps
qui occupe les offices municipaux et remplit en outre diverses
fonctions d'intérêt public. Au-dessus de cet ensemble d'organisation judiciaire par les notables locaux, qui rappelle par
bien des traits celle de l'Angleterre, se placent trois Cours
supérieures, *Hof-Rätt*, et une Cour suprême, *Högsta-Doms-
tolen;* à côté, certaines juridictions exceptionnelles, les Cours
ecclésiastiques, composées de l'évêque et des membres du
consistoire diocésain ; les tribunaux académiques, composés
du recteur et des professeurs des universités ; juridictions de
privilège, qui ne peuvent subsister que dans une société
hiérarchisée comme la société suédoise, mais où il est intéressant de retrouver si fortement accusés les caractères
inverses de ceux de nos corps de fonctionnaires judiciaires.

En résumé, l'organisation admininistrative suédoise offre
ces caractères généraux : que la bureaucratie n'y a pas
envahi la part d'activité utile à laisser aux autorités sociales ;
que pour les emplois publics non électifs, la plupart, par
exemple une chaire à l'université d'Upsal, une place de directeur des postes, un consulat, sont donnés en cas de vacance,
et après publication de la vacance, sur une liste de présentation des corps dont ressortit l'emploi ; que les fonctions sont,
le plus souvent possible, confiées aux candidats locaux ; que,
sauf certaines exceptions, les fonctionnaires jouissent de la
garantie précieuse de ne pouvoir être révoqués ou déplacés,
s'ils n'en font la demande ou sauf une décision judiciaire ;
qu'en pratique, les fonctionnaires sont rarement déplacés, et
que les gouverneurs eux-mêmes, mandataires de confiance du
roi, ne le sont jamais s'ils n'en font la demande expresse.
Tous ceux qui connaissent la Suède pour l'avoir visitée

savent quels fruits excellents de patriotisme, de paix et de solidarité sociales, d'activité publique, de dévouement au bien commun, ont produits son organisation et, en particulier, ce sage régime administratif.

VII

Mais le pays dont l'organisation administrative est la plus absolument opposée à notre régime de fonctionnaires locaux non indigènes et nomades est assurément l'Angleterre. Il serait superflu et téméraire de prétendre recommencer ici la description si précise et si complète que M. Le Play a tracée de l'organisation administrative de l'Angleterre, le plus parfait modèle qui existe en Europe du gouvernement local (1). Il suffit, et les bornes de ce travail, à défaut d'autre motif, nous y contraindraient, de rappeler de la façon la plus rapide et la plus claire possible les traits essentiels de cette description, en les complétant ou en les précisant sur quelques points (2).

Le premier degré du groupement et du gouvernement local est la Paroisse, administrée par le *Vestry*, c'est-à-dire par le corps des contribuables de la paroisse, chacun ayant un nombre de voix proportionnel à la *rent* des immeubles qu'il possède ou occupe et limité au maximum de 6 voix. Le *Vestry* dirige : 1° le matériel de l'église, par deux *Church-Wardens ;* 2° le cimetière, par une commission dite *Burial-Board ;* 3° les chemins paroissiaux, par un *Highway-Surveyor*, charge qui ne peut être imposée qu'au paroissien taxé pour une *rent* de 250 francs à titre de propriétaire, ou

---

(1) *La Réforme sociale,* ch. 52 à 61. — *La Constitution de l'Angleterre*, livre VIII.

(2) M. Francis Marx, l'un des gentlemen ruraux et des *magistrates* les plus distingués du Hampshire, a bien voulu me fournir des renseignements pratiques, dont je tiens à le remercier ici.

taxé pour une *rent* de 500 francs à titre de locataire, ou possesseur d'un immeuble d'une valeur d'au moins 2,500 francs. Le *Vestry* perçoit de plus les taxes nécessaires aux trois services paroissiaux, et se concerte avec les autorités de l'Union et du Comté pour nommer les *Overseers* des taxes de l'Union et du Comté. Ainsi toute l'administration de la Paroisse est gratuite et locale. Par exception, une législation récente autorise plusieurs Paroisses à confier le service de leurs chemins réunis à des fonctionnaires salariés, innovation d'une justesse douteuse, mais qui n'introduit du moins dans le régime de la Paroisse que des fonctionnaires indigènes et permanents.

Le second degré du gouvernement local est l'Union de Paroisses. Elle est chargée : 1° du service de l'état civil; 2° de la propagation de la vaccine : 3° de certains services de procédure locale et de police au profit des Paroisses ; 4° de la répartition et du recouvrement de la taxe des pauvres *(poor rate)*, due proportionnellement à la *rent* par tout propriétaire ou locataire d'immeubles de l'Union ; 5° de l'emploi du *poor-rate* par le *Board of Guardians*, composé *ex officio* des *Magistrates* du Comté pour l'Union, et, par l'élection, d'autres membres que nomment les contribuables du *poor-rate* dans chaque Paroisse. Le *Board* désigne dans chaque Paroisse les pauvres à assister, soit à domicile *(out door relief)*, soit dans le *Workhouse* de l'Union *(in door relief)*. Il résout aussi, à moins qu'il n'ait été formé un *Board of health* spécial, les questions de santé publique. Ainsi le rouage esssentiel de l'Union des Paroisses, le *Board of Guardians*, est exclusivement constitué par les autorités sociales indigènes.

Le troisième degré du gouvernement local est le Comté, collection d'un certain nombre d'Unions et de Paroisses. Le Comté est administré par le *High Sheriff*, le *Lord-Lieutenant*, le *Jury* et les *Magistrates*. Le *High Sheriff*, qui réunit à peu près tous les pouvoirs publics, est choisi par le roi, sur une liste de trois candidats qu'élaborent les deux juges de circuit et les cinq juges de l'*Exchequer-Court*, parmi les personnalités les plus éminentes du Comté. L'élu est obligé d'accepter, sous peine d'une amende considérable, cette onéreuse et absorbante charge, et de l'exercer une année à titre gratuit. Sous sa responsabilité, il délègue certains de ses pouvoirs à un mandataire rémunéré, le *Deputy-Sheriff*. Le *Lord-Lieutenant* est choisi par le roi parmi les plus grands propriétaires fonciers du Comté. Il exerce à titre gratuit, et à vie, le gouvernement militaire du Comté, nomme ses mandataires les *Deputy-Lieutenants,* occupe la première place parmi les *Magistrates*, garde les archives locales. Le *Jury,* se subdivisant en *Grand-Jury* et *Petty-Jury*, est le corps de citoyens chargé de décider les questions de fait en matière civile ou criminelle. La liste *(Juror's book)* en est dressée annuellement par les *Church-Wardens* et les *Overseers* paroissiaux ; puis en second lieu par les *Magistrates* du Comté, parmi les contribuables taxés pour le *poor rate* ou l'impôt des maisons, dans une ville de vingt mille âmes ou au-dessous sur une *rent* de 1250 francs, dans une paroisse rurale sur une *rent* de 750 francs. Les contribuables élevés, *esquires*, banquiers et marchands, font en outre partie du *Special Jury.* Le *Jury* décide le fait auprès des juges, qui décident le droit. Avec lui, en cours d'assises, les quinze juges des trois hautes cours de Westminster, chargés de parcourir les huit circuits, jugent les affaires criminelles ou civiles les plus graves. Avec lui, dans chaque Comté, un juge (soixante en tout) tient pour les affaires civiles inférieures à 1250 francs la *New-County-Court*. Au-dessous de la juridiction des *New-County-Courts*, la justice est rendue à la portée de la paroisse, de l'atelier, du foyer, par les *Magistrates,* les plus indigènes et les plus permanents des mandataires de l'autorité publique. Les *Magistrates*, ou *Justices of the peace,* sont nommés en nombre indéfini par la Couronne, pour toute la durée du règne, sur la proposition du Lord Lieutenant, parmi les gentlemen ruraux ou propriétaires fonciers taxés pour une *rent* nette *minima* de 2,500 fr. Ils doivent habiter dans le Comté. Ils y président à l'administration générale, et punissent les délits et crimes n'entraînant ni la mort ni la servitude pénale. Ils ne peuvent être révoqués qu'en cas de cessation de résidence, ou d'infraction notoire à leurs devoirs publics ou privés. Ils choisissent, pour exercer l'action qui doit être une, un mandataire unique, largement rétribué, le *Clerk of peace*. Réunis en sessions ordinaires trimestrielles ou *quarter–sessions* (en janvier, mars, surtout juillet et octobre), et en sessions extraordinaires, ils contrôlent et dirigent la gestion de toutes les affaires du Comté, menées par des employés de leur choix, indigènes et stables. Leur autorité embrasse l'administration générale, la justice, l'ordre public *(coroners, chief-constable, superintendents, constables)*, la vérification des poids et mesures, les prisons, les *licenses* pour débits de boissons, les aliénés *(lunatic asylums)*, les ponts et routes, le service des dettes locales, le budget et le mouvement de trésorerie que comportent la levée et l'emploi des taxes nécessaires à tous les services. C'est surtout l'institution des *Magistrates* (où ce serait une erreur de voir une oligarchie aristocratique, puisque les chefs de la bourgeoisie y passent sans cesse) qui fait du gouvernement local en Angleterre un noble modèle, et qu'il faut opposer à nos bureaucraties salariées, non indigènes et nomades.

A cette esquisse du gouvernement des Comtés, il convient d'ajouter l'administration propre des villes *(cities* ou *boroughs)*, exercée par le *Mayor*, les *Aldermen* et le *Town–Council*, qu'assistent les *Assessors* et *Auditors*. Le *Town–Council* est élu par la corporation des citoyens communaux *(burgesses, freemen)*, dont la qualité est fixée suivant certaines règles. Là, comme dans le Comté, le gouvernement local subsiste entier.

En Angleterre comme partout, la diffusion des idées modernes provoque sur certains points des tendances centralisa-
trices. Parmi les résultats de ce mouvement, on peut noter le
contrôle qu'exerce sur les villes et sur les Comtés le gouvernement central par le *Secretary of State for home affairs*
et par le *Local government Board,* l'envoi d'inspecteurs
pour surveiller l'exécution des lois en quelques matières
d'ordre public, la dévolution du choix des officiers de la
réserve au *Secretary of State for War,* la nomination
des employés des postes par le *Post Master General,* membre du gouvernement; — en ce qui concerne les écoles
paroissiales, en général confiées au *clergyman,* quelquefois
sous le contrôle de *School-Boards,* et sous l'inspection du
Committee of education of the Privy Council, certaines
velléités de considérer le *School-Master* comme un fonctionnaire du pouvoir central plutôt que comme un auxiliaire du
gouvernement local. Mais ces tendances, que regrettent du
reste beaucoup d'hommes éclairés en Angleterre, ne sont pas
près encore de porter une atteinte grave, Dieu merci, aux
caractères essentiels du gouvernement local, exercé tout
entier (à l'exception d'une part de l'organisation judiciaire)
par des fonctionnaires à titre gratuit, choisis parmi les autorités sociales des localités, résidant sur ces localités, connaissant à fond les coutumes, les mœurs, le langage particulier,
les besoins des populations qu'ils ont mandat d'administrer,
et trouvant dans la longue durée de leurs pouvoirs le moyen
infaillible d'accroître sans cesse l'utilité de leur concours à la
tâche commune(1). La permanence est la règle pour toutes les

---

(1) L'organisation ainsi décrite est modifiée (1888) par le *bill pour l'administration
locale en Angleterre et dans le pays de Galles,* œuvre du *Local government Board,*
à laquelle se lie le budget de M. Goschen pour 1888-89. Les *country gentlemen* conservent
leurs attributions judiciaires ; leurs attributions administratives passent à des *conseils
de comtés* et à des *conseils de districts* élus par tous les contribuables. Mais si cette
réforme démocratique, présentée par un cabinet tory, diminue le rôle des *Magistrates* et
organise le gouvernement local sur la base de l'élection, elle n'ôte pas le gouvernement
local aux indigènes, faisant à titre gratuit les affaires de populations qu'ils connaissent ;
elle ne le livre pas à une bureaucratie salariée, non indigène et nomade. L'exemple de l'Angleterre, modifié par le temps et la marche des faits, demeure donc topique en la question.

fonctions publiques, dans ce pratique et sage pays. En dehors du gouvernement local, qui ne sait, par exemple, que le principal avantage des agents du personnel des relations extérieures de l'Angleterre sur les agents de notre département des affaires étrangères consiste dans la stabilité des premiers ? Satisfaits des situations lucratives qu'ils occupent, tenus en dehors des fluctuations politiques, respectés par les dirigeants, qui savent les résultats à attendre de la permanence, ils ne sont jamais dominés par la pensée de changement qui préoccupe les agents français; en demeurant de longues années dans le même lieu, ils y connaissent toujours mieux les besoins de leurs nationaux, et du commerce, s'il s'agit d'agents consulaires; ils procurent partout une protection efficace au nom anglais, et acquièrent peu à peu une influence qui profite à leur gouvernement.

Comme documents à l'appui de l'exposé qui précède du gouvernement local dans le Comté anglais, au point de vue de la condition indigène et stable des dépositaires de l'autorité publique, on trouvera ci-dessous deux listes. La première indique (avec la date de leur nomination) les fonctionnaires *indigènes, permanents* (le *Sheriff* excepté), propriétaires fonciers tous résidants, qui occupent en 1875 les charges du gouvernement local, à titre gratuit, dans le comté de Hants. La seconde donne une énumération analogue pour l'Union de Paroisses d'Alresford, dans le même Comté. Il sera facile à chacun de les comparer par la pensée aux tableaux des fonctions publiques correspondantes ou analogues dans ces groupements factices qu'on appelle le département ou l'arrondissement français, et aux nomenclatures des agents salariés, non indigènes, nomades, qui exercent ces fonctions. La comparaison ne peut manquer de saisir les esprits ouverts et non prévenus.

I. — Fonctionnaires indigènes et permanents du comté de Hants
(nom officiel Southampton)

High Sheriff. — W. Howley Kingsmill, Esq. *(magistrate* depuis le 18 septembre 1865.)

Lord Lieutenant *(Custos Rotulorum).* — Marquis de Winchester (1852).

Deputy-Lieutenants. — E. Knight, Esq (15 octobre 1821). — G. Scott, Esq. (20 juillet 1867). — F. Jervoise, Esq. (2 avril 1849). — Comte de Carnarvon (2 avril 1855). — J. Howard (6 juillet 1846). — Portal Malville, Esq. (6 juillet 1846).— Sir Rivett Carnac (18 octobre 1847).— H. Compton, Esq. (6 novembre 1841).— E. Drummond, Esq. (5 avril 1852) — W. Stanley, Esq. (1er février 1834).— Vicomte Eversley (14 octobre 1823). — Sir Mildmay (17 octobre 1853). — Capitaine Jolliffe (22 août 1874). — Sir Jervoise (20 octobre 1835) — Sir Macdonald (4 aout 1849). — J. Carter, Esq. (17 mai 1842). — Comte de Normanton (13 novembre 1841). — Vice-amiral Harris (8 avril 1844). — Sir E. Hulse (6 janvier 1835). — Sir Dutton (22 octobre 1850). — W. Bulpett, Esq. (23 avril 1842). — J. Beste, Esq. (3 avril 1838) — Th Flaming, Esq. (27 juin 1848) — Sir Heathcote (12 juillet 1825). — Th. Chamberlayne, Esq. (18 mai 1839). — Marquis de Cholmondeley (3 avril 1838). — F.-V. Harcourt (14 janvier 1842).

Magistrates. — 1° Tous les notables locaux déjà énumérés ci-dessus au titre de *Deputy-Lieutenants.* — 2° Deux cent vingt notables locaux nommés (sans limitation de nombre) par la Couronne. La liste de ces notables, avec chaque nom accompagné de l'indication de la résidence et de la date de nomination, est trop longue pour être insérée : il suffit du reste d'en retenir que ces 220 *Magistrates* du Hants 1° se rattachent au Comté par le lien de la propriété foncière, et, pour la plupart, de l'origine , 2° y résident, 3° sont investis pour toute la durée du règne, et en pratique, fréquemment maintenus un temps plus long encore (les *dates of qualification* remontent jusqu'en 1821).

Les *Magistrates* du Hants se réunissent en *quarter-sessions* à Winchester, sous le nom de *Justices of the Peace of the Queen.* Ils y reçoivent les rapports des divers comités ci-après, du *Chief-Constable,* du *Treasurer,* des *Visiting Justices* pour les prisons, du *Chaplain* et du *Superintendent* pour le *Lunatic Asylum,* etc.

Comités formés par les *Magistrates* du Hants, 1875. — *Committee for Finance and General Purposes — Public Work's Committee. — County Prison Committee. — County Police Committee. — County Lunatic Asylum Committee. — County Licensing Committee. — Visitors of Westbrook House Lunatic Asylum, Alton. — County Hospital Committee.* — Chacun de ces comités, présidé par une des hautes notabilités locales *(Deputy-Lieutenant, Magistrate..),* comprend plusieurs membres d'office et, en général, un nombre au moins double de membres élus.

Il convient d'ajouter à cette organisation officielle qu'à la tête des Associations libres de bien public se retrouvent la plupart des *Magistrates* du Comté : par exemple, pour le Hants, la *Hampshire Friendly Society* (caisses d'épargne, assurances sur la vie, tontines, retraites pour la vieillesse ou secours pour la maladie) a pour président le comte de Portsmouth; pour vice-président. S Portal, Esq.; pour *trustees,* le vicomte Eversley, F. Marx, Esq., etc., ainsi que des délégués des districts.

II. — Fonctionnaires indigènes et permanents de l'Union d'Alresford

Board of Guardians. — 1° Guardians *(ex officio)* : les *Magistrates* du Comté poar Alresford-Union; Président F. Marx, esq. — 2° Guardians *(élus) :* vingt membres nommés par les paroisses de l'Union; vice-président M. Huggins, de la paroisse de New-Alresford. — Les *Guardians* dirigent les services du *Poor rate,* du *Workhouse,* des secours *out door,* de l'état civil, du placement des aliénés de l'Union dans le *Lunatic Asylum* du Comté, de la vaccination publique, etc.

VIII

De l'enquête dont nous avons exposé les résultats sommaires, et *a fortiori* d'une enquête approfondie que tout Français éclairé et libre de préjugés peut faire personnellement sur place, se dégagent deux conclusions certaines :

1° Les sociétés où le gouvernement local est confié aux autorités sociales indigènes et stables, sont libres et prospères. L'Angleterre, notamment, doit pour une importante part à ses traditions de gouvernement local, et à son admi-

rable institution des *Magistrates* en particulier, la conscience
d'elle-même, l'union des classes, le respect des hiérarchies
naturelles indestructible chez un peuple qui veut demeurer
ou devenir grand, la fidélité aux devoirs publics, comme
corollaire et rançon des avantages de la naissance, de l'éducation ou de la fortune, le sentiment de la responsabilité, le
dévouement désintéressé à l'utilité générale.

2° Inversement, ces biens inestimables, — garanties que
rien ne saurait remplacer, de cette Paix *(Peace)* dont les
Magistrates anglais invoquent le beau nom, et dont la France
a faim et soif, — ne se retrouvent plus chez les peuples qui,
au gouvernement local ainsi compris, ont substitué, dans une
mesure plus ou moins large, le régime des fonctionnaires non
indigènes et instables (1).

IX

La raison, au surplus, confirme pleinement ces vérités
fournies par l'observation et l'expérience. Il n'est personne
qui ne reconnaisse avec Sully (*Œconomies Royales*, ch. CIV)
que « rien ne tesmoigne davantage de la décadence d'un Etat
« que l'effrénée multiplicité des officiers », et avec Montalem-
bert (*Avenir politique de l'Angleterre*, p. 84), que « le désir
« universel et immodéré des emplois publics (salariés) est la
« pire des maladies sociales ». Mais comment un pays pourrait-il se soustraire à la multiplicité des offices salariés, et
par suite à l'universelle convoitise qu'excitent ces prébendes,
s'il se prive spontanément du concours désintéressé que les
autorités sociales indigènes sont naturellement disposées à
prêter, le plus souvent à titre gratuit, à la gestion des affaires
locales ? Et comment ce pays ne serait-il pas dès lors conduit

(1) *La Réforme sociale*, ch. 66, § XX.

fatalement à remplacer cette élite de dirigeants volontaires du gouvernement local par une armée de nomades salariés ?

Ces innombrables fonctionnaires, que des administrations centralisées promènent sur tous les points du territoire français, suivant des combinaisons hiérarchiques, et trop souvent au gré d'ambitions particulières, s'en vont de résidence en résidence, sans autre intérêt humain que leur avancement. Ce serait commettre une injustice, et tomber dans l'erreur commune aux fauteurs de nouveautés en ce pays, que de ne pas reconnaître que les fonctionnaires en général ont conservé (la chose est certaine au moins pour la France) une intégrité rare, une existence laborieuse, un goût spontané du devoir, une certaine fierté traditionnelle à soutenir l'honneur de leurs corps spéciaux. Mais ces mobiles suffisent-ils à l'homme ? Dans cette province à laquelle rien ne l'incorpore et le soude, ni l'attache matérielle si puissante de la propriété du sol, ni le lien moral indestructible des traditions domestiques, le fonctionnaire non indigène et nomade arrive en curieux, s'installe en passant, vit en étranger. Il n'est point rare de surprendre en lui un esprit d'envie ou de malveillance instinctive contre les choses ou les personnes indigènes. Les yeux toujours fixés sur le mirage de l'avancement, il attend avec anxiété le coup de télégraphe qui lui en apportera la nouvelle, prêt au premier signe d'en haut à plier sa tente, à emporter ailleurs ses pénates. Hélas ! a-t-il ce que comprend ce nom, emprunté par notre langue aux douces et fécondes permanences de la famille antique ? Le *mecum omnia porto* est vraiment sa devise. Le foyer des ancêtres n'existe plus pour lui, ou du moins il l'a quitté pour toute la vie, réduit à caresser un vague espoir secret, et bien incertain d'y retourner vieillir et mourir ; et il ne saurait sans imprudence tenter d'en fonder un autre quelque part sur sa route, pour y travailler environné d'enfants fondateurs à leur tour de branches nouvelles. Comment aimerait-il chacune de ses résidences successives et éphémères? Pourquoi, — en dehors des idées générales de bien public, — s'intéresserait-il aux progrès de ce coin de terre? Son principal objectif ne doit-il pas être, s'il est sage de complaire à ses mandants? et même des mutations fréquentes ne sont-elles pas pour lui sourire, si l'avancement dont il attend la fortune de sa famille en doit sortir? Et pourtant, n'est-ce pas une vérité profonde, chaque jour démontrée davantage à ce peuple, qu'il faut aimer tendrement une « petite patrie », pour aimer fortement la grande?

En tout cas, ce délégué instable d'une autorité lointaine, — quelle que soit la portée de son esprit, l'étendue de sa culture, l'ardeur de son bon vouloir, connaîtra-t-il les mœurs, les coutumes, les caractères, les dialectes, les besoins, les ressources, les vœux de la région qui lui a été attribuée sur la carte ou les états du ministère? Comment ce préfet arrivé d'hier, — s'il est destiné (et il le sait, que dis-je? souvent il le désire) à repartir demain, — aura-t-il ou acquerra-t-il cette science des choses, et mieux encore des hommes, qui est la première et la plus indispensable des conditions d'une administration utile?

Si le public et la fonction souffrent gravement d'un régime que rien vraiment ne peut justifier, eux-mêmes les fonctionnaires n'en sont pas moins atteints dans leur dignité et dans leurs intérêts matériels. Dans leur dignité : car ils se sentent déracinés et dépaysés partout, peu entourés de ces sentiments de déférence ou d'affection que font naître seules les communautés d'origine et les voisinages de longues vies. Dans leurs intérêts matériels : car il n'est pas même besoin d'expliquer combien onéreuses sont aux pécules modestes et aux minces appointements d'un fonctionnaire français ces migrations répétées, avec des familles souvent nombreuses, de l'Est au Midi, du Nord au Couchant. Qui de nous n'a été témoin et confident des gênes et des embarras engendrés par tel « mouvement » inattendu qui soulève vingt existences, et qu'un caprice bureaucratique, ou peut-être l'occasion de caser quelque client, aura fait proposer à la signature souvent inconsciente du ministre? D'ailleurs, comment faire aux titulaires d'offices publics des situations pécuniaires en rapport avec les exigences de la vie présente ; comment déférer sur ce point à des vœux trop légitimes et à des plaintes trop respectables, si le budget demeure contraint de s'éparpiller et s'émietter sur une armée innombrable d'employés? Et la première condition, le *sine qua non*, pour améliorer autrement que par un supplément d'aumône le sort des fonctionnaires utiles, n'est-il pas d'abolir les autres, et de restreindre considérablement la multiplicité des fonctions salariées, en laissant au gouvernement local gratuit et volontaire des autorités sociales la part qu'il a dans toute société prospère?

Disons-le, à un point de vue plus élevé, pour restaurer ou encourager parmi nous la stabilité des familles, chaque jour minée par les contraintes légales, par l'affaiblissement de la puissance paternelle, par le morcellement des foyers et des ateliers patrimoniaux, par la mobilité de la vie, par l'ébranlement des crises révolutionnaires, par tant d'autres causes prises dans les mœurs, ce n'est point une pratique saine et salutaire que ces colonies de fonctionnaires qui s'en vont, détachés du sol, promenant dans des localités qui ne les connaissent point et qu'ils connaissent mal, des familles à foyers instables, et une image pâle, précaire, toujours moins respectée de la souveraineté.

On s'étonne, en vérité, de voir contester des évidences telles, et d'être contraint de les démontrer soit par l'expérience, soit par la raison !

X

Et la conclusion? — La conclusion, c'est la Réforme. — Mais laquelle?

Un ami de celui qui écrit ces lignes, homme de savoir et

d'esprit, mis en garde par une pratique administrative éclairée contre les projets de réforme qui ont peine à se préciser en une formule de décret, lui disait un jour : « Au fond, et pour « mettre les points sur les *i*, le gouvernement local, c'est la « suppression des sous-préfectures. » Ce serait envisager la question sous un jour trop restreint ; on a pu s'en convaincre à lire ce qui précède. Il n'entre pas dans le plan d'un travail comme celui-ci de rédiger sur chaque point de réforme le *modus agendi :* qu'il s'agisse du livre entier ou d'un chapitre, les constitutions de cabinet n'ont jamais rien valu, et c'est là l'œuvre des hommes mêmes qui seraient appelés à agir, œuvre soumise à bien des modifications selon les circonstances. Les conclusions ici ne peuvent donc que garder une généralité et une élasticité qui comportent les amendements et les appropriations. Comme dans certaines questions judiciaires, il paraît sage de poser d'abord des conclusions principales pour une réforme absolue et profonde, en second lieu des conclusions subsidiaires pour une réforme limitée.

Si l'on est d'accord sur ces points :

Que l'un des plus sûrs moyens pour faire régner la paix sociale, but suprême des désirs de tout peuple, est un bon gouvernement local, agissant de concert avec le gouvernement central en vue de cette paix ;

Que le personnel le plus apte à bien gérer ce gouvernement local est celui des hommes distingués, surgis de tous les rangs sociaux, signalés à l'estime de leurs concitoyens par les supériorités de la situation, de l'indépendance, du talent ou de la vertu, attachés aux localités par l'origine, la résidence ou la propriété foncière, et disposés à en gérer, le plus souvent à titre gratuit, les affaires ;

Qu'à choisir entre ces hommes et les agents nomades, non indigènes, des bureaucraties centralisées, les premiers sont indubitablement plus propres à résoudre les difficultés journalières soulevées par le choc des intérêts locaux ;

Que le gouvernement local ainsi entendu est la vraie source des mœurs publiques, et non telle étiquette ou tel cadre de gouvernement; qu'il accoutume les citoyens à la vie civique par la vie administrative locale; qu'il enfante inévitablement l'amour du bien public, la conscience du droit et du devoir, le sentiment de l'initiative et de la responsabilité, l'harmonie des classes, le véritable esprit conservateur au sens le plus élevé du mot, le respect des autorités sociales mises en demeure de légitimer leur supériorité à force d'activité, de sollicitude, de dévouement désintéressé;

Si l'on est d'accord sur tout cela,

On approuvera la conclusion à une réforme absolue, pro- fonde, quoique progressive encore, lente et prudente, qui tente de coopérer au relèvement de notre France par la création d'un véritable gouvernement local, par une répartition har- monieuse de droits et de devoirs dans le corps de la nation, par la restauration d'une *classe supérieure ouverte*, fondant et maintenant son autorité non seulement grâce à la loi, mais grâce à l'ascendant des qualités personnelles, à l'estime des citoyens, au dévouement des serviteurs. Les franchises com- munales restituées aux seuls contribuables, sous réserve du contrôle de l'Etat en certaines matières d'ordre public; des conseils cantonaux élus par les communes, un président cantonal nommé par le pouvoir central parmi les notables et les propriétaires ruraux du canton; un conseil général du département formé de délégués élus par les cantons, et d'ad- ministrateurs choisis par le pouvoir parmi les notables et les principaux propriétaires fonciers, de préférence ruraux, du département; un gouverneur de la province, délégué direct du pouvoir central, choisi parmi les autorités sociales de la pro- vince, assisté d'un conseil provincial électif de notables imbus des traditions locales et liés aux intérêts locaux : la vie pro- vinciale, départementale, communale, en France, pourrait se refaire sur ces bases; les éléments en existent partout, qu'on le croie bien ! Il n'y a point là d'utopie. Si nous voulons redevenir autre chose qu'une poussière de peuple, toujours plus fragmentée et plus au service du premier vent d'orage qui passe, la voie et la vérité sont là. Mais il convient de le dire non moins nettement, il faut que, parallèlement à une refonte de lois, la réforme se fasse dans les mœurs, et que les autorités sociales, soit des bourgeoisies urbaines, soit de la propriété rurale, celles-ci notamment revenues à la résidence sur leurs domaines, acquièrent dans l'accomplissement des devoirs privés les vertus qui les rendent aptes entre tous les citoyens d'un pays à remplir excellemment les fonctions publiques de leurs localités (1).

A ceux qu'alarmerait la largeur de telles conclusions, nous en présenterons une autre, la subsidiaire, plus modeste, hélas ! plus pratique, si on reproche à la première de ne l'être point assez, immédiatement applicable :

Répudier comme erronée et pernicieuse la théorie trop répandue qui veut qu'un fonctionnaire ne puisse bien servir l'intérêt public dans son pays d'origine;

Tenir pour sage la règle contraire, démontrée par la tradition du passé national, l'observation des peuples prospères et la raison, à savoir : que les candidats aux fonctions locales, appartenant aux localités à pourvoir, signalés au choix du pouvoir central par l'estime de leurs concitoyens, capables entre tous de connaître les choses et les hommes de leur pays, intéressés personnellement à ses progrès, doivent être favorisés de préférence à tous autres par le pouvoir souverain ;

N'apporter dans l'appel ou le maintien aux fonctions locales aucune considération étrangère aux motifs d'intérêt local, et notamment aucune raison d'ordre purement politique;

Rompre avec les habitudes ineptes et funestes des dépla-

_____

(1) *La Réforme sociale*, 34, 65 et 66. — *Le Programme des Unions*, ch. III, v, § 2.

cements perpétuels et lointains ; suspendre et cesser ces
« mouvements », dont le moindre tort serait d'être inutiles,
et ne plus offrir par exemple au pays le spectacle de certains
chassés-croisés véritablement scandaleux au point de vue de
la chose publique ;

Adopter pour l'une des règles fondamentales de l'administration publique la permanence dans les fonctions, notamment
pour les fonctions locales, et le séjour viager si la nature de
la charge le permet, en tout cas prolongé autant que possible,
des fonctionnaires dans une même localité, ou au moins dans
une même région provinciale ; pratiquer dans la plus large
mesure possible, et pour toutes les natures de fonctions où il
n'y aurait pas impossibilité radicale, le système de l'avancement sur place ;

Organiser, par exemple, dans des conditions analogues au
régime suédois (*supra*, VI), des garanties solides au profit
des fonctionnaires publics locaux contre la précarité des fonctions, par suite de destitution ou de déplacement...

Ce sera le dernier mot, le *minimum* de revendication *pratique,* on l'avouera, de cette étude.

LE TRAVAIL ET LE SALAIRE DES FEMMES

---

30 septembre 1887.

Parmi les sujets traités ces jours-ci à Milan au Congrès international des chemins de fer, qu'a présidé M. Léon Say, et où les Italiens nous ont témoigné une cordiale sympathie, nous remarquons les observations qui se rattachent à une question intéressante, de plus en plus élargie, celle du *travail des femmes*. Comme l'a établi M. Perruzzi, l'expérience faite par un grand nombre de compagnies démontre que les femmes peuvent être avantageusement employées à la surveillance de la voie, à la statistique, à la comptabilité, à la gérance de petites stations ; l'orateur a recommandé cet emploi comme économique. Bien des champs nouveaux d'activité se sont ainsi ouverts depuis quelques années aux femmes, dans certains services de l'Etat, dans beaucoup d'industries, dans diverses administrations. Nous avons vu nous-même naguère à la Caisse d'épargne de Lyon des jeunes filles chargées de travaux de statistique ou de contrôle : très appliquées, contentes de leur sort, faciles à conduire, elles satisfont particulièrement les chefs par l'exécution ponctuelle et élégante de leur tâche.

Parallèlement à l'extension des modes de travail de la femme, un mouvement s'est produit pour réglementer ce travail, pour le défendre contre les dangers de la liberté sans limite en cette matière. Dans le Parlement français, la commission chargée d'étudier des réformes de la législation du travail pour les établissements industriels, les mines, les chantiers, les ateliers, les magasins, a admis le principe de la limitation de la durée de la journée pour les femmes. La Belgique est en train d'en faire autant. Au Reichstag, on propose d'interdire aux femmes certaines besognes trop dures, tout travail les dimanches et fêtes ou la nuit de 8 h. 1/2 du soir à 5 h. 1/2 du matin, et de borner la journée à dix heures pour toute ouvrière ayant à soigner un ménage. On fait des lois dans le même sens en Amérique, par exemple cette année dans le Maine le bill Looney dit de dix heures. Il est certain que l'ouvrière adulte, comme le mineur des deux sexes, doit être protégée, soit à raison de sa faiblesse, soit dans une pensée sociale, pour l'empêcher de s'exténuer au détriment de sa fonction naturelle et de contribuer ainsi à la dégénérescence de la race. Ainsi le rapport des inspecteurs du travail industriel en Autriche pour 1886 signale, à Vienne même, un atelier de couture où dix jeunes filles étaient tenues pendant 35 heures consécutives sans autre interruption que les repas.

Aux progrès législatifs dans cet ordre d'idées, il faudrait ajouter les efforts du *self help* faits par les classes laborieuses elles-mêmes pour améliorer le sort des femmes, notamment en Angleterre l'organisation depuis 1874 des *Unions*, dont le centre est la *Women's protection and provident league*. Mais le point le plus délicat de toute cette question du travail féminin est le salaire. En ce moment même un groupe d'économistes Anglais poursuit une enquête sur l'état des salaires. Il y a incontestablement des améliorations à espérer de ce côté. L'enquête provoquée il y a deux ans en Allemagne

par le Reichstag a établi, même dans Berlin, une dépression
bien triste du salaire des femmes, causée soit par l'offre
démesurée du travail, soit par la concurrence des femmes
d'artisans ou d'employés subalternes aux ouvrières de profession : le taux moyen pour les 30,000 ouvrières du vêtement
à Berlin ne dépasse pas 12 marcs par semaine, 15 francs.
Est-ce suffisant dans les grandes villes pour assurer une existence honnête à la femme environnée de tentations et lui
procurer quelque économie ? Nous voudrions à Marseille une
enquête de ce genre : donnerait-elle des constatations bien
satisfaisantes ?

De cet état de choses est née (et aussi de la cherté croissante, universelle, de la vie) une thèse hardie, celle que le
salaire des femmes, à résultat égal, doit être égal à celui des
hommes. A New-York, l'*Union typographique* se prononça
naguère en ce sens. L'ordre des *Chevaliers du travail*, cette
immense fédération ouvrière que Léon XIII a approuvée sur
l'avis du cardinal Gibbons, a reconnu depuis plusieurs années
le principe. Est-il excessif, ce principe ? Au point de vue de
la justice, on ne saurait le dire. Le maître général des *Che-*
valiers du travail, M. Powderly, disait naguère :

> Nous croyons fermement que ce qu'une femme produit doit trou-
> ver le même prix que si c'était produit par un homme. Quand j'ai
> acheté ce mouchoir, il n'était pas question de savoir qui l'a fait, je
> ne savais pas si c'est un homme ou une femme ; le commis du ma-
> gasin ne m'a pas indiqué que je pouvais l'avoir à meilleur marché
> parce qu'une femme l'avait fait. Ce qu'une femme fait se vend aussi
> cher que si c'est un homme qui l'a fait, et je dis que la femme doit
> recevoir de son travail la même rétribution.

Il y a dans ce raisonnement autant de logique que d'*hu-*
mour. Est-il, pratiquement, dans un pays comme le nôtre,
conforme à l'intérêt même des femmes ? Il est permis d'en
douter, puisque beaucoup d'emplois nouveaux se sont ouverts
aux femmes à raison de la main-d'œuvre trop coûteuse, et

dans le but de la combattre. Il est vrai que si les salaires
étaient égalisés, l'antagonisme qui s'est élevé chez nous dans
certaines industries entre les deux sexes disparaîtrait.

22 juillet 1888.

Nous voilà à l'une de ces époques de l'année où le retour
périodique d'examens pédagogiques, recherchés peut-être
avec une ardeur excessive, crée dans une grande ville comme
Marseille un nombre toujours croissant de femmes que l'État
pourvoit d'un diplôme, mais non d'un moyen de l'utiliser.
Parmi les jeunes filles qui obtiennent le brevet élémentaire,
et il en doit être à peu près de même pour celles qui montent
jusqu'au supérieur, on a calculé qu'un quart à peine se destine
aux écoles; si nous supposons qu'un autre quart arrive à se
répandre dans l'enseignement libre, il en reste une moitié qui
ne veut ou ne peut tirer aucun parti du titre conquis après de
si longs, si pénibles, si coûteux efforts. Déduisons-en les heureuses qui l'ont désiré comme un luxe, y voyant à tort ou
à raison la meilleure façon de prouver leur culture intellectuelle; les autres, qui ont à suffire à leurs besoins ou à ceux
d'une famille, que deviendront-elles? Chaque année en jette
de nouvelles sur le pavé; la plupart poursuivent des leçons,
soit dans une famille, soit au cachet; est-ce donc la seule
voie où il devrait leur être possible de s'engager?

Il nous semble que non, qu'il y aurait d'autres emplois de
leurs aptitudes ou de leur énergie à recommander. On dit
souvent, dans les milieux réfractaires aux faits nouveaux et
qui ne comprennent pas ce que certaines modifications sociales
ont d'inévitable : « trop d'instruction féminine, trop d'insti-
« tutrices, il en sortira des déclassées ! » Mais pourquoi ne
vouloir demander que des institutrices à cette diffusion d'une
certaine moyenne de connaissances parmi les femmes fran-

çaises ? C'est sur ce point qu'il serait, croyons-nous, temps de
réagir. On a commencé de comprendre qu'étant données nos
conditions générales de vie, la place occupée par les femmes
dans le commerce, l'industrie, les administrations publiques
ou privées, était naguère encore infime par comparaison à
celle qu'elles pourraient y tenir ; il reste pourtant à avancer
dans cette direction. Par la vivacité d'intelligence, le don du
calcul exact et rapide, l'attention diligente, l'esprit d'ordre,
la régularité, l'exactitude, le goût, le dévouement, les femmes
sont aptes à de très multiples professions auxquelles accès ne
leur est pas donné, et qui leur fourniraient occasion de se
distinguer, de réussir, d'accroître leur bien-être, de récom--
penser les sacrifices des parents.

C'est un point que nous serions heureux de rendre clair et
sensible dans une cité comme Marseille, à l'immense et si
divers mouvement. Ailleurs quelques pas ont été faits en ce
sens, et (ce qui est assez rare en France) les administrations
de l'Etat ont donné des exemples d'initiative. Les Postes et
Télégraphes comptent 5,000 receveuses-buralistes, outre
certains emplois à Paris dans les services de la comptabilité,
des rebuts, etc. Une centaine de veuves ou de filles de fonctionnaires travaillent au Timbre, d'autres au ministère des
Finances pour la confection en double du grand-livre. Le
Crédit Foncier se sert de femmes pour la statistique et les
titres. La Banque de France met à profit leur dextérité et
leur sûreté de coup-d'œil. Les compagnies de chemins de
fer ont jugé le travail féminin avantageux. (et cela a été dit
expressément au dernier Congrès international, à Milan)
pour les guichets des gares, la tenue d'écritures, même la
gestion de petites stations : le P.-L.-M. occupe plus de 300
femmes, et a organisé en 1883 un bureau de ce genre à l'exploitation centrale pour la statistique des parcours, en 1884
un autre au contrôle des recettes. Quel a été le résultat de
ces expériences intelligentes ? Partout les chefs ont constaté

la supériorité de la femme sur l'homme pour les tâches qui exigent de l'adresse, du soin, du fini.

Nous ne doutons pas que dans l'énorme ruche de ce Marseille laborieux et en progrès les industriels, les négociants, certaines administrations, les sociétés à personnel compact, auraient intérêt, comme l'auraient les femmes elles-mêmes, à étudier la question. Les brévetées, qui ont subi des épreuves d'écriture, d'orthographe, de mathématiques, de langues étrangères, de rédaction, feraient des commis, des caissiers, des comptables, des secrétaires de correspondance excellents. Recevoir et payer sans erreur, tenir des livres, dresser des bordereaux ou des quittances, opérer des classements, ce sont des besognes où les femmes sont au moins les égales des hommes. A Marseille (moins qu'ailleurs pourtant, qu'à Lyon par exemple) on a vu des femmes ou des veuves d'industriels ou de commerçants diriger avec succès des affaires, y montrer de la tête et de l'habileté ; mais on n'a pas appliqué à des situations auxiliaires, subordonnées, des qualités analogues. Il est d'ailleurs facile de parer aux inconvénients possibles, comme on le fait au Crédit Foncier ou aux Postes, par la séparation des locaux, le renvoi des lettres à domicile, la sortie devancée. A Philadelphie, 5,000 femmes rendent de précieux services dans des usines, des banques, des cabinets d'avocats. Si ces idées faisaient leur chemin à Marseille, ce serait au double profit des patrons, qui y trouveraient l'économie de plus en plus nécessaire sur les frais généraux, et de tant de jeunes filles intéressantes devant qui s'ouvriraient, l'examen subi, des débouchés, des carrières nouvelles, des champs variés d'avenir.

L'ÉPARGNE POPULAIRE
A MARSEILLE ET DANS LES BOUCHES-DU-RHONE

LES OPÉRATIONS DE LA CAISSE D'ÉPARGNE
DES BOUCHES-DU-RHONE EN 1886 (1)

23 avril 1887.

Messieurs,

L'année 1886, dont je viens au nom du Conseil des directeurs vous soumettre le compte-rendu, a été exceptionel-
lement laborieuse. A l'intérieur de notre établissement des
résultats très favorables et des réformes diverses, dans une
sphère supérieure des faits qui nous intéressent au plus haut
degré. l'ont caractérisée. — Mon rapport se divise, pour
plus de clarté, en deux parties : l'une comprend les questions d'ordre général, l'autre résume le mouvement de notre
vie propre.

PREMIÈRE PARTIE
FAITS ET QUESTIONS D'ORDRE GÉNÉRAL

Changements de législation proposés

Vous vous rappelez qu'après les incidents d'Annecy et de
Tarare on proposa, en 1883, de modifier par une loi et un
règlement d'administration publique le régime des caisses

(1) Rapport présenté par M. E. Rostand en qualité de président du conseil des
directeurs de l'établissement à l'assemblée générale des administrateurs.

d'épargne. Un Congrès, auquel vous fûtes représentés par
mon regretté prédécesseur, émit différents vœux ; l'obligation, pour chaque Caisse, de s'attacher un contrôleur salarié
ne fut pas admise par le Conseil d'Etat, et les choses demeurèrent en suspens.

Mais l'attention fut bientôt ramenée vers nous, surtout
par le développement que donne à la Dette flottante l'extension continuelle des dépôts.

Le 21 novembre 1885, une proposition de loi était déposée
par M. G.-A. Hubbard et divers députés, en vue de régler
l'emploi des fonds des caisses d'épargne et de le rendre
productif. La loi du 1er mai 1886 consolida en rentes une
partie de ces fonds, en atténuation du compte-courant des
caisses d'épargne à la Caisse des Dépôts et Consignations.
Enfin, le 6 juillet 1886, un projet de loi organique, en dix
articles, fut soumis au Parlement par MM. Sadi Carnot,
ministre des finances, Lockroy, ministre du commerce, et
Granet, ministre des postes.

Ce projet de loi a trois objets :

1º Atténuer les risques auxquels la constante progression
des dépôts expose les finances de l'Etat par un abaissement
de l'intérêt qui nous est servi, par un remaniement de la
clause de sauvegarde, par des précautions qui tendent à
écarter les placements parasites, par la limitation des
versements au Trésor ;

2º Renforcer le contrôle, le rendre partout obligatoire et
continu en le confiant aux agents du ministère des finances
ou à leurs délégués, dans des conditions à déterminer par
un règlement d'administration publique ;

3º Attribuer aux caisses d'épargne la propriété collective
de la réserve qui existe à la Caisse des Dépôts et Consignations, en faire un fonds très large destiné à parer soit aux
pertes résultant de différences d'intérêts ou d'opérations

nécessaires pour assurer les remboursements, soit aux déficits.

C'est au moyen de l'écart entre l'intérêt réduit et le revenu du portefeuille de la Caisse des Dépôts que le projet pourvoit aux frais de contrôle et agrandit la réserve.

Congrès des Caisses d'épargne privées.

Un si important projet ne pouvait manquer de susciter les observations des établissements intéressés. La commission d'exécution du Congrès de 1883 provoqua, le 2 octobre, une nouvelle assemblée ; votre Conseil délégua pour vous y représenter MM. Barthet, Guilbault et le Président. Le Congrès se réunit à Paris les 27 et 28 octobre ; il tint trois séances ; 291 Caisses y prirent part. Nous avons tenu à ce que vous connussiez exactement ses travaux par le compte-rendu qui en a été publié ; chacun de vous en a reçu un exemplaire.

Les conclusions du Congrès se résument en peu de mots. — Il n'a pas proposé de ramener en arrière le maximum des dépôts : la valeur actuelle de l'argent, la nécessité de ne pas entraver la formation de l'épargne, l'exemple des pays étrangers ont modifié sur ce point l'opinion de ceux-là même qui avaient préconisé le retour à 1,000 francs, et le chiffre de 2,000 francs ne paraît décidément point excessif, alors que de 1835 à 1845 il fut de 3,000 francs, qu'il est de 5,000 francs en Angleterre, de 3,750 en Allemagne, de 3.125 en Russie, de 6,000 en Belgique, de 5,000 à 25,000 aux États-Unis. — Ce que le Congrès a demandé, outre certains amendements secondaires et l'égalité (sauf le maintien de l'écart d'intérêt) avec la Caisse postale, c'est que l'intérêt ne fut pas abaissé au-dessous de 3 fr. 75 %, et qu'il soit institué une commission consultative supérieure élue par les Caisses. — Il s'est déclaré énergiquement contraire au

contrôle permanent d'employés de l'Etat : appelant la surveillance comme il repoussait l'intrusion, il a proposé une
exécution plus stricte des devoirs de vérification confiés par
le décret du 15 avril 1852 aux inspecteurs ou receveurs des
finances, et si l'Etat veut davantage, la nomination d'inspecteurs régionaux choisis parmi les anciens agents des
Caisses.

En somme, le Congrès a démontré une fois de plus la
vitalité de nos libres institutions, exemple trop rare en
France d'œuvres créées et merveilleusement développées par
l'initiative privée. Les idées sages, transactionnelles, y
dominèrent. Vos mandataires purent y faire prévaloir la
plupart des vues qui leur avaient été recommandées.

En se séparant, le Congrès remit à une Commission le soin
de soutenir ses résolutions devant les pouvoirs publics. J'eus
l'honneur d'être l'un des quinze membres choisis par le
Congrès, et d'être ensuite élu par la Commission son premier
vice-président. Nous exposâmes nos vœux aux ministres, et
je fis parvenir le procès-verbal du Congrès aux sénateurs
et aux députés des Bouches-du-Rhône.

Menace de réduction du taux d'intérêt par voie budgétaire. Défense devant les Chambres.

Les choses en étaient là, et nous attendions le moment
où la commission saisie du projet de loi nous appellerait,
quand tout à coup la commission du budget, détachant du
projet organique la clause relative à l'intérêt, la transporta
dans la loi de finances de 1887 ; et le 20 novembre, la
Chambre décida que le taux de l'intérêt servi aux Caisses
par la Caisse des Dépôts et Consignations serait, dès le 1er
janvier 1887, réduit de 4 % à 3 fr. 25 %. Réunis d'urgence,
secondés par l'éminent président de la Caisse d'épargne de
Paris, M. Denormandie, nous portâmes nos doléances devant

le Sénat, dont la commission des finances voulut bien nous entendre. Un changement de cabinet était survenu : le ministre des finances, en demandant deux douzièmes provisoires, y introduisit la réduction d'intérêt, qui fut votée le 14 décembre. Mais la commission des finances sénatoriale proposa le rejet de l'article, qui fut repoussé par le Sénat ; et la loi, renvoyée à la Chambre, fut adoptée le 18 décembre telle que le Sénat l'avait amendée.

Malheureusement cette solution était, comme les crédits, limitée aux deux premiers mois de 1887 ; nous dûmes ne fixer l'intérêt que pour ces deux mois, et, conformément à une circulaire ministérielle du 24 décembre, avertir notre clientèle que le taux pourrait être changé au cours de 1887. Outre les inconvénients d'un abaissement qui, après prélèvement des frais d'administration, réduirait l'intérêt au-dessous de 3 %, vous devinez les complications qu'amènerait dans notre comptabilité un changement de taux en cours d'exercice : quand on réduisit le 1ᵉʳ juillet 1853 de 4.50 % à 4 %, nous avions 15,146 comptes, et nous en avons aujourd'hui 94,000.

Je dois sortir du cadre de l'exercice 1886 pour achever l'exposé de ces vicissitudes que nous avons traversées. Une troisième fois la réduction à 3.25 % reparut dans le budget 1887 rectifié. Nous fûmes de nouveau appelés fin janvier à Paris, et entendus le 28 par la commission du budget de la Chambre, le 31 par la commission des finances du Sénat, le 2 février par la commission de la loi organique. Nous insistâmes sur ce qu'avait d'inaccessible par-dessus tout l'attribution aux *produits divers* du budget du bénéfice à réaliser par un abaissement du taux, et nous demandâmes le renvoi de la question au débat organique. Sur le premier point la Chambre nous donna gain de cause, mais vota le 8 février la réduction à 3.25 % à dater du 1ᵉʳ avril. Au moins était-il acquis que le profit irait à la réserve au lieu de se perdre dans le budget ; une telle absorption une fois admise, eût-il été facile d'y faire renoncer? Complétant l'œuvre, le Sénat a éliminé de la loi de finances la réduction d'intérêt, et la Chambre a eu la sagesse de ne plus insister.

Ainsi, en luttant pied à pied, nous avons pu obtenir que ces questions complexes, délicates, qui se lient à toute notre organisation, échappent aux solutions précipitées par voie budgétaire. Elles reviennent entières à l'étude réfléchie de la commission de la Chambre des Députés qui est saisie du projet de loi organique.

Le projet de loi organique

Cette commission, présidée par M. Duvivier, député de la Seine-Inférieure, a pour secrétaire M. G.-A. Hubbard, qui a prouvé deux fois dans le débat devant la Chambre son dévoûment à nos institutions et sa compétence. Elle a bien voulu nous écouter longuement, et avec la bienveillance la plus courtoise.

Sans entrer dans aucun détail, nous ne pouvons nous soustraire au devoir de vous dire notre opinion sur le projet si important pour nous qui est ainsi pendant devant la Chambre. Pour en critiquer les parties défectueuses, il faut en juger équitablement les parties saines.

Arrêter l'accumulation des dépôts, qui est pour l'Etat un aliment de dépense excessive et un danger en cas de crise, fixer un maximum de 100 millions au compte-courant où peut puiser le ministre, placer le surplus non seulement en rentes mais en valeurs garanties par l'Etat, est une pensée honnête et juste.

Il ne serait pas moins utile de constituer une réserve qui serait vite énorme, où nous aurions part, et qui rendrait plus libre notre fortune propre.

Sur ces deux points, nous sommes les premiers intéressés à adhérer.

Une réduction du taux d'intérêt est admissible, mais dans une mesure prudente, à condition qu'on n'assimile pas nos établissements à des banques ordinaires, qu'on tienne compte de leur rôle, et aussi des besoins que nous impose un fonctionnement coûteux si l'Etat le veut comme nous progressif.

Quant au contrôle, les efforts de 1883 aboutiraient à un singulier résultat si, au lieu du contrôleur obligatoire mais choisi par les Caisses, qui fut alors écarté, et qui existe à Marseille, la surveillance intérieure était confiée à un fonctionnaire de l'Etat. Cette ingérence quotidienne dans des institutions autonomes, quoique l'indépendance et le rôle des administrateurs soient garantis par l'exposé des motifs, aurait des inconvénients évidents. L'exemple de Marseille autorise à l'affirmer en outre inutile, en démontrant que la législation actuelle suffit là où elle est obéie. A quels vices en effet l'exposé des motifs déclare-t-il vouloir obvier? A l'absence des administrateurs : or dans cette ville si active, vous assistez avec un dévouement admirable à toutes les opérations. Au défaut de sanction de leur surveillance : or après trois absences et un mois de mise en demeure, vous avez consenti à vous considérer comme démissionnaires. Au défaut de bordereaux de contrôle : or ils sont tenus ici dans la forme la plus rigoureuse. A l'absence de contrôleur indépendant : or notre agent-général, investi du contrôle, est par sa situation absolument indépendant du caissier.

Pour le taux d'intérêt, pour le contrôle, nous avons le ferme espoir que la commission tiendra compte des vœux des Caisses d'épargne. Nous lui avons aussi demandé d'introduire dans la loi ce que la grande Caisse de Lyon réclamait avec autorité dans son rapport du 5 juin 1886, à quoi ses directeurs attachent, je puis vous le dire, une importance spéciale, et que le Congrès a proposé : à savoir la création d'une commission consultative, d'un *Conseil supérieur* de nos Caisses, intermédiaire entre le pouvoir et les conseils d'administration, appelé à donner l'avis compétent de l'expérience dans tout ce qui peut concerner nos institutions.

Egalement soumise à la commission, la proposition Hubbard consiste à autoriser la Caisse des Dépôts et Consignations à placer les fonds des Caisses d'épargne en prêts sur première hypothèque, prêts aux départements et aux communes, escompte d'effets nationaux ou internationaux, rentes sur l'Etat, valeurs du Trésor. Peut-être y aurait-il à faire quelque chose en ce sens, ou dans le sens d'une certaine liberté de gestion des Caisses d'épargne, à rechercher si rien ne pourrait être imité de ce qui se passe en d'autres pays, en Belgique, aux Etats-Unis, en Italie, en Autriche-Hongrie. Ces questions, auxquelles touchait devant vous le rapport de 1875, sont définitivement posées par les économistes français les plus qualifiés, et si l'on avait un reproche à faire au projet de loi, ce serait de ne les point avoir abordées, ce qui a conduit le Congrès à s'enfermer dans le même cadre.

Nous continuerons de soutenir une cause, qui est celle de notre démocratie laborieuse, avec tout le soin, toute la vigilance, toute la ténacité dont nous sommes capables, devant la Chambre et le Sénat, puis pour l'élaboration du règlement d'administration publique auprès du Conseil d'Etat.

DEUXIÈME PARTIE

VIE PROPRE DE LA CAISSE EN 1886

Opérations de l'exercice

Du 1er janvier au 31 décembre, nous avons reçu en 57,616 dépôts 15,622,727 fr. 70 c. La caisse centrale de Marseille figure dans ce chiffre pour 10.724,691 fr. 13 c., nos succursales pour 4,898,036 fr. 57 c. Le nombre et le total des versements sont un peu moindres qu'en 1885 (59,359 pour 15,916,065 fr. 89 c.) — Ces chiffres représentent par jour une moyenne de versements de 50,723 fr. 14 c. et de 187 opérations. C'est en janvier qu'ils ont été le plus élevés (2,082,031 f.). Cependant la journée de recettes la plus forte a été le 7 février (88,203 fr.). La recette la plus faible, 6,310 fr., s'est produite le 21 septembre.

Du 1er janvier au 31 décembre, nous avons remboursé en 48,202 paiements 14,781,742 fr. 70 c. Dans ce chiffre Marseille entre pour 10,124,577 fr. 77 c., nos succursales pour 4,657,164 fr. 93. — Le nombre et le total des remboursements sont un peu supérieurs à ceux de 1885 (46,130 pour 14,019,294 fr. 97 c.) — Ces chiffres représentent par jour une moyenne de remboursements de 47,992 fr. 67 c. et de 156 opérations. C'est en janvier que les retraits ont été le plus considérables ; ils se sont élevés à 1,757,885 fr. 78 c. La journée la plus forte a été le 7 mai (90,607 fr. 45 c.) ; le minimum s'est produit le 21 juin (7,114 fr. 68 c.) — Il y a eu 6,862 livrets soldés pour 2,868,757 fr. 90 c. Dans ce nombre 42 ont été soldés après accomplissement de la condition imposée par le donateur, et 119 après le décès du titulaire aux héritiers ou ayants-cause, soit 161 affaires examinées au point de vue contentieux.

197 transferts ont été opérés par d'autres Caisses sur la nôtre, pour un capital de 120,362 fr. 25 c. Par contre nous avons effectué sur d'autres Caisses 218 transferts, représentant 151,520 fr. 97 c. L'ensemble de ce mouvement a compris 415 transferts, au lieu de 457 en 1885.

Les virements sont au nombre de 72 ; ils portent sur un total de 38,229 fr. 86. Les reports sont au nombre de 541, pour un total de 455,567 fr. 79 c.

Il a été acheté pour le compte de nos déposants 74 titres de rente, représentant 4,081 fr. de rente ; ces achats ont employé un capital de 103,610 fr. 40 c., inférieur au capital employé en 1885, qui était de 108,773 fr. 45 c. — Sur ces 74 titres, 23 ont été achetés d'office pour 13,276 fr. en 3 %, pour des livrets dépassant la limite légale, les excédentaires avertis n'ayant pas dans le délai ramené leur compte au maximum. 42 titres, pour 75,266 fr. 80 c., ont été achetés sur la demande des déposants, qui ont choisi le fonds d'Etat : le 4 1/2 a été préféré ; il en a été acheté pour 2,715 fr. de rente, et 315 fr. seulement en 3 %. Enfin les soldes des livrets atteints par la déchéance trentenaire ont été employés en 9 inscriptions représentant 556 fr. de rente et un capital de 15,067 fr. 60 c., inscriptions qui ont été remises à la Caisse des Dépôts et Consignations pour être tenues à la disposition des ayants-droit.

Les inscriptions dont nos clients nous laissent dépositaires ont été au nombre de 141, s'élevant à 2,252 fr. 50 de rente. Les arrérages en ont été encaissés aux échéances, et portés au crédit des comptes.

Aucun placement ne s'est fait par notre intermédiaire à la Caisse de Retraites pour la Vieillesse.

Les comptes abandonnés pendant trente ans par les titulaires, au nombre de 79, ont laissé, après l'achat de 556 fr. de rente, des reliquats insuffisants pour être convertis en rente, et qui formaient ensemble 1.332 fr. Cette somme, supérieure à celle de 1885 (1.283 fr. 53 c.,) a été, conformément à la loi du 7 mai 1853, portée au compte de notre Dotation.

Les intérêts capitalisés se sont élevés sur les comptes soldés à 45.057 fr. 08 c., et sur les comptes restant ouverts le 31 décembre à 1.415.335 fr. 29 c., soit ensemble à 1.460.392 fr. 37 c., présentant sur les intérêts capitalisés en 1885 un excédent de 221.912 fr. 71 c.

Le nombre des déposants, qui était de 89.332 au 31 décembre 1885, s'élevait le 31 décembre 1886 à 93.202, accru ainsi dans l'année de 3.870.

Le solde dû aux déposants était fin 1885 de 41.787.819 fr.

93 c. : au 31 décembre 1886 il atteint 43.917.698 fr. 03 c. Il s'est accru dans l'année de 2.169.878 fr. 10 c.

Cet accroissement se subdivise comme suit entre la Caisse centrale et les Succursales, que je classe par ordre d'augmentation :

Marseille.	1.456.298 30
Aix.	167.809 71
Salon.	133.795 45
Arles.	91.224 80
Martigues	74.579 18
Auriol	70.136 59
Gardanne.	70.039 54
Aubagne	38.592 01
La Ciotat.	32.986 78
Berre.	29.927 58
Pelissanne	28.210 96
Roquevaire.	27.818 42
Château-Renard.	20.366 30
Fuveau.	11.050 51
Barbentane.	4.460 27
	2.257.896 40

Les Succursales en diminution, qui étaient en 1885 Pélissanne, Auriol et Barbentane, sont cette année :

Tarascon pour fr.	65.679 22	
Saint-Rémy pour fr.	19.791 10	87 418 30
Istres pour fr.	1.947 98	
Reste en augmentation globale du crédit des déposants.		2.169.878 10

Nous avons effectué dans l'année pour notre clientèle 107,767 opérations, soit 1238 de plus qu'en 1885, et qui ont donné lieu à un mouvement de fonds de 31,773,493 fr. 35, plus élevé de 1.185.805 fr. 07.

Le mouvement du portefeuille a été à peu près le même.

Le 31 décembre 1885 les déposants nous laissaient 2,021 fr. 50 de rente en 144 inscriptions. Durant 1886, il est entré 84 inscriptions pour 4.210 fr. de rente, et sorti 81 inscriptions, pour 3,899 fr. de rente, soit un mouvement de 165 titres, pour 6,231 fr. 50 de rente.

Nous avons ouvert 10,732 livrets nouveaux, 1.343 de moins qu'en 1885. Nous en avons soldé 6,862,215 de plus.

Le total des livrets existants au 31 décembre 1886 étant de 93,202, c'est 93,202 comptes individuels distincts qui sont ouverts aux déposants sur nos livres.

Nos relations avec la Caisse des Dépôts et Consignations se totalisent en versements par 1,825,000 fr., et en retraits par 1.045,000 fr.

Malgré la multiplicité des opérations que je viens de résumer, elles ont été effectuées avec ordre, avec régularité, avec la précision rapide qu'exige le dessein de faire faire à notre clientèle cette autre épargne précieuse, celle du temps. — Nos écritures, arrêtées le 31 décembre, ont été contrôlées depuis lors par la capitalisation des intérêts ; ce travail est achevé.

Si nous rapprochons nos opérations en 1886 et le mouvement général des Caisses françaises tel qu'il ressort du compte-rendu sommaire dont nous a donné connaissance une circulaire ministérielle du 15 mars 1887, nous sommes amenés aux remarques que voici. Comme les autres, notre Caisse a éprouvé un certain ralentissement, a délivré moins de livrets nouveaux que l'année précédente, a reçu moins de dépôts, a remboursé davantage, mais tout cela dans une mesure moins sensible. Tandis que sur l'ensemble l'augmentation du solde dû aux déposants, est inférieur de moitié à celle de 1885 et équivaut à peu près au chiffre des intérêts capitalisés au profit des déposants, elle est chez nous inférieure dans une proportion moindre et dépasse le chiffre des intérêts capitalisés. Tandis que sur l'ensemble les remboursements absorbent la presque totalité des versements, chez nous les dépôts ont encore excédé les retraits de 840,985 fr.

Franchissant pour une simple indication les limites strictes du Rapport, je note que le premier trimestre de 1887, avec 730 dépôts de plus, laisse au profit des remboursements une différence de 44,814 fr. La raison en est dans les inquiétudes qu'ont produites les bruits de guerre, dans la crainte d'une réduction d'intérêt, enfin dans la baisse des fonds publics dont bien des déposants ont voulu bénéficier. Les deux premières de ces causes sont de celles qu'il est utile de signaler au Gouvernement: car si elles s'aggravaient, une crise plus ou moins vive en pourrait sortir. Quant à la troisième, il n'y a pas à en regretter l'effet ; nous n'aspirons point à immobiliser la réserve monétaire du travailleur, et des achats de rentes sont, en même temps qu'un classement très sain qui multiplie les petits rentiers, une diminution naturelle du stock des dépôts.

Statistique des opérations.

C'est par la statistique que se précisent les résultats moraux et sociaux de notre institution.

Nous comptions au 31 décembre, vous avez remarqué ce chiffre considérable, 93,202 déposants. J'ai voulu en rechercher le rapport avec la population de notre département, dont le recensement de 1886 a fixé le total à 603,206 habitants. Ce n'en est pas tout à fait le sixième : la proportion est de 154,5 livrets sur 1000 habitants ; nous n'étions qu'à 134 en 1883, d'après le plus récent *Rapport au Président de la République*, et la moyenne générale en France n'était que de 121 sur 1000 habitants.

Ce nombre de déposants et le solde qui leur est dû font ressortir à 471 fr. 64 la moyenne du crédit par livret. Elle était fin 1883 de 435 fr. 83, fin 1884 de 452 fr. 03, fin 1885 de 467 fr. 36. Elle est au-dessus de la moyenne générale en

France, qui était de 425 fr. l'an dernier. Quelques observateurs la trouvent un peu forte, en induisent que nous avons ici de ces livrets qu'on a appelés au Parlement « *livrets de spéculation.* » Ce mot même. n'est-il pas bien excessif ? Si on compare la période actuelle à l'époque où le maximum était de 2,000 francs comme aujourd'hui, aux années 1846 et 1847 par exemple, on constate que la moyenne générale était alors de 538 fr. 15 et de 486 fr. 30. En l'état de la valeur de l'argent et de la diffusion de l'aisance, une réserve de 2.000 francs dans une famille laborieuse est-elle forcément, surtout dans un département actif et riche, le signe qu'on a à faire à des spéculateurs ? Les caisses d'épargne doivent être un réservoir transitoire où le déposant ramasse goutte à goutte ses économies jusqu'au jour où il en peut user pour quelque entreprise ; mais dans l'ordre même de ces entreprises modestes, sont-elles rares aujourd'hui, celles qui exigent 2,000 francs ? A Marseille, l'ouvrier rangé ne peut-il pas assez facilement atteindre le maximum ? Voilà les explications les plus réelles, en somme, de l'élévation de notre moyenne. En tout cas cette élévation, qui a été de 16 fr. 20 en 1884, de 15 fr. 33 en 1885, n'est en 1886 que de 4 fr. 28 ; elle tendrait donc à s'arrêter.

Il nous a paru intéressant de rechercher quelle part avaient dans notre clientèle les nationalités diverses. Sur nos 93,202 livrets, 83,703 ont des Français pour titulaires, et 9,499 des étrangers : sur 43,957,698 fr. de dépôts, 39,049,360 fr. 71 appartiennent à nos compatriotes, et 4,908,337 fr. 32 à des étrangers. La catégorie des étrangers comprend, dans notre ville ouverte, des Italiens, des Suisses, des Allemands, des Espagnols, des Russes, des Anglais, des Belges, des Suédois, des Autrichiens, des Grecs, des Turcs, des Egyptiens, des Américains, des Australiens, des Brésiliens, des Perses, et jusqu'à des Japonais. Les Italiens économes, si nombreux à Marseille, semés dans toutes nos succursales (sauf Barbentane), tiennent la première ligne avec 4,304,645 fr.

de dépôts, presque le dixième du tout. Viennent ensuite, mais à très grande distance, les Suisses, avec 170,810 fr., et les Allemands, avec 155,974 fr. — Il y a là d'instructifs éléments pour l'étude de notre immigration.

Sur les 10,732 comptes nouveaux que nous avons ouverts, les ouvriers de l'industrie ou de l'agriculture et les journaliers figurent toujours en tête, il y en a 3,827 ; viennent ensuite les personnes sans profession, 2.139 ; les déposants encore mineurs et sans profession, 1,697 : les domestiques, 1,125 ; les patrons agricoles ou industriels, 758 ; les employés, 638. Il n'y a pas plus de 336 livrets ouverts aux militaires ou marins (le second point peut étonner dans notre grand port) ; les professions libérales n'en ont que 177, et les Sociétés 35. C'est le même échelonnement qu'en 1885, le même que pour l'ensemble dans le Rapport général de 1883. Il est permis d'en conclure que nous demeurons fidèles à notre mission ; que nous ne sommes pas banque de comptes-courants malgré les assertions contraires, ou que si nous jouons le rôle de banque de dépôts, c'est celui de banque populaire ; que le fond de notre clientèle persiste ; que les ouvriers honnêtes, actifs, persévérants, les petits patrons, les domestiques, en restent le principal. Une autre conclusion remarquable est celle-ci : les faits semblent démontrer que dans l'atonie d'affaires qui a marqué 1886, c'est encore le salaire, si attaqué de notre temps, qui dans notre région a le moins souffert.

La répartition des déposants nouveaux par sexes accuse en 1886, 5378 livrets ouverts aux femmes, savoir 4574 aux majeures et 804 aux mineures, tandis que les hommes en ont pris 5319, dont 4426 aux majeurs et 893 aux mineurs. L'avantage numérique au profit des femmes est signalé à Paris comme un changement qui se produit depuis 1885, et attribué à la disposition de la loi du 9 avril 1881 qui leur donne le droit d'opérer sans l'assistance maritale ; le nombre très supérieur de celles qui agissent ainsi confirme cette explication. Il n'en est pas de même ici, et le fait n'y est pas nouveau. De 1878 à 1887, les femmes se sont fait délivrer plus de 53,000 livrets, les hommes 51,000, et le total de nos comptes au 31 décembre 1886 était de 50,188 pour les femmes, de 42,837 pour les hommes. Si dans l'année qui a suivi la loi de 1881 l'avantage numérique des femmes s'est accentué, dans une mesure sensible mais passagère, il existait antérieurement à la loi. Et il ne tient pas non plus à ce que la pluralité des femmes procède seule : en 1886, sur 1602 femmes mariées, 1232 ont été autorisées, 370 ont agi sans assistance. Peut-être notre condition spéciale sur ce point tient-elle à certaines mesures prises pour provoquer l'autorisation maritale. Peut-être le développement de la force épargnante chez les femmes, ou dans notre grande ville l'amoindrissement de cette force chez les hommes, et aussi le nombre si important de femmes en service, y compris les nourrices italiennes, qui fréquentent notre établissement, sont-ils les principaux motifs de ces proportions. — Aucune des femmes qui ont agi sans autorisation n'a eu son compte frappé d'opposition par le mari.

Les filles mineures ayant agi sans l'assistance de leurs représentants légaux ont demandé 929 livrets, les garçons procédant de même 1,182. — Aucun de ces comptes n'a été l'objet d'une opposition des représentants légaux des mineurs,

147 livrets ont été ouverts avec remboursement différé jusqu'à réalisation d'une condition déterminée.

Les versements de l'épargne scolaire semblent près de disparaître. L'institution date de 1876 : elle arriva à nous donner en 1879 11,256 fr., en 1880 10,393 fr.; dès 1881 elle descend à 7,662 fr., ne cesse de fléchir, tombe en 1885 à 3,083 fr. et cette année à 3,007 fr. par 91 livrets. Est-ce donc que les instituteurs vont à la Caisse postale, ou qu'ils négligent de plus en plus cette charge assez délicate de leur tâche ? Mais rien dans ces deux explications ne serait spécial à notre département : or à Lyon, où la Caisse est autonome comme la nôtre, l'exercice 1885-86 donnait encore 3,004 livrets pour 88,740 fr., tant des écoles municipales que des congréganistes. Il est vrai qu'à Lyon, je l'ai étudié sur place, la Caisse envoie chaque jour aux instituteurs un employé et une dame, appelés *collecteurs*, qui lèvent un tronc contenant les petites épargnes : par ce moyen ingénieux, même dans les écoles gratuites d'élèves pauvres, on obtient beaucoup de cette épargne enfantine que M. de Malarce a eu raison d'acclimater en France, car elle fait naître dans l'enfance plébéienne l'esprit d'ordre et de privation prévoyante.

Un groupe de livrets donnés mérite par l'importance des sommes et l'intérêt qui s'y attache un coin de ce compte-rendu : ce sont les livrets des *Orphelins du choléra*. Nous avions en 1885 ouvert 487 livrets pour 214,873 fr. ; il en a été soldé 84, pour 55,255 fr. ; il en reste 403, pour 159,618 fr. Le comité de la souscription publique qui a constitué ces dons peut se rendre le témoignage d'avoir assuré à bien des familles éprouvées une aide, dont nous avons eu l'occasion de constater plus d'une fois les effets au passage.

Notre analyse des dépôts nouveaux de l'année, dont la moyenne générale est de 271 fr. 15 c. sera complète si nous les considérons par quotités. — Les livrets dont le solde va de 1 fr. à 20 fr. sont au nombre de 5,551, et présentent un solde moyen de 11 fr. 91 c. — Les livrets de 21 fr. à 100 fr. sont au nombre de 23,390, et présentent un solde moyen de 68 fr. 43 c. — Les livrets de 101 fr. à 200 fr. sont au nombre de 10,423, et présentent un solde moyen de 167 fr. 30 c. — Sur 10,249 livrets de 201 fr. à 500 fr., le solde moyen est de 354 fr. 02 c. — Sur 4,839 livrets de 501 fr. à 1,000 fr., le solde moyen est de 795 fr. 45 c. — Sur 3,164 livrets de 1,001 fr. à 2,000 fr., le solde moyen est de 1,496 fr. 35. — Ainsi les petits livrets demeurent les plus nombreux, puisqu'en s'arrêtant à 100 fr., on a au-dessous 29,241 versements, et au-dessus 28,675. Les livrets de 20 fr. à 200 fr. représentent 55 % du total, ceux de 501 fr. à 1,000 fr. 11 %, ceux de 1,000 fr. à 2,000 fr. 12, 9 %.

Frais d'administration.

Pour tenir constamment ouverts nos bureaux et nos caisses, pour satisfaire un public si considérable, pour effectuer avec célérité et exactitude tant d'opérations dont la plupart en double, pour multiplier les contrôles, pour exécuter les travaux statistiques que l'Etat nous demande et que nous exigeons de nous-mêmes toujours plus approfondis, un personnel plus étendu, plus capable, mieux rétribué qu'avant notre grande extension et un outillage matériel plus avancé sont indispensables.

Malgré tout cela, le prix d'un livret, qui est à Paris de 1 fr. 11 c., a été chez nous en 1886 de 1 fr. 09 c. Par rapport au mouvement des fonds, les frais d'administration, qui l'an dernier à Paris représentaient 0,64 c. % des sommes entrées et sorties, n'ont représenté chez nous en 1886 que 0,30 c. 7^m %. Si nous les comparons au solde dû aux déposants, ces frais, qui étaient l'an dernier à Paris dans la proportion de 1/2 %, n'ont été ici que dans la proportion de 0,23 c. %. Cependant la Caisse d'épargne de Paris est sagement administrée par ce que Paris compte de plus compétent dans le monde financier, commercial, administratif. Concluons-en que tout nous autorise à ne rien marchander pour mettre notre organisation au niveau le plus élevé qu'il sera possible.

Boni de l'exercice. — Fortune personnelle de la Caisse.

Nos frais sont couverts, vous le savez, avec le produit de la retenue de 0,50 c. sur l'intérêt qui nous est bonifié par la

Caisse des Dépôts et Consignations, au besoin avec les ressources qui nous sont propres.

La portion non employée de nos recettes constitue un Boni, qui est versé à notre fonds de Réserve et Dotation. Ce Boni s'est élevé pour l'exercice 1886 à la somme de 149,353 fr. 80 c.

Notre Fortune personnelle s'augmente ainsi peu à peu. Formée à l'origine du don de 11,422 fr. qu'avaient fait à l'institution nos 53 fondateurs, elle ne s'accrut réellement, après une série de vicissitudes, qu'à partir de 1851. Elle arrive en 1860 à 107,376 fr., en 1870 à 252,038 fr., en 1880 à 561,152 fr. Elle a mis cinquante-neuf années à atteindre ce chiffre, et six ans après, la voici, le 31 décembre 1886, à 1,201,062 fr. 09 c., solidement placée en nos immeubles de Marseille, d'Aix, d'Aubagne, notre compte-courant à la Caisse des Dépôts et Consignations, nos rentes sur l'Etat.

J'ose dire, Messieurs, que cette situation nous impose des devoirs nouveaux. Nous ne sommes pas une entreprise d'intérêt privé, nous sommes une institution de bien public. On disait à votre Assemblée générale de 1833 : « les caisses « d'épargne n'ont pas besoin à la rigueur de faire des béné- « fices ; il leur suffit d'assurer leur capital et de faire face aux « frais de leur gestion. » Cette théorie était un peu forcée, il fallait alors constituer un fonds de garantie. Mais cette garantie largement assise, s'il est bon de continuer à l'accroître dans la mesure du possible, l'heure est venue de ne pas faire moins large la part des améliorations : car le législateur n'a pas entendu donner aux Caisses ce que la circulaire ministérielle du 12 janvier 1861 appelait avec énergie « le « stérile avantage de grossir indéfiniment leur fonds de dota- « tion. »

Tel est le principe de conduite que votre Conseil juge actuellement le plus opportun. Il deviendrait plus certain encore, si la loi proposée aux Chambres nous attribue un prorata de propriété collective dans le fonds général de Réserve, puisque notre Dotation en serait plus dégagée.

Caisse des Pensions de retraite

Le capital de notre Caisse des Pensions de retraite est au 31 décembre 1886 de 38,277 fr. 38, plus les 370 fr. d'arrérages du legs Tournaire, le tout placé en rentes, obligations de chemins de fer ou de villes, et dépôt à notre Caisse d'épargne.

Réformes et améliorations réalisées durant l'exercice

La plus importante est la disjonction des emplois d'agent général et de caissier principal.

M. J. Chirac, qui occupa trente-six ans la fonction d'agent général et l'a cumulée seize ans avec celle de caissier principal, dépassait depuis 1872 la limite d'âge que notre Règlement assigne pour l'avenir à la retraite d'office. C'est dire s'il avait acquis des droits au repos. Vous savez tous comment il releva notre patrimoine ébranlé, ajouta à Aix et Arles le reste de notre réseau de succursales, seconda notre développement continu. De si longs, de si précieux services méritaient une exceptionnelle récompense : quoique M. Chirac n'eût pas participé à la Caisse des retraites, le Conseil lui a attribué une allocation viagère de 4,500 fr. par an, avec faculté de résider sa vie durant dans notre hôtel ; et refusant de se séparer d'une si fidèle collaboration, il l'a élu Administrateur. Je sens, Messieurs, que je me fais votre interprète, en lui renouvelant ici en votre nom l'expression des sentiments dont le Conseil s'est inspiré.

Nous rétablissions en même temps la dualité supprimée en 1870 par des considérations d'ordre secondaire. Il est sinon légalement nécessaire, au moins absolument préférable, que l'administration et le contrôle d'une part, de l'autre le maniement des fonds soient en des mains distinctes. C'est l'esprit du décret du 15 avril 1852 ; c'est le texte formel des instructions du 17 décembre 1852, du 4 juin 1857, § 16, de la circulaire ministérielle du 20 mai 1853, qui recommande « la « création de l'agent général indépendant du caissier et « chargé du contrôle. »

Le Conseil a nommé aux fonctions d'agent général M. Paul. Brière, ancien receveur principal des postes et télégraphes des Bouches-du-Rhône, ancien directeur des postes du Rhône, et aux fonctions de caissier principal M. Alfred Escalon, notre commis principal...

Nous espérons, Messieurs, avoir, par cet ensemble de décisions, concilié la gratitude qui doit être la règle d'une administration équitable et l'intérêt d'une réorganisation nécessaire, le choix d'un chef hors ligne et le juste avancement hiérarchique. Le nouveau régime fonctionne depuis le 1er janvier, et je suis heureux d'attester que c'est à notre entière satisfaction.

Il importait d'en définir avec précision les parties diverses et de distinguer nettement les attributions. C'est à quoi a pourvu un règlement dû à l'esprit d'organisation de M. Guilbault, et adopté le 19 janvier.

Notre institution, dont l'origine est si intéressante et qui compte soixante-six ans d'existence, n'avait pas d'archives de son histoire. Nous avons résolu de les constituer. Nous rassemblons à cet effet tous les documents utiles, depuis l'acte notarié du 9 octobre 1820 ; nous recherchons ceux qui manquent ; nous ferons imprimer les Rapports antérieurs à 1860 ; nous formons une collection des Rapports généraux au chef de l'Etat, et des comptes-rendus annuels d'un nombre de Caisses aussi ample qu'il sera possible. Nous joindrons à ces dossiers les lois, les circulaires ministérielles, les correspondances administratives d'intérêt permanent, les solutions et les précédents sur des questions essentielles. Le tout constituera un ensemble précieux à consulter.

Par une revision qu'avait attentivement préparée M. Challan, nous avons mis les traitements du personnel de la Caisse centrale mieux en harmonie avec notre situation financière et avec le devoir de proportionner les rémunérations au coût de l'existence dans une ville comme la nôtre, au dévouement de nos employés, aux usages des autres établissements de crédit à Marseille. Notre objet social est de coopérer à l'amélioration du sort des laborieux ; comment celui de nos auxiliaires nous laisserait-il indifférents ?

Par contre nous avons astreint à de modestes cautionnements certains d'entr'eux, de qui les attributions comportent plus de responsabilité.

Nos sous-caissiers des Succursales devront désormais, avant d'entrer en fonctions, s'initier par un court stage à la Caisse centrale à la marche de nos services.

En vue de diminuer le risque des difficultés extrêmes que créerait en cas d'incendie la destruction totale ou partielle des comptes-courants des déposants, nous en avons installé les registres dans des armoires en fer incombustibles analogues à celles où les banques de dépôt détiennent les titres confiés à leurs soins.

Un bureau spécial a été chargé des travaux statistiques, que le ministère exige de nous toujours plus détaillés. Les informations de cette nature sont une riche matière pour l'économie sociale. Nous avons porté les recherches sur certains points curieux. Nous recommandons notamment à votre attention, parmi les *Annexes au Rapport*, la classification des déposants par nationalités, et surtout le tableau synoptique de nos opérations depuis l'humble début de 1821, document que les grandes Caisses françaises, et plusieurs du second ordre, avaient tenu à établir depuis quelques années, et qui comble chez nous une véritable lacune.

A la suite d'une longue vérification faite en octobre par l'Inspection des finances, en conformité des vœux qu'elle a formulés et que nous a transmis M. le ministre du Commerce, le Conseil a introduit, après une minutieuse étude, dans la comptabilité et les services diverses améliorations, qui s'ins-pirent de la commune pensée de se conformer strictement aux prescriptions légales. Ces améliorations sont entrées dans l'application le 1er avril.

Enfin, Messieurs, nous soumettons à votre approbation trois propositions spéciales, que nous avons étudiées longue-ment et avec soin.

Propositions spéciales.

La première a trait à notre caisse des Pensions. Fondée en 1875, elle ne possède que 38,277 fr., et n'a pas de quoi faire face aux retraites actuelles, encore moins aux futures. Elle fut dotée, à l'origine, d'un don de 10,000 francs. Les créations similaires reposent sur des bases moins étroites. Saint-Etienne, quoiqu'ayant un actif inférieur à 300,000 fr., dote la sienne (1880) de 20,000 fr. et de 20 % sur le boni annuel jusqu'à formation d'un fonds de 100,000 fr. Niort, avec un avoir de 94,000 fr., dote la sienne (1882) de 20,000 fr. et de 10 % sur le boni ; Montpellier, de 10 %. Lyon a prélevé 25 % sur le boni jusqu'à 150,000 fr., atteint déjà 300,000 fr., et marche sans retenue sur les traitements. La nôtre, alimentée par les retenues qui en 1886 représentent 1,154 fr., et par une allocation égale, serait longtemps impuissante. Puisque notre Règlement n'a pas de clause de prélèvement obligatoire, nous vous demandons une allocation de 20,000 fr., qui pourra être renouvelée, mais qui reste facultative.

Notre deuxième proposition vise un progrès pour lequel aussi nous nous sommes laissé devancer. Voilà vingt-six ans qu'est posée la question de réduire pour notre clientèle les distances et les pertes de temps, en mettant nos services à sa portée dans les parties excentriques de notre énorme ville. Le

Rapport à l'Assemblée de 1860 le déclarait indispensable, tant pour nos faubourgs que pour la banlieue ; celui de 1861, celui de 1867 y insistent ; celui de 1882 y revient. Aucun projet n'a été plus lentement mûri. Nous avons estimé qu'il était temps d'aborder la réalisation. Lorsqu'en 1860 on parlait d'urgence, Marseille n'avait pas plus de 260,000 âmes, et notre Caisse comptait 19,000 livrets ; Marseille a maintenant 376,000 âmes, et notre Caisse compte 94,000 livrets. C'est surtout pour l'ouvrier laborieux, les gens de service, la mère qui laisse son petit ménage et les enfants, que les pertes de temps sont un préjudice. Paris a des succursales dans les quartiers suburbains et dans les arrondissements ; Lyon a créé depuis 1880 cinq Agences de quartiers, Bordeaux trois, et les plus récents rapports en constatent les excellents résultats. Ces Agences contribuent, en favorisant les plus modiques dépôts, à abaisser la moyenne ; elles dégagent le dimanche la Caisse centrale encombrée. — Nous vous proposons une première expérience dans trois quartiers éloignés de notre siège et à population nettement ouvrière : la Joliette, la Capelette, et une banlieue, Saint-Louis. Ces bureaux fonctionneraient le dimanche, dirigés par des Administrateurs de quartier ; le mode est à régler ; celui des bureaux de Paris et de Lyon a été étudié sur place, pour les premiers par MM. Barthet et Guilbault, pour les seconds par moi. Nous nous efforcerons de commencer cette année encore.

Enfin nous vous prions de nous autoriser à compléter notre réorganisation intérieure par divers travaux dans l'hôtel, travaux dont les plans et devis sont déposés sur le bureau, et qui comportent une dépense de 30,000 fr. environ. Une galerie d'archives pour réunir en un seul local installé *ad hoc* et sous une clé unique nos pièces de toute sorte dispersées sans classement méthodique de tous côtés, le logement de l'Agent général à aménager en exécution de l'article 1er du règlement du personnel du 3 décembre 1884, des pavillons à construire pour deux concierges-garçons de bureau qui occupent dans l'hôtel des locaux devenus nécessaires, en cela se résume le projet.

Améliorations prochaines.

Tels sont, pour ainsi dire, les progrès de 1886 et 1887. Gardons nous de croire qu'ils suffisent : s'arrêter, c'est décroître.

Ainsi notre département venait encore au 59me rang en 1883 quant au rapport du nombre des Caisses avec la population, au 29me quant au rapport du nombre des déposants avec la population. C'est dire qu'il reste à faire dans les Bouches-du-Rhône pour nous rapprocher de tout centre compact. Telles Caisses bien moins importantes ont dépassé nos 17 Succursales ; Nîmes en a 26, le Mans 18, Laon 18 ; et d'autre part nous n'avons pas pied dans bien des communes notables, Trets, Orgon, Eyguières, Lambesc, pour citer seulement les chefs-lieux de cantons que nous recommandait surtout la circulaire ministérielle du 12 janvier 1861. Nous aurions à poursuivre dans cet ordre de faits l'effort de nos devanciers, concurremment il est vrai à la Caisse postale qu'ils ne connaissaient pas.

Ainsi nos règlements auraient besoin d'être revisés, tant pour recevoir les modifications indiquées par l'expérience ou nécessitées par une extension imprévue, que pour réunir les parties éparses.

Ainsi pour l'épargne scolaire, je vous ai signalé un exemple à imiter.

Ainsi encore l'heureux emploi que la Caisse de Lyon vient de faire d'une somme prise sur sa fortune pour une œuvre de bien populaire, les logements ouvriers à bon marché, marque un pas dans une voie intéressante, et qui serait bien conforme au but philanthropique hautement affirmé par nos fondateurs.

Ces idées, et d'autres, seront, Dieu aidant, les progrès à étudier pour les exercices prochains.

. . . .

Arrivé au terme de de ce compte-rendu, je crois pouvoir le résumer en deux mots : votre Conseil, qui vous remercie de votre généreuse collaboration jamais lassée, a conscience d'avoir fait, à Paris comme à Marseille, tout le possible pour que l'année n'ait pas été stérile. Notre commune récompense est dans le spectacle que présentent nos institutions. Comme ce pays est laborieux et économe ! Le bruit des théories nous étourdit trop ; regardons aux faits : quelle activité silencieuse et constante ! Comme cette idée a profondément pénétré notre peuple, que l'ordre, le labeur, la prévoyance sont les plus sûrs leviers pour s'élever ! Quelle estime méritent tant de familles ouvrières qui, gagnant peu, savent mesurer leurs dépenses à leurs recettes, et trouver encore un peu de superflu pour la Caisse d'épargne !

Mais aussi combien est grande la responsabilité morale pour l'État, qui a doublement charge en France de si nombreux intérêts, par la gestion du dépôt et par l'initiative des réglementations ! Pour prix de nos concours, dont le désintéressement est absolu, demandons-lui la prudence dans le maniement de cette richesse sacrée, en attendant qu'il en soit pour partie allégé par la loi ; conjurons le législateur de mûrir toute réforme avec le respect d'institutions qui ont fait leurs preuves.

Leur apport au développement du mieux-être populaire est immense. Qu'importe ici ou là un moment d'arrêt, une oscillation, un peu plus ou un peu moins de retraits, une progression un peu moins ou un peu plus rapide dans les dépôts ? Le mouvement reprend bien vite sa marche, il est continu et irrésistible. Remontez, Messieurs, le cours des années ; revoyez par la pensée les 106 déposants qui en 1821 conflèrent 35,283 francs à nos fondateurs ; les 106 sont devenus 94,000, et les 35,000 francs vont atteindre 44 millions. Saluons la mémoire de ceux qui nous ouvrirent la route, et avançons-y avec la même foi, car pour faire le bien l'optimisme seul est fécond.

CRÉATION DE BUREAUX D'ÉPARGNE
DANS LES QUARTIERS OUVRIERS DE MARSEILLE

Discours d'inauguration.

19 juin 1887.

Messieurs,

La Caisse d'épargne des Bouches-du-Rhône marque aujour-
d'hui, en inaugurant dans Marseille les *bureaux auxiliaires
de quartier*, une étape intéressante de son développement.

A mesure que s'accroissait la population de la cité où elle
a son centre et exerce son action principale, la partie de cette
population qu'elle aide à se créer un premier capital ou une
réserve contre les risques des mauvais jours suivait une
progression parallèle et bien plus rapide. Pour ne prendre
que cinq ou six points de repère décennaux, nous comptons
dans Marseille, en 1840 sur 156,000 âmes 5,734 livrets, en
1850 sur 195,000 âmes 10,624 livrets, en 1860 sur 260,000
âmes 17,081 livrets, en 1870 sur 310,000 âmes 29,642 livrets,
en 1880 sur 320,000 âmes 44,842 livrets, en 1886 sur 376,000
âmes 60,491 livrets. Mais durant la même période s'étendait
aussi peu à peu le périmètre habité de la ville ; il acquérait
par des accessions successives l'énorme superficie qu'il a
maintenant, et de là naissaient pour notre clientèle, par les
distances à franchir, certaines difficultés matérielles dans la
pratique de l'épargne.

Ces difficultés, nous entreprenons de les réduire pour les
quartiers les plus éloignés de notre siège et les plus nettement populaires, d'y porter nos services plus près du domicile ou de l'atelier de nos déposants. Pourquoi ? Par deux rai-

sons. D'abord afin de leur faire réaliser cette autre épargne aussi précieuse, celle du temps. Pour l'ouvrier économe, c'est-à-dire laborieux, qui prélève une heure sur sa journée, pour le serviteur ou la servante qui utilise un congé ou une course, pour le marchand qui quitte son magasin, pour la ménagère qui laisse son humble foyer et confie les enfants à une voisine, sachons sentir quel préjudice un long déplacement représente. En second lieu, qu'est notre rôle précis ? Recueillir l'épargne au moment où elle naît, à l'état de gouttelette encore : pour obtenir ce bienfait, il faut que la gouttelette trouve tout de suite son réservoir à portée, sinon elle est exposée à fondre avant de s'arrondir. Allons donc recevoir sur place la toute modique épargne, comme les Anglais dans Londres ou Glasgow avec leurs *banques des sous* : loin de la dédaigner, plus elle sera mince, plus nous l'appelons, plus nous l'aimons.

Voilà ce qu'ont voulu les directeurs et les administrateurs de notre Caisse, sans s'arrêter aux objections que rencontre ou aux sacrifices que comporte tout progrès. Nous commençons cette partie nouvelle de notre tâche par la zone dont une intuition hardie devina le destin il y a vingt-cinq ans, qui n'a cessé lentement de se peupler, où un mouvement décisif se produit depuis peu. En 1866, sur 22.182 déposants à Marseille, 14 à 1,500 appartenaient à cette circonscription, soit 6,61 %. En 1886, sur 60,491, nous en avons eu de 7,500 à 8,000, soit 12,65 %. La proportion a doublé. Ainsi la population laborieuse de la Joliette avait titre et droit à ce que nous songions à elle dès l'application des mesures susceptibles de faciliter l'accès de notre institution.

Que mettra à la portée du public l'annexe qui s'ouvre ? Exactement les services fournis par la caisse centrale : dépôts, retraits, virements, transferts, achats de rentes, déclarations de perte de livrets. Versements et remboursements s'effectueront au guichet de la rue de Forbin *à vue*, sans obligation de revenir une seconde fois ; les livrets seront rendus séance tenante ; pour virer sur le *Bureau auxiliaire* ceux de la caisse centrale, on n'aura qu'à en formuler la demande, sans frais. Les dépôts s'opèreront sur livrets spéciaux et sur ceux de la caisse centrale, les retraits sur livrets spéciaux seuls. Au surplus le *Bureau auxiliaire* sera ce que la population de la Joliette voudra qu'il soit, et ce qu'elle en fera. Nous espérons qu'il recevra bientôt assez pour subvenir à ses besoins et à ses dépenses propres avec les bonifications produites par ses propres recettes.

S'il est des gens pour prétendre que le calcul ou l'indifférence égoïste règnent en maîtres dans notre ville affairée, ils se trompent. Les hommes de cœur y sont légion, et toujours prêts. Nous n'avons eu qu'un vœu à exprimer, ils sont accourus nous offrir leur dévouement désintéressé. Soyez remerciés. Messieurs, qui avez bien voulu, groupés dans une commune pensée philanthropique, prendre sur vos loisirs chèrement gagnés de la matinée du dimanche les heures nécessaires pour aider vos concitoyens moins heureux. Et qu'il me soit permis d'associer à vos noms celui de notre collègue M. Verse, directeur de la *Société Immobilière Marseillaise*, qui nous a prêté dans cette organisation son actif concours, comme il le donne à tout ce qui coopère au progrès de cette fraction de Marseille qu'on a appelée naguère la *ville du nord*. Vous vous féliciterez tous, j'en suis assuré, de votre initiative ; votre légitime influence locale étendra encore le terrain que notre œuvre de prévoyance conquiert sur les dépenses stériles, les boissons malsaines, le jeu, et gagne à la moralité, à l'indépendance, au mieux-être du peuple. « Contre le chômage et la maladie », a pu dire récemment un éloquent apôtre du bien social, M. Georges Picot, de l'Institut, « les deux grandes « œuvres accomplies dans notre siècle sont les caisses d'épar- « gne et les associations de secours mutuels. » Et j'admire aussi ce trait des caisses d'épargne françaises (car la chose est trop rare dans notre pays), que leur floraison prodigieuse est tout entière le résultat de la libre initiative privée.

17 juillet 1887,

Messieurs,

Il y aura un mois après-demain, sur un tout autre point de la vaste ville, là—bas, près des Ports, nous inaugurions les *bureaux auxiliaires* que la Caisse d'Épargne des Bouches-du-Rhône a décidé d'ouvrir dans Marseille. De cette création vous savez le but : simplifier encore pour les travailleurs l'accès de l'institution, réduire les difficultés matérielles et les pertes de temps que leur impose l'énorme extension du périmètre urbain, recueillir la petite épargne là où elle naît d'un honnête effort. Quel moyen avions—nous pour cela ? Nul autre que d'aller nous—mêmes dans les quartiers les plus distants de notre siège, et les plus nettement populaires.

A ce double titre, après l'affairée et vivante Joliette, nous venons desservir cette seconde zone plébéienne et active. Au sud l'avenue du Prado, au nord l'asile Saint-Pierre, à l'ouest le boulevard Baille, à l'est Saint-Loup, en voilà le cadre essentiel, sans parler des affluents ; et les agglomérations laborieuses n'y manquent pas, gare du chemin de fer, ateliers des Forges et Chantiers de la Méditerranée, fonderies, usines d'industries diverses, Menpenti, la Capelette, le Rouet, Sainte-Marguerite, le Pont—de—Vivaux...

Moins nombreuse qu'à la Joliette, notre clientèle s'est ici accrue de même dans une proportion considérable. En 1866, sur 22,182 déposants, 990 environ appartiennent à ce quartier, soit 4,5 % ; en 1886, sur 60,491, nous en avons compté 3,736, soit 6,1 %. Ces chiffres grandiront. Avec la facilité de l'épargne s'en augmenteront le goût et l'habitude. Quand les habitants de cette région de Marseille sauront qu'ils peuvent, au lieu de s'en aller à la caisse centrale forcément encombrée, opérer ici sur des livrets spéciaux dépôts, retraits, transferts, achats de rente, tout permet de croire qu'ils en profiteront.

Le 26 juin le bureau de la Joliette avait fr. 2,463 de dépôts et fr. 3,822 de virements; le 10 juillet il enregistrait déjà fr. 3,631 de dépôts et fr. 8,902 de virements.

Une des objections opposées à l'ouverture d'annexes était l'impossibilité d'obtenir partout le concours d'administrateurs prêts à sacrifier au profit d'autrui leur matinée du dimanche. Comme nos collègues de la Joliette, vous donnez, Messieurs, un généreux démenti à ce doute. Permettez-nous de vous en remercier tous, et en particulier ceux qui ont bien voulu prendre l'initiative et la tête du mouvement, M. Armelin, M. de Savignac, et avec eux les chefs éminents de la grande Société des Forges.

Vous êtes de ceux qui pensent qu'avoir plus d'aisance ou être plus éclairés, c'est être plus responsables, et qu'il existe un devoir social. Amenez-nous cette élite d'ouvriers, de cultivateurs, de commerçants de détail, d'employés modestes, qui est notre clientèle préférée, car à son tour elle en remorque une autre encouragée à bien faire. Nul mieux que vous n'est en mesure de propager par ici les notions économiques saines, nécessaires, celles qui permettent soit de s'élever par l'accession progressive au capital, soit d'améliorer le bien-être de la famille sans quitter sa condition. Une question plus haute domine les avantages matériels de l'épargne, une question de moralité fortifiée et d'affranchissement conquis. Aidez-nous à vulgariser les vérités sociales qui apaisent.

31 juillet 1887.

Messieurs,

Lorsque la Caisse d'Épargne des Bouches-du-Rhône a décidé de porter ses services dans Marseille au milieu même de ses clients les plus éloignés du siège central, trois terrains d'expérience ont été choisis : deux quartiers populaires de la ville sans cesse élargie, et une agglomération suburbaine, une banlieue industrielle. Aucun point ne parut mieux répondre à ce troisième objectif que Saint–Louis, noyau d'un développement usinier considérable, autour duquel déversent leur afflux Saint-Henri et les Aygalades, l'Estaque et la Madrague, la Cabucelle et les Crottes, la Viste et Saint–Antoine, Saint-Joseph et Saint-André. Vos raffineries puissantes, les Hauts-Fourneaux, les Distilleries de la Méditerranée, les tonnelleries, plus loin les minoteries, le groupe des tuileries et briqueteries, le Rio-Tinto, voici tout un peuple ouvrier dans la zone que Saint-Antoine au nord, les Abattoirs au sud, les Aygalades à l'est, Saint-Henri et l'Estaque à l'ouest délimitent.

Certes le nombre de nos déposants s'est accru dans cette circonscription comme dans les autres : nous en avions 760 sur 22,182 en 1866, nous en comptons 2,815 sur 60,491 en 1886 ; et la progression s'est surtout opérée pendant la plus récente période décennale, puisqu'en 1876 on n'en trouvait ici que 1,180 sur les 30,829 de Marseille. Les 3,4 % de 1866, à peine devenus 3,8 % en 1876, représentent maintenant 4,6 %. Mais combien, à mon avis, ces chiffres doivent grandir ! Au cours de ces dernières semaines, tandis que nous venions nous installer parmi vous, choisir les meilleures conditions topographiques (ce qui est essentiel), aménager un local, organiser le service, je ne cessais de songer : comment les travailleurs de ces actives fabriques et les cultivateurs de ces campagnes charmantes, comment leurs femmes, leurs sœurs, leurs filles, auraient-ils pris souvent le chemin de l'institution destinée à la sauvegarde de leurs courageuses économies ? C'était tout un voyage presque, une journée entière, ou à peu près, à perdre...

Il n'en sera plus ainsi. Qui voudra, parmi les vaillants du labeur manuel, mettre à profit notre concours n'aura ni longues heures précieuses à sacrifier, ni route fatigante sous le soleil d'été ou les pluies d'hiver à parcourir. La caisse d'épargne bienfaisante sera là, à portée des ateliers, à portée des foyers ruraux. A ceux qui en sauront bénéficier je demande de vous rendre grâces d'abord, Messieurs, à vous qui avec un désin-téressement égal à celui de vos collègues de la Joliette ou de Menpenti, avez bien voulu collaborer à l'œuvre de bien social. Laissez-moi saisir l'occasion de remercier publiquement et les chefs de la grande société des Raffineries qui nous ont aidés avec élan dès les premiers pas, M. Charles Gavoty, M. Paul Desbief, M. Maurice Desbief, et tous ceux dont on vient de lire les noms, liste du dévouement généreux auquel remon-tera, car c'est justice, la reconnaissance de cette clairvoyante population.

Avec le bureau auxiliaire de Saint-Louis, nous achevons la mise en train de ce premier réseau d'Annexes dont la créa-tion a été hardiment entreprise par notre conseil et notre assemblée générale. Je dis : le premier, car rien ne défend d'admettre de nouveaux besoins, et si le résultat confirme nos vues, de nouveaux essais.

Il dépendra de vous que Saint-Louis ait la priorité pour un progrès de plus. J'ai proposé à mon Conseil (et il a bien voulu m'y autoriser) de me tenir à votre disposition pour tenter, si vous le jugez utile, une séance d'épargne immé-diatement après la paye hebdomadaire. Le samedi soir, quand les travailleurs de vos industries viennent de percevoir le salaire dont ils auraient tort de trop médire, car il a la régu-larité indépendante des mécomptes, l'heure est opportune pour penser à la famille et à soi-même, avant les entraîne-ments possibles de la nuit et du lendemain. C'est bien le moment de faire la part non du feu, mais du contraire, de l'as-surance contre la gêne, de la raison prévoyante ; sur les beaux écus qui sonnent dans la main il n'en coûterait pas trop de prélever quelque chose pour la tranquillité de la femme, pour l'éducation ou la santé des enfants, pour la réserve des chô-mages. Réfléchissez, Messieurs, à cette idée, étudiez-en le

plus pratique moyen d'application, et quand vous viendrez
nous conseiller de la réaliser, on m'a donné pleins pouvoirs
pour vous suivre. Peut-être ce jour-là aurez-vous donné un
exemple qui sera imité ailleurs, et jeté un germe modeste qui
sans bruit fructifiera pour le bien !

LES OPÉRATIONS DE LA CAISSE D'ÉPARGNE
DES BOUCHES-DU-RHONE EN 1887 (1)

23 avril 1888.

Messieurs,

En nous retrouvant ensemble dans cette salle devenue plus
digne de notre grand établissement et de vous, que notre
première pensée commune soit de saluer nos devanciers dans
les images de ceux qui représentent leurs générations successives. Nous travaillerons désormais sous leurs yeux et comme
en leur présence, fiers de l'héritage qu'ils nous léguèrent,
redoublant d'ardeur pour l'étendre et l'affermir.

Il s'est encore accru pendant la dernière année. Le Conseil
des Directeurs, au nom de qui je viens vous soumettre le
compte-rendu statutaire, est heureux de vous dire tout de
suite que 1887 a été marqué par de fructueux résultats et d'importants progrès. En même temps, dans l'ordre des questions
supérieures qui intéressent nos institutions, une réforme légale
a continué de mûrir. Faits généraux, mouvement de notre
activité propre, mon exposé suivra, comme le précédent, cette
division naturelle.

(1) Rapport présenté par M. E. Rostand en qualité de président du conseil des directeurs de l'établissement à l'assemblée générale des administrateurs.

PREMIÈRE PARTIE
FAITS ET QUESTIONS D'ORDRE GÉNÉRAL

Issue de la défense devant le Parlement.

Je puis ne pas redire, puisque le Rapport de 1886, franchissant son cadre, en anticipa l'indication, à quel succès aboutit dans les deux premiers mois de l'exercice la défense présentée par la délégation exécutive du Congrès devant les commissions financières de la Chambre et du Sénat.

La suite a rendu plus sensible la portée qu'avait eue cette lutte pied à pied.

L'institution des caisses d'épargne a été sauvée d'un péril plus sérieux encore que celui d'un changement accidentel de taux d'intérêt, le jour où ont été vaincues par la raison ces deux idées : modification hâtive par voie budgétaire de tel ou tel facteur dans notre fonctionnement, absorption par les *produits divers* du budget d'un profit à tirer de la gestion de nos dépôts.

Le projet de loi organique soumis à la Chambre des Députés.

La vérité rétablie a prévalu de même, au moins sur des points fondamentaux, dans la commission de la Chambre qui est saisie de la question organique. Devant elle, consciencieusement écoutés, nous avions soutenu avec énergie ces causes vitales : indépendance des 544 Caisses fondées et développées par l'initiative civique, injustice et inutilité de contrôleurs sédentaires d'État, nécessité de la prudence dans un abaissement d'intérêt, devoir pour l'État de ne pas bénéficier aux dépens de l'épargne populaire.

Avec le projet déposé par le Gouvernement le 6 juillet 1886, la commission a étudié diverses propositions de MM. Hubbard, Lockroy, de Colbert-Laplace. Le projet finalement sorti de ses travaux est inattendu. J'ai à vous en résumer l'esprit et les grandes lignes, d'après l'attachant rapport de M. Hubbard, annexé au procès-verbal de la séance de la Chambre du 27 juillet 1887 et publié à l'*Officiel* des 26-28 mars 1888.

Le projet s'inspire de vues qui ne sont pas pour vous déplaire :

Premièrement, quant aux organes de l'épargne, les accommoder à des besoins nouveaux ; dégager, affirmer, fortifier l'autonomie des Caisses ordinaires ; restreindre au minimum l'afflux des dépôts entre les mains de l'État ; ôter à l'État la tentation de les noyer au jour le jour dans sa dette flottante, puis dans sa dette consolidée ; pour ce qu'il en pourra conserver, assurer le revenu sans sacrifice pour le contribuable ni lucre pour le Trésor et le capital par des couvertures ;

Secondement, quant à la mise en œuvre de l'épargne, rechercher des emplois qui offrent sécurité sans recourir à la gérance et à la responsabilité dorénavant très limitée de l'État, mais qui soient aussi plus profitables à l'activité du pays qu'une alimentation des dépenses publiques ; rejeter dans la circulation la plus ample part des immenses ressources recueillies ; ouvrir la voie en ce sens avec circonspection, mais en se référant pour les extensions possibles à l'expérience ; s'engager ainsi sur la route où bien d'autres nations sont entrées avant la France.

Tel est le dessein du projet de loi : pour le réaliser, il fond dans un ensemble homogène les textes qui se sont peu à peu superposés avec une solution des problèmes agités depuis quelques années par les sciences économiques, le droit comparé, la presse, l'initiative parlementaire, l'action gouvernementale.

Quelles sont les dispositions nouvelles du système ?

Toute Caisse d'épargne est autorisée par décret. — Elle est libre dans l'emploi des fonds qu'elle reçoit, pourvu que ses statuts fassent connaître au public la nature des placements qu'elle se donne la faculté d'effectuer. Elle reste maîtresse de confier ses fonds à la Caisse des Dépôts et Consignations.

A la fin de chaque exercice, elle publie l'état des placements qu'elle a effectués, et le taux, uniforme ou gradué à son gré, de l'intérêt qu'elle servira l'année suivante, d'après le revenu de ses versements à la Caisse des Dépôts ou des placements qu'elle a cru devoir faire.

Le maximum de versement est maintenu à fr. 2,000, le total des sommes versées pendant une période annuelle ne pouvant non plus excéder ce chiffre.

La retenue pour frais d'administration ne peut dépasser demi pour cent du total des sommes dues aux déposants.

Tout contrôle d'État intérieur et permanent est écarté ; la surveillance incombe à l'Inspection des finances, qui est tenue de l'exercer au moins une fois par an.

Dans la gestion des fonds qui lui seraient remis par les Caisses ordinaires, la Caisse des Dépôts et Consignations garde en compte-courant au Trésor une disponibilité limitée à 100 millions. Elle doit placer le surplus en valeurs de l'État, titres garantis par l'État, obligations négociables des départements, des communes, des chambres de commerce ; l'Etat reste responsable du remboursement aux Caisses, il leur doit des espèces et non des titres, mais se crée à lui-même des débiteurs solides et des gages variés préférables à un crédit budgétaire ou à des paquets de rentes. — La Caisse des Dépôts sert un intérêt fixé par décret avant le 1er décembre pour l'exercice suivant, d'après le revenu qu'elle a perçu des placements pendant l'année, sous déduction d'un prélèvement déterminé chaque année entre 0.25 cent. et 0.50 cent. % en faveur d'un fonds de Réserve. — Par mesure transitoire, l'intérêt est arbitré pour 1889 à 3 1/2 % ; on estime qu'il sera ensuite plutôt supérieur. — Ainsi l'État ne gagne ni ne perd sur les dépôts; l'intérêt est ce qu'il est, soustrait à l'arbitraire des perturbations législatives; la séparation est absolue entre les fonds reçus des Caisses et les recettes budgétaires. — La Réserve, garantie de la caution de l'État au regard des Caisses qui veulent continuer de s'adresser à lui, est déclarée sa propriété, et par liquidation du régime actuel, elle est dotée du solde qui existe au bilan de la Caisse des Dépôts sous la rubrique *Réserve provenant de l'emploi des fonds des Caisses d'épargne*, 39 millions environ. Elle supporte les frais de surveillance, les pertes des remplois ou réalisations, les avances aux Caisses qui n'auraient pas dans leur réserve propre de quoi parer à un déficit.

À la commission de surveillance que les lois de 1816 et 1876 ont instituée auprès de la Caisse des Dépôts seront adjoints, pour les affaires relatives aux fonds déposés par les caisses d'épargne, le directeur du service au ministère du Commerce et deux présidents ou administrateurs de Caisses ordinaires choisis par le Ministre.

Telle est, dans ses parties originales, la loi proposée; pour le reste, elle reproduit et codifie celles qui existent.

Les innovations qu'elle introduit sont trop profondes, pour que je puisse m'abstenir de les soumettre à vos réflexions.

Dans cette réorganisation, que reste-t-il de conquis par les efforts de l'an passé?

Une reconnaissance expresse, solennelle, de l'indépendance de nos institutions, qu'on avait craint de voir tôt ou tard menacée;

L'éviction définitive de ce contrôle intérieur d'État, auxquels répugnaient nos libres associations;

Le rejet d'une réduction d'intérêt excessive, ou en cours d'exercice;

La proclamation de ce principe, que si l'État ne doit rien perdre aux dépens des contribuables sur la gestion des fonds d'épargne, il doit moins encore en faire une source de profits pour d'autres besoins ;

Une certaine représentation, encore insuffisante, de nos établissements auprès de la Caisse des Dépôts ;

Enfin un abandon résolu de la doctrine en vertu de laquelle l'épargne nationale s'engouffre dans les dépenses publiques.

A ces points de vue, le projet déféré au Parlement est une œuvre saine.

Est-il exactement l'œuvre désirable ?

Le système qu'expose avec largeur et précision le rapporteur, M. Hubbard, de qui vous n'avez pas oublié les efforts en notre faveur le 20 novembre 1886 et le 7 février 1887 à la tribune, est simple, hardi et flexible.

Mais ne réagit-il pas contre le régime actuel en passant d'un coup à l'opposé ? Car il est difficile d'admettre cette assertion du rapport que la liberté de gestion existait sans qu'on en usât alors que l'art. 10 du décret du 15 avril 1852, rendu en exécution de la loi du 30 juin 1851, prescrit de verser immédiatement nos fonds à la Caisse des Dépôts ou à ses préposés dans les départements.

Autoriser les Caisses à faire des dépôts tel emploi qu'il leur plaira, sous la seule condition d'avertir le public, cela est propre, il en faut convenir, à soulever des doutes. Ne peut-on craindre que ce ne soient pas les Caisses les mieux conduites qui mettront le plus d'empressement à user du droit nouveau ? S'il y a péril pour l'État à se trouver en cas de crise exposé aux demandes pressantes de remboursements considérables, n'a-t-il pas des moyens d'action qui manqueraient à des associations privées ? Tout prouve que loin de vouloir desservir les Caisses au profit de la concurrence postale, la commission leur est favorable, et obéit à l'intime pensée de restreindre le rôle de l'État ; si pourtant des Caisses mal administrées mésusaient de la liberté, ne risquerait-il pas d'en rejaillir sur toutes quelque discrédit, et par un effet indirect, qui irait au rebours des intentions du projet, les déposants ne pourraient-ils être poussés par préférence vers les guichets de l'État?

Ce sont là des objections bien délicates. Et cependant quelle force a la thèse inverse! N'est-il pas temps de corriger en France cette timidité outrée de l'épargne, qui cherche toujours à se réfugier dans les coffres de l'État et dans la Dette publique, au préjudice du développement des forces vives du pays?

Demandons au texte même du rapport comment il entend la mission des Caisses, qu'il maintient près des déposants pour les provoquer à l'épargne, mais qu'il affranchit. « Elles sont invitées » — je cite littéralement — « à se préoccuper « plus que par le passé de la mise en œuvre des épargnes, « qui donneront leur plus grande somme d'utilité quand on les « emploiera dès leur formation à fortifier les productions agri- « coles et industrielles du pays. Il ne dépend que des popula- « tions sous les yeux desquelles fonctionnent les conseils « d'administration de ces Caisses de tirer parti des libertés « que la loi leur reconnaît. Elles peuvent d'ailleurs continuer « à s'en remettre à l'Etat du soin de placer les fonds recueillis ; « et c'est alors à la Caisse des Dépôts qu'incombera le soin de « comprendre que la destination véritable de ces fonds est « d'être rendus à la circulation économique... L'idéal ne « serait-il pas dans l'emploi de l'épargne au lieu même où « elle naît, au profit du travail agricole et industriel?.. Que « faut-il du moins pour améliorer la circulation de nos capi- « taux d'épargne? Simplement que les conseils des Caisses « comprennent l'étendue de leur mission, assument plus de « responsabilité, fassent, eux aussi, quelques pas prudents « vers le but assigné à leurs efforts. »

Tel est, Messieurs, le rôle agrandi qu'on nous offre.

Faire nos affaires nous-mêmes, choisir les placements qui paraîtront les meilleurs par la sûreté, la réalisation facile, le prix d'achat, le rendement, employer l'épargne en valeurs revêtues de signatures solides et moins sujettes peut-être aux crises que les rentes, est-ce irréalisable ? On dit que les déposants craintifs préféreront peut-être le canal direct d'adduction à l'Etat. Mais enfin, ne faudrait-il pas prendre parti? Qui se plaint du drainage par l'Etat, des prodigalités publiques facilitées, de l'endettement inaperçu du pays, ne doit-il pas savoir courir les chances de la liberté?.. Des exemples décisifs sont là. Non seulement aux États-Unis, mais en Suède, en Norvège, en Danemark, en Belgique, en Allemagne, en Autriche-Hongrie, en Suisse, en Italie, les Caisses acceptent la responsabilité de prêts aux provinces, aux municipalités, aux corps moraux, de placements en immeubles, de contrats sur hypothèque, d'achats de valeurs industrielles, d'opérations de crédit agricole et de crédit populaire. Loin d'en souffrir, la Caisse Générale d'Epargne en Belgique, entr'autres, réalise des bénéfices qu'elle distribue, en sus de l'intérêt, aux livrets de cinq ans. Et en ce moment même une loi va lui donner des facilités spéciales pour aider à la construction d'habitations ouvrières.

Tout cela est juste. On conçoit que d'excellents esprits, placés entre ce régime et l'absolue disposition par l'État, répondent : *malo periculosam libertatem.*

Mais c'est pour sauvegarder la liberté elle-même qu'il est permis de se demander s'il ne serait pas sage d'éviter par un système de transition des échecs qui seraient exploités contre elle. On pourrait, par exemple, au moins à titre d'étape, maintenir les fonds d'épargne à la Caisse des Dépôts, en lui réservant l'office de rechercher des emplois plus féconds avant de le conférer aux établissements ordinaires. Le droit que le projet lui attribue de prêter aux départements, aux villes, aux chambres de commerce, serait élargi. Elle serait moins exposée que les Caisses locales à subir certains entraînements, et mieux en mesure de se procurer au cas de crise les ressources indispensables. — Ou si on reproche à cette organisation de laisser subsister la caution dangereuse de l'Etat, ne pourrait-on investir de la fonction d'emploi une Caisse centralisatrice des caisses d'épargne, dont l'Etat nommerait le gouverneur comme au Crédit Foncier, et dont les administrateurs seraient élus par le Congrès des Caisses ? — Enfin on pourrait au moins s'en tenir à un régime mixte : l'emploi par les Caisses, mais dans des proportions et selon des catégories tracées par la loi, partie en compte-courant à la Caisse des Dépôts, rentes, valeurs garanties par l'Etat, partie en obligations de départements, communes, chambres de commerce, partie en prêts hypothécaires ou agricoles dans la région, partie en titres de chemins de fer français ou autres de tout repos limitativement énoncés. C'est à une réglementation de ce genre que le projet astreint la Caisse des Dépôts pour l'emploi du surplus de sa disponibilité ; il n'y aurait qu'à écrire de même, en la faisant moins étroite, la charte des Caisses ordinaires (1).

Quoi qu'il en soit, si la loi est adoptée, une probabilité devrait rassurer ceux qu'elle inquiète. Il est vraisemblable que la plupart des Caisses, n'osant sortir du rôle d'intermédiaire, déclineront la responsabilité au moins totale de l'emploi, et que le fait dominant demeurera longtemps encore,

---

(1) L'auteur a soutenu ces idées dans la réunion tenue à Paris en mai 1888, à l'occasion du projet de loi, par la commission exécutive du Congrès des caisses d'épargne de France, dont il est vice-président. Le procès-verbal résume ainsi son dire:

« M. Rostand ne se dissimule pas la portée des objections qui viennent d'être exposées ;
« il est surtout frappé, parmi les doutes que soulève le principe nouveau, par la crainte
« que ce ne soient pas les caisses les mieux conduites qui usent de la liberté, et que des
« échecs soient exploités contre le progrès proposé. Est-ce une raison pour le repousser ?
« La question que le législateur aborde n'est-elle pas posée par l'exemple de l'étranger et
« les économistes les plus considérables avec une force croissante ? Tout le monde se
« plaint du drainage des épargnes populaires par l'État, de l'endettement inaperçu, de la
« stérilité d'un emploi qui noie les fonds dans les dépenses publiques : comment refuser
« alors de courir les chances de la liberté ? N'est-il pas temps de corriger cette timidité de
« l'épargne française, qui se réfugie toujours dans la Dette publique au préjudice du déve-
« loppement des forces vives du pays ? Non seulement aux États-Unis, mais en Suède, en
« Norvège, en Danemark, en Belgique, en Allemagne, en Autriche-Hongrie, en Suisse, en
« Italie, les caisses d'épargne servent à autre chose.— Mais pour sauvegarder la liberté
« contre des échecs, il serait sage de rechercher un système de transition et d'étape: soit

pour la plus grosse part des fonds recueillis, le versement à la Caisse des Dépôts.

Mais la loi passera-t-elle ? Il est possible que les Chambres reculent soit devant la nouveauté des propositions, soit devant l'étendue des remboursements qui pourraient en résulter. En tout cas, le projet est déposé, il peut être discuté avant la fin de la législature. Le rappel qu'ont fait de ces questions non seulement les déclarations des derniers cabinets, mais même le Message du nouveau Président de la République, atteste l'importance qu'elles ont prise.

La tâche de ceux que le Congrès des caisses d'épargne a chargés de défendre la cause collective n'est pas terminée.

Peut-être leur serait-il d'autant moins facile d'adresser aux pouvoirs publics des protestations contre une loi qui consacre notre autonomie, que cette loi ne prétend point nous imposer la liberté de gestion, et qu'en frayant des chemins nouveaux, elle réserve le droit de qui refuserait de s'y engager.

Mais personne ne serait mieux placé pour proposer une solution de nature à concilier la pensée libérale du projet avec des scrupules légitimes.

« maintenir les fonds à la Caisse des Dépôts en lui réservant l'office de larges emplois, soit
« créer une caisse centralisatrice dont le gouverneur serait nommé par l'État comme au
« Crédit Foncier et les administrateurs seraient élus par les caisses, soit attribuer
« l'emploi pour les caisses d'une même région aux 15 ou 20 les plus importantes, soit enfin
« donner aux caisses le droit de placer, mais dans des proportions et selon des catégories
« tracées par la loi. »

La commission, se prononçant contre la liberté absolue d'emploi par les caisses, a émis un vœu favorable au système suivant : liberté réglementée par la loi, savoir pour un quart du total des fonds reçus par chaque caisse au 31 décembre de l'exercice écoulé, le reste demeurant placé en compte-courant à la Caisse des Dépôts et Consignations ; emploi de ce quart en valeurs garanties par l'État, obligations négociables des départements, des communes et des chambres de commerce, prêts hypothécaires sur première hypothèque, opérations de crédit agricole, industriel ou populaire dans la région (sans que les fonds consacrés à ces deux derniers emplois puissent ensemble excéder le quart des placements libres).

Le projet de loi est à l'ordre du jour de la Chambre (novembre 1888).

Il reste d'ailleurs assurément à la délégation exécutive du Congrès à réclamer de nouveau :

· 1° la suppression de la clause qui borne à fr. 2,000 le mouvement annuel d'un livret, complication illusoire, et subsidiairement, l'application de cette clause à la Caisse postale ;

2° le relèvement de l'intérêt pour 1889 à 3.75 °/₀ ;

3° Le maintien de l'écart de 1 °/₀ entre l'intérêt payé à nos Caisses par la Caisse des Dépôts et l'intérêt servi par la Caisse postale ; car l'institution d'État trouve dans son organisme assez d'avantages, ubiquité, gratuité des correspondances et envois de fonds, gratuité des locaux et du personnel de province, etc., pour que le législateur ne manque pas à ses promesses formelles de 1881 ;

4° une représentation plus nombreuse, et moins dépendante, de nos établissements auprès de l'État, une sorte de Commission consultative ou de Conseil supérieur.

Si la diminution d'intérêt qu'on annonce est prudemment calculée, nous estimons, avec beaucoup de Caisses, qu'il n'y a rien à en redouter. La baisse du loyer de l'argent est générale. Le prévoyant qui fait de l'épargne préférera toujours un revenu normal avec la disponibilité à vue et la sécurité à un rendement plus fort qui compromet l'une ou l'autre de ces conditions. Le rapport 1886-87 de Strasbourg constate qu'une réduction modique n'a pas ralenti sensiblement les dépôts. Quelques oscillations seraient possibles, mais l'épargne nous restera fidèle.

Ce qu'il faut souhaiter, c'est que les questions soulevées ne demeurent pas longtemps livrées à des controverses incompétentes. Il s'est fait depuis cinq ans autour de nos institutions une agitation, qu'il est temps de clore. S'il en sort du progrès, comme le projet permet de l'espérer, nous y applaudirons ; . mais sachons où l'on va. Qu'on ne laisse pas se troubler l'admirable confiance de cette clientèle, qui à Orléans, le 9 octobre et le 4 décembre 1870, tandis que le canon tonnait autour de la ville, versait encore à la Caisse d'épargne quelques heures avant l'entrée de l'ennemi. Puisse aussi le débat parlementaire ne pas chercher avec les meilleures intentions du monde les remèdes où ils ne sont pas, par exemple dans un abaissement du maximum de dépôt, que l'exemple de l'étranger et notre histoire même démontrent un vain retour en arrière ! Que notre régime, en un mot, soit fixé avec sagesse : une carrière nouvelle, peut-être plus féconde pour le pays, et une longue période de prospérité, s'ouvriront devant nous.

DEUXIÈME PARTIE

VIE PROPRE DE LA CAISSE EN 1887

Opérations de l'exercice

Il résulte du résumé provisoire publié par le ministère du Commerce sur l'ensemble des opérations en France pour 1887 que le développement de l'épargne s'est ralenti pendant l'exercice ; les retraits ont dépassé les versements (675 millions contre 644), et absorbé une partie des intérêts ; l'ouverture de livrets nouveaux a diminué de 8.57 % sur 1886 ; le total des livrets n'a augmenté que de 2.22 % ; les solde général dû aux déposants ne s'est accru que de 58 millions, somme qui ne représente pas, à beaucoup près, le montant de la capitalisation des intérêts. Cette insuffisance dans la marche en avant, vous en savez les causes. On peut l'attribuer à des préoccupations pour la stabilité de la paix, au malaise des industries, à une certaine stagnation commerciale, à la gêne de l'agriculture quant aux Caisses voisines des populations rurales, à la nécessité pour les déposants dont le salaire ou les ressources ont diminué de reprendre pour des besoins pressants leur petite réserve. Mais comme rien ne prouve que ces influences aient été plus vives en 1887 (au contraire), il faut bien avouer l'effet qu'ont eu les appréhensions éveillées dans notre clientèle par le bruit de changements mal définis : ainsi la crainte d'une réduction de l'intérêt par la loi de finances a si nettement agi au début de l'exercice, que chez nous, du 1er janvier au 31 mars, les retraits l'emportèrent de fr. 44,814 au lieu d'un excèdent de dépôts de fr. 625,101 pendant la période correspondante de 1886, et que le mouvement habituel reprit dès la certitude acquise du taux maintenu pour l'année.

Quoi qu'il en soit de l'état général moins favorable signalé pour l'ensemble du pays par la note officielle, nous sommes d'autant plus heureux de vous annoncer que notre Caisse n'en a pas souffert. Vous allez voir par les chiffres que tout au plus avons-nous ressenti une légère diminution des versements, un peu moins de rapidité dans l'accroissement du solde et des livrets nouveaux; mais les dépôts ont laissé sur les retraits un large excédent, ceux-ci sont même un peu moindres, le nombre des livrets s'est élevé, et le solde s'est accru non seulement des intérêts capitalisés, qui sont encore après tout de l'épargne volontairement laissée, mais d'une somme bien supérieure.

Le capital dû aux déposants, qui au 1er janvier était de fr. 43,957,698 03, s'est augmenté de fr. 1,947,441 27, soit près de 2 millions d'épargne au lieu de fr. 2,169,878 en 1886, fr. 428,065 39 de plus que les intérêts capitalisés. Il reste au 31 décembre de fr. 45,905,139 30. C'est le solde le plus élevé de notre histoire. Les versements en numéraire ont excédé les remboursements de fr. 616,206 51. — Au 1er janvier nous avions 93,202 déposants; au 31 décembre nous en comptons 96,973, soit 3,771 nouveaux contre 3,870 l'an dernier.

Nous avons reçu, en 57,462 versements, fr. 15,348,296 90. La Caisse centrale de Marseille figure dans ce chiffre pour fr. 10,416,772 40, ses trois bureaux auxiliaires de quartiers pour fr. 129,632, les succursales du département pour fr. 4,801,892 50. La moyenne par jour est de 191 dépôts et de fr. 51,161. — C'est en janvier et juillet qu'ils ont été le plus élevés, en janvier fr. 1,913,267, en juillet fr. 1,450,719. La journée de recettes la plus forte a été à Marseille le 9 janvier, fr. 76,601, et la plus faible le 5 octobre, fr. 12,841.

Les remboursements, au nombre de 49,651, ont atteint fr. 14,732,090 39 ; on avait retiré en 1886 fr. 14,781,742. Dans ce chiffre, Marseille-centrale entre pour fr. 10,099,551 13 c., ses trois bureaux auxiliaires de quartiers pour fr. 40,405 94 c., les succursales pour fr. 4,592,133 32. La moyenne par jour est de 165 retraits et de fr. 49,106 96. — C'est en janvier et février (provisions d'hiver), mars, avril et octobre (loyers), que les remboursements ont été le plus élevés : en janvier fr. 1,520,433 89 ; en février fr. 1,700,864 52 ; en mars fr. 1,315,810 97 ; en avril fr. 1,250,103 13 ; en octobre fr. 1,358,006 88. La journée maxima a été le 7 février, fr. 68,830 61 c. ; la minima le 6 novembre, fr. 13,575 88. — Il n'y a eu que 5,625 livrets soldés, pour fr. 2,740,221 89, tandis qu'il y en avait eu en 1886 6,862, pour fr. 2,868,757. Dans ce nombre, 60 soumis à une condition, 254 compris dans une succession ou une communauté, 377 acquittés par procuration, ont donné lieu à l'examen contentieux de 691 dossiers.

Les recettes par transferts d'autres Caisses sur la nôtre se sont élevées à fr. 157,451 en 202 opérations, soit fr. 37,088 75 c. de plus qu'en 1886. — Nous avons effectué sur d'autres Caisses 220 transferts pour fr. 145,379 53, au lieu de fr. 151,520 en 1886. Il y a là à remarquer que les transferts-recettes dépassent les transferts-paiements ; c'est un indice que les déposants qui quittent Marseille pour s'établir ailleurs emportent moins d'argent que n'en importent ceux qui nous arrivent. — L'ensemble de ce mouvement a compris 422 transferts, contre 415 en 1886.

Les virements sur nos succursales, ou *vice-versa*, sont au

nombre de 250, et portent sur fr. 147,672 79. Les reports sont au nombre de 505, pour fr. 442,639 63.

Les rentes achetées pour nos déposants représentent, en 250 inscriptions, un capital de fr. 203,620, presque le double de l'an dernier (fr. 103,610). C'est là de l'épargne supplémentaire. L'emploi sur demande directe a porté sur fr. 98,297 15 en 61 titres, fr. 23,030 de plus que l'an passé : les retraits qui ont pour objet ces consolidations ne sont que la mise en pratique des idées que nous propageons, et les achats seraient plus importants si nous n'étions assujettis à de lentes formalités. Les achats d'office pour les livrets excédant le maximum légal ont été de fr. 99,666 65, en 183 titres 3 %. Les soldes des livrets soumis à déchéance trentenaire ont employé fr. 5,656 55 en 6 titres, qui ont été remis à la Caisse des Dépôts et Consignations pour y rester à la disposition des ayants droit. — Dans les achats volontaires, les déposants préfèrent toujours le 4 1/2; ils en ont pris pour fr. 3,005 de rente contre fr. 962 en 3 %. Le portefeuille renfermait au 1er janvier 141 inscriptions, pour fr. 2,252 50 de rente : il est entré 252 inscriptions pour fr. 7,893, et sorti 213 inscriptions pour fr. 7,120, soit un mouvement de 465 titres pour fr. 15,013, et un solde au 31 décembre de 180 titres pour fr. 3,025 50 de rente, dont nous sommes dépositaires ; les arrérages en ont été encaissés aux échéances et portés au crédit des comptes.

On continue de ne pas verser par notre entremise à la Caisse des Retraites pour la Vieillesse. Le dernier Rapport général, celui de 1885, publié le 9 courant, insiste sur le vœu qu'un plus grand nombre de Caisses d'épargne imitent celles qui sont devenues d'heureux auxiliaires pour la Caisse des Retraites, et indique que le procédé de vulgarisation a été la propagande d'informations sur les avantages de cette autre forme de la prévoyance. Nous pourrons reprendre en ce sens des encouragements, dont à Marseille, il est vrai, diverses associations spéciales ont fait leur objet propre.

Les comptes abandonnés trente ans par les titulaires sont au nombre de 68 : les soldes, après achat des 6 titres de rente, ont laissé des reliquats dont le total, fr. 1,373 55, a été porté à notre Dotation, conformément à la loi du 7 mai 1853.

Les intérêts capitalisés, tant sur les comptes soldés dans l'année que sur les comptes restant ouverts au 21 décembre, se sont élevés à fr. 1,519,375 88, soit fr. 58,983 51 de plus qu'en 1886.

J'ai dit que le solde dû aux déposants s'était accru de fr. 1,947,441 27. Cet accroissement se répartit comme suit entre la caisse centrale, les bureaux de quartiers, et les succursales :

Marseille.	1.065.340 59
Arles.	147.219 31
La Ciotat.	131.610 35
Marseille-Joliette.	123.391 34
Tarascon	80.085 10
Salon.	77.431 97
Aubagne	61.178 57
Château-Renard	54.696 95
Roquevaire.	51.228 04
Saint-Rémy.	48.474 24
Marseille-Menpenti-Capelette	44.961 99
Auriol	27.641 31
Gardanne.	27.053 38
Fuveau.	22.771 63
Marseille-Saint-Louis.	22.280 60
Aix	20.607 01
Pelissanne	15.055 02
	2.021.027 46

Les Succursales en diminution, qui étaient pour 1886 Tarascon, Saint-Rémy et Istres, sont cette année :

Martigues pour fr.	48.659 95	
Istres pour fr.	14.237 15	73.586 19
Berre pour fr	8.985 43	
Barbentane pour fr	1.703 66	
Reste en augmentation globale du crédit des déposants.		1.947.441 27

Vous aurez remarqué dans ce relevé les places gagnées par Arles, La Ciotat, Tarascon, le rang qu'a pris d'emblée le bureau de la Joliette, et la chute d'Aix au 16me poste. Encore Aix ne reste-t-il en augmentation que grâce aux intérêts capitalisés, les remboursements y ont excédé les dépôts. Le conseil si dévoué qui administre cette succursale signale, entr'autres causes locales qui expliquent un tel fait, les dépressions de revenu et les besoins qu'ont entraînés de la fin 1886 à la fin 1887 diverses faillites notables dans la banque ou le commerce ; il propose de nouvelles et excellentes facilités pour le public. Vous verrez d'ailleurs que le canton d'Aix n'en reste pas moins le plus épargnant quant à la proportion des livrets et au nombre d'habitants.

Nous avons effectué pour notre clientèle 108,337 opérations, 570 de plus qu'en 1886, et qui ont donné lieu à un mouvement de fonds de fr. 33,293,100 83, plus élevé de fr. 1,519,607 48.

9,482 livrets par versement ont été ouverts, 202 par transferts-recettes, 250 par virements, 505 par reports, ensemble 10,439 livrets nouveaux, 293 de moins qu'en 1886. — 5,625 ont été soldés par remboursement, 220 par transferts-paiements, 250 par virements, 505 par reports, 68 par déchéances trentenaires, ensemble 6,668,194 de moins qu'en 1886.

Les 96,973 livrets existant au 31 décembre représentent par rapport au total de 1886 un accroissement de 4,04 %.

Nos relations avec la Caisse des Dépôts et Consignations se totalisent en versements par fr. 1,787,000, et en retraits par fr. 1,339,000.

Hors des limites strictes du compte-rendu, je me félicite de noter que le premier trimestre de 1888 laisse un excédent de dépôts sur les retraits de fr. 864,131 71, quand au contraire celui de 1887 accusait au profit des retraits une différence de fr. 44,814 45.

Statistique des opérations

Nos 96,973 déposants dans les Bouches-du-Rhône au
31 décembre représentaient 160 livrets par 1,000 âmes, ou
1 déposant par 6 habitants. Nous n'en étions l'an passé qu'à
154,5, et à 134 en 1883. Nous sommes au-dessus des
moyennes générales en France par rapport à la population,
et nous montons. — Il ressort d'une intéressante recherche
que dans le total des livrets l'arrondissement de Marseille
figure pour 71,9 %, celui d'Aix pour 19,4 %, celui d'Arles
pour 8,7 %. Si l'on considère par cantons le rapport des
livrets à la population, Aix tient la tête avec 36,7 déposants
sur 100 habitants; puis viennent Roquevaire (21,4), la
Ciotat (20,3), Arles (19,7), Martigues (17,1); Marseille, à
population si étendue et où la vie est si chère, n'arrive qu'après
(16,9). Salon (16,7), Aubagne (10,9), Saint-Remy (10,5) suivent; les autres descendent au-dessous de 10 %.

La moyenne du crédit par livret est de fr. 473 36 : accrue
de fr. 16 20 en 1884, de fr. 15 33 en 1885, elle n'augmente
plus en 1886 que de fr. 4 28, et que de fr. 1 72 cette année,
excellent résultat. La moyenne générale en France était, selon
le plus récent Rapport, de fr. 447 86. — Comment peut-on
prétendre que ces moyennes sont trop fortes, et trahissent
des dépôts de spéculation? En 1847, sous un maximum légal
analogue, la moyenne était en France de 486 25, et de fr. 795
chez nous. Peut-on appeler excessive en 1888 une économie
de fr. 473? N'est-elle pas en rapport avec les échéances à
acquitter, les loyers à payer, les petits outillages ou les fonds
de magasins à acquérir, les charges d'un chômage ou d'une
maladie à supporter, tous ces besoins auxquels tant de
familles ouvrières rangées et courageuses savent parer par le
prélèvement sur le salaire ou le gain? L'exposé des motifs
du projet de loi présenté sur les caisses d'épargne en Italie

vient de nous apprendre qu'en 1886 l'avoir moyen par livret s'est élevé à fr. 527 : parle-t-on de spéculation pour cela ? Par un autre côté, l'observation confirme la protestation que nous tenons à réitérer contre une idée fausse. Considérez ici notre moyenne de versements ; elle a été en 1887 de fr. 267 10, et celle des remboursements de fr. 304 64 ; si vous comparez ces chiffres au maximum de fr. 2,000, vous vous convaincrez qu'il s'agit bien de ressources et de besoins modestes, que c'est bien l'humble épargne dont nous aidons l'effort.

La statistique par nationalités des déposants, que nous créâmes l'an dernier, a été poursuivie, et nous émettrions volontiers le vœu de la voir introduire dans les tableaux officiels ; car l'acuité qu'a prise le problème de l'immigration, les appréciations contradictoires dont il est l'objet, donnent du prix aux renseignements de cet ordre. Sur nos 96,973 livrets, 87,041 ont des Français pour titulaires au lieu de 83,703 en 1886, et 9,932 des étrangers au lieu de 9,499. Sur fr. 45,905,139 dus aux déposants, fr. 40,725,474 appartiennent à nos compatriotes, et fr. 5,179,665 à des étrangers. Dans le contingent étranger, qui se rattache à toutes les contrées du monde, de la Russie et la Perse jusqu'à l'Australie et au Japon, l'ordre des premiers rangs reste le même : les Italiens gardent la tête avec fr. 4,529,934, en augmentation de fr. 225,288 ; puis viennent les Suisses, avec fr. 186,655, en augmentation de fr. 15,845, et les Allemands, avec fr. 144,923, en baisse de fr. 11,050. Du 1er janvier au 11 avril 1888, 323 livrets italiens ont été soldés pour fr. 214,681, sans doute par contrecoup d'un exode partiel dont vous connaissez les causes.

Sur 9,482 livrets nouveaux en numéraire, 3,867 ont été ouverts à des ouvriers de l'industrie ou de l'agriculture et à des journaliers, au lieu de 3,827 l'an dernier ; ainsi l'épargne prise sur le salaire n'a pas fléchi dans notre zone, au contraire. Viennent ensuite les personnes qui ne déclarent aucune profession, 1,524; les déposants encore mineurs, 1,421 : les domestiques, 1,069 ; les petits patrons ont diminué de 758 à 521, symptôme qu'ils ont, eux, souffert; les employés sont stationnaires, 621 ; les militaires ou marins fournissent toujours moins, 295 ; il en est de même pour les professions libérales, 140, et les sociétés, 24. Les travailleurs manuels restent de beaucoup, on le voit, la catégorie la plus compacte; avec les gens de service, ils représentent plus de 50 %, et beaucoup de mineurs devraient y être joints, de qui le père est ouvrier. Avec les artisans et les militaires ou marins, voilà le gros de notre clientèle : c'est dire si elle est populaire, et nous ne pensons pas que la classe des employés doive être écartée comme parvenue à l'aisance.

Au point de vue du sexe des déposants nouveaux, 4,741 livrets ont été ouverts aux femmes, savoir 4,003 aux majeures et 738 aux mineures; 4,717 ont été pris par les hommes, savoir 4,034 par les majeurs et 683 par les mineurs. Comme à Paris, l'avantage numérique reste aux femmes. J'ai expliqué l'an dernier que là raison n'en est pas ici dans la loi du 9 avril 1881 qui leur permet d'opérer sans assistance maritale. 950 femmes mariées ont agi avec autorisation, 567 seules. La législation de 1881 ne paraît pas provoquer de désunion entre époux : une seule des femmes qui ont procédé sans assistance a vu son compte frappé d'opposition par le mari. — 78 livrets ont été demandés par des filles mineures sans assistance de leurs représentants légaux, et 73 par des garçons. Aucun de ces comptes n'a été frappé d'opposition. — En somme, malgré les facilités données aux incapables pour leur permettre d'agir seuls, la vie de famille reste la règle.

104 livrets ont été ouverts avec remboursement différé jusqu'à accomplissement d'une condition.

Je signalais il y a un an la décadence continue des dépôts scolaires. Elle s'est encore accentuée ; les fr. 11,000 de 1879, descendus peu à peu à fr. 3,000 en 1886, tombent à fr. 2,241.

Je dirai tout à l'heure quelles mesures nous a suggérées une étude attentive pour ce point de notre mission.

Il a été soldé dans le groupe des *Orphelins du choléra* 109 livrets, pour fr. 75.333 88. Il en reste 378, pour fr. 139,539 12.

Nous avons enfin à examiner les soldes par quotités. — Sur les 96,973 livrets, ceux dont le solde va de 1 à 20 fr. sont au nombre de 23,600, et accusent un solde moyen de fr. 9. — Ceux de fr. 21 à fr. 100, qui présentent un solde moyen de fr. 47, sont au nombre de 16,847. — Ceux de fr. 101 à fr. 200 sont au nombre de 8,166, et donnent un solde moyen de fr. 132. — Sur 15,061 livrets de 201 à 500 fr., le solde moyen est de fr. 277. — Sur 12,889 de 501 à 1,000 fr., le solde moyen est de 606. — Sur 13,487 de 1,001 à 2,000 fr., le solde moyen est de 1,309. — Ainsi la toute chétive épargne, de 1 à 200 fr., représente plus de la moitié du total des livrets, 50, 2 %; celle qui va de fr. 200 à l'ancien maximum de fr. 1,000, 28, 7 %; les livrets de 1,001 à 2,000 fr. ne représentent que 14 %, et ceux qui par les intérêts capitalisés excèdent fr. 2,000 représentent à peine 6, 8 %. A prendre les versements, on voit que sur 57,462, 49,816 se meuvent entre 1 et 500 fr... Par tous les côtés de cette statistique il ressort harmoniquement que l'institution n'a pas dévié, que la part la plus large de ses livrets est absorbée par les couches du travail manuel, que l'épargne en formation est son véritable aliment.

Contrôle et vérifications

Le contrôle incessant s'exerce par vous grâce à votre intervention quotidienne, par les auditeurs des comptes, par notre agent général. Pour multiplier les inspections des Succursales, un roulement a été établi entre les directeurs, et

M. Barthet, vice-président, supplée ou complète leur œuvre avec un dévouement toujours prêt.

Un moyen naturel de vérification est le travail de la capitalisation, qui s'effectue dans le premier trimestre, et a pour but d'établir le solde de chaque livret en capital et intérêts au 31 décembre. Il entraîne la révision de toutes les opérations de l'année sur chaque compte. Il a porté sur 108.337 opérations. Il n'y a pas de mode plus efficace de contrôle que la confrontation du titre du déposant avec son compte. Par des appels plus pressants le nombre des déposants qui ont subi l'épreuve du réglement annuel s'est accru ; en vertu d'instructions formelles affichées dans la salle d'attente, tout porteur de livret qui s'est présenté durant l'exercice a vu régler ses intérêts avant toute opération.

La Trésorerie générale des Bouches-du-Rhône a procédé à quatre vérifications le 7 avril, le 22 juin, le 26 septembre, le 14 décembre. Elle a manifesté la plus entière satisfaction de la marche de tous les services et des progrès réalisés.

MM. les auditeurs des comptes se sont toute l'année acquittés avec un zèle assidu de leur mandat de surveillance. Le Conseil a rétabli l'ancienne habitude de vous soumettre leur avis de fin d'année.

Les nombreux tableaux de comptabilité et de statistique annexés au Rapport vous permettront d'étudier en détail les résultats que nous avons analysés : vous y trouverez certainement matière à d'intéressantes déductions.

Frais d'administration.

Le Rapport ministériel indique déjà pour 1885 les causes de l'accroissement des frais, développement des opérations, nécessité d'augmenter le personnel et de le rétribuer mieux, perfectionnement des installations : ajoutons-y l'extension croissante des recherches qui précisent les résultats sociaux. Tout cela est plus vrai chaque année, surtout dans les établissements comme le nôtre, à qui une dotation assise impose des devoirs nouveaux.

L'augmentation, qui a été de fr. 34,883 sur 1886, consiste pour une grande part dans la fraction du coût des travaux fonciers que nous avons cru devoir éteindre par le compte frais généraux comme je l'exposerai plus loin. Le reste est la conséquence de l'accroissement des opérations, des modifications de traitements, des améliorations d'outillage, de la création des Bureaux de quartiers.

Rapprochés du mouvement des fonds, nos frais, qui en 1886 ont représenté à Paris 60 centimes pour cent des sommes entrées et sorties, n'ont représenté que 41 centimes. Répartis sur les livrets, ils font ressortir le coût moyen d'un livret à 1 fr. 41. Comparés au solde dû, ils n'ont été que dans la proportion de 29 centimes pour cent, quand ils étaient en 1886 à Paris dans la proportion de 51 centimes.

Boni de l'exercice. — Fortune personnelle de la Caisse.

Malgré cette large dotation de tous nos services, l'imputation aux frais généraux d'une partie de nos travaux fonciers, l'élévation de l'amortissement du compte Mobilier au taux de 10 %, le prélèvement de fr. 20,000 que vous aviez voté en faveur de la Caisse des Retraites, les Profits et Pertes laissent encore pour 1887 un boni de fr. 109,697 16.

Ce Boni porte notre Fortune personnelle à fr. 1,310,759 25. Les immeubles, hôtel de la Caisse centrale, majoré de la somme à laquelle a été arrêtée la plus-value, maisons d'Aix et d'Aubagne, représentent fr. 395,499 22 ; le mobilier de la Caisse centrale, accru des armoires en fer incombustibles, etc., et amorti de 10 %, et le mobilier des Bureaux de quartier, l'un et l'autre inventoriés par les auditeurs de comptes, fr. 32,874 03 ; les rentes sur l'Etat, au prix de revient sur lequel il y a une plus value importante, fr. 481,265 ; le numéraire à la Caisse des Dépôts et Consignations, fr. 401,121. Vous remarquez que dans cet actif la part titres ou argent monte à fr. 882,386, et qu'elle est tout entière placée sur l'État ; il semble raisonnable de ne pas grossir indéfiniment ce genre d'emploi, d'en chercher de plus variés, et s'il est possible, de mieux appropriés à notre but.

Continuer d'affermir nos réserves, qui représentent par rapport au solde dû un fonds de garantie de 2,85 %, proportion supérieure à la proportion générale, — faire dans les bénéfices des temps prospères une part à l'amélioration incessante, — rechercher des placements qui avec la sécurité offrent quelque utilité de bien social, — telles sont les trois vues dont nous avons le devoir de nous inspirer pour la gestion de notre patrimoine, qui a plus que doublé en sept ans.

Caisse des Pensions de Retraite.

Le capital de notre Caisse des pensions de retraite est au 31 décembre de fr. 63,914 97.

Le comité de la Caisse des pensions a placé votre allocation de fr. 20,000 partie en rentes, partie en obligations françaises à lots légalement autorisées (Crédit Foncier, villes de Paris et de Marseille), afin d'ouvrir au capital encore si insuffisant de la Caisse des chances d'accroissement en sus du revenu.

Améliorations réalisées durant l'exercice.

Les plus importantes sont celles qu'avait décidées votre délibération d'il y a tout juste un an aujourd'hui.

Les travaux dans l'hôtel de la Caisse centrale ont commencé le 3 mai, et pris fin, comme nous l'avions promis, le 20 septembre. La construction d'une aile au-dessus des bureaux de retraits a assuré aux archives de notre fonctionnement financier, jusqu'alors disséminées, une galerie aménagée *ad hoc* : là, classées avec méthode, elles sont rassemblées dans un local unique, sous une seule clé ; vous comprenez ce qu'y gagnent l'ordre, la rapidité des recherches, la sécurité des documents. Dans une seconde aile parallèlement bâtie au-dessus des bureaux de dépôts ont été transférés les services de comptabilité, de statistique, des succursales. L'agent général a été logé au premier étage, en conformité de l'art. 1 du règlement du 3 décembre 1884, et au grand profit du service. L'installation des cabinets du président, de l'agent général et du caissier principal au rez-de-chaussée a placé les chefs au milieu du personnel. Deux pavillons élevés aux extrémités de la grille sur la rue Nicolas ont permis de faire garder l'entrée par deux des concierges, et de dégager l'hôtel de logements qui étaient enchevêtrés dans les bureaux.

Vous aviez voté pour ces travaux un devis de fr. 30,164 15. Non seulement il n'a pas été dépassé d'un centime, mais à force de soin il n'a pas été atteint, ce qui passe pour rare en pareille matière ; la dépense a été de fr. 26,387 75. La majeure part de ce résultat est due à l'attention infatigable avec laquelle notre nouvel architecte, M. Ch. d'Albert, a suivi l'exécution, à sa recherche incessante des moyens d'économie, à l'examen rigide et minutieux des mémoires. Sur l'excédent disponible, nous avons pu imputer les honoraires, les gratifications, et le coût d'un ravalement de notre élégante façade.

En y joignant une appropriation de la salle des assemblées, une somme de fr. 32.661 50 avait été dépensée dans l'hôtel en 1887. Nous aurions pu, comme les précédents d'autres grandes Caisses et de la nôtre nous y autorisaient, majorer simplement de ce chiffre le prix de revient de l'immeuble.

Le Conseil a préféré, des amortissements annuels étant contraires au texte de l'instruction ministérielle du 15 avril 1883, user du pouvoir que ce texte confère aux directeurs, c'est-à-dire déterminer dans quelle mesure la dépense avait accru la valeur et dans quelle mesure elle ne l'avait pas accrue, ajouter le premier chiffre au prix de revient et passer le second aux frais généraux de l'exercice même. Il nous a paru que c'était observer l'Instruction dans l'esprit comme dans la lettre, et concilier les règles de notre comptabilité spéciale avec celles d'une gestion sage. Sur les calculs de l'architecte, nous avons donc porté au compte Immeuble fr. 21.641 22, correspondant à la plus-value, et liquidé le reste par le compte frais généraux, soit fr. 11,020. — Ainsi modifié, et par quelques additions ou déductions secondaires, le montant de l'hôtel de la Caisse centrale est inscrit dans nos livres au 31 décembre 1887 pour fr. 356,283 22, prix qui n'est disproportionné ni à sa valeur en terrains et bâtiments, ni à celle des immeubles occupés par les autres grandes Caisses, ni au loyer qu'il nous faudrait payer si nous n'étions chez nous.

Votre délibération créatrice de Bureaux auxiliaires dans trois quartiers populaires de Marseille n'a pas été moins ponctuellement exécutée.

Il fallait pour chacun de ces Bureaux arrêter l'organisation, chercher un local placé dans les plus favorables conditions topographiques, l'aménager. Il fallait surtout nous assurer des collaborateurs prêts à sacrifier leur matinée du dimanche, et l'impossibilité de les recruter fut une des objections si longtemps opposées au projet. Jamais je n'ai mieux senti combien il est faux de prétendre que l'indifférence et l'égoïsme règnent dans notre ville affairée. Les hommes de cœur s'y appellent légion ; ils sont accourus nous offrir leur concours. Nous avons pu constituer pour chaque Bureau un groupe de 25 administrateurs de quartier ; vous connaissez leurs noms, ce sont ceux d'une élite; Le Bureau de la Joliette a été inauguré le 19 juin, celui de Menpenti-La Capelette le 17 juillet, celui de Saint-Louis le 31 juillet ; vous avez reçu à ces dates les procès-verbaux d'installation. Ainsi a été achevée la mise en train de ce premier réseau d'annexes par lesquels vous avez voulu simplifier encore l'accès de l'institution, atténuer les difficultés matérielles et les pertes de temps qu'impose aux travailleurs l'extension du périmètre urbain, recueillir la petite épargne là même où elle naît. C'est une étape bien intéressante de notre développement.

Au 31 décembre, les soldes dus étaient à la Joliette de fr. 123,391 34, à Menpenti de fr. 44,961 99, à Saint-Louis de 22,280 60. Dans ce résultat de quelques mois, la Joliette tient le premier rang ; elle le conserve depuis, et nous avons dû récemment y déléguer un deuxième employé. Un avantage que nous avions prévu se réalise : plus près du domicile ou de l'atelier, au point où se forme la gouttelette d'épargne, la moyenne de versement est plus basse ; elle a été de fr. 197, tandis que pour l'ensemble elle atteignait fr. 267, et cela n'a pas été sans influence sur l'heureuse diminution de notre moyenne cette année. Il est à souhaiter que ce bon résultat s'accentue.

Nous avons continué la constitution d'archives administratives, historiques et légales, sur un classement dû à la compétence de M. Octave Teissier. Notre collection des Rapports au chef de l'État est maintenant complète, celle des comptes-rendus annuels des Caisses est devenue très riche.

En même temps que nous dressions dans le hall des déposants les bustes de Benjamin Delessert et de La Rochefoucauld-Liancourt, dont la Caisse de Paris a bien voulu nous faire don, le Conseil décidait de placer dans la salle des assemblées, comme il a été fait depuis longtemps à Lyon, les portraits des présidents sortis de charge, et confiait la tâche à de brillants artistes de notre ville. L'auteur de la proposition, notre collègue, M. J.-Ch. Roux, a bien voulu rechercher les documents de famille, et suivre les travaux des peintres, de qui l'émulation désintéressée a répondu à notre attente.

Nous avons poursuivi pour notre personnel l'œuvre de relever les petits traitements au niveau des exigences de la vie à Marseille.

Nos recherches statistiques se sont encore étendues. Je recommande à votre attention les huit tableaux nouveaux créés, notamment l'état du mouvement des bureaux de quartiers, et la carte du département qui met en lumière l'intéressante proportionnalité du nombre des habitants et des livrets par cantons.

Les chiffres vous ont redit que nos dépôts scolaires semblaient à la veille de disparaître. Comme je l'indiquais il y a un an, les explications fournies jusqu'ici de ce fait ne paraissent pas de celles dont il faut se contenter, puisqu'aucune n'est spéciale à notre région. Peut-être au point de départ, en 1876, l'expérience a-t-elle été abordée sous l'empire de doutes peu favorables à la réussite. En douze ans il n'a pas été reçu plus de fr. 63,933 dans ce département qui compte tant d'écoles, et fréquentées par une population enfantine si dense. En était-il de même ailleurs ? A Lyon, d'abondants dépôts sont provoqués et recueillis tant des écoles municipales que des congréganistes ; les résultats à Nantes, au Havre, à Amiens, à Besançon, à Châlons, à Clermont, à Corbeil, au Mans, à Montpellier, dans bien d'autres Caisses moins importantes, laissent la nôtre dans une situation d'infériorité anormale. Le Conseil vient d'adopter diverses mesures pour relever cette branche : fourniture gratuite des imprimés, facilités d'opérations, récompenses aux instituteurs qui seront classés les cinq premiers sur une liste établie en tenant compte du nombre de dépôts et du nombre d'élèves. Nous verrons quels fruits porteront ces efforts, que mérite l'œuvre d'épargne éducatrice, dont l'origine est française et l'objet digne de compléter notre cadre.

Propositions spéciales.

Vous avez; Messieurs, ouvert l'an dernier ce que j'appellerais le chapitre des grands progrès. Le Conseil y a inscrit pour 1888 les trois propositions spéciales que défère à votre sanction l'ordre du jour.

L'avoir de notre Caisse de Retraites était si dérisoire, que votre libéralité de 1887 le porte à peine à fr. 63,914. Non seulement cela est mince dans un établissement dont la fortune dépasse fr. 1,300,000, mais il n'y a de quoi couvrir ni les pensions acquises, ni *a fortiori* les futures. Lyon a une caisse qui possédait déjà, il y a trois ans, plus de fr. 200,000, et dont l'actif doit s'accroître jusqu'à fr. 300,000 par un prélèvement de 25 % sur les bénéfices. Saint-Étienne, qui n'a que fr. 429,000 de patrimoine, avait déjà doté son fonds de retraites en 1886 de fr. 73,000. Nous vous prions d'allouer, comme l'an dernier, fr. 20,000. Cette allocation n'est pas à proprement parler une dépense, puisque la contre-valeur en est dans une sous-caisse; elle signifiera de nouveau votre désir de récompenser nos employés par la garantie de leur avenir.

Ainsi que le Rapport de 1887 s'y engageait, nous avons repris les efforts de nos prédécesseurs pour mieux proportionner le nombre des établissements à la superficie et à la population des Bouches-du-Rhône, car à ce point de vue bien des départements sont devant le nôtre. Aux termes de l'art. 10 du règlement du 24 mars 1869, c'est l'assemblée générale qui prononce sur les créations de succursales. Nous vous proposons de décider la fondation de deux Succursales dans les communes d'Allauch et de Trets. L'étude est complète; dans l'une et l'autre localité 25 fondateurs ont adhéré, et acceptent les fonctions d'administrateurs; la dotation de fr. 100 par 1,000 âmes, qu'exige l'art. 1 du règlement du 30 juin 1868, est souscrite. Le mérite de cette difficile préparation revient à deux hommes dévoués : pour Allauch, M. Maillet, ancien maire; pour Trets, notre collègue M. Grué ; marquons-leur ici la gratitude à laquelle a droit leur concours. Si vous adoptez la proposition, dès demain nous mettrons la main à l'organisation de ces nouveaux centres de groupes ruraux.

J'arrive à la plus importante des trois propositions spéciales du Conseil. Le Rapport de 1887 la faisait prévoir en signalant l'exemple de Lyon. Nous avons tenu à ce que vous en connussiez avec précision le détail et la longue étude : vingt-trois jours avant cette assemblée tous les documents ont été adressés à chacun de vous, et les contrats provisoires, les plans, les devis mis à votre disposition. Je peux dès lors me borner ici à l'indispensable.

Astreintes par une législation que d'autres pays n'ont pas imitée, dont on reconnaît les vices, dont la réforme est en jeu, à confier à l'Etat l'intégralité de leurs dépôts, les caisses d'épargne françaises ont en outre placé sur l'Etat la part de beaucoup la plus forte d'un patrimoine qui s'élevait déjà le 1er janvier 1886 à 47 1/2 millions. L'heure n'est-elle pas venue de réfléchir à l'origine de ces capitaux comme au but de l'institution ? N'y a-t-il pas une sorte de devoir à rechercher par quels emplois plus féconds ils pourraient être utilisés au profit des ouvriers honnêtes et laborieux qui en sont les véritables créateurs ? Telles Caisses subventionnent des œuvres d'assistance sur leurs bénéfices ; Nancy en donne la totalité au Mont-de-Piété, fr. 600,000 au 1er janvier 1885, Clermont-Ferrand fr. 30,000 chaque année au Bureau de bienfaisance. Mais c'est là de la charité. Un emploi mieux approprié à notre objet ne serait-il pas celui qui permettrait, tout en présentant, la sécurité immobilière, d'offrir aux familles ouvrières des habitations salubres pour un loyer proportionné à leurs ressources, de remédier à l'immoralité qu'amène l'exiguité de la maison, de faciliter l'accession à la propriété ? Les principes qui sont notre raison d'être peuvent-ils recevoir une application plus exacte et plus ingénieuse que la constitution d'un foyer domestique par le jeu d'épargnes accumulées ?

Ainsi est née l'idée d'une intervention des caisses d'épargne dans la question si grave, si actuelle, de l'amélioration des habitations populaires, non point encore par l'emploi d'une fraction des dépôts comme va le faire le législateur belge, du moins par un placement partiel des bonis. Je dis : partiel, car là comme en toute chose la sagesse est nécessaire, le fonds de garantie doit être d'abord largement assis et la plus grande part en demeurer disponible. Ainsi entendue, l'idée est belle et pratique. Elle est entrée dans l'application, grâce à une ville dont le nom nous reste cher. Le rapport d'Orléans signalait en 1886 la tentative de la Caisse de Strasbourg, qui, disait-il, « ne se considère pas comme détachée de la mère-« patrie ». Dès 1882 en effet la Caisse de Strasbourg convertissait en maisons ouvrières, sur sa réserve, une somme qui s'est élevée à fr. 392,500, et ses comptes-rendus de 1883 à 1887 établissent que les faits ont répondu à son espérance. Quatre ans après, la *Société civile des logements économiques* de Lyon demandait aide à la Caisse de Lyon ; la Caisse prêta fr. 150,000, et, encouragée par les résultats, considérant les actions de la société comme un placement sûr, elle vient de souscrire la moitié du capital agrandi, soit fr. 500,000.

Pécuniairement moins hardi, votre rôle, Messieurs, a plus de portée que celui de nos généreux devanciers de Strasbourg et de Lyon, car il s'agit pour notre institution de prendre l'initiative et de donner le signal d'un progrès social urgent dans une énorme cité industrielle où rien de semblable n'a été fait encore. Aussi vous savez comment l'opinion publique en a accueilli la nouvelle. Vous vous rappelez les commentaires approbateurs de la presse locale, le discours de M. G.

Picot à la *Société d'économie sociale* de Paris, les vœux précieux dont nous voulons remercier publiquement la Chambre de commerce et le Conseil municipal de Marseille, l'intérêt dont nos premières démarches ont été l'objet auprès de M. le ministre du Commerce. Ce mouvement de sympathie a continué ; les pensées de bien social s'y rencontrent des points les plus divers de l'horizon : hier par exemple, le *Journal des Débats,* par la plume d'un économiste éminent, M. Arthur Raffalovich, approuvait notre programme, demandant au gouvernement d'en hâter l'exécution; et si je ne craignais d'être indiscret, j'emprunterais à une lettre de Mgr l'archevêque d'Aix les nobles paroles par lesquelles le prélat, ayant lu la brochure que vous avez reçue, applaudit à notre étude comme à nos conclusions.

Qu'ajouterai-je, sinon que la proposition dont vous êtes saisis a été longuement, à fond, sous tous les aspects, examinée, qu'il a été tenu compte des vues diverses, et que nous vous apportons le résultat de plus d'une année de réflexions, de recherches, d'observations directes, de retouches ? Vous avez apprécié l'étude technique patiente de notre architecte, qui y a dépensé sans compter, avec l'intelligence et la conscience, un dévouement sincère. Vous avez suivi la filière de discussions libres et approfondies par laquelle le projet a passé dans le Conseil et la commission spéciale ; je n'ai qu'à me référer pour les détails aux documents distribués. L'affaire est en état d'être solutionnée par vous : les terrains les mieux situés et les moins coûteux ont été acquis sauf ratification, les plans sont sortis d'un scrupuleux examen. Le projet de délibération qui va vous être soumis détermine les conditions de l'opération : emploi à 3 1/2 % ; — placement de fr. 160,000 en construction directe ; achats de terrains au quartier ouvrier de la Capelette au prix de 2 fr. 50 le mètre ; établissement de maisons indépendantes, destinées à des familles ouvrières de nationalité française, et qui auront fourni des preuves de leur esprit d'épargne; location pure et simple, ou promesse de vente à prix payable par annuités, avec préférence pour l'ouvrier acquéreur; distribution des maisons par rues; adoption du type d'un étage sur rez-de-chaussée, sur cave, avec jardinet au midi; pouvoirs conférés au Conseil pour agir au mieux dans l'exécution et profiter de ce qu'indiquerait l'expérience, mais dans des limites maxima comme prix de revient, loyer, annuités et délais d'amortissement : — enfin, pour ouvrir la voie dans diverses directions à l'initiative privée, que notre véritable dessein est d'éveiller, allocation de crédits de fr. 20,000 pour aider une société offrant toutes garanties qui se constituerait pour le même objet, et de fr. 70,000 pour prêter sur hypothèque à des ouvriers désireux de bâtir eux-mêmes leur habitation, sous notre contrôle quant à l'hygiène, la moralité, et la solidité du travail.

Telle est la Résolution que nous pouvons vous demander avec confiance de sanctionner. Jamais vous n'aurez été mieux fidèles, sous les formes nouvelles que l'évolution du temps amène, à la pensée philanthropique affirmée par nos fondateurs. Permettez-nous de faire appel à votre esprit d'union pour que votre vote, net et compact, donne aux efforts à poursuivre devant le ministre et le conseil d'État une réelle autorité morale.

Succursales

Prises en bloc, et sauf les interversions de classement, nos succursales ont donné à peu près le même résultat qu'en 1886. Elles représentent dans l'ensemble des livrets 35 %, et dans le solde dû 34 %. Quoique la partie rurale du département n'échappe pas à la crise dont souffre l'agriculture, que les produits du sol s'écoulent à bas prix, que les revenus et les profits des travailleurs diminuent, le fonds du pays est si vaillant et si économe que dans l'ensemble le niveau de l'épargne se maintient. Nulle part (elle l'a c uellement appris à ses dépens dans quelques localités) elle ne trouvera un abri plus sûr que dans notre institution. Aussi considérerons-nous comme un devoir de continuer à étendre le réseau de nos succursales, dont le nombre nous laisse à des rangs inférieurs dans la classification générale quant aux proportionnalités avec le territoire et la population. Quel élément de paix et d'ordre que ces groupes d'hommes désintéressés, qui, au siège de chacun de nos annexes, viennent attester par leur présence la solidarité sociale ! Reportons-leur le mérite des résultats obtenus.

Diverses mesures utiles ont été prises. Dans 12 succursales, les conseils d'administration ont été invités à se compléter. Dans 11, les sous-caissiers ont régularisé selon les prescriptions légales des cautionnements trop faibles. Les procès-verbaux d'inspection sont communiqués aux présidents. Nous avons prié les conseils de vouloir bien nous fournir dans les comptes-rendus annuels des renseignements plus précis sur leurs opérations et sur les causes locales de progression ou de baisse. Des bons de pain ont été alloués à nos collaborateurs succursalistes.

Personnel

La réforme qui a séparé l'administration et le contrôle du maniement des fonds donne les plus satisfaisants résultats. Nous ne rendrions pas suffisante justice à notre Agent général, si nous ne constations que son dévouement ; la haute valeur administrative et l'étendue des connaissances de M. Brière lui permettent de nous rendre des services d'un ordre supérieur. Je dois un égal témoignage à M. Escalon, caissier principal, dont la compétence spéciale et l'activité toujours en éveil font un précieux collaborateur. L'un et l'autre nous ont puissamment aidés dans notre tâche toujours plus absorbante, notamment pour l'organisation des Bureaux de quartiers, la constitution de nos archives, la recherche des moyens de relever les dépôts scolaires, l'étude des créations de succursales. Le personnel placé sous leurs ordres rivalise de zèle dans ce travail ardu, qui ne fait que s'alourdir le dimanche ; à tous les degrés nos employés s'intéressent à leur besogne ; ils en comprennent le but moral, qui la relève.

Nous en sommes tous là, Messieurs. Le labeur augmente chaque année dans notre établissement : la noblesse du but en fait l'attrait. Il y faut un effort qui ne se lasse pas : nos réunions en conseil et en commissions sont longues et chargées, vous vous reprocheriez la moindre défaillance dans nos séances quotidiennes. Les questions que soulève le fonctionnement croissent sans cesse en nombre et en complexité : plus on étudie ici, je vous l'affirme, plus on a conscience qu'il reste à apprendre.

Mais quel intérêt élevé on y trouve ! Nos institutions sont profondément enracinées sur le sol français. Puissent ceux qui vont en résoudre la législation le faire dans un esprit de progrès (car tout se modifie en ce monde), mais sans témérité ! Les résultats ont dépassé les espérances des fondateurs des caisses d'épargne ; peut-être vont-elles entrer dans une phase nouvelle de leur développement magnifique. La Caisse des Bouches-du-Rhône ne put, hélas ! commémorer en l'année terrible son jubilé : que sera-t-elle quand elle fêtera son centenaire ?

Vous êtes, Messieurs, les artisans de cette œuvre qui relève petit à petit, par un effort de chaque jour, le bien-être et la moralité d'innombrables familles plébéiennes, véritables piliers de l'ordre dans l'État. Les pouvoirs publics rendent hommage à votre dévouement social ; le Rapport général qui vient de paraître en rend témoignage, et constate que vous savez vous montrer de plus en plus à la hauteur de notre mission. En réglant aujourd'hui les comptes de votre soixante-septième exercice, marqué par une prospérité éclatante, vous voudrez, nous l'espérons, vous constituer les promoteurs dans notre grand Marseille d'un développement nouveau de la prévoyance par une contribution des réserves de la prévoyance elle-même, et le vote du 23 avril 1888 demeurera pour vos noms, j'ose le dire, un titre d'honneur.

CRÉATION DE SUCCURSALES DANS LE DÉPARTEMENT DES BOUCHES-DU-RHONE

Discours d'inauguration

24 juin 1888.

Messieurs,

Le 20 avril 1861, mon prédécesseur d'alors, signalant dans son rapport annuel la récente incitation gouvernementale à multiplier les bureaux d'épargne, citait Allauch parmi les communes à doter. De 1821, notre date d'origine, à 1860, trois succursales avaient été fondées par la Caisse des Bouches-du-Rhône, neuf le furent entre 1860 et 1870, cinq de 1870 à 1880. Allauch cependant restait non pourvue. Le 23 avril 1887 je proposai à notre assemblée générale, qui y applaudit, de reprendre l'œuvre d'extension du réseau. Dès le 21 octobre, un de vos anciens maires, qui a étudié de près vos intérêts et y pense sans cesse, répondait à notre appel; nous nous mîmes ensemble à la besogne, et voici enfin résolue la question posée pour votre charmante localité il y a 27 ans.

Ma première parole devait être un public hommage à l'élan promoteur, à l'activité intelligente, au soin consciencieux de celui qui a préparé avec nous l'organisation de ce nouveau centre d'épargne. Autour de M. Maillet je tiens à remercier les hommes de cœur qui l'ont secondé ; leurs dons., c'est tout dire, ont spontanément dépassé le chiffre réglementaire. Pour leur apporter l'expression de ses sentiments le Conseil des directeurs m'a adjoint celui de ses vice-présidents qui s'occupe avec un zèle particulier des succursales, M. Barthet, l'un de nos vigilants auditeurs des comptes, M. Guilbault, et notre secrétaire... mais de celui-là que dirais-je ici ? Il y est chez lui ; Balthazar Rouvière fut votre élu, il n'a à Allauch que des sympathies, et je lui aurais demandé de présider cette fête si ce n'eût été, en me dérobant au devoir de ma charge, me priver d'un plaisir trop vif.

Je ne puis me défendre d'un espoir, celui que notre entreprise d'aujourd'hui coopère à un mouvement de rénovation locale. Les lieux ont leurs destinées, leurs phases plus ou moins florissantes ; la richesse a ses déplacements, qui ne sont quelquefois que des va-et-vient. Allauch, dont l'histoire remonte si loin, comptait au commencement de ce siècle une population de 5,000 habitants, qui, au lieu de croître comme d'autres dans les vingt-cinq dernières années, s'est réduite à 3,000. Vers 1860 votre bien-être était profond ; vos huiles et vos fruits venaient en abondance à Marseille, votre sol se vendait à des prix élevés. Une sécheresse que vous allez enfin combattre fit disparaître les arbres fruitiers, les maladies de toute famille et de toute appellation ont tué vos vignes. Peut-être les mirages de la grande ville voisine ont-ils accéléré à l'excès l'émigration. Ainsi ont baissé les revenus, tandis que subsistaient vos charges, car l'impôt continuait de grever comme si elles n'étaient pas descendues des terres jadis classées en première qualité. Il s'agit de refaire de la prospérité. Vous allez y travailler par votre Canal, et un peu aussi par celui que nous ouvrons, en y joignant un bon réservoir.

Il n'y a pas d'influence plus reconstituante que celle de l'épargne. Et il ne faut pas dire : on n'épargne que là où l'on gagne gros. Cela n'est pas exact. Les hauts salaires, surtout vite conquis, poussent à l'abus des jouissances, à la fréquence des chômages volontaires. Inversement, aussitôt que sûre d'être facilitée l'épargne naît d'une volonté ferme (et il y a toujours quelque chose à ôter aux dépenses stériles), il est presque certain qu'elle grandira. C'est une semence qui, mise dans le sillon, lève neuf fois sur dix.

Que personne ne dise donc : « la caisse d'épargne ! elle n'est pas faite pour moi. » Entendons-nous bien au contraire. Pour qui établissons-nous cette succursale ? Pour servir de banque aux gens riches ? En aucune façon. Les clients appelés de nos vœux, ce seront les cultivateurs de vos 3,000 hectares de labour, de jardinage où de prairies, propriétaires, fermiers ou serviteurs ruraux, les ouvriers de vos plâtrières, de vos minoteries, de vos fabriques de ciment, de vos moulins à huile. Qu'ils viennent ici des trois clochers de l'agglomération, du Plan de Cuques et de la Bourdonnière comme d'Allauch, et aussi des villages qui vous environnent, de Château-Gombert et de la Croix-Rouge, des Caillols et des Olives, de la Valentine et de Saint-Julien, d'Eoures et des Accates, des Camoins et de la Treille. Plus les versements seront modiques, plus ils sembleront précieux. Les dépôts sont reçus à partir d'un franc ; qui ne peut mettre un franc de côté par intervalles ? Quant à ceux qui ont déjà des économies, ils renonceront à l'habitude de l'argent improductif dans l'armoire, ou qu'on peut voler, et prémunis contre les mécomptes des placements aventurés, ils retrouveront, leur heure venue, de quoi s'acheter de la rente ou arrondir leur champ.

L'instrument qui va être mis à votre disposition se prêtera, suivant votre gré, à tous les besoins. Chaque jour de séance vous pourrez à ce guichet, sans obligation de longue attente ou de dérangement réitéré, verser, retirer, transférer sur Marseille, sur une autre succursale, sur une Caisse hors des Bouches-du-Rhône. De la rente sur l'État sera acquise pour votre compte soit à votre demande quand il vous plaira, soit d'office si votre livret atteint fr. 2,000. L'intérêt vous sera régulièrement payé, ou capitalisé, fructifiera. Les ménagères prévoyantes pourront user du droit que donne aux femmes la loi de 1881, et verser sans intervention du mari. Les mineurs pourront en faire autant, et les enfants même apprendre par le dépôt scolaire la vertu de l'économie. Profitez de tant de services commodes, faites-vous en dans les jours lucratifs une réserve pour les mauvais.

Messieurs, la fondation qui s'inaugure est l'œuvre d'une institution indépendante ; nous la confions à votre goût de liberté et d'action privée. Entre les mains énergiques qui nous ont aidés à la faire surgir, et auxquelles nous allons en remettre la gestion, nous avons confiance qu'elle se développera. Puissent d'autres communes aller comme vous l'avez fait au-devant de nos efforts dans la tâche que nous reprenons à travers ce grand et laborieux département ! Nos 17 succursales (vous formez la 18e) représentaient au début de l'exercice 34,7 % de nos déposants, plus de 33,000, et 34,1 % de l'ensemble de nos dépôts, plus de 15 millions de francs. Quelque chose me dit qu'Allauch conquerra vite un rang flatteur dans cette liste d'émules, et que l'exemple d'initiative dont elle aura eu l'honneur sera imité par ce que j'appellerai d'autres *colonies d'épargne.*

En conformité des délibérations de l'assemblée générale des administrateurs en date du 23 avril 1888 et du Conseil des directeurs en date du 13 juin 1888, je déclare constituée la succursale de la Caisse d'épargne des Bouches-du-Rhône à Allauch et ses administrateurs installés dans leurs fonctions.

6 juillet 1888.

Messieurs,

En reprenant l'œuvre d'extension de son réseau à travers ce laborieux département, la Caisse d'épargne des Bouches-du-Rhône a inscrit en tête de son programme les chefs-lieux de canton non dotés encore. L'État y appelait très justement notre attention en 1861, lorsqu'il nous invita à porter de tous côtés nos services pour supprimer l'obstacle que la distance oppose au désir des travailleurs d'être des Prévoyants. Dès cette époque nos devanciers songèrent à Trets ; certaines obliga-- tions firent reculer la commune. La question fut posée de nou- veau le 12 février 1872 par un vœu de votre conseil municipal : des motifs analogues firent ajourner encore. La résolution de prendre les charges pour nous, et le généreux concours d'un groupe dévoué à Trets, ont enfin levé toute difficulté : le projet différé plusieurs fois pendant 27 ans se réalise.

L'honneur en revient aux bons citoyens qui ont assumé le titre de fondateurs de la succursale. M. Calixte Grué est depuis 1871 l'un des administrateurs de l'établissement central : il a apprécié par l'expérience quel instrument de progrès social et de bien-être populaire est cette institution, quels résultats elle a produits, à quel degré de prospérité elle est parvenue ; il a voulu en assurer les bienfaits à la contrée au milieu de laquelle il passe une large part de sa vie. Autour de lui sont dignement représentés, dans une heureuse union, l'autorité municipale, les notabilités locales, médecins, ingénieurs, propriétaires, notaire, négociants, l'élite de la classe ouvrière ; je voudrais citer chaque nom ; du moins interprète du Conseil des direc- teurs, qui m'a adjoint pour venir vers vous ses deux vice- présidents, MM. Barthet et de Tournadre, l'un de ses secré- taires, M. Chailan, je remercie tous les promoteurs dans la

personne de celui que votre juste choix a mis plus particulièrement en rapport avec nous.

Tout indiquait, il me semble, et appelait notre installation
dans ce centre industriel et agricole, ne fut-ce que l'importance du groupement ouvrier qui a passé du service d'une
ancienne société indigène à celui d'une compagnie puissante.
Les habitants de Trets, et ceux aussi de la zone prochaine, les
gens de Peynier, de Rousset, de Puyloubier, d'Inkerbon, de
Pourrières même et de Pourcieux, ne seront plus contraints
désormais d'aller porter coûteusement, avec peine, à Aix, à
Gardanne, à Fuveau, leurs économies naissantes ou déjà
arrondies ; ils trouveront à leur portée, et pour ainsi parler
sous leur main, les avantages, qu'il ne m'appartient pas d'énumérer, de notre fonctionnement.

Tandis que nous organisions ce nouveau foyer d'épargne,
la 19e de nos succursales, distinctes de nos 3 bureaux de
quartiers dans Marseille, notre pensée allait avec une sym—
pathie égale vers la population agricole et la famille minière
de Trets. Peut-être dans les noirs chantiers souterrains plus
encore que sur le sillon ensoleillé, chaque jour enseigne de
quel prix, de quelle nécessité est la prévoyance contre les
risques des accidents, dés maladies, des chômages, de la
vieillesse. Durement gagné, le salaire est modeste, et supérieur
pourtant à celui des industries similaires dans d'autres pays,
la Belgique par exemple ou cette Allemagne que nous devons
étudier sans cesse. La dépense du ménage acquittée, la part
faite aux distractions du repos, il permet, ce salaire, de
réserver quelque chose pour les heures mauvaises, à une
condition unique, qu'on le veuille d'une volonté tenace. Somme
minime, qu'importe ? Nous recevons à partir d'un franc. Et
c'est au contraire l'épargne embryonnaire qui nous apparaît
admirable. Tant que le travailleur manuel juge qu'un sou ne
vaut pas la peine de le mettre de côté, il est voué à l'impuissance ; le respect du sou, et même du centime, voilà le

principe du moyen de s'aider soi-même que notre mission est de vous offrir.

Et la preuve pratique, tangible, qu'il n'y a pas là d'espoir exagéré, que l'épargne est réalisable par une clientèle minière, elle nous est fournie tout auprès de vous. Dans des conditions sensiblement égales notre annexe de Fuveau prospère ; créé en 1874, il est en accroissement, il tenait de ses déposants au 31 décembre 1887 un solde de plus de fr. 312,000. Fuveau compte 2,600 âmes ; Trets en a 2,800 : la lice est ouverte, à Trets de regagner l'avance que le temps a donnée à sa sœur voisine. Le dimanche matin, quand chaque mois la paye est faite, la banque des mineurs et des cultivateurs sera en service ; chacun y pourra venir verser, retirer, transférer sur Marseille, sur une autre succursale, sur une Caisse hors des Bouches-du-Rhône ; les femmes diligentes n'auront qu'à se réclamer de la loi de 1881 pour déposer seules, sans l'intervention et au profit du mari.

Usez de tout cela, conseillez à vos amis d'en user. Avec autant d'énergie que vous arrachez de leurs gîtes les lignites renommés du bassin d'Aix, formez, fragment par fragment, le bloc d'épargne. Tous ceux qui vivent de la houillère savent qu'une exploitation doit être ménagée, qu'il en faut éviter les gaspillages, qu'une extraction mieux dirigée, les mélanges, les agglomérations tendent à en retarder le terme. Comment les travailleurs ne régleraient-ils pas dans les mêmes vues leurs dépenses, ne renonceraient-ils pas à celles de l'insouciance ? Et voyez la différence profonde. Il y a une limite à la durée de la réserve préparée par la nature : le charbon s'use sans renaître ; l'épargne humaine se reproduit indéfiniment par l'utilisation et l'intérêt. Intelligents mineurs de Trets, tirez-la de cette houille, source de lumière, de chaleur, de mouvement, de force, et avec elle, par surcroît, cette autre force, l'indépendance.

En conformité des délibérations de l'assemblée générale des administrateurs en date du 23 avril 1888 et du Conseil des directeurs en date du 13 juin 1888, je déclare constituée la succursale de la Caisse d'épargne des Bouches—du—Rhône à Trets, et ses administrateurs installés dans leurs fonctions.

L'IMMIGRATION ET LA CONCURRENCE DES OUVRIERS
NON INDIGÈNES.

————

2 août 1887.

Dans l'*Economiste français* de cette semaine, M. Paul
Leroy–Beaulieu proteste contre les tendances actuelles de
quelques pays européens, le nôtre compris, en matière d'immigration. On prohibe les produits, et on voudrait à chaque
instant, semble-il, prohiber les personnes. Des propositions
de loi se font jour à l'effet de taxer les étrangers, ou de leur
interdire plus ou moins le travail. Les ouvriers eux–mêmes
suivent ce mouvement avec ardeur ; les conflits qu'ils soulè-
vent, leurs violentes exigences, démentent bizarrement leurs
thèses habituelles de fraternité internationale. Or, il n'y a ni
droit ni intérêt pour un peuple à proscrire ou à gêner, et
M. Leroy–Beaulieu, citant Marseille, ne craint pas de dire :

Si la légion d'Italiens, qui se trouvent à Marseille au nombre d'une
cinquantaine de mille, venaient à quitter ce port, les travaux des
Docks, ceux des sucreries, des huileries, des savonneries, où ils
font des besognes pénibles, seraient singulièrement entravés. Les
prix de revient de nos produits en seraient relevés...

27

M. Leroy-Beaulieu a raison. Ce n'est pas 50,000 Italiens qui
vivent à Marseille, comme il l'indique, c'est bien 60,000 (1).
Ses réflexions n'en sont que plus exactes. Nous les avons
entendu faire non pas une fois, ni dix, mais cent fois, par des
représentants de la plupart de nos industries locales. Les
ouvriers italiens établis parmi nous sont de durs travailleurs,
robustes, sobres le plus souvent, insoucieux de théories politiques, passionnément résolus à se former un petit pécule,
acceptant les plus rudes tâches et les salaires raisonnables.
Leurs pratiques tenaces d'économie sont incontestables :
notre Caisse d'épargne départementale (ils sont semés dans
toutes les communes-succursales, sauf Barbentane) comptait
le 31 décembre 8,299 d'entr'eux sur ses 93,202 déposants, et
leurs dépôts s'élevaient à f. 4,304,645 sur les f. 43,957,698,
de l'ensemble. Tout cela est de la richesse pour Marseille, un
contingent énorme de labeur. Nous en priverions-nous sans
désavantage ?

Une nation où le nombre des indigènes décroît par baisse
de natalité, et qui lutte contre les menaces d'infériorité militaire ou industrielle, serait bien mal avisée si elle ne s'effor-
çait pas de contrebalancer les causes d'affaiblissement par
une assimilation surveillée, mais large, des éléments que
d'autres races lui apportent. Au lieu d'entraver la naturalisation par des rigueurs de formalisme, qu'on la facilite à
partir de la deuxième génération. Que les jeunes gens nés en
France d'étrangers soient déclarés Français de plein droit à
leur majorité légale, à moins de déclaration expresse contraire. Faisons comprendre aux ouvriers que leur intérêt
sainement entendu n'est pas de revenir aux temps où *hostis*
signifiait tout ensemble *étranger* et *ennemi;* ce qui n'est
d'ailleurs nullement contradictoire à l'idée de réserver aux
fournisseurs indigènes certains travaux publics. Voilà les

(1) Sur 264,568 Italiens en France (recensement de 1886).

idées justes en fait d'immigration ; au lieu de la combattre
en se claquemurant, la faire tourner au profit de la véritable
utilité nationale.

27 août 1887.

C'est un fait singulier, mais malheureusement hors de
doute, que la tendance croissante, et de plus en plus généralisée, des travailleurs manuels à supporter impatiemment
la concurrence de leurs frères non indigènes. Les collisions
sanglantes qui ont eu lieu ces jours-ci, dans le port d'Ostende,
entre pêcheurs belges et pêcheurs anglais rappellent des conflits analogues qui se produisent depuis quelque temps en France : par exemple, quoique avec moins de gravité grâce au bon
sens de la population, tels démêlés survenus sur les quais
ou dans les chantiers de Marseille entre Provençaux et Italiens. Les raisons alléguées sont partout les mêmes. Les
marins ostendais se plaignent que ces Anglais leur ôtent le
pain de la bouche, et ils essayent d'en finir par la violence.
Il convient, pour être exact, d'ajouter que la manie de prohibitions douanières dont la plupart des pays européens semblent férus contribue à aviver le mal, et d'autant qu'elle est
incohérente, ici ou là non réciproque : le poisson belge
acquittait en Angleterre un droit d'entrée excessif pendant
que les chaloupes de Ramsgate débarquaient librement à
Ostende.

Si les Anglais peuvent se plaindre des excès dont leurs
marins ont été victimes, ils ne doivent guère s'en étonner.
Car leur peuple industriel élève des protestations de plus
en plus ardentes contre l'immigration des artisans exotiques qui viennent se fixer dans le Royaume-Uni. Des
relevés statistiques récents en évaluent le nombre à plus
de 135,000. Ils travaillent aussi bien, sinon mieux, que
les nationaux, vivent plus frugalement, sont affranchis des

liens des *Trades-Unions*, ne font pas de grèves, et s'emploient dès lors à des conditions de prix inférieures. A Londres, la boulangerie, la cordonnerie, la fabrication des cigares, l'industrie des allumettes, le vêtement confectionné, sont accaparés par des Allemands. En ébénisterie aucun modèle nouveau n'apparaît dans les ateliers du *East-End* sans qu'on ne l'imite à meilleur marché. Telle besogne de cordonnerie, qui rapportait il y a cinq ou six ans près de f. 75 par semaine, ne permet de gagner qu'à grand'peine aujourd'hui 30 ou 35 francs.

On voit si nos ouvriers sont fondés à croire cette situation propre à la France. Et ce qui se passe en Angleterre se passe un peu partout. Il en va de même jusque hors d'Europe. A Chicago, à Washington, les récriminations sont aussi passionnées. Le *Parti de la terre et du travail*, dont le chef est Henry George, ce socialiste d'une doctrine encore peu étudiée en France, a inscrit sur son programme la prohibition absolue de l'immigration chinoise. En Californie le juge Maguire soutient cette thèse. Il n'y a pas trois mois, à San-Francisco, l'*Union des Cigariers* a tenu une grande assemblée pour combattre l'emploi des Chinois ; et en réponse à l'objection des manufacturiers que les ouvriers blancs ne sont pas assez nombreux pour les besoins, l'*Union* publie, envoie à tous les patrons, une liste des ouvriers blancs qui se trouvent sur le pavé.

« Ces étrangers nous affament ! il faut les renvoyer chez « eux, et s'ils refusent, briser leurs outils ! » Des milieux plébéiens ce cri est monté dans le domaine des législateurs.

— Aux États-Unis, le Sénat a voté cette année un *bill* interdisant l'accès des étrangers aux travaux publics ; il faut être citoyen américain, ou avoir déclaré son intention de le devenir, pour être engagé, et tout entrepreneur qui contrevient à cette prescription est considéré comme ayant rompu son contrat.

— L'attention du Parlement anglais est sollicitée en ce sens.

C'est une opinion courante parmi les ouvriers de Londres, de Liverpool, de Manchester que le seul moyen efficace de réfréner l'immigration sera de faire payer une *taxe* aux étrangers. — C'est de vues analogues que se sont inspirées chez nous, devant la Chambre, la proposition de MM. Pradon et Thiessé pour l'établissement d'une *taxe de séjour* sur les ouvriers étrangers, celle d'un député des Bouches-du-Rhône, M. Pally, pour les exclure des travaux de l'État.

Quelque chose est possible en ce sens. Le dernier point a pénétré déjà, en pratique, dans certains cahiers des charges. Mais dans l'industrie privée, des mesures de ce genre ne nous paraîtraient ni équitables, ni politiques, ni efficaces. La concurrence, quoi qu'on fasse, est une loi inéluctable du travail moderne ; et plus les ouvriers tiendront au droit de coalition, plus la force des choses amènera l'industrie à lutter par l'appel à des éléments exotiques. Voilà des ébénistes de Londres qui ne peuvent se passer de dépenser 4 pence à leur déjeuner, 4 à leur thé, 6 à leur dîner ; l'allemand vit avec 4 pence de choucroute ; quoi de surprenant qu'après la grande grève de 1872 le métier ait passé aux mains de l'étranger, aussi habile et moins coûteux ? Il en est trop souvent de même à Marseille pour les Italiens. Aller contre le jeu des lois naturelles est puéril. Relèverons-nous des murailles de Chine, contre l'homme comme contre les choses ? Étrange parallélisme, dans l'*état d'âme* du monde populaire, que celui de passions semblables et des idées de fraternité internationale, de solidarité universelle !

3 septembre 1887.

Un correspondant nous écrit :

Vous constatez la tendance fâcheuse des ouvriers français à chasser de leurs rangs les étrangers, et les rixes de plus en plus fréquentes qui sont la manifestation brutale de cette guerre âpre née du paupérisme. Mais autre chose est de montrer le mal, autre chose d'indiquer le remède. Pourquoi ne faire qu'une furtive allusion au *bill* voté récemment aux États-Unis, et qui interdit aux ouvriers étrangers l'accès des travaux publics ? On dirait que vous appréhendez de vous heurter aux répugnances de toute une nation. Et pourquoi ? Est-ce que cette sage mesure ne devrait pas être généralisée ? Eh ! quoi ! des gens qui habitent une terre française, qui y gagnent leur vie, beaucoup s'y étant définitivement fixés avec leurs familles, jouissant de tous les avantages attachés à la qualité de citoyens français, n'auraient envers leur pays d'adoption aucune des obligations qui lient les ouvriers indigènes ? Tous les droits sans aucun devoir, ce serait un peu fort.

Allez donc parler de naturalisation à un Italien, puisque c'est là l'élément étranger qui domine à Marseille ! Ce serait exposer la théorie des couleurs à un aveugle. La fierté italienne ressemble à l'orgueil anglais : lui seul, et c'est assez ! Ainsi s'explique l'étonnante attitude d'un Italien bien connu, qui, parlant des naturalisés, déplore que ces infortunés aient été forcés « *per guadaguarsi un* « *pezzo di pane in pace, a mutare il bel nome italiano nella citadinanza* « *francese !* »

Certes l'attachement à la patrie est chose respectable entre toutes; mais c'est précisément cette vertu française qui nous force à protéger chez nous nos nationaux contre des concurrents à qui nous demandons tout bêtement de partager nos charges s'ils veulent jouir de nos prérogatives. En retour nous ne trouverions pas mauvais que nos voisins en fissent autant chez eux à l'égard des Français. Que si les étrangers habitant la France ne veulent pas subir l'humiliation de devenir citoyens français rendue obligatoire par leur profession, ils ont un moyen bien simple d'y échapper : c'est de s'en retourner chez eux.

Hé ! oui, c'est vite dit. Mais puisqu'on parle des Français, quand nous disions au contraire que la même erreur sévit un peu partout, c'est justement la question, que de savoir s'il y a droit et s'il y a intérêt pour les Français à empêcher ou à arrêter l'immigration. Si les 60,000 Italiens établis dans Marseille venaient à la quitter, les travaux des quais, des docks, de nombreuses industries locales, où ils acceptent les besognes pénibles, en seraient singulièrement entravés; d'où une majoration des prix de revient, qui retombe sur le peuple consommateur.

Précisons, pour éviter tout malentendu, ce qui nous semble le plus raisonnable sur cette question délicate. Il faut distinguer deux cas : les travaux publics, l'industrie privée.

Pour les travaux publics, nous ne nous sommes pas contentés de mentionner le *bill* américain n° 5,541, qui exige en cette matière la nationalité américaine ou la volonté déclarée de l'acquérir. Nous avons rappelé qu'un des députés des Bouches-du-Rhône a déposé une proposition fort acceptable du même ordre ; nous avons indiqué qu'en pratique, on arrive à un résultat analogue par certaines clauses des cahiers des charges ; nous avons conclu qu'il y a quelque chose à faire en ce sens. Oui en vérité, il ne paraît y avoir rien d'exagéré à réserver les travaux de l'État aux fournisseurs ou aux ouvriers indigènes, au moins en principe, et sauf à permettre au gouvernement de procéder d'autre façon s'il juge sous sa responsabilité que l'utilité collective l'exige.

Mais autour de la libre industrie privée dressera-t-on les mêmes restrictions, les mêmes exclusivismes de faveur ? allons-nous aux prohibitions douanières ajouter les interdictions de personnes, et quand nous avons toujours à la bouche la fraternité universelle, rétrograder d'un siècle ?

Sachons voir que nous sommes, que nous nous tenons, par notre faute, dans une situation exceptionnelle. Une population qui subit notre effrayante décroissance relative de natalité, et qui par des causes complexes lutte contre des dangers d'infériorité industrielle, doit bien plutôt s'efforcer de compenser et de racheter ces motifs continus d'affaiblissement par une assimilation des éléments que d'autres races lui apportent. Au lieu de rendre la naturalisation difficile par les formalités qu'accumule actuellement la loi, simplifions-la à partir de la seconde génération ; que les jeunes gens nés en France d'étrangers soient Français de

plein droit à leur majorité, à moins de formalités contraires.
Entre temps, que les étrangers supportent les mêmes impôts.
Et de leur côté que nos ouvriers indigènes comprennent la
nécessité de ne se laisser surpasser ni en habileté professionnelle, ni en courage laborieux, ni en tempérance, ni en goût
d'épargne, ni en modération de désirs : ils seront alors, en
fait, toujours préférés... Voilà, croyons-nous fort, les idées
justes. Ne repoussons pas l'immigration, sachons la faire
tourner au profit de l'intérêt national.

10 janvier 1888.

Un pétitionnement en forme contre la concurrence des non
indigènes en fait de travail manuel est en ce moment organisé
à Marseille; la commission des ouvriers français des Ports
a décidé d'y pousser tous les corps d'état; une adresse
sera bientôt présentée par la députation des Bouches-du-
Rhône au ministre du commerce et de l'industrie. Le
maire de Marseille a échangé à ce sujet une correspondance
aigre-douce avec la Chambre de Commerce. Il n'est pas
douteux que le maire invoquait une loi qui n'existe pas,
et la Chambre était fondée à le dire. Un point plus sérieux,
au fond, est de savoir si la loi qui n'existe pas doit être faite.
Le *Petit Provençal* répondait *oui* l'autre matin. Nous avons
lu les raisons qu'en donnait M. P. Roux avec l'intérêt attentif
que mérite en ces questions si attachantes (les plus graves du
temps actuel) l'avis de tout écrivain convaincu, avec le sincère
désir aussi d'entrer dans les vues des milieux ouvriers, de
modifier les nôtres si nous le reconnaissions juste.

Il n'y a là rien de local, rien de propre à Marseille, ni même
à notre pays. La tendance des travailleurs manuels à supporter impatiemment la compétition d'étrangers va se généralisant, s'exacerbant. On n'a pas oublié les collisions

sanglantes qui éclatèrent en Belgique au mois d'août dernier
entre pêcheurs belges et anglais d'Ostende. En Angleterre,
des protestations de plus en plus âpres s'élèvent contre l'invasion des artisans exotiques. A Londres, les Russes et les Allemands représentent dans le quartier populaire de Whitecha-
pel un quart de la population : 15 ou 20,000, hommes et femmes, exercent le métier de tailleur sous le régime de ce qu'on
a appelé le *sweating system*, c'est-à-dire à très bas prix, au
profit d'intermédiaires, les *sweaters* (ceux qui font suer). Il y
a là des violations des lois, par exemple pour le travail des
femmes, pour l'inspection des ateliers, qui ont accru les
colères. Les *Sans-travail* de Trafalgar–Square ont crié bien
des fois : *à bas les Allemands !* Des symptômes analogues
se montrent un peu partout, jusque hors d'Europe, ainsi en
Amérique contre les immigrants chinois.

Peu à peu le grief monte dans le domaine législatif. Comme
au Parlement anglais M. Shirley ou tel autre, MM. Pradon et
Thiessé proposent à notre Chambre d'établir une *taxe de
séjour* sur les ouvriers étrangers, et un député des Bouches-
du–Rhône même demande qu'ils soient exclus des travaux
de l'État. L'idée paraît fort admissible ; aux États–Unis, le
Sénat a voté en 1887 un bill interdisant à qui ne justifierait
pas de la qualité d'américain l'accès des chantiers publics.
Il n'y aurait rien d'excessif non plus à réserver aux ouvriers
français les travaux des départements et des communes, au
moins dans la plus large mesure possible, et sauf les exceptions de nécessité. Enfin la légalité offre des garanties dont
les pouvoirs publics n'usent pas assez. Que l'administration surveille la moralité des immigrants : pourquoi
tolérer l'afflux d'éléments exotiques dangereux dans une
grande cité ouverte, des repris de justice par exemple,
et n'a–t-on pas des droits discrétionnaires ? Nous ne connaissons pas, grâce à Dieu, les abus du *sweating system ;* qu'on
y prenne garde, comme à toute infraction à nos lois du travail.

Mais aller plus loin est-il possible? Nous avons beau y réfléchir, il nous semble que non.

16 mars 1888.

La sanglante échauffourée d'Arles est venue compliquer, exacerber pour la région provençale les embarras qu'y soulève depuis quelque temps, surtout à propos des Italiens, dans les milieux populaires, la question des étrangers. En annonçant les faits, le *Journal de Genève* ajoute : « c'est là le « fruit de la politique de certains journaux qui attisent chaque « jour le feu des haines internationales, sans se douter que « de pauvres diables lisent leur prose furibonde et la prennent « au sérieux. » Il y a du vrai, et les polémiques quotidiennes qui réclament passionnément l'expulsion des Italiens ou la vente systématique de leurs fonds d'État nous paraissent déplorables. D'autre part il faut constater qu'on a laissé l'immigration trop peu surveillée au point de vue de la sécurité publique.

Cet aspect de la question est nettement dégagé par le rapport que vient de déposer à la Chambre M. Pradon, député de l'Ain, au nom d'une commission saisie de diverses propositions sur le régime des étrangers en France. Ouvrons, dit ce document, les annales de nos tribunaux. consultons les comptes-rendus d'assises : que des fois c'est d'étrangers qu'il s'agit ! Les faits-divers des journaux sont pleins du récit de leurs attentats ou de leurs rixes. Contre eux la justice est mal armée. Le Français, même nomade, est enserré dans un cadre social facile à reconstituer, le criminel étranger se dérobe aux recherches ; son nom n'est pas certain, sa trace échappe ; si ses papiers sont faux, que faire ? Il arrive sans cesse qu'on est réduit à *classer* les enquêtes ouvertes contre les étrangers. Aussi l'immigration modifie-t-elle la criminalité dans une large et croissante mesure : d'après les statistiques judiciaires, il est permis d'estimer à 1/10ᵉ le contingent exotique dans l'armée du mal. Le nombre des étrangers condamnés au criminel ou au correctionnel, qui était de 17,011 en 1881, monte à 18,271 en 1882, à 19,695 en 1883, à 19,978 en 1884, à 20,255 en 1885 ; la proportion est de 20 sur 1,000 individus, tandis qu'elle n'excède guère 5 sur 1,000 pour les indigènes.

S'il est une ville française où la force de ces considérations puisse frapper tous les esprits, c'est Marseille. La presse y enregistre continuellement des actes de violence commis par des Italiens : les commissariats de police en sont à chaque instant occupés ; les prisons et les maisons d'arrêt les ont pour clients assidus; ils fournissent aux juridictions répressives, surtout au jury, un nombre de sujets hors de proportion avec la quotité qu'ils représentent dans l'ensemble de la population. C'est un des arguments qu'a fait valoir naguère devant la Chambre M. Chevillon, demandant que l'Etat majore son concours à l'entretien d'une puissante police dans cette énorme agglomération ouverte. — Que propose le rapport Pradon pour remédier au mal ? Tout étranger arrivant dans une commune devra justifier de son identité et faire une déclaration de résidence. A cet effet, il sera tenu à la mairie un registre spécial destiné à l'immatriculation des étrangers, et où seront relatés l'état civil, les résidences antérieures, un état signalétique. Un extrait en sera délivré au déclarant dans la forme des actes de l'état civil. Le défaut ou la fausseté de déclaration sera puni d'une amende et de l'interdiction du territoire ; si celui auquel le territoire a été interdit y rentre sans autorisation, il sera frappé d'un emprisonnement de un à six mois, et reconduit à la frontière à l'expiration de sa peine.

Combinées pour créer au non indigène une personnalité saisissable et certaine, ces mesures sont légitimes. Divers pays Européens en ont d'analogues dans leur législation Elles mettront un terme à beaucoup d'abus. Nous sommes d'autant moins suspects à les approuver que pour l'autre branche de la question, les rétrogradations du protectionnisme ouvrier, les exclusivismes absolus, les impôts d'aubains, les expulsions des chantiers, nous avons plus de doutes, surtout en ce qui concerne l'industrie marseillaise. Quand nous entendons les travailleurs manuels de Bordeaux, dans leur meeting du 26 février, exiger qu'on achète tout en France pour les fournitures de la Marine, qu'une taxe soit payée par l'employeur sur tout étranger employé, qu'on rappelle par une amnistie générale tout marin ou soldat déserteur, nous constatons les conséquences des thèses fausses lancées dans les masses. Quand des prohibitionnistes plus éclairés s'indignent contre le courant immigrateur, nous pensons que l'arrêter est difficile, et que l'assimiler serait préférable. Mais il n'y a point à hésiter quant à la sécurité collective. Nous comptons dans les Bouches-du-Rhône plus de 77,000 étrangers ; Marseille en occupe 50,000 dans ses fabriques, ses docks, son port ; le moment est venu d'épurer cette population des éléments malsains. Au lieu d'adresser aux Italiens des injures qui solidarisent bons et mauvais dans les susceptibilités nationales et ne prouvent rien, ou de pousser à un exode généralisé et absurde, qu'on réglemente légalement la situation.

24 mai 1888 (1).

Un peu partout depuis quelques années, dans la vieille Europe comme dans le Nouveau-Monde, se sont produits tout à coup certains doutes sur l'utilité des immigrations, des velléités de les restreindre, et parallèlement à la doctrine économique qui voudrait réserver les marchés aux produc-

(1) Lu à la *Réunion des Sociétés Savantes* (section des sciences économiques et *sociales*), session de 1888.

teurs nationaux, peut-être par contre-coup, une tendance des
milieux ouvriers à revendiquer le monopole du travail manuel
pour les indigènes. Ces idées ont peu à peu pénétré jusque
dans le domaine législatif. Pour ne rappeler que deux ou trois
exemples, le peuple industriel en Angleterre proteste de plus
en plus contre l'invasion des artisans exotiques, et c'est le
cri que poussaient naguère les *Sans-travail* de Trafalgar-
Square ; en Belgique les collisions d'août 1887 entre pêcheurs
belges et pêcheurs anglais n'ont pas eu d'autre cause ; aux
Etats-Unis un bill de l'an dernier exige la qualité d'américain
pour l'admission aux travaux publics, un traité récent interdit
pour vingt ans le territoire à tout Chinois s'il n'y a une famille
légale et des biens d'une valeur minima de 1,000 dollars, et
les Etats australiens viennent de prendre des mesures restrictives dans le même sens.

La question a pris en France assez d'importance pour que
le Parlement soit saisi, et une acuité croissante. Pour en
essayer une étude appuyée d'observation, on ne trouverait
sur aucun point du pays plus d'éléments, ou de plus nets, que
dans la grande agglomération très plébéienne et très industrielle de Marseille. L'immigration y est exceptionnellement
nombreuse ; les symptômes de trouble y étaient caractéristiques il y a sept ans déjà ; les violences de 1881, les rixes
survenues depuis lors entre Provençaux et Italiens, rappellent
celles d'Ostende ; un pétitionnement en règle aux pouvoirs
publics y a été organisé ; des syndicats spéciaux, ouvriers des
ports, portefaix du marché central, ouvriers français de tous
corps d'état, se sont constitués pour entretenir l'agitation ; les
congrès et les meetings sont incessants ; les Italiens y ont été
amenés depuis quatre mois à un commencement d'exode
partiel.

I

Le recensement officiel le plus récent, celui de 1886, constate à Marseille sur 376,381 habitants, 66,175 étrangers, dont 59,823 sont fournis par l'Italie. C'est une proportion bien voisine de 18 %, presque six fois plus forte que la proportion générale de 3 % accusée par le recensement officiel de la même époque pour l'ensemble du pays (1,115,214 étrangers contre 37,103,689 Français). Il n'y a à cela rien qui puisse étonner, dans un grand port que peuple le va-et-vient maritime, cité ouverte entre toutes et en quelque sorte cosmopolite où il est normal que chaque nation passe et dépose une alluvion, à deux pas d'un peuple jeune, qui a trop de bras et pas assez de capitaux.

Les travailleurs italiens, en arrivant à Marseille, se trouvent dans une condition inférieure à celle des indigènes : ils ignorent la langue, se heurtent aux places prises, sont peu aptes aux procédés perfectionnés d'industries très avancées. Durs à la peine, sobres par tempérament, ils s'adressent à la grande industrie ou aux entreprises d'effort physique, là où l'on demande plutôt des corps solides que de l'habileté pro-fessionnelle : raffineries de sucre, raffineries de soufre, fabrication de produits chimiques, distilleries, huileries, savonneries, tanneries, entreprises de débarquement des compagnies de navigation ou des armateurs particuliers, services des entrepôts et docks, etc. Puisqu'ils n'offrent que leurs muscles et leur vigueur, on ne leur offre que de faibles salaires, et ils s'en contentent.

Les employeurs qui louent leur travail sont-ils poussés par le parti-pris de grossir quand même et par tous les moyens des bénéfices léonins ? S'il en était ainsi, ceux qui croient urgent d'introduire dans les rapports du capital et du travail les obligations morales, les notions de patronage et d'harmonie, auraient qualité pour formuler un blâme ; ceux qui n'invoquent en matière économique que les intérêts et les droits antagonistes ne pourraient se refuser à une pure conséquence de la liberté. Mais l'observation des faits locaux prouve que cette explication n'est pas la vraie. Les industriels marseillais qui opèrent sur un terrain toujours plus difficile, dont les efforts deviennent sans cesse plus aléatoires, dont les mauvaises années sont moins rares que les bonnes, obéissent simplement à la nécessité de rémunérer le capital engagé dans leurs entreprises ou leurs usines, en acceptant le concours d'hommes qui par suite d'aspiration· plus modestes ou de besoins moins complexes se satisfont d'un salaire inférieur. Il y a mieux. Dans la pluralité des cas, ils sont matériellement contraints d'agir ainsi en ce qui concerne certains travaux pénibles ou rebutants, dont l'ouvrier français, et spécialement le Marseillais, moins robuste ou plus habitué au bien-être, ne consent à se charger à aucun prix.

De cette situation sont nées les plaintes âpres qui ont peu à peu monté jusqu'au seuil du Parlement. De même qu'à Bordeaux et à Cette la campagne est menée contre l'ouvrier espagnol, dans les Flandres contre l'ouvrier belge, elle l'est à Marseille contre l'Italien. Il ne faut cependant rien exagérer ; nous pouvons affirmer que même avant l'agitation actuelle, *a fortiori* aujourd'hui, le dixième d'étrangers n'était pas atteint dans les principaux chantiers des Docks et dans les compagnies françaises de navigation. Ainsi la Compagnie marseillaise de navigation Fraissinet emploie à peine 4 ou·5 Italiens par 100 hommes.

II

Si l'on admet comme une vérité certaine le principe du *marché intérieur aux seuls producteurs nationaux,* il est

assez difficile de se refuser à écarter par des procédés analogues la concurrence de la main-d'œuvre étrangère. Dès là
que la loi protège la marchandise nationale et frappe de
quasi-prohibition la marchandise exotique parce que le bon
marché en avilirait trop le prix, l'ouvrier est logique en
demandant qu'on protège le travail indigène et qu'on exclue
le travail non indigène dont le bon marché abaisse trop le
taux de journée. Le protectionnisme patronal vise à arrêter aux
frontières par des taxes prohibitives les produits fabriqués au
dehors à meilleur compte, et que préféreraient les consommateurs; pourquoi ce que nous appellerons le protectionnisme
ouvrier ne rêverait-il pas de s'assurer des cours de salaires
plus élevés par ces moyens faciles, l'exclusion, l'expulsion du
concurrent, ou au moins la restriction rigoureuse de la concurrence ?

III

Sans discuter la thèse générale de la protection, examinons
pour Marseille si l'immigration d'ouvriers non indigènes est
profitable ou nuisible à la collectivité, aux industriels, aux
ouvriers indigènes.

L'immigration nuit-elle ou sert-elle à la collectivité ?
C'est partout en France une question bien délicate que de
savoir si l'immigration est un péril à détourner pour un pays
où l'accroissement par les naissances est de plus en plus faible.
Puisque la natalité en France est tombée à moins de 25 pour
1000, tandis qu'elle atteint 30 en Allemagne, 35 en Angleterre,
38 en Italie, puisque la sève nationale subit une sorte de
temps d'arrêt, il se conçoit que des démographes prévoyants
acceptent qu'une infiltration de races plus vigoureuses, ou
plus morales, vienne jeter parmi nous une souche de familles
prolifiques. M. Paul Leroy-Beaulieu soutient cette thèse avec
hardiesse, conseillant seulement de franciser aussi vite que

possible, au moins dans leurs enfants, ces colons utiles. Il
entrevoit là un moyen, peut-être le seul, de combler nos
insuffisances, d'atténuer une situation extérieure alarmante,
et au moins un secours transitoire jusqu'à ce qu'une réforme
des lois, ou plutôt encore des mœurs, guérisse les causes
profondes de notre dépopulation.

Un tel avis nous semble, tout pesé, plus sérieusement
patriotique que l'injonction d'écarter tout apport externe.
Le mot de Rousseau est plus juste que jamais : « la pire
« disette pour un État est celle des hommes. » Quelques
pessimistes expriment la crainte que notre race ne perde à
tel ou tel contact les qualités de son tempérament ou de son
génie ; mais on peut tout aussi légitimement attendre qu'elle
y modifie certains de ses défauts ; et d'ailleurs il est bien plus
dans l'ordre des choses que les descendants d'Italiens par
exemple, nés sur notre sol, de croisements peut-être, s'assi-
milent dès la deuxième génération.

Pour Marseille, on a calculé que si de 1806 à aujourd'hui
la population n'avait dû s'étendre que par les excédents annuels
de naissances sur les décès, la ville ne compterait guère plus
de 120 ou 125,000 âmes, au lieu de près de 380,000. Le reste
vient de l'immigration, soit française, soit étrangère ! Le taux
de natalité rend-il l'apport externe inutile depuis que l'utilité de l'immigration est contestée ? Les chiffres répondent :

ANNÉES	NAISSANCES	DÉCÈS
1882	10,256	10,915
1883	10,758	11,390
1884	10,778	12,500
1885	10,912	12,152
1886	10,811	13,158
1887	11,074	10,967

Ainsi, sauf 1887 qui a laissé une supériorité d'ailleurs

insignifiante aux naissances, les décès l'ont emporté de beaucoup en 1882, 1883, 1884, 1885, 1886. Une ville qui subit cette faiblesse de natalité, et qui par des causes complexes lutte contre des dangers d'infériorité industrielle, ne serait-elle pas mal avisée si elle ne consentait pas à compenser et racheter ces risques continus par une assimilation surveillée, mais large, des éléments que d'autres races lui apportent ?

A quelque prix qu'on l'évalue, c'est une valeur qu'un être humain adulte, producteur, tout élevé, tout formé. Les pays américains le savent. Il serait sans doute impossible de rechercher avec une précision mathématique quelle part de l'accroissement de richesse de Marseille, depuis cinquante ans, pourrait être imputée à ce facteur ; mais que cette part existe, et qu'elle soit considérable, voilà qui n'est pas douteux. Pour s'en tenir à la période de la transformation de Marseille en centre industriel, à laquelle notre génération a assisté, c'est sous nos yeux qu'une offre abondante et économique de main-d'œuvre a permis la création d'industries de toute nature.

On reproche fréquemment aux ouvriers italiens d'être une charge excessive pour l'Assistance publique. Le dernier compte-rendu qu'ait publié l'Administration des hospices civils de Marseille, celui de l'exercice 1885, accuse sur 19,595 personnes soignées ou entretenues 3,323 Italiens. Eh ! oui, cela est lourd ; mais qu'y faire ? Outre que c'est une obligation légale, peut-on considérer comme inéquitable de soigner et de réparer des outils humains qui s'usent à notre service ? D'ailleurs ce chiffre correspond à 104,272 journées : le prix de journée étant ressorti en moyenne à f. 2 45, il a été dépensé en une année f. 255,466 pour les Italiens. Comparez cela à ce que 59,823 Italiens versent à l'octroi municipal, au minimum 10 f. par tête, soit f. 598,000, à ce qu'en retirent, directement ou indirectement, la ville, le département, l'Etat, à leur rendement industriel !

Les ouvriers italiens établis à Marseille sont de durs travailleurs, insoucieux de théories politiques, passionnément résolus à se former un petit pécule, acceptant les plus rudes tâches et les salaires raisonnables. Leurs pratiques tenaces d'économie se traduisent par un fait frappant : la Caisse d'épargne et de prévoyance des Bouches-du-Rhône comptait, au 31 décembre 1887, 8,578 d'entre eux sur 96,973 déposants, et le total de leurs dépôts s'élevait à fr. 4,529,934 sur les fr. 45,905,139 de l'ensemble. Tout cela représente de la richesse fertilisante pour Marseille, avec un contingent énorme de labeur. S'en priverait-elle sans un nouveau désavantage dans la période incertaine que traverse notre grand port méditerranéen si concurrencé ?

L'immigration nuit-elle ou sert-elle aux industries locales ?

Une première réponse résulte de ce qui a été observé plus haut sur les services spéciaux que les ouvriers non-indigènes rendent aux industries marseillaises. Ils y accomplissent, pour des salaires modestes, des tâches dont les Français ne se soucient pas. De même qu'il serait difficile dans le Nord de moissonner sans le secours des Belges, de même que la moitié de la Corse serait inculte sans les Lucquois, de même que dans le Midi telle exploitation minière à rendement encore insuffisamment rémunérateur succomberait sans l'emploi d'Italiens, de même certaines besognes fatigantes à l'excès dans les usines ou les chantiers publics de Marseille seraient en souffrance sans les bras piémontais.

Considérons les choses de plus haut. Si la main-d'œuvre inoccupée en Italie par l'effet de l'insuffisance de capitaux était exclue du pays voisin où elle vient les trouver, n'irait-elle pas ailleurs raviver d'anciennes industries ou en susciter de nouvelles ? Si d'autre part l'arrêt subit et artificiel de toute concurrence amenait une hausse excessive des salaires à Marseille, comment les industries, qui fléchissent déjà sous

le poids d'impôts outrés, tiendraient-elles le coup contre les
rivales du dehors et conserveraient-elles leurs débouchés ?

*L'immigration nuit-elle ou sert-elle aux ouvriers
indigènes ?*

L'objection ici a une extrême apparence de force : elle
consiste à dire que chaque immigrant ouvrier prend la place
d'un indigène, et lui ôte son pain, ou au moins réduit son
salaire en pesant sur les cours par le bon marché de son
offre.

Le premier grief serait fondé s'il y avait surabondance
extrême de bras inoccupés. Mais d'une part la majorité des
ouvriers étrangers est surtout employée à fournir aux indigènes des sortes d'aides qui se chargent des tâches gros-
sières dont les autres ne veulent pas, ou de ce qu'on pourrait
appeler (comme il y a des marchandises pauvres ne suppor-
tant pas les frais de transport) les tâches pauvres, qui ne
supporteraient pas le taux de salaire exigé par l'indigène.
D'autre part, pour les métiers à rétribution élevée, rien ne
démontre que les patrons ne donnent pas presque en toute
occasion la préférence aux indigènes.

Pour le second grief, il est vrai que la présence des immigrants est un frein à une hausse concertée de la main-
d'œuvre par les grèves. Mais outre que cela est légitime, elle
est un frein aussi à l'avilissement de la main-d'œuvre, c'est-
à-dire au péril du bon marché dans les régions concurrentes.

Il faut aller plus loin. On peut affirmer que l'intervention
des immigrants, en facilitant la naissance et la croissance
d'industries nombreuses, a contribué par la surexcitation de
la vie industrielle au large développement de l'activité marseillaise, et que d'une manière générale, elle a aidé à
l'accroissement du bien-être populaire. Si par l'expulsion
violente des travailleurs étrangers les ouvriers indigènes
obtenaient une surélévation artificielle des salaires, ils ris-
queraient fort de voir en même temps par la crise des indus-

tries diminuer le nombre des journées de travail salarié, et comme consommateurs croître par contre-coup les prix de revient à leur préjudice.

IV

Tout cela, l'ouvrier est bien excusable de ne point le démêler dans la complexité des faits économiques. Il n'aperçoit qu'une chose, la concurrence qui le gêne dans la lutte pour la vie. Afin de s'en débarrasser, il propose deux moyens :

1º L'éviction de l'élément étranger par des taxes prohibitives diverses, l'interdiction d'accès aux travaux publics, une limitation légale du nombre d'étrangers employable par l'industrie privée ;

2º Un tarif de la main-d'œuvre qui empêche une offre à prix inférieur.

Il n'y aurait rien d'exagéré à réserver les travaux de l'Etat, des départements, des municipalités aux ouvriers indigènes, au moins en principe, et sauf à permettre de procéder d'autre façon quand le gouvernement ou l'administration jugerait sous sa responsabilité que l'utilité collective l'exige.

Mais autour de la libre industrie privée dressera-t-on des barrières, des exclusivismes, des limitations numériques ? Aux prohibitions douanières ajoutera-t-on les prohibitions de personnes ? A la veille du centenaire de 1789, reconstruirons-nous une sorte de caste inférieure d'Aubains soumis à des dîmes anormales ? Serait-ce équitable, libéral, digne d'un état social avancé et d'un peuple qui vise à marcher en tête des autres sur les chemins de la civilisation ? Serait-ce politique ? Comment concilier tout cela avec les idées de solidarité et de fraternité internationales qui ont crédit dans le monde ouvrier ? On se plaint que les étrangers jouissent de tous les

avantages attachés à la qualité de citoyen français ; est-ce
exact ? Un étranger jouit-il des droits politiques par exemple ?
En justice, pour qui est faite la caution *judicatum solvi ?*
Qu'ayant moins de droits, le non-indigène soit assujetti à
autant de charges, qu'on le pousse le plus possible vers la
contribution du sang, rien de mieux. Et encore qu'on réserve
aux indigènes tout ce qui a le caractère de faveur ; c'est ainsi
que dans le projet de construction de maisons ouvrières
élaboré par la Caisse d'épargne des Bouches-du-Rhône, une
des conditions d'admissibilité aux locations avec promesse
de vente sera la nationalité française de la famille ouvrière.
Mais forcer l'étranger par des capitations excessives et des
tracasseries à vider le pays, voilà l'excès, qui se retournerait
contre nous.

Quant à un tarif de la main-d'œuvre rendu obligatoire à
coups de pénalités, est-ce pratique ? Peu importeraient donc
les cours des matières premières, les variations des ventes,
les mille circonstances commerciales qui influent sur un bilan
annuel ; le fabricant aurait beau perdre, il ne pourrait chercher d'ouvriers au-dessous d'un salaire immuable. Et quant
à l'ouvrier, qui travaillerait vite ou bien serait payé sur
le même pied que le paresseux ou le maladroit. N'y a-t-
il pas un effort puéril à vouloir lutter contre les faits, à se
mettre en travers du libre jeu des lois naturelles ? La ruine
pour le capital, le chômage pour le travail, seraient au bout.

V

N'y a-t-il pourtant rien à faire ?

Nous écarterions résolument les moyens artificiels.

Le vrai est ici dans la liberté respectée de la pénétration
réciproque. Si la France attire les autres Européens, n'en-
rayons pas ce mouvement ; cherchons plutôt, en l'observant

avec vigilance, à le faire tourner à notre profit. Simplifions la naturalisation. L'esprit de retour, voilà ce qu'il faut tendre à abolir chez l'étranger. Rien ne serait plus facile chez les Italiens de Marseille.

On a laissé l'immigration trop peu surveillée au point de vue de la sécurité publique. Si l'on ne connaît avec certitude ni le nom des étrangers, ni leur lieu de naissance, ni leur provenance, ni leur passé, ni leurs moyens de vivre, comment n'en résulterait-il pas un danger ? Le rapport récemment déposé à la Chambre des députés, au nom d'une commission saisie de diverses propositions sur le régime des étrangers, établit que l'immigration fournit à la criminalité un contingent large et croissant. S'il est une ville française où cela soit vrai, c'est Marseille. La presse y enregistre continuellement des actes de violence commis par des Italiens ; ils fournissent aux juridictions répressives, surtout au jury, un nombre de sujets hors de proportion avec la quotité qu'ils représentent dans l'ensemble de la population. Les mesures que propose le projet de loi pour créer au non-indigène une personnalité certaine et saisissable aideront à remédier au mal. On n'use du reste pas assez de la légalité existante ; elle comporterait une surveillance plus rigoureuse des garnis ; elle permettrait d'épurer l'afflux exotique d'éléments malsains.

Enfin un des éléments de la solution dépend des travailleurs indigènes eux-mêmes. Il serait sage à l'ouvrier si intelligent du Midi de se tenir ce raisonnement : « Tel Italien, « qui travaille à meilleur compte, vit-il dans d'autres condi- « tions ambiantes ? Non. Est-ce un homme autre que moi ? « Non. Alors de deux choses l'une. Ou sa faculté de travailler « moins cher est due à plus d'ordre, de tempérance, d'éner- « gie, et je le vaincrai sur ce terrain. Ou c'est que son travail « est de qualité inférieure au mien, et le mien finira par « l'emporter, car le cours de la main-d'œuvre se règle, tout « pesé, sur la productivité réelle. » C'est le cœur même de

la question. Pour Marseille, le jour où l'ouvrier indigène rai-
sonnera ainsi pour les tâches relevées, et ne s'irritera plus de
voir faire par d'autres les tâches pauvres ou trop pénibles dont
il ne veut pas, elle sera résolue.

Là nous semble être la seule conclusion juste et pratique.
Il n'y a ni droit ni intérêt à en rechercher d'autres, et nous
ne voyons que danger à celle qui prétendrait nous enfermer
dans des villes murées à population inféconde.

5 juillet 1888.

Marseille aura dimanche un nouveau *meeting* sur cette
question toujours brûlante, la concurrence des ouvriers non
indigènes. Il s'agit, d'après le titre, d'un *meeting national*,
comme on dit le blé national et le mouton national ; c'est la
phraséologie protectionniste ; et le fait est que toute cette agitation, entretenue avec soin, est du protectionnisme pur, appliqué par la logique populaire à la main-d'œuvre par contre-
coup des prohibitions patronales au profit de l'industrie. Que
sera au juste l'objet de la réunion du 8 juillet à la salle
Valette ? Démontrer une fois pour toutes, annoncent les
organisateurs, la volonté de « réagir contre la main-d'œuvre
« étrangère, mais dans un esprit de justice et de droit com-
« mun, et en demandant au gouvernement sa protection
« dans les chantiers nationaux. » La justice et le droit commun, oh ! alors, soit. Quant aux chantiers nationaux, qu'en-
tend-on ? Ceux de l'État ? On peut en effet les réserver aux
Français. Ceux de l'industrie privée française ? C'est difficile.

Ne nous étonnons pas de l'effervescence qui persiste à ce
propos dans nos milieux ouvriers. Ce n'est pas qu'en France,
nous l'avons fait remarquer déjà. Les Anglais, qui passent
pour le peuple le plus sensé et le plus calme, sont depuis
quelque temps en proie à une panique croissante de l'immigration à Londres. Les gens de sang-froid s'efforcent,

comme nous l'essayons, de rétablir un peu de vérité :
c'est ainsi que dans la *Contemporary Review* de juin,
M. Stephen Fox vient de faire toucher du doigt l'exagération de ces craintes, et quels effets fâcheux aurait pour
les ouvriers de Londres eux-mêmes une expulsion. Aux
États-Unis, l'école prohibitive, qui a déjà arraché la loi de 1882
sur les immigrés indigents ou condamnés, les lois de 1882 et
1884 sur les Chinois, la loi de 1885 sur les ouvriers engagés
par contrat, ne se contente plus de ce qui lui a été concédé.
Mais aussi faut-il bien dire pour l'Amérique que l'invasion
chinoise a un caractère à part et qu'on est effrayé en outre
d'une arrivée annuelle de 4,000 anarchistes, pour l'Angleterre
que des israélites russes et allemands très pauvres ont inondé
le marché de l'Est londonien et que le système du *sweating*
est abusif. Rien de tel n'existe à Marseille, ni en France. Ce
n'est pas du souci de s'opposer à un afflux socialiste que
s'inspirent nos protestataires, et nous n'avons ni immigrants
si misérables ni *sweating* sans pitié.

Veut-on se prémunir contre les seuls risques sérieux et
évitables de l'immigration ? La *taxe de séjour* proposée aux
Chambres ne servira pas, croyons-nous, à grand chose : on
ne pourra la calculer après tout que modeste, et l'Italien qui
trouve le moyen de faire de l'épargne à Marseille préférera
l'acquitter. L'*impôt sur l'employeur*, que suggère M. Stee-
nackers, serait inquisitorial et tourné. Il serait plus clair-
voyant de déclarer Français de droit, en vue de réaliser
l'équivalence des charges, les enfants d'étrangers nés sur
notre sol. Quant à d'autres barrières, elles sont aussi vaines
qu'impolitiques et rétrogrades : quand les convocateurs de la
réunion de dimanche prétendent que « leur drapeau est celui
« de la grande Révolution française », ils sont en contradiction
criante avec les faits, car la Révolution se fit gloire d'abolir les
lois contre les Aubains. Mieux vaudrait rechercher si quelque
précaution ne peut être prise contre les immigrants indigents,

qui avilissent trop les salaires, importent des éléments colonisateurs médiocres, et coûtent trop cher à l'Assistance publique, à nos hôpitaux par exemple. De même, qu'on écarte les immigrants frappés par la justice pénale. Peut-on aller un peu plus loin, repousser l'immigrant dont le voyage serait payé par le futur patron avec retenue sur le salaire ? Peut-être, quoique ce soit là une atteinte à nos idées de liberté.

En dehors de ces points discutables, gardons-nous de violences qui iraient contre l'intérêt d'une grande ville ouverte où la natalité est insuffisante, des industries locales qu'un large exode ébranlerait, et de cette population laborieuse elle-même. Il y a des répercussions économiques que nos ouvriers sont très excusables de ne pas apercevoir : si l'immigration était supprimée, une surélévation artificielle du salaire dans tel ou tel coin serait compensée par une baisse de production, au renchérissement des taux de journée correspondrait un renchérissement de tels articles que les petits consommateurs achèteraient plus cher. En tout cas, puisque la concurrence non indigène continue de troubler les esprits dans nos milieux de travail manuel, puisque l'opinion paraît divisée, nous proposons qu'au lieu de déclamer, de s'indigner en l'air, de pousser les députés à des initiatives parlementaires irréfléchies, on commence par une enquête. Il faudrait par des statistiques scrupuleuses dégager avec précision : 1° *le nombre et la nationalité des immigrés* qui à Marseille vivent du salaire ; 2° *la proportion* qu'occupe *dans chaque métier* l'élément exotique ; 3° *les salaires comparés* qu'acceptent les indigènes et les étrangers. La préfecture de la Seine a fait un travail de ce genre. Nous demandons que la préfecture des Bouches-du-Rhône, ou la municipalité de Marseille, s'en charge, ou encore la Chambre de Commerce. Voilà le seul moyen pratique de savoir ce qu'il en est : on verra ensuite.

NÉCESSITÉ AUSSI DU PROGRÈS MORAL
POUR L'AMÉLIORATION DE LA VIE DU PEUPLE

LA PROGRESSION DES SUICIDES, PAR COMPARAISON
A LA MOYENNE GÉNÉRALE

9 février 1882.

Les morts volontaires se sont tellement multipliées, que certains journaux ont ouvert une *chronique du suicide*. Enregistrant celles des dernières semaines, ils les attribuent aux désastres qui se sont abattus sur un agiotage effréné.

Il est possible que tel ou tel malheureux, entraîné par le cyclone, ait perdu la tête en voyant s'écrouler le patrimoine, peut-être l'honneur. Mais ce sont là des cas isolés et transitoires. Il s'aveuglerait, celui qui s'arrêterait à une explication superficielle, momentanée, pour un mal profond, général, permanent, qui ne date pas de la baisse d'hier à la Bourse, et ne disparaîtra point avec elle.

La statistique est là, impitoyable, irrécusable, pour éclairer quiconque n'écarte pas systématiquement la lumière.

Il y a quelque jours à peine, l'Académie des sciences

morales et politiques constatait, sur des documents recueillis par M. Legoyt, que le suicide s'était développé en France de 1870 à 1880 suivant une progression continue : la période décennale accuse une augmentation de *dix-sept pour cent*.

Marseille n'a point échappé à ce douloureux mouvement. En 1871, l'arrondissement tout entier ne comptait que *soixante-sept* suicides : en 1880, la ville seule en a compté *soixante-dix neuf*...

Et en 1881, ce chiffre de soixante-dix-neuf pour Marseille montait tout à coup à *cent dix-neuf* !

Si cette marche du fléau par bonds affreux continue, si elle se produit ailleurs, — et il n'y a lieu de croire ni que Marseille ait un privilège, ni que l'avenir voie le mal se ralentir, bien au contraire, à regarder la façon dont l'année a commencé, — les résultats de la période décennale dont 1880 a marqué le terme auront été anodins auprès de ceux de la période en cours.

Le fait est qu'on se donne la mort pour un rien maintenant. Pour une affaire ratée, pour un déboire d'ambition, pour une déception d'orgueil, pour une femme qui trahit ou simplement qui se refuse... Non, en ce dernier cas, on fait mieux : on tue la femme, et on se tue après.

Et il y a même, monstruosité navrante ! des suicides d'enfants. Comme il se rencontre des Lemaître ou des Menesclou pour éventrer une fillette ou étouffer une pauvre grand-mère, il se trouve des gamins de quinze ans qui se brûlent la cervelle ou s'empoisonnent.

Pour régler la vie, l'humanité avait à la base de l'éducation l'idée d'un Dieu père et juge, la croyance à une rémunération du bien et à une punition du mal après l'existence présente. On a trouvé cela vain et dégradant ; le progrès moral d'un pays ne dépend, dit-on, que du nombre de ses écoles On en a bâti. Et après ?

Philosophes, économistes, politiques, vous avez écarté, les

uns avec regret, les autres avec brutalité, toute notion religieuse de l'âme d'un peuple ; vous avez crié par toutes vos voix que l'État ne connaît pas de Dieu, que la vie future est une hypothèse anti-scientifique, que l'évangile chrétien est une légende, que les religions abêtissent. A vous entendre, il ne serait qu'une chose vraie, certaine, digne de l'effort humain : la lutte pour la vie présente, avec la jouissance physique ou intellectuelle pour but et pour prix. Et dans cette lutte, vous avez habitué les générations arrivantes à voir le succès en toute voie couronner non le mérite, les sincérités, les caractères, mais l'égoïsme, le mépris des principes, le *tout est licite si on réussit*.

Chacun s'est lancé à corps perdu dans la mêlée, jouant des poings, marchant sur le scrupuleux, s'arrachant richesse ou puissance avec les dents et les ongles. La jeunesse à vingt ans ne croit plus qu'à l'habileté ou à la force, les devoirs dénués de sanction s'effacent, tous les liens se dénouent dans un individualisme intensif.

Et à l'heure où le combattant enragé sent qu'il tombe, il ne consent ni à se résigner, ni à se relever. D'une balle de revolver ou d'un peu de strychnine, si commode, il se détruit comme une carcasse inutile.

Mais, dit-on, il y a des suicides parmi ceux qui croyaient, qui se prétendaient les bons, les honorables, les dirigeants naturels du pays. — Eh ! parbleu ! Et c'est particulièrement lamentable. Imagine-t-on qu'il y ait moyen d'établir un barrage pour cacher à la moitié d'un peuple ce que pense et fait l'autre, d'empêcher les contagions morbides, de maintenir une élite intacte tandis que le reste étale le dédain du bien ? Mais les responsables sont ceux qui ont abaissé, endurci, matérialisé l'âme nationale, appauvri la vie morale commune.

Ou si nous nous trompons, qu'on explique ces statistiques si douloureuses pour qui réfléchit.

20 janvier 1887.

Le nombre ne cesse de croître des suicides dans cette grande ville, champ le plus sûr d'investigation pour nous, qui offre par la nature populaire de son agglomération un intérêt spécial, et qui ne doit d'ailleurs pas beaucoup différer du reste du pays. On y peut presque compter un suicide par jour : la veille du joyeux Noël, il y en a eu quatre. Les cas les plus douloureux sont ceux des vieillards (le pauvre homme presque octogénaire qui se tuait le 14 janvier), et surtout ceux des enfants (la fillette de 14 ans qui essayait vers la mi–décembre de s'asphyxier, l'adolescent dont le père vient de succomber au chagrin)... Nous nous demandions depuis quelques mois si l'impression de *mal aggravé* que nous donnait la sombre chronique quotidienne n'était pas inexacte, et en second lieu si la proportion des morts volontaires de désespérés ne serait pas à Marseille sensiblement plus forte qu'ailleurs. Les chiffres authentiques dépouillés pouvaient seuls répondre.

C'est un symptôme social profondément triste, mais indéniable, que l'augmentation des suicides en France. Ils ont doublé en trente ans. De 1851 à 1880, la moyenne annuelle était de 3,600 environ, c'est-à-dire 10 pour 100,000 habitants. En 1884, le chiffre est monté à 7,572, soit 20 pour 100,000 âmes. Quel indice encore que ce rapprochement, quant au sérieux de certaines assertions sur la moralité générale pendant la période antérieure à 1870 ! La statistique marseillaise constate-t-elle un développement identique de cette autre sorte d'épidémie ? Hélas ! oui, et dans quelle mesure déplorable ! Revenons en arrière aussi peu que possible. En 1883, 94 suicides; en 1884, 104; en 1885, 121 ; en 1886, 137. Quatre années ont suffi pour que les 94 suicides de 1883 se soient accrus de 43, près de moitié en sus !... Et quelle pro–

portion cela représente–t–il pour les 376,000 âmes qu'à supputées notre recensement du dernier exercice ? 36 suicides pour 100,000 habitants ; ce n'était que 33 en 1885. **36,** alors que la moyenne pour l'ensemble de la France *n'excède pas* **19 !**... Et depuis que s'est ouvert 1887, rien n'autorise à espérer une décroissance ; chaque jour apporte son suicide, le 9 janvier en fournit 2, le 10 janvier 2, hier encore on a trouvé un pendu à Saint–Antoine...

A quelles causes attribuer cette situation anormale ? Elles sont bien diverses. — Les démographes en ce moment sont portés à exagérer non certes les néfastes effets de l'alcoolisme, du moins l'influence de ce fléau sur l'extension du suicide : M. Fournier de Flaix a établi naguère qu'en Autriche la consommation de l'alcool est à peu près égale à la nôtre, et que la quantité de suicides est double chez nous. On évalue à 11 °/₀ la part des suicides français imputable à l'alcoolisme ; il se boit beaucoup trop d'alcool à Marseille, 17,390 hectolitres en 1885 ; il faut donc admettre que le prorata de 11 °/₀ est au moins le même ici, s'il n'est pas supérieur. — Mais les causes morales sont bien autrement actives ! Les plus fréquentes que constatent nos observateurs locaux sont les pertes d'argent, le dégoût de quelque maladie incurable, les peines domestiques, les désespoirs d'amour. Qu'on y joigne les désarrois cérébraux qui résultent d'une vie haletante, la lâcheté à lutter contre la souffrance ou la passion, les lassitudes irraisonnées, par-dessus tout la *matérialisation de l'âme populaire* peu à peu vidée des hautes raisons de vivre et des sentiments nobles, laissée sans frein comme sans ressort intérieur en face de l'énigmatique spectacle de la mêlée humaine.

Ne pourrait-on dégager de cette ébauche d'analyse l'indication des remèdes que des pouvoirs publics soucieux d'hygiène sociale considéreraient comme un devoir urgent d'essayer ? — Contre les suicides qui sont l'une des suites

de l'alcoolisme, les mesures même conseillées pour combattre
l'affreuse peste : la rigoureuse application de la loi de 1873
sur l'ivresse, le rétablissement du décret de 1852 dont tous
les partis reconnaissent enfin la sagesse sur la profession de
gérant d'*assommoir*. — Contre les suicides déterminés par
des raisons d'ordre moral, la recherche loyale, ardente,
résolue, de tout ce qui par la législation ou les mœurs contri-
buera à refaire à notre race la santé du cœur ou de l'intelligence, le sens du devoir et de l'idéal, le courage de l'effort, la
foi en un au-delà. Il est évident que rien ne vaut pour cela
l'éducation morale première, et pour tout dire, sans qu'aucun
homme d'entière bonne foi nous démente, l'éducation fortement assise sur la morale dont les croyances religieuses
fournissent le fondement comme la sanction.

7 septembre 1888.

Il y a quelque temps, dans une sorte de congrès de la presse
suisse, les représentants de nombreux journaux de ce pays
sensé, viril, digne d'être libre, prirent, entr'autres, une résolution qui nous frappa : réduire autant qu'il serait possible, et
au strict *minimum*, la publicité des suicides. Cette initiative
intelligente nous est revenue à la mémoire tandis que nous
lisions il y a trois ou quatre jours le *Petit Marseillais*. Si
nous citons ce journal-là, ce n'est pas que la faute ne soit la
même pour tous : c'est simplement qu'il a une diffusion plus
large, et parle plus directement aux esprits populaires, envia-
ble privilège ! Qu'avions-nous donc remarqué dans ce numéro
du 3 septembre ? Une tentative de suicide commise à Marseille par un inconnu, aux allées des Capucines, était minu-
tieusement racontée ; d'Aix on en annonçait une autre, et une
autre de Pertuis ; le correspondant de Mâcon écrivait qu'un
Mâconnais s'était tué d'un coup de revolver, et celui de Nîmes

qu'un Marseillais s'y était pendu; les télégrammes de Paris relataient la mort volontaire d'un sergent, et sous réserves, celle d'un grand financier...

Sept histoires de suicides pour ce matin-là. Ce n'est point une moyenne, grâce au ciel. Mais il est rare qu'un lecteur de journal n'ait pas en ce genre sa pâture quotidienne. Il n'est pas jusqu'aux chiens qu'on ne mette de la partie ; nous connaissions d'eux assez d'indices de sensibilité pour nous passer de celui-là ; ce n'est pas pour eux après tout qu'il y a une loi morale. Et comment sont retracées sans cesse à la foule tant de morts voulues ? Par l'information en deux lignes, sèchement expressives de blâme ou de regret ? Non, le fait est exposé par le menu, sous des couleurs souvent intéressantes, dans un cadre de circonstances propres à provoquer la pitié ou la sympathie, avec les détails d'exécution qui permettent de reconstituer la scène. Or c'est un fait d'observation acquis à la médecine mentale qu'il y a une contagion du suicide. Commen cette contagion ne sévirait-elle pas parmi la quantité de cerveaux faibles que va saisir le journal? Le récit ne tombe-t-il pas sous les yeux d'époux torturés par la jalousie, d'amants affolés, de malades enclins à fuir telle intolérable souffrance, de vaincus ou de dégoûtés de la vie ? Et la vague pensée qui les hante, avivée par la manie humaine de l'imitation, se justifiant au spectacle de l'excuse, ne se précisera-t-elle pas en un acte de volonté, facilité par un Manuel pratique de perpétration ?

Nous avons dit déjà quelle progression alarmante les dernières années avaient marquée dans les suicides à Marseille (1). En 1883, pour ne pas remonter en deçà de la période quinquennale, 94 ; en 1884, 104 ; en 1885, 121 ; en 1886, 137 ; en 1887, 108. Le mouvement ascensionnel est sinon aussi sensible,

(1) Cf. l'intéressante étude de M. le docteur H. Mireur sur *Le mouvement comparé de la population à Marseille, en France, et dans les Etats d'Europe* (Paris, Masson, 1889), qui confirme nos observations par des statistiques détaillées.

au moins très net, dans l'ensemble de la France. En 1883, 7,267 ; en 1884, 7,572 ; en 1885, 7,902 ; en 1886, 8,187 ; en 1887, 7,572, rémission (comme dans notre ville) dont il serait curieux de chercher les motifs. La jeunesse, l'enfance elle-même, hélas ! n'échappent pas à l'épidémie du *tœdium vitœ* : la statistique n'a pas relevé pendant l'année 1887 moins de 331 cas de 16 à 21 ans, et 67 encore au-dessous de 16 ans. La misère ne fournit pas (et c'est le contraire) le contingent le plus fort au noir bilan ; les influences de morbidité morale sont les plus actives, et l'instruction généralisée, que n'a pas soutenue une solide action éducatrice, en créant des prétentions d'existence que les forces économiques ne peuvent satisfaire, a plutôt étendu que diminué le mal.

Chagrins domestiques, violences passionnelles, alcoolisme, désir d'échapper à une poursuite judiciaire ou à une peine, lassitude de douleurs physiques, déception dans la lutte toujours plus haletante pour la vie, formes diverses de l'aliénation, l'analyse officielle démêle assez mal à travers les dires des familles ces causes de désespérance. Contre la plupart c'est par des remèdes moraux qu'il faudrait agir. Et réapprendre la patience dans les épreuves, la responsabilité, l'idée du devoir courageux à ce peuple, sera-ce facile quand tout conspire à matérialiser son état d'âme, à y affaiblir le sentiment religieux ? Grave question, mais dont un point au moins, celui qui nous occupe, est simple. Ayons la loyauté d'avouer le mal que fait la presse par la *publicité détaillée des suicides,* comme par celle des *crimes.* Oui, cette désertion qu'on appelle le suicide a aussi son vertige contagieux. Dans ce pays où tant de gens sont moralement et physiquement déséquilibrés, nous voudrions quelque accord de la presse analogue à celui qu'a eu le tact et l'honneur de prendre une presse voisine. Le silence sur les causes, les circonstances, les procédés ; la mention sommaire des faits, et quand elle n'est pas évitable. Qu'on essaye au moins de cette thérapeutique.

FORMATION D'AME DE L'ENFANCE PLÉBÉIENNE
A MARSEILLE.

18 août 1884 (1).

Agassiz dévoila un jour, en 1870 ou 1871, l'immoralité qui avait envahi les écoles de Boston. Nous voudrions signaler l'état de l'enfance plébéienne d'un Boston français, ne citant qu'à titre d'exemple la grande ville prise comme point d'observation, Marseille, car la petite population des écoles primaires publiques est un peu partout en France aussi atteinte. Que des hommes dévoués et attentifs regardent, écoutent, interrogent ; qu'ils apportent à une enquête, comme nous essayons de le faire, non des considérations vagues, mais des indications précises, — aussi précises du moins que le comporte ce sujet pénible à envisager, délicat à traiter...

Le malheur le moins réparable pour l'enfance, c'est la dépravation hâtive qui laisse des traces indélébiles, qui prépare les épuisements de la puberté, le libertinage de la jeunesse, l'abrutissement de l'âge mûr. Cette lèpre, le fait n'est que trop certain — et voilà pourquoi l'heure est venue de le dire avec réserve, mais franchise — se développe avec une rapidité croissante parmi le premier âge populaire.

Quelles causes l'entretiennent et le propagent ? Ne parlons que pour mémoire des détails dont regorge quotidiennement la presse à un sou sur les crimes les plus raffinés ou les plus affreux. Les enfants des deux sexes lisent plutôt encore et se font passer des publications pornographiques, comme le *Fils du Jésuite*, le *Moine incestueux*, le *Couvent de Gomorrhe*, le *Testament du bon curé Meslier*, les *Histoires gaillardes*, et de grossiers romans en fascicules à 10 ou 20 centimes. Les livres obscènes à bas prix ne manquent pas : tels garçonnets de 13 ans, qu'on nous cite, ont lu l'*Arétin* et *Justine*. Il y a quelque temps s'étalait dans les journaux à un sou l'annonce d'un *Casanova* populaire.

Populaire et illustré ! L'image, en effet, jointe ou isolée, enseigne par les yeux. En voici une, trouvée en de bien jeunes mains, qui représente un aumônier d'orphelines choyé par un petit sérail. La *Bibliothèque anticléricale* emploie, entre autres moyens de propagande, des enveloppes à caricatures ignobles bien faites pour frapper l'esprit de l'enfant. Des photographies de femmes et de groupes circulent ; elles se vendent dans des arrière-boutiques, au cœur des quartiers les plus fréquentés ; des associations honteuses les propagent, et les enfants les reçoivent en général d'adolescents de seize à dix-huit ans, qui gâtent leurs cadets, on devine dans quel but.

Chez les fillettes, le sens de la pudeur semble aboli : dès dix ans, plus tôt parfois, elles se perdent. Les associations dont nous venons de parler les recrutent ; tels établissements reçoivent pour 25 c. des prostituées en herbe ; les enfants abîmés, tués même de débauche, ne sont pas un mythe, plus d'un médecin en témoignerait sans le secret professionnel. Il suffit d'ailleurs aux enfants d'être entre eux. Pendant les heures d'une classe manquée, ou les jours de congé, ou au sortir de l'école, on utilise les rapprochements de la rue, ou du logis désert. L'hiver, les corridors de certaines maisons des faubourgs, les remises, les écuries, les enclos inoccupés ; l'été, les chemins suburbains ou ruraux, les berges de tel canal en conteraient long. Le sang même n'est plus respecté.

Le maître ignore ; en pleine classe, sa surveillance, assez sceptique, est trompée.

Souvent il feint d'ignorer, par impuissance.

Les groupes scolaires facilitent les promiscuités. Il y a aussi les sociétés de petits pionniers ou touristes, auxquelles on pourrait bien en venir à adjoindre des sociétés de *pionnières* ; les sœurs des élèves, dit-on ; un élève y a sa sœur, mais elle n'est pas la sœur des autres, et tout ce monde s'en ira vaguer ensemble.

Les filles ont déjà l'examen de gymnastique ; les cours d'anatomie ou de dessin sur le modèle vivant ne sont pas loin. Après l'école, le garçon aura l'usine. Malheur aux petiots qui y arrivent ainsi dressés ! Allez rôder aux alentours vers l'heure des repas. Et les filles auront l'atelier, où certains patrons sans foi choisissent dans le troupeau sans que les parents se récrient.

Se refuse-t-on à croire ? Mais à chaque instant de brusques crevasses laissent entrevoir l'enfance populaire pourrie comme à Sodome ! Quand vit-on plus de criminalité infantile ? A-t-on oublié Menesclou entraînant Louise Deu ? ces écoliers noyant leur camarade dans la Marne ? celui qui assomma sa grand-mère aux Batignolles ? Lemaître avouant au juge d'instruction qu'il avait cherché à voir si les « boyaux » de Schoanen, l'élève des Frères, « sortaient » comme dans un roman lu ? et tant d'autres ?... — Des fous, disent les endormeurs. S'il y a folie, voilà bien des enfants fous, et la question reviendrait à se demander d'où vient cette épidémie affreuse. Mais comment douter de ce que nous attestons pour le grand centre urbain, quand le plus humble village est empesté ? Il s'agissait naguère de fillettes de 10 à 12 ans à Lisle-sur-Sorgues, toute mignonne commune du Vaucluse, et leur inconscience tranquille est effroyable.

Cet état de choses, nous ne le rapporterons pas uniquement à la législation scolaire nouvelle, car déjà certains symptômes antérieurs le révélaient comme le produit de causes complexes. Mais nous dirons qu'en éliminant l'idée religieuse de l'école primaire française, cette législation a accru le mal. La loi du 28 mars 1882 entre dans la deuxième année d'application : on peut commencer à se rendre compte, autrement que par la

théorie, des fruits portés par l'arbre. Oh ! nous sommes de
ceux qui n'accusent pas les intentions; nous avons relu avec
scrupule les conseils d'éducation donnés par les programmes
officiels et les circulaires ministérielles : tout cela est délicat,
ingénieux. Mais la plus subtile analyse vaut-elle la croix du
Christ ou la vie de M. Vincent, pour parler à des enfants de
devoir, de chasteté, de dévouement au prochain?

On a proscrit de l'école le crucifix, la prière, l'Evangile, le
catéchisme. Il est constaté que les élèves des écoles communales, quand ils arrivent, vers dix ou onze ans, aux prépa-
rations paroissiales de première communion, non seulement
n'y apportent plus rien de ce christianisme élémentaire que
l'instituteur leur inculquait sous le régime de la loi du 15
mars 1850, mais semblent impuissants à retenir une leçon de
catéchisme ou une prière, fût-ce le *Notre père qui êtes aux
cieux.*

On se récrie : « la loi n'a pas édicté l'athéisme ! la loi s'est
« bornée à instituer la neutralité, ce qui n'empêche ni le
« ministre du culte, ni la famille, de donner l'enseignement
« religieux ! » — Cela est vrai, mais la pratique dément cette
répartition.

Outre que l'école n'est pas toujours neutre, le silence même
d'un enseignement d'où rien n'est absent, sauf Dieu, équivaut
pour l'enfant à une négation. Le prêtre ? Il multiplie les caté-
chismes, si fatigants dans les agglomérations populeuses ; il
a recruté jusque parmi les femmes du monde des *catéchistes
volontaires* ; mais cela ne suffit pas, les explications que le
maître faisait jaillir de tout manquent, et l'enfant, ce logicien,
se dit que, si la leçon du catéchisme était utile comme la
leçon de grammaire, elle ne serait pas moins obligatoire à
l'école. Quant à la famille, il faut ignorer ce qu'elle est dans
le monde ouvrier actuel pour en attendre un enseignement
religieux ; la mère même ne sait rien de ces questions, ne
prie plus guère, fléchit sous la besogne matérielle ; l'enfant a le

tempe à peine de se vêtir le matin, le soir rentre pour manger et s'endormir sur la table : allez donc lui faire réciter le catéchisme !

L'école nouvelle crée et créera de plus en plus des milliers de petits libres-penseurs. De ce seul point que le législateur s'est désintéressé de toute instruction religieuse, le peuple a conclu qu'une religion positive est un meuble inutile. Les parents (et les moins mauvais) disent que le catéchisme n'est pas nécessaire pour vivre. Beaucoup d'instituteurs non seulement ne conduisent plus les enfants à l'église (ce dont nous avons entendu des paysans indévots se plaindre), mais n'y mettent plus le pied, travaillent le dimanche, font au curé cent vilenies, détournent de la messe par les exercices militaires ou gymnastiques, se constituent, en saison électorale, les courtiers passionnés de candidats sectaires. Ayant cela sous les yeux, les enfants suivent. Observons-les d'un peu près, sur des témoignages compétents et précis.

On les entend, dès huit ou neuf ans, répéter : « le bon Dieu ! on « dit ça pour nous faire peur », ou : « nous allons à *la laïque*, « nous, nous ne nous confessons pas. » Or, réfléchissez : quel frein plus sûr auraient-ils que la confession, avec l'appel aux bons sentiments et la crainte d'un juge qui voit les secrètes pensées ? Tel enfant à cet âge s'abstient d'une faute par élan de cœur, pour contenter un directeur et une mère, ou s'émeut, regrette, se corrige. Laissez les instincts mauvais se débander à l'aise ; voici dix ans, les premières ouvertures du vice se font, et l'enfant, qui ne peut trouver encore dans la nature ni dans son éducation les retenues ni aucun des sentiments de l'amour, perd toute pudeur, saute d'un bond dans l'ordurier.

Dès lors on peut lui demander tout. De pauvres petits sont souillés pour deux sous ; à celui qui objecte « c'est défendu, » on répond : « les prêtres qui vous ont dit ça en font bien plus « que les autres ! » Quelques-uns se relèvent à la première communion : pour la plupart, quoi que fasse le prêtre et

malgré ses angoisses, la première communion s'accomplit
dans la boue, ou comme une formalité, et la courte contrainte
subie avive l'horreur des pratiques. Arrive la puberté, et
c'est à ce moment que, pour user d'un mot de M. de Mazade,
on se flatte d'émanciper la raison, n'émancipant que les
passions. L'enfant n'a plus de base de résistance.

Apparaît-il du moins qu'en ces consciences qui se forment,
à défaut des principes d'une religion positive, une morale
naturelle se soit développée sous les explications des maîtres
commentant tel ou tel *manuel* ? Non. A mesure que ces
petites têtes se sont vidées de toute foi au surnaturel, il semble
qu'elles entendent passer comme un bruit vain les recommandations philosophiques ou civiques. Dès six ou sept ans, ces
enfants sont devenus, comme à leur insu, dans la froide
atmosphère ambiante, précocement inflexibles et durs, étrangement prédisposés à recevoir toute impression malsaine,
fermés à ce qui parle d'idéalisme. Le prêtre qui tout à l'heure
leur a fait entrevoir la douce figure du Jésus évangélique, ils
le rencontrent : du coin d'un carrefour ils crieront *couac*,
l'appelleront *corbeau*, ou d'un mot plus à la mode : *sac à
charbon*. De l'insulte ils passent à la menace : *à l'Abat-
toir !...* et souvent lui jettent des pierres... Imaginez le respect tendre qu'en rentrant au foyer ils y rapportent ! C'est
même par là que les parents commencent d'apercevoir qu'il
pourrait bien exister une imperfection, ou une lacune, dans la
pédagogie nouvelle.

Nous ne sommes ni apologistes systématiques pour les
écoles congréganistes, ni pour les laïques détracteurs de parti-
pris. Nous exposons en observateurs deux systèmes. Entre
deux écoles relevant de l'un et de l'autre, il est impossible de
ne pas être frappé des différences.

Les enfants qui fréquentent l'école primaire chrétienne sortent de familles plus soucieuses de leur moralité, où certaines
précautions ont été prises pour la ménager : la matière

première est meilleure. Les façons de la pétrir le sont aussi ;
rien ici, par exemple, de ces diffamations du passé national
qui ailleurs emploient jusqu'au *bon point* pour fausser un
esprit neuf, viol de l'intelligence aussi pervers qu'une brutalité physique.

L'attitude du maître ne contraste pas moins : il ne s'absente
pas, ne se fera pas au milieu d'une classe apporter sa pipe,
ne laissera pas une femme de 19 ou 20 ans au milieu de
garçons de 14 ou 15. Et la surveillance ! Ici elle est attentive,
s'étend à la sortie ; là, combien indifférente ! On n'est pas
neutre ici, on croit à l'utilité des soins moraux, on a des réactifs
puissants à sa disposition et on s'en sert, ; là, on dit volontiers
à quoi bon ? et même on accumule avec complaisance les
combustibles ; dans les groupes scolaires on pousse au contact
les sexes, par exemple au moyen d'exhibitions scéniques
absurdes.

M. Spuller s'écria un jour : « Vous verrez les résultats de
« cette loi au bout d'une génération ou deux, et vous viendrez
« alors me donner des nouvelles de la France. » Soit ; mais
reste à savoir quelles nouvelles. M. Spuller, qui est un esprit
ouvert, pense-t-il que pour l'enfance populaire l'incroyance
soit hygiénique ? Ce n'est pas l'avis d'Herbert Spencer, qui
n'attend pas d'effets moralisateurs de l'instruction. Ni de
M. J. Simon, qui disait naguère à propos de Guizot : « une
« nation qui cesse à la fois d'être illettrée et d'être croyante
« n'avance pas, elle recule. » Ni M. Legouvé : « si j'étais forcé
« de choisir pour un enfant entre savoir prier et savoir lire, je
« choisirais prier. » Quand nos vainqueurs prirent possession
de l'Alsace-Lorraine, à Strasbourg, un arrêté du 14 avril 1871
régla pour l'enseignement primaire les heures du catéchisme,
de l'histoire sainte, du cantique sacré, et à Metz une décision
du 5 septembre 1871 exigea des instituteurs un certificat d'aptitude religieuse.

Il n'est pas facile à un esprit sensé de concevoir qu'une série de théorèmes philosophiques soit pour l'enfant du peuple jeté dans le *struggle for life* une règle d'action suffisante.

Qu'à un certain degré de culture mentale l'homme puisse se passer de religion positive, rien n'est moins démontré : en tout cas, combien parviennent à ce degré ? Nous venons de noter les symptômes d'un abaissement de la moralité moyenne dans l'enfance populaire, et parallèlement les signes de l'extinction rapide des croyances religieuses : il n'est pas contestable que le premier de ces faits soit sous la dépendance du second.

Quelques parents, alarmés d'indices qu'ils surprennent, s'imposent des privations pour ôter leurs enfants de milieux malsains ; mais pris en gros, quoi qu'affirment les optimistes de la campagne catholique, le peuple demeure à peu près indifférent. Les uns estiment que le curé suppléera à tout, les autres considèrent le péril comme mince, tous deviennent de moins en moins sensibles aux préoccupations d'ordre immatériel. Il est plus étonnant que des politiques assistent à cela sans inquiétude. Veut-on avoir demain un peuple d'adolescents flétris, les uns soldats des futures Communes, gibiers d'assises, ou proies pour les suicides inexplicables, les moins mauvais étiolés, phtisiques ou syphilisés ? Quand l'enfance populaire commence à glisser sur la pente des vices précoces, comment ne pas songer : où s'en va cette société ?

PROGRESSION DE LA CRIMINALITÉ

8 décembre 1883.

Un crime atroce, compliqué de guet-apens, et audacieux, comme celui qui vient d'ensanglanter en plein jour une des rues les plus passantes de Marseille, soulève dans le public des inquiétudes et des interrogations trop naturelles. Le premier frémissement diminue; les papotages des nouvellistes s'éteignent ; si les coupables ne sont pas découverts avant peu, le silence va se faire. Mais il ne faudrait pas croire pour cela que le sentiment général d'une insécurité croissante disparaisse : les faits n'en sont pas moins les faits, et la vraie tâche utile est d'en rechercher les causes.

Voici qu'on recommence de demander à l'État une subvention qui permette d'augmenter dans une large mesure le personnel de la police à Marseille, port de mer, ville ouverte, où afflue l'écume de tous les pays, où les gens sans aveu se persuadent qu'il leur est facile de se soustraire au châtiment. Tout cela est juste et vrai. Depuis longtemps les municipalités, de quelque courant politique qu'elles soient issues, répètent ces indications aux gouvernements, et ont raison de les répéter. Une fois cependant constaté le nombre beaucoup trop restreint de serviteurs dont dispose l'œuvre de la police à Marseille, — et au lieu de prétendre, ce que nous n'admettrions pas, quant à nous, si aisément, que la police soit dirigée par des incapables ou mal intentionnée, — il faut reconnaître d'autres causes encore à l'état de choses dont l'opinion s'alarme. Les gardiens de la paix ou les agents secrets de la sûreté ne sont pas en quantité insuffisante à Paris : pourtant les violences contre les propriétés ou les personnes s'y multiplient.

Oui, il y a des causes plus profondes à ce fait évident, indéniable, confirmé par les statistiques et la plus élémentaire observation, que la criminalité devient en France plus fréquente, plus hardie, plus savante, plus cruelle. Les analyser toutes nous conduirait trop loin; qu'il suffise d'en noter ici quelques-unes parmi les moins douteuses.

Il y a, au point de départ, la démoralisation du pays. Un révolutionnaire allemand, Wilhelm Marr, s'écriait à Vevey en 1844 : « Dieu est un croquemitaine, la vie future un conte,

« le commerce une fraude autorisée, la vengeance un acte
« juste ; ne vous laissez pas épouvanter par le fantôme d'une
« Providence ; c'est à l'homme terrestre, non à l'âme, qu'il
« vous faut donner vos efforts : oh ! puissé-je voir des crimes
« monstrueux, pourvu que je ne voie plus cette vertu qui
« m'ennuie ! » Beaucoup disent ou écrivent à peu près cela
dans la France actuelle ; un plus grand nombre le pense. Ce
n'est peut-être pas d'ôter les religions et leurs freins à l'enfance qui amoindrira ce nombre. Surexcitée d'en haut par de
déplorables exemples, la soif de jouir vite n'est plus contenue
par rien de ce qui peut régler l'exercice de la liberté humaine.
Chacun veut de l'argent, les moyens n'importent guère, et
on entend sur ce point tomber de bouches qui passent pour
honnêtes des mots tranquilles, inconscients, qui effrayent.
Dans cette lutte au plus fort ou au plus rusé, le petit est
frappé comme le plus grand, et l'avidité implacable tue le
pauvre encaisseur comme elle eût fait d'un millionnaire.

Il y a la publicité sans limite des romans judiciaires, des
comptes-rendus de cours d'assises, des récits de forfaits
dramatiques ; — toute cette diffusion énorme, et suggestive,
des mille moyens qu'invente ou pourrait inventer l'ingéniosité
du mal pour agir dans les conditions les plus sûres de réussite et avec les chances les plus probables d'impunité ; —
vaste école à bon marché, d'autant plus dangereuse que loin
de se juger telle, elle s'affirme et sans doute se croit utile ; —
source jamais tarie d'information où le voleur et le meurtrier
peuvent suivre à la piste les efforts des *detectives,* où les
fanfarons du vice cherchent la récompense d'un orgueil horrible, où la démence de l'imitation puise sans cesse de quoi
reproduire et perfectionner les combinaisons scélérates.

Il y a enfin la débilité de la répression sociale. Les jurys
énervent de plus en plus les pénalités ; les grâces sont
trop fréquentes. Comment un être pervers s'arrêterait-il
dans la pensée du crime, quand il sait qu'il obtiendra

infailliblement des circonstances atténuantes, qu'ayant donné la mort il en sera quitte pour un temps de détention, et mieux encore pour la déportation dans une colonie où il sera logé, nourri, vêtu, aux petits soins en cas de maladie, à peu près libre ?

Et voilà quelques-unes des raisons générales qui font que sans cesse monte, monte la marée du crime. Peut-être serait-il préférable pour la presse d'y faire réfléchir le pays, que de décrire les plus adroites façons de couper en quatre une femme, ou de compter les nœuds du ligotage d'un strangulé.

22 juin 1886.

Le public s'inquiète de la progression des crimes. Comment s'en étonnerait-il devant la besogne que font les jurys, devant toutes les débilités de la défense sociale ? Chaque jour apporte son flot sanglant, en province comme à Paris. Les meurtriers n'ont plus le temps de jouir de leur célébrité, ils se succèdent trop vite. L'outil préféré demeure le revolver en haut comme en bas ; personne qui n'ait en poche le joujou prêt à servir sa passion, sa cupidité ou sa démence ; dans les milieux plébéiens, le plus misérable, celui qui se plaint le plus de son dénûment, a toujours de quoi s'acheter l'inévitable révolver. Les abolitionnistes de la peine capitale commencent de s'effrayer ; pourtant ils devraient réfléchir. La loi reste debout ; mais qui s'en occupe ? Les jurys font du sentimentalisme à rebours. Quant au droit de grâce, systématiquement il annule l'action légale.

Cette anémie de la répression n'est pas la seule cause du développement et de l'exacerbation de la criminalité. Une part énorme et croissante en doit revenir à la publicité toujours plus étendue, plus minutieuse, qu'on donne aux récits des drames du mal, aux romans judiciaires, aux comptes-rendus de débats d'assises. Pendant le procès d'Euphrasie Mercier, on saisit au cours des perquisitions un journal du 18 octobre 1881, qui contenait ces lignes dans une correspondance italienne sur l'assassinat du prêtre dom Costa :

> Mais qu'est devenue la victime? Les recherches viennent enfin d'aboutir. Hier le cadavre de dom Costa a été trouvé dans un puits peu profond, creusé sous la maison de campagne de Faëlla (l'accusé) : il était enterré à six mètres de profondeur et recouvert d'une ample litière de paille de riz.

Est-il excessif de supposer que l'idée du forfait de Ville-momble était née, ou s'était précisée, à cette lecture? Il y a huit jours toute la presse a raconté par le menu les actes monstrueux d'un voleur de cadavres ; le péril est-il niable, alors que la divulgation antérieure d'une des atrocités de ce vampire avait troublé un malheureux jusqu'à le porter à s'en déclarer faussement coupable? Pense-t-on que les narrations sans fin de l'affreux martyre de Watrin aient été salubres?

A mesure qu'un nombre chaque jour, on peut le dire, plus élargi d'illettrés ou de demi-instruits, de travailleurs manuels, de ruraux rudes, de femmes névrosiaques, d'adolescents, d'enfants même lisent les journaux à un sou, la diffusion des détails de crimes devient plus malsaine et plus dangereuse. Que des cerveaux incultes, ou faibles, ou déséquilibrés, peu à peu d'ailleurs privés des freins moraux, ne trouvent pas là des suggestions funestes, cela est inadmissible. Personne cependant ne paraît songer à ce fléau, ou n'ose le dénoncer, encore que la véritable liberté de la presse n'ait rien à voir dans le sujet. Qu'on annonce tous les crimes, soit, puisqu'ainsi le veut notre mode de vie sociale ; mais le surplus, pourquoi? Il y aurait une question très simple à se poser : à quoi peut bien servir la publicité *détaillée* des crimes ?...

L'ÉMIGRATION

9 mars 1880.

Nous n'avons pas lu sans quelque surprise, avouons-le, une circulaire que vient d'adresser récemment le ministre de l'intérieur aux préfets sur les dangers de l'émigration. On y voit quels téméraires sont les Français qui partent pour l'Amérique, séduits par l'espoir de salaires rémunérateurs ou d'une fortune rapide : si un petit nombre réussit, c'est au prix de mille souffrances, et la plupart échouent, regrettant trop tard leur volontaire exil du sol natal. L'émigration n'offre une chance favorable que si le voyageur va s'établir dans un pays où ses aptitudes puissent être utilisées à coup sûr et y emporte des ressources suffisantes. Que les gens épris d'aventure se renseignent donc auprès des maires et des commissaires de police, tenus au courant par le pouvoir ! Le ministre promet de signaler les régions propices. Il détourne actuellement nos compatriotes d'émigrer dans la République Dominicaine, le Mexique, le Vénézuela, le Brésil, les États-Unis de l'Amérique du Nord...

L'encourageante peinture ! et quelle manie de réglementation ! A qui ces bons maires de nos communes rurales, grands géographes comme on le sait, permettront-ils après cela de quitter le canton ? L'observation a-t-elle donc constaté parmi la population française une ardeur excessive et folle à s'expatrier ? Il nous semblait au contraire avoir de tout temps, et depuis une vingtaine d'années surtout, entendu dénoncer le faible et insignifiant apport de la France dans le vaste flot de l'émigration européenne, déplorer les mœurs routinières, timides, stagnantes de notre race. Ainsi la statistique locale publiait naguère un relevé du mouvement de l'émigration par Marseille en 1885 : il est parti l'an dernier par le port 7,866 personnes, dont 340 Français, et par la gare 3,785 personnes, dont 198 Français ! Voilà des chiffres éloquents sur la passion de nos nationaux pour les entreprises lointaines ! Et si l'émigration est en soi un phénomène utile, reconnaissons que la France en bénéficie maigrement. Il n'y a guère de quoi crier *casse-cou.*

L'énumération des contrées où nos Mentors officiels dissuadent spécialement d'aller n'est pas pour inspirer un étonnement moins vif. Quoi ! le Mexique, où tant de nos voisins des départements Alpins ont trouvé la richesse, qu'on appelle les *Mexicains* ces enrichis revenus aux vallées d'origine ? Quoi ! le Brésil à la végétation magnifique ? Quoi ! le Vénézuela, où des Corses dirigent d'opulentes sociétés minières, où nous avons une colonie de 2,500 Français, où notre gouvernement va envoyer un député comme ministre plénipotentiaire ? Quoi ! les États Unis, cette patrie classique des expatriés du vieux-monde, qui les attire par l'immense étendue et la fécondité vierge de sa terre, par la demande de la main-d'œuvre, par l'épanouissement de la liberté individuelle, par la facile acquisition de la propriété ?... Reprenons les chiffres de Marseille en 1885 : sur 3,587 étrangers partis par la gare 1,048 étaient à destination de New-York, beaucoup aussi du Brésil ; leurs gouvernements sont-ils moins renseignés ou plus cruels que le nôtre ?

Qu'on s'efforce de diriger l'émigration française vers nos colonies ou nos protectorats, qu'on pousse aux départs du côté de la Tunisie, du Tonkin, de Madagascar, de l'Algérie surtout où Prévost-Paradol voyait notre avenir, soit. Mais avant tout qu'on se garde de diminuer encore un courant si mince, si craintif, si lent, par des restrictions de tout genre. C'est en cette matière certes que le *laissez-faire laissez-passer* est de mise: et aussi, dirons-nous, le *laissez-choisir !* Plus qu'aucun autre peuple du continent, celui qui a connu et voit se reconstituer une Commune a intérêt à ouvrir aux mécontents, aux déclassés, aux inquiets de ses villes de nouveaux horizons par delà les mers. Qui sait s'il n'a pas là un des remèdes possibles à la crise dont il souffre ? Quand nous supputons que les 90,287 indigents parisiens d'il y a vingt-cinq ans sont aujourd'hui 133,795 représentant plus de 48,000 familles, quand nous comptons dans le Paris actuel 185,000 assistés des bureaux de bienfaisance, nous voudrions que l'Etat, loin de tarir les sources d'émigration, en ouvrît de plus larges ; nous rêverions qu'il se formât comme en Angleterre des associations de bien public pour arracher à la faim, au vice, au crime cette multitude sportulaire et prête à tout, pour la ramasser dans les rues de la cité anarchiste, et la transporter dans la vie énergique d'un monde neuf !

14 mai 1888.

Certes le malaise complexe dont souffre l'industrie française provient pour une part notable de causes qui tiennent à notre condition politique, sociale, financière. Mais il est juste de reconnaître, si on se dégage de toute vue de parti ou de système, qu'une part aussi en est imputable à des raisons plus générales : l'évolution économique, la mise en valeur de régions nouvelles, l'abaissement des prix moyens au préjudice du producteur sans que le coût de la vie s'abaisse pour la masse consommatrice, avant tout et au-dessus de tout un gigantesque excès de production. Ce que les Anglais appellent *overproduction* est un mal européen.

Un peu partout dans le vieux monde, on en est venu à produire pour travailler, souvent sans avoir de débouchés en proportion. Il y a là un état des faits bizarre, anormal, tout artificiel. Peut-il durer indéfiniment ? Il ne semble guère. Par quels moyens le combattre ? La question est difficile. Et certes elle est grave, car là où l'industrie périclite, les rapports s'aigrissent vite entre le travail et le capital, les ouvriers atteints par les réductions de salaire ou les chômages s'en prennent au patronat, les conflits se multiplient et s'exaspèrent.

Oui, quels remèdes opposer au mal ? Plus on ira, plus il apparaîtra qu'un des meilleurs est l'émigration. A mesure qu'il y a dans les pays du continent trop de travailleurs manuels et d'ouvrage accumulé par rapport à la consommation, quoi de plus utile et de plus heureux que l'exode d'un surcroît de population gênée et mécontente vers les terres vierges, vers les centres neufs, vers l'abondante demande de main-d'œuvre, vers les salaires rémunérateurs, vers les hardies poursuites de l'aisance ? On ne peut contraindre personne à coup sûr, l'esprit d'entreprise souffle où il veut ; du moins les gouvernements qui ont charge de nation peuvent favoriser, faciliter ce mouvement. En détourner, comme le fit il y a deux ou trois mois telle circulaire officielle dont la presse de tous les partis a signalé la maladresse, ce serait le comble de l'erreur.

Dans une des dernières séances de la *Société d'économie sociale*, M. Etcheverry a lu un intéressant rapport sur l'émigration des Basses-Pyrénées. De 1832 à 1885, près de 80,000 Français de ce département se sont expatriés à Montevidéo, à Buenos-Ayres, vers d'autres points de l'Amérique du Sud,

et aussi au Mexique, en Californie, en Louisiane, au Chili, au
Brésil, au Pérou. Pourquoi partent-ils ? Parce que les sources
du travail se sont taries, parce que certains métiers ne sont
plus fructueux, parce que le marché avec l'Espagne s'est
rétréci, parce que les journaliers agricoles voient les simplifi-
cations mécaniques restreindre l'emploi de leurs bras. Et les
résultats ? Sur le coin de sol quitté, c'est la natalité accrue
dans les familles qui demeurent, la production des céréales et
l'élevage du bétail améliorés, des capitaux fécondants rapportés aux retours. Pour l'intérêt national, c'est le commerce
français développé avec la république Argentine, avec l'Uru-
guay, avec d'autres Etats sud-américains... Nous souhaiterions que notre Provence poussât de même vers les tentatives
lointaines une fraction de ses enfants. Bien des Bas-Alpins
se sont enrichis au Mexique : il faudrait que des Provençaux,
de tous côtés, les imitassent, comme essaiment au loin les
habitants de Bayonne ou de Mauléon, au lieu d'affluer sur
Marseille et d'y créer un trop-plein disproportionné aux
ressources.

NOEL

—

24 décembre 1887.

Nous qui bien au dessus des petites contingences éphémères de la politique plaçons l'œuvre sociale sainte, nous songeons que demain commémorera la naissance de Celui qui donna aux hommes la loi de s'aimer, de s'aider, et s'identifia à l'humble. Ce jour-là brilla sur l'univers une lumière qui ne s'est plus éteinte. La diminution de l'inégalité entre les créatures humaines, l'amélioration de la vie morale, mentale, matérielle du grand nombre, furent les idées essentielles de la rénovation chrétienne, et demeurent le but vers lequel tend notre organisation, plus juste (quoi qu'en disent les rétrogradateurs ou les pessimistes) que celles du passé. L'économie politique et la science sociale ne développent pas, au fond, d'autres vérités que celles dont l'enseignement fut prêché jadis aux pêcheurs et aux paysans galiléens. Empêcher qu'un excès de progrès matériel ne ramène notre civilisation à l'inégalité, c'est à quoi doit s'efforcer quiconque ne croit pas que tout soit pour le mieux tant que des êtres semblables à nous souffriront trop de nourriture insuffisante, d'habitations malsaines, de travail disproportionné aux forces de la femme ou de l'enfant.

Non, au cœur de notre société raffinée et étincelante, il n'est pas vrai que la misère et la souffrance outrées soient d'infimes exceptions ou des *quantités négligeables*. On a compté dans Paris plus d'un *million et demi* de gens qui n'ont pas même l'aliment quotidien assuré. A Marseille l'Asile nocturne a abrité en quelques années près de 140,000 vagabonds. Il a fallu créer une *Bouchée de pain*(1); et pourtant la pauvreté tue encore. Au dernier terme de Saint-Michel, le lendemain du jour où nous écrivions combien était grave la question du loyer dans l'existence populaire, une femme se pendait rue Sainte-Cécile pendant que le mari cherchait de quoi payer le loyer. Il y a six jours à peine un vieillard, conduit à l'Hôtel-Dieu, n'y pouvait entrer, car l'inanition n'est pas une maladie ; bientôt une ronde de police le ramassait dans les terrains vagues de la rue Colbert, le traînait à la Permanence, où il expirait, et l'autopsie démontrait qu'il avait péri de faim. Avant-hier on portait à la Morgue le cadavre d'une femme morte de froid. Hier, au centre des quartiers riches, un tout jeune étranger, à peine arrivant, tombait de dénûment sur un trottoir... Est-il fatal que ces hontes continuent d'être ?

Marseille, cité ouverte, a des détresses à part. Elle a le nomade comme celui-ci, venu de plus ou moins loin, parfois de quelque colonie, et qui ne retrouve ici que déception plus profonde. Elle a l'ouvrier de qui un chômage ou une maladie a vidé la maigre réserve. Elle a le rural imprudent, qui a cru aux inépuisables ressources de la grand'ville et reste sur le pavé. Pas plus en France qu'à Londres, les *Sans-travail* ne sont tous des paresseux ou des coupables. Les uns sont capables de s'employer, et le désirent ardemment, mais ne découvrent pas. D'autres sont âgés ou infirmes, le temps de besogner et de peiner est fini pour eux. Est-ce être socialiste que d'affirmer (le cardinal Manning le dit naguère) que les uns et les autres ont un droit naturel à être pourvus de travail ou de pain ?

---

(1) Le premier local n'a pas suffi ; on a dû établir une succursale dans le quartier populaire Saint-Lazare. Les deux reçoivent ensemble près de 1.100 affamés par jour (décembre 1888).

La production industrielle à outrance fait ses victimes. Certes les salaires ont haussé largement ; mais le prix des choses nécessaires à vivre s'est accru, s'accroîtra plus encore si les thèses protectionnistes prévalent. La concurrence condamne l'ouvrier manuel à une existence incertaine. Et jusqu'ici les inventions mécaniques n'ont sensiblement allégé, Stuart Mill en faisait la remarque, la fatigue quotidienne d'aucun être humain.

Que de poignants problèmes pour ceux qui considèrent que la véritable, la principale tâche des démocraties modernes est le progrès social ! En France la politique, et la pire, celle des politiciens, nous dévore, nous stérilise ; attachons-nous à ces réformes qui valent mieux, pour lesquelles les partis peuvent instituer entre eux une généreuse concurrence. Que de belles choses fécondes il y aurait à faire dans ce pays qui se croit le plus avancé de tous et sur tant de points est le plus arriéré, le plus routinier, dans ce milieu marseillais de 400,000 âmes par exemple ! Là au surplus est l'effort politique le meilleur, le plus sain, le plus sûr peut-être de notre temps. Ces masses humaines qui sont pour l'équilibre d'un peuple remué par dix révolutions une permanente cause d'inquiétude, il faut les aimer. L'égoïsme et la dureté sceptique créent plus d'antisociaux qu'on ne l'imagine ; le grand outil de paix publique, c'est le dévouement, qui seul a chance d'ôter aux misérables les préjugés et la haine. Tendre à accroître le bien-être, la moralité, l'intelligence, le respect de soi, l'énergie, l'espérance d'un nombre d'hommes toujours plus étendu, voilà le plus noble courant de pensée de nos générations. A la gloire de celui qui le créa dans le monde, elles aussi peuvent chanter Noël.

CERCLES POPULAIRES

---

22 septembre 1887.

La police Marseillaise a pris ces jours-ci (elle le fait de temps en temps) des mesures répressives contre quelques uns des lieux de réunion où des spéculateurs excitent à la passion du jeu une clientèle à ressources modestes, petits commerçants, employés, artisans. Il y a de ces établissements interlopes même pour prendre aux ouvriers le salaire. On ne saurait trop approuver en pareille matière l'intervention administrative. — Mais précisément du désir de désapprendre au peuple le chemin du tripot, comme aussi du café-concert ou du cabaret, est née l'idée de *Cercles* véritables, où pût être satisfait et même tourné à profit un besoin légitime de distractions. A cet ordre d'innovations se rattachent, dans le mouvement social catholique, les *Cercles ouvriers* de M. de Mun, qui existent depuis quinze ans ; mettons les à part, une pensée confessionnelle élevée en complique le but, et ce n'est point d'ailleurs la partie la plus forte de l'entreprise. D'autres cercles ont surgi avec tel ou tel caractère politique. Nous voudrions signaler des applications plus complètement désintéressées d'une idée généreuse.

Les *clubs d'ouvriers* (nous prenons le mot au sens de *cercle*, et nullement dans l'acception d'assemblée démagogique qu'il eut chez nous surtout en 1848) sont nombreux aux Etats-Unis. Le type le plus remarquable en est peut-être celui de *Saint-Marc*, dans cette noble ville de Philadelphie qui a depuis longtemps la fierté et la coquetterie du bien social, où les *Building associations* prospèrent par centaines, où tout homme laborieux a son foyer, où 50,000 ouvriers sont propriétaires. Le *Cercle de Saint-Marc* est installé, très florissant, dans un vaste immeuble en briques à deux étages. Le bas est affecté à des bains, avec eau chaude et froide, qu'on fournit aux sociétaires pour une rétribution modique. Au premier étage, un billard et une salle de jeux divers. Au second étage, une salle de fêtes, qui peut contenir 400 personnes assises, ou servir de gymnase, et une bibliothèque de 3,000 volumes bien choisis avec les principales publications périodiques ; la bibliothèque a ses habitués chaque soir, et prête deux volumes pour quinze jours, gratuitement, ce qui a fait lire en 1886 8,500 ouvrages. Au cercle est annexée une association de secours mutuels.

L'Angleterre a aussi ses *Working men's clubs*, et la tendance est de les encourager, comme le constatent les récentes recommandations de ce comité d'enquête de Bristol dont nous avons parlé.— Une institution analogue, dans des proportions immenses et magnifiques, existe dans le *People's palace*, inauguré cette année à Londres par la reine elle-même, et qui est destiné tant à la récréation qu'à l'instruction des habitants des quartiers pauvres de la grande cité. L'œuvre est due à un millionnaire homme de bien, J.-B. Beaumont, qui légua dans ce but il y a près de cinquante ans déjà 13,000 livres à des fidéicommissaires présidés par son fils. Le capital, accru par le jeu des intérêts, fut élargi par une souscription publique qui atteignit près de deux millions, et dans laquelle les corporations, par exemple celle des drapiers, figurèrent pour de grosses sommes. Dans le splendide édifice bâti à l'est de Londres, on a organisé des écoles une bibliothèque, des salles de conférences, des salles de concerts, un théâtre ; tout cela sera complété par des gymnases, des piscines de natation, des jardins.

Nous n'avons pas grand'chose, nous Français, à mettre en regard. — Quand Mulhouse était nôtre, nous pouvions citer le *Cercle Mulhousien*, dû à ces industriels admirables qui dans une ville de 60 ou 70,000 âmes ont trouvé moyen de construire en trente ans 1200 maisons ouvrières, dont un millier sont dès maintenant payées par les acquéreurs. — Au Havre, où il a été fait bien des choses en ce sens, sous l'impulsion de M. Jules Siegfried, on a fondé le *Cercle Franklin*, au capital de fr. 200,000, pour offrir des distractions saines aux ouvriers et à leurs familles. — Marseille, dont la population ouvrière est bien plus considérable que celle du Havre, ne pourrait-elle rien essayer (1) ? L'objection (nous ne la dissimulerons pas) est qu'en mettant des amusements à la portée des classes laborieuses, on risque d'encourager quelques-uns à délaisser un peu le foyer domestique. Mais il y a des objections à tout ; et puisque celle-là n'a point découragé ce Philadelphie qu'on appelle la ville des *homes* par excellence, pourquoi à Marseille serait-on plus timoré ou plus exigeant ? Les distractions du *Club de St-Marc*, du *People's palace*, ou du *Cercle Franklin* ne valent-elles pas mieux que celles du tripot, du café-concert ou du cabaret ?

(1) Les coopérateurs de la *Banque provençale* poursuivent un essai en ce sens sous le titre de *Cercle de la coopération* ; il en est parlé p. 250. On y donne des conférences, des fêtes de famille, etc. Le conseil d'administration de la Bourse du travail (v. p. 239-244) s'occupe d'organiser dans cet établissement une bibliothèque.

L'ÉDUCATION ET LE TRAVAIL DES AVEUGLES

1ᵉʳ septembre 1888.

L'abbé Dassy, qui vient de mourir, s'était voué à Marseille à l'éducation de deux sortes de désarmés de la vie, les aveugles et les sourds-muets. Dans la continuation de l'œuvre de l'abbé de l'Epée il avait eu des devanciers locaux ; pour les aveugles, il fut un promoteur pratique. Grâce à lui Marseille a pu fournir à beaucoup de ces déshérités *l'éducation ; le travail manuel* est venu plus tard, d'autres hommes de bien l'ont organisé naguère. Le troisième terme du devoir social reste à résoudre : après *l'école*, apres *l'atelier*, *l'asile* destiné à recevoir les aveugles incapables de subvenir aux frais d'une existence si digne de sympathie et de pitié.

Sait-on combien de pauvres gens dans notre pays sont privés de ce sens inestimable, dont nous jouissons sans en sentir le prix : la vue ? Si l'on comprend dans la France la terre algérienne, plus de 38,000, exactement 38,632 l'an dernier. La statistique devrait nous indiquer quel contingent revient à Marseille dans cette mélancolique foule. Les quatre cinquièmes sont indigents, partant à la charge de leurs familles, ou de l'Etat, ou d'associations charitables, au premier rang desquelles se place la *Société nationale d'assistance aux aveugles*. Et comme les secours sont maigres, comme jusqu'ici peu apprenaient à travailler manuellement, comme le salaire de ceux qui travaillent est chétif, la plupart mendient :

à ceux-là les chiens, si bons, si vigilants, sont souvent plus secourables que les hommes.

L'entreprise de les instruire s'est fort développée depuis que Valentin Haüy eut vers la fin du XVIIIᵉ siècle l'idée de faire pénétrer dans leur esprit par le tact ce qui entre dans le nôtre par les yeux. Ils sont si intelligents ! Ils le sont particulièrement en musique. Cette année même, en juillet, à Paris, les jeunes gens aveugles de l'Institution du boulevard des Invalides ont interprété d'étonnante façon la messe en *ré* de César Franck ; bien des aveugles sont d'excellents organistes (1). Paris a aussi l'école Braille, fondée à Maisons-Alfort par la *Société nationale,* transmise au département de la Seine en mai 1887, et qui a été transférée à Paris, rue de Bagnolet ; elle donne, de six ou sept ans à treize, un enseignement primaire et professionnel. Sur la base des mêmes méthodes, l'abbé Dassy créa à Marseille, en 1858, son Institut, qui compte actuellement 55 élèves ; en 1866 il dota Toulouse d'un établissement analogue, et en 1879 installa à Lyon une maison spéciale aux jeunes filles.

Mais au sortir de l'école, ou s'il n'a pu en profiter, que devient l'aveugle ? Pour bien des familles son entretien est un fardeau trop lourd ; souvent il tombe à la condition d'instrument exploité. De cette observation douloureuse sont sortis les *Ateliers*, pour permettre à ces êtres intéressants de gagner (puisque c'est le rude mot) leur vie difficile, leur vie amoindrie et voilée. Celui qui a surgi à Marseille suit une marche progressive modeste, mais régulière. On y donne à des apprentis un subside, sorte de bourse ; cette période terminée, l'aveugle s'établit pour son compte, ou reste attaché à l'atelier en qualité de moniteur, d'employé, d'ouvrier ; car pour former sans cesse de nouveaux élèves, un achalandage et des commandes ne suffisent pas, il faut des moniteurs

(1) Il y en a eu des exemples intéressants en Provence : M. Espent, organiste de Notre-Dame de la Garde à Marseille ; M. Cézanne, organiste de Saint-Louis à Toulon ; M. Reynier organiste de la Madeleine à Aix, qui a laissé des ouvrages estimés.

et des ouvriers exercés. Les frais d'apprentissage sont supportés par la bienfaisance ; la plus-value provenant des ventes doit servir à majorer l'humble gain de l'ouvrier. Tel est le plan qu'expose dans un rapport du 15 mars 1888 à l'assemblée générale l'homme d'intelligence et de cœur placé à la tête de la *Société Marseillaise des Ateliers d'Aveugles*, M. Emile Arnaud, président du tribunal de commerce de Marseille.

La grande ville populaire se doit de maintenir, d'étendre, de fortifier les trois institutions dont se compose la protection des aveugles pauvres.— *L'éducation* d'abord : il faut que l'Institut de la Montée-de-l'Oratoire survive à Dassy, et s'il n'avait pas d'héritier dans son effort personnel (il soutenait un tiers des élèves), il faut que le concours des pouvoirs publics asseoie définitivement l'œuvre. Il serait bon d'y développer des cours professionnels comme ceux de l'école Braille, où l'on apprend le modelage, le moulage, la vannerie, la corderie, le filetage, le tricot, où l'on apprendra bientôt la brosserie, la passementerie, les fleurs artificielles, les couronnes de perles, etc. — Après l'école, l'*atelier*. Celui de Marseille joue encore un rôle étroit ; il n'a guère que 30 ou 35 aveugles. Mais il est en bonne voie. Un de nos confrères de la presse, dont nous ne trahirons pas la charité, prête rue Paradis un magasin pour la vente au détail. Un industriel qui emploie en de belles libéralités sa fortune, M. B. Gairard, a fait don d'un terrain de 2,400 m. c. sur le boulevard de la Corderie, et y élève à ses frais les constructions nécessaires pour loger amplement les ateliers de la *Société* chez elle (1).— Reste l'*Asile* pour les incapables de travail. Qui prendra pour lui cette troisième forme du dévouement aux pauvres gens qui n'y voient pas ?

_____

(1) L'inauguration en a eu lieu le 6 décembre 1888.

L'ACCROISSEMENT DE LA CONSOMMATION DE L'ALCOOL.
ESSAI DE DÉFENSE LOCALE.

9 mai 1886.

On prépare en ce moment pour la rentrée prochaine des Chambres les éléments d'un examen de la question si grave et si complexe de l'alcool. Le ministère des finances dresse, afin de les soumettre aux députés, des tableaux relatifs à la production et la consommation, au point de vue fiscal. Le Sénat recueille, par une commission spéciale que préside M. Claude, les renseignements essentiels en ce qui touche à l'hygiène et à la moralité publique. C'est surtout dans les grands centres plébéiens que le mal à combattre devient d'année en année plus urgent, et il l'est à un haut degré dans l'agglomération marseillaise. Au lieu d'offrir de banales platitudes aux ministres qui vont passer deux jours à Marseille, nous préférons les supplier de défendre notre classe ouvrière contre les progrès du dégradant, du terrible Poison.

A quel point la consommation de l'alcool s'est élevée en France, on le sait. Il s'y fabriquait en 1850 891,500 hectolitres d'alcool pur, en 1831 1,821,287 hectolitres : il s'en est fabriqué l'an dernier 1,864,514. Et il est à noter qu'il y a trente ans les neuf dixièmes provenaient des vins, cidres, marcs, fruits, genre d'alcool dit éthylique qui est le plus inoffensif; au lieu qu'en 1885, sur 1,864,514 hectolitres, 567,768 sont dus aux substances farineuses, 728,523 à la mélasse, 465,451 à la betterave, et ce sont là les eaux-de-vie les plus toxiques. La moyenne par an et par tête d'habitant, qui était de 1 litre 46 en 1851, est montée à 3 litres 80 en 1881, à 3 litres 869 en 1885. Les conséquences, la statistique les a calculées. Un dixième des accidents et maladies chez les paysans et les ouvriers est à porter au compte de l'alcoolisme ; il paie un tribut plus large à la folie ; parmi les suicides, doublés depuis trente ans, et qui ont passé de 6,638 en 1881 à 7,572 en 1884, il représente 14 ou 15 0/0 ; plus de 40 0/0 des crimes lui sont imputables...

Hélas ! la part de cette énorme cité commerçante et industrielle va toujours croissant, dans ce bilan sombre. Pour ne remonter qu'à dix années en arrière, la population Marseillaise buvait en 1876 7,300 hectolitres d'alcool, ce qui était déjà beaucoup plus que pendant la période antérieure à 1870. Ce chiffre alarmant s'était élevé en 1878 à 8,868 hectolitres, augmentation difficilement explicable en sa rapidité si elle ne correspondait à une subite extension de licence en bien des choses. Mais que dire de ce dont nous sommes témoins depuis lors? Les 8,868 hectolitres de 1878 étaient devenus l'année dernière **17,390** hectolitres !... Où s'arrêtera-t-on dans une si foudroyante progression ? Le nombre des débits de boissons et cafés, qui n'excédait pas 550 il y a vingt ans, qu'un rapport de M. Dietz, commissaire central, évaluait en 1878 à 1850, atteint maintenant plus de 2,200. Comment s'étonner de la multiplication corrélative des crimes, des rixes meurtrières, des épilepsies, des morts subites, des cas d'aliénation mentale, des suicides dans une ville de près de 400,000 âmes ?

En conclusion d'un travail que publiait le 15 avril la *Revue des Deux-Mondes*, M. J. Rochard, de l'Académie de Médecine, proposait pour atténuer les ravages dont l'alcool est la cause divers moyens : encourager tout ce qui peut éclairer le public sur le péril, élever l'impôt, dégrever les boissons fermentées, appliquer la loi sur l'ivresse, fermer les débits après plusieurs condamnations encourues, rétablir l'autorisation préalable avec les garanties qu'exigeait le sage décret du 29 décembre 1850. Ce décret a été abrogé par la loi du 17 juillet 1880, malgré les protestations unanimes des hygiénistes ; mais là encore l'expérience force, ou forcera, de revenir à une législation prévoyante. Depuis 1880, le commerce lucratif des débits s'est prodigieusement étendu : on vient de voir dans quelle mesure à Marseille. Si les ministres en déplacement aiment seulement un peu ce peuple dont ils se déclarent les serviteurs, qu'ils prennent quelques notes à Marseille pour l'enquête sur l'alcool, au besoin qu'ils ordonnent la fermeture de quelques débits coupables, et leur passage n'aura pas été vain.

2 juin 1887 (1).

I

Dans la grande enquête qui se poursuit sur l'accroissement de consommation de l'alcool en France, et au dossier de laquelle le rapport de M. Claude (des Vosges) au Sénat vient de fournir un document considérable, nous voudrions apporter notre contribution, une simple et brève note, pour Marseille.

L'intérêt spécial qui s'attache à cette recherche locale est double.

D'abord, il s'agit d'une énorme agglomération, dont les

(1) Publié dans le *Bulletin du Comité des travaux historiques et scientifiques* (section des sciences économiques et sociales), Paris, Leroux, 1888.

ouvriers de l'industrie et du commerce, les petits patrons, les employés, les artisans représentent la part la plus nombreuse : c'est dans un tel milieu que les progrès de l'alcoolisme sont le plus périlleux.

Secondement, la question emprunte aux précédents régionaux une portée particulière. Plus sobres par tempérament et par influence de climat que les populations du nord, les populations méridionales de notre pays buvaient, il y a peu d'années encore, du vin non sophistiqué et très peu d'alcool. A Marseille, la génération qui a précédé la mienne voyait, par exemple, les travailleurs des quais se désaltérer avec du vin. Il n'en est plus guère ainsi. Aussi la race commence-t-elle de perdre sa vigueur : les portefaix des ports sont moins capables de porter de lourds fardeaux, et pour la manipulation des marchandises, les outillages perfectionnés seront, par ce motif aussi, de plus en plus nécessaires. Encore reste-t-il dans les usines et sur les chantiers de toute sorte beaucoup d'Italiens, qui acceptent les dures besognes. En un mot le mal, s'il est jusqu'ici moins intense que sur tels autres points, est grave parce qu'il était pour ainsi dire *contre-indiqué*.

II

Les Bouches-du-Rhône sont un des quatorze départements où le rapport au Sénat signale l'augmentation du nombre des débits de boissons comme principalement accentuée.

Je ne m'occupe que de Marseille-ville, du centre urbain qu'on nomme Marseille-*intra*, du territoire compris dans le périmètre de l'octroi sans y joindre les campagnes des banlieues. D'après les données du recensement de 1886, la population peut y être évaluée à 300,957 habitants. On va voir quelle a été, depuis dix années, dans cette zone la marche des faits.

III

Le nombre des débits, vers 1860, ne dépassait guère 550. Il a toujours été en augmentant depuis 1871, et s'est élevé d'une manière particulièrement rapide durant ces dernières années.

Progression du nombre des débits de boissons à Marseille, de 1876 à 1886.

ANNÉES	NOMBRE DE DÉBITS
1876	2.400
1877	2.400
1878	2.460
1879	2.530
1880	2.580
1881	2.670
1882	2.760
1883	2.880
1884	3.000
1885	3.160
1886	3.200

La multiplication des marchands de boissons serait plus accélérée encore, si la cherté des loyers dans Marseille-*intra* et l'usage local du paiement d'une semestrialité de bail par avance n'écartaient de nombreux candidats à ce métier lucratif.

IV

La consommation de l'alcool a naturellement suivi une marche parallèle.

Il ne faudrait pas omettre de dire qu'elle se produit non seulement sous la forme directe, mais aussi par le vin. La quantité d'alcool que contiennent les vins actuellement vendus dans une grande ville plébéienne comme Marseille est loin d'être une quantité négligeable, et elle est en outre occulte. Les travailleurs manuels marseillais buvaient, il y a douze ou quinze ans, de l'excellent vin de Provence ; ils ne boivent aujourd'hui que du vin très frelaté. Ainsi le vin pris au repas de famille fait absorber, même aux femmes, des doses notables d'alcool sans qu'on s'en aperçoive.

Quant à la consommation directe, qui s'opère par toutes les liqueurs spiritueuses, eaux-de-vie, vermouths, rhums, bitters, kirchs, absinthes, etc., elle est puissamment aidée à Marseille par la fréquentation toujours plus généralisée des cercles, des cafés-concerts, des cafés. La vie y est presque complètement extérieure, même pour l'homme marié. On boit à toute heure du jour, et beaucoup boivent durant un certain nombre d'heures de la nuit.

La consommation du vin, qui passa de 369,996 hectolitres en 1871 à 592,000 en 1876 et avait fléchi sensiblement de 1878 à 1882, est revenue aux chiffres élevés malgré la pénurie des récoltes ; c'est qu'il se vend toujours moins de vins sincères, et l'alcool pénètre plus largement par ce chemin que ne le croient ceux qui font d'une consommation l'antidote ou au moins la contre-partie de l'autre. Mais c'est surtout pour l'alcool lui-même que l'accroissement est foudroyant.

Progression de la consommation de l'alcool à Marseille,
de 1876 à 1886.

ANNÉES	QUANTITÉS DE VIN	QUANTITÉS D'ALCOOL
1876.....	592.000 hectolitres.	7.300 hectolitres.
1877.....	516.000 —	8.700 —
1878.....	473.000 —	9.700 —
1879.....	483.000 —	10.000 —
1880.....	461.000 —	10.900 —
1881.....	480.000 —	13.000 —
1882.....	498.000 —	13.200 —
1883.....	536.000 —	14.200 —
1884.....	567.000 —	17.300 —
1885.....	576.000 —	17.800 —
1886.....	558.000 —	16.500 —

Il semble que 1886 ait apporté une légère amélioration ;
mais la baisse, qui n'est que de 1,300 hectolitres, est toute
accidentelle ; elle tient à l'extension des fraudes, à la détente
croissante de la répression, au resserrement de dépenses
qu'a amené la crise des affaires.

Il faut noter :

Que la consommation de l'alcool n'atteignait pas 6,000
hectolitres en 1875, ce qui était déjà de beaucoup supérieur à
la période antérieure à 1870 ;

Que les cinq sixièmes des alcools vendus sont des alcools
d'industrie, bien plus nocifs que les autres ;

Que l'alcool pur dont le tableau ci-dessus accuse les
quantités représente approximativement trois fois plus de
spiritueux.

Ce n'est pas à moins de 125 °/₀ que correspond l'aug—

mentation. Quel changement terrible, en dix ans, dans une population jadis si sobre !

Et où s'arrêtera une ascension qui paraît à peu près constante ?

V

Ce n'est pas impunément pour sa santé physique et intellectuelle que la population marseillaise, longtemps robuste et saine, a commencé de s'intoxiquer de la sorte.

Le chiffre annuel des décès à Marseille est monté de 8,966 en 1876, chiffre approximativement égal à celui de dix ans auparavant, à 12,152 en 1885. Le taux de mortalité, qui était de 28.1 décès par 1,000 habitants en 1876, est de 32.9 en 1885. La proportion des décès masculins est supérieure à celle des féminins. L'augmentation a été d'ailleurs bien plus rapide que celle du nombre des habitants, dont la moyenne annuelle ne dépasse pas 4,286 âmes pendant les dix dernières années.

La morti-natalité moyenne est arrivée à 69.5 pour 1,000 naissances, alors qu'elle est de 46 pour l'ensemble de la France ; et la mortalité du premier âge est arrivée à 199.8 pour 1,000, alors qu'elle est de 165 pour l'ensemble de la France.

Les suicides sont montés de 94 en 1883 à 104 en 1884, à 121 en 1885, à 137 en 1886. Quatre années ont suffi pour un accroissement de près de moitié. La proportion est de 36 suicides pour 100,000 âmes, alors qu'elle n'excède pas 19 pour l'ensemble de la France, d'après le récent rapport du ministre de la justice.

En ce qui concerne la folie, nous avons une donnée grave. La folie paralytique, qui est la caractéristique pathologique des maladies mentales de notre temps, était rare dans le Midi ; Esquirol l'y déclarait à peu près inconnue ; Aubanel en évaluait la proportion à 1 sur 7 dans l'asile de Marseille, entre

1840 et 1849. Le docteur Sauze, après avoir fait des observations analogues en 1851, constate en 1881, dans un travail publié peu avant sa mort, que le nombre s'est progressivement élevé en parallélisme à l'accroissement de consommation de l'alcool à Marseille, et a atteint les proportions relevées dans les asiles du Nord. Encore fait-il remarquer qu'il faudrait le majorer des paralysés généraux calmes, laissés dans le milieu social par la préfecture des Bouches-du-Rhône. Dans sa maison de santé du Canet à Marseille, M. Sauze accuse, en 1881, 20 paralytiques sur 28 hommes, 1 seulement sur 12 femmes, ce qui est encore un indice. Il conclut formellement que le facteur le plus énergique de l'accroissement de la folie paralytique à Marseille est l'abus toujours croissant aussi des boissons alcooliques.

. Décès, suicides, aliénations mentales... assurément il y a d'autres causes, même locales, à l'aggravation de ces faits. Mais la cause que nous étudions a une large et toujours plus forte part dans le sombre bilan. Cette part est-elle mathématiquement déterminable ? Nous pensons que l'essayer serait en amoindrir à faux l'importance. Que de décès par phtisie, par épilepsie, ou par accidents remontent à des excès alcooliques ! Et aussi que de maladies nerveuses ou cérébrales ! Que d'enfants morts-nés, ou succombant en bas âge, doivent à la viciation de l'organisme paternel leur triste destin ! Que de détériorations corporelles ou mentales léguées par des alcooliques plus ou moins notoires ou avoués à une descendance épuisée ! Que de morts volontaires, en apparence imputables à tel ou tel motif occasionnel, n'ont pas d'autre origine !

Il n'est pas moins difficile de chiffrer les conséquences du mal dans le domaine de la criminalité. Là aussi, les statistiques trompent par l'excessive atténuation involontaire. Là aussi, le fait constant et certain est que les crimes, les délits, les brutalités sans causes, les rixes meurtrières quotidiennes à Marseille dans les bas-fonds, fournissent aux cours d'assises et aux tribunaux répressifs de tout ordre, comme aux hôpitaux et aux asiles, une clientèle toujours plus dense.

VI

Quelle perte représentent pour l'aisance générale, à Marseille, les 16 et 17,000 hectolitres d'alcool bus sur ce point en 1885 et 1886 ?

Ils correspondent à plus de 4 millions de bouteilles de spiritueux. C'est une dépense de 16 millions et demi de francs, dont le Trésor a reçu à peu près 3 millions et la ville de Marseille 500,000 francs. Si l'on en attribue deux tiers à la classe des travailleurs, c'est plus de 10 millions qui ont été prélevés sur les salaires et les profits, plus de 10 millions perdus pour les institutions de prévoyance qui ont, à Marseille, un terrain fertile, grâce à l'importance des prix de main-d'œuvre et à l'esprit très répandu d'épargne.

VII

Le développement du mal a-t-il eu des causes locales ?

Nous estimons qu'à Marseille, comme partout, l'accroissement de consommation tient surtout à celui des débits, c'est-à-dire à la loi du 17 juillet 1880.

La loi du 3 février 1873 sur l'ivresse publique est peu appliquée. Il y a pis : dans beaucoup de poursuites criminelles ou correctionnelles, les inculpés ou leurs défenseurs continuent de représenter l'état d'ivresse sinon comme une excuse au sens légal du mot, au moins comme une circonstance très atté-nuante, et les jurys, quelquefois les juges, agissent comme s'ils tenaient pour admissible cette déplorable théorie.

L'impôt n'a gêné ni l'industrie des débits, ni la consommation des spiritueux. S'il était aboli, ou diminué, les intermédiaires de la vente en bénéficieraient seuls ; nos consommateurs n'en paieraient pas moins leur petit verre dix, vingt, trente centimes, et trouveraient en outre, sur leur feuille d'avertissement de l'impôt direct, une majoration égale à la contribution indirecte supprimée. La ville de Marseille a fait l'épreuve d'une réforme de ce genre, en abandonnant, en 1881, 2 millions de droits sur les farines : le prix du blé a baissé, celui du pain a renchéri, et le budget municipal est en plein déficit.

Mais, d'autre part, il n'est pas certain d'après les faits observés à Marseille qu'il y ait une guérison à attendre d'un remède proposé de divers côtés, l'alourdissement de l'impôt. L'impôt est actuellement à Marseille de 216 francs par hectolitre, et l'alcool valant 50 francs, cela représente 400 % ; à Paris, c'est bien pis ; on est obligé pourtant de s'arrêter dans cette voie. Une extension nouvelle de la fraude, déjà considérable et de plus en plus ingénieuse à Marseille, serait la suite immédiate d'une élévation de l'impôt (1).

L'état de choses que nous avons eu sous les yeux ne nous conduirait pas davantage à prôner le monopole. C'eût été un remède praticable dans notre pays avant que le commerce et l'industrie des spiritueux n'y eussent pris l'extension actuellement acquise. Mais un exemple encore récent à Marseille nous a montré quelle arme redoutable pour les finances publiques est l'expropriation d'une industrie par l'Etat. Que seraient pourtant les sommes payées naguère aux fabricants d'allumettes, auprès de celles qui seraient allouées pour les spiritueux, étant données nos conditions et nos tendances sociales actuelles, à 30,000 commerçants en gros, et à 400,000 débitants ? Pour ne parler que des premiers, c'est par vingtaines de millions que pourraient se chiffrer les indemnités pour telle fabrication marseillaise.

(1) Pourtant on verra plus loin que tout pesé, notre opinion s'est modifiée sur ce point, et que l'impôt nous paraît un des freins à employer.

VIII

Ce n'est pas une aggravation de droits qu'on proposerait surtout en conclusion de cette étude, simple note sur l'état de la question à Marseille : ce serait plutôt une aggravation de peine contre les fraudeurs.

On recommanderait aussi l'abrogation de la loi de 1880 sur la liberté des cabarets, le rétablissement du régime de l'autorisation préalable avec les garanties du décret du 29 décembre 1850, la limitation du nombre des débits, leur fermeture après plusieurs condamnations, le dégrèvement des boissons non alcooliques, une plus rigoureuse application de la loi sur l'ivresse.

Dans une agglomération plébéienne et ouvrière comme Marseille, il est d'autant plus désirable et d'autant moins chimérique d'essayer de défendre les classes laborieuses contre les progrès du dégradant et funeste poison, que ces progrès y sont de date plus nouvelle, que la race en était naturellement indemne jusqu'à ces dernières années, et que le terrain de culture peut redevenir défavorable au mal, si on sait le modifier dans ce but.

24 septembre 1887.

Un pas en avant vient d'être fait en France, et le mérite en revient à un ministre marseillais, M. Rouvier, dans la lutte contre ce terrible ennemi de la santé et de la moralité populaires, l'Alcool. Par décret du 18 septembre est instituée une grande commission extraparlementaire, à l'effet d'indiquer les réformes à apporter dans la législation de l'alcool, et en général dans le régime des boissons. Ce qui nous plaît dans l'exposé ministériel, c'est qu'il résume en une page précise, mais brève, les aspects si multiples de cette vaste question, et par là, comme par l'invitation nette de conclure « *dans un délai*

« *assez court* », accuse la résolution d'agir enfin après tant d'enquêtes. M. Léon Say présidera la commission. On y a introduit la plupart des hommes en mesure de formuler les meilleures propositions : M. Claude par exemple, l'auteur du rapport approfondi au Sénat, trois directeurs et un inspecteur général du département des finances, M. Alglave le professeur à l'Ecole de droit de Paris qui soutient la thèse du monopole, M. Brouardel, un membre de l'Institut, le président de la chambre syndicale des vins de la Gironde, des distillateurs, parmi lesquels un Marseillais, M. Bouffier.

Ainsi recrutée et investie, la commission extraparlementaire aura compétence scientifique et pratique, nous dirions volontiers plus que ses sœurs du Parlement. Elle saura choisir entre tous les moyens suggérés pour combattre un mal intolérable. On en a tant conseillé ! Il y a une douzaine de jours à peine se fermait le *Congrès antialcoolique international* de Zurich, où l'on a évité les votes formels, mais où les opinions les plus variées se sont librement fait jour. Non seulement l'Europe y était toute représentée, par des envoyés de l'Allemagne, de l'Autriche, de la Hollande, de la Suisse, de la Suède, de la Norvège, du Danemark, de l'Italie, de la Russie, de la France, mais aussi l'Amérique, les Etats-Unis, le Canada. Des délégués de chaque nation figurent dans le bureau permanent élu à la clôture. Que d'idées remuées là par les partisans de l'*abstinence totale* et ceux de l'*usage modéré*, par les défenseurs du *monopole* (qu'a organisé en Suisse la loi du 26 mai 1886) et par ses adversaires ! Il y a du vrai et du bon dans beaucoup de ces idées, qui vont reparaître devant la commission française. Si cependant, oserions-nous dire, il était un pays européen où l'expérience d'un effort suivi et réglé contre l'alcool eût été faite et eût abouti, ne serait-il pas intéressant de vérifier comment ? Des résultats ne sont-ils pas toujours très supérieurs aux raisonnements *a priori ?*

Ce pays existe, c'est la Norvège. On a classé les peuples d'Europe pour la consommation de l'alcool dans la période quinquennale de 1880-84 ; les Norvégiens ont l'honneur du dernier rang, ou à peu près. La moyenne par tête d'habitant a été en effet évaluée :

Pour le Danemark......	à 8,9	litres d'alcool pur
Pour les Pays-Bas et la Belgique............	à 4,7	»
Pour la Suisse........	à 4,6	»
Pour la Russie........	à 4,2	»
Pour l'Allemagne......	à 4,1	»
Pour la Suède........	à 3,9	»
Pour la France........	à 3,8	»
Pour l'Autriche.......	à 3,5	»
Pour la Grande-Bretagne	à 2,7	»
Pour la Finlande.......	à 2,2	»
Pour la Norvège	à 1,7	»

L'Espagne seule et la presqu'île des Balkans viendraient après... Or est-ce là pour la Norvège une situation ethniquement normale ? Point du tout : les deux autres contrées scandinaves consomment, la Suède deux fois plus, le Danemark cinq fois, quoique le climat soit analogue, quoique la race, la religion, les mœurs soient semblables. — En Norvège même est-ce un état de choses ancien ? Nullement. C'était l'inverse il y a cinquante ans, et voici par quelle échelle décroissante on est descendu :

Moyenne en 1833........	8	litres.
» en 1843........	5	»
» en 1850-54.....	3,15	»
» en 1860-64.....	2,20	»
» en 1870-74.....	2,64	»
» en 1880-84.....	1,75	»

Il faut convenir que voilà des chiffres décisifs : la baisse a été de 4/5 en 50 ans, de 2/3 depuis 30 ans.

A quoi est due la victoire ? Un savant indigène, le Dr Broch, vient de l'exposer. — L'usage croissant de la bière y a contribué, et surtout du café, qui a pénétré dans les classes rurales (la moyenne en est montée de 1,3 kil. par tête à 3.7). — D'autres causes plus actives ont déterminé l'immense progrès. — C'est la réforme de la législation sur les distilleries ; la distillation domestique par les campagnards, semblable à celle de nos bouilleurs de cru, fut peu à peu gênée, éteinte par rachat de l'État : de 1,387 distilleries on est tombé à 24, grandes, dès lors faciles à contrôler ; le droit de douane des eaux-de-vie importées protège peu ; aucune prime à l'exportation. — C'est l'élévation de l'impôt, progressivement alourdi. — C'est toutes sortes de restrictions de la vente : aucun débit au détail ne peut être joint à un commerce pour lequel le droit de bourgeoisie est nécessaire ; les fabricants ne peuvent vendre moins de 40 litres, et en fût, et à un seul, qui ne peut revendre s'il n'a licence ; la vente est prohibée le dimanche, les fêtes et la veille au soir, chaque jour avant 8 heures du matin et après 10 heures du soir, toujours dans les foires ; les contraventions sont punies d'amendes graduées, et la peine va jusqu'à six mois de travaux forcés ; l'autorisation n'est accordée qu'à des hommes ou à des veuves, sous des garanties de moralité, et pour cinq ans. — C'est la limitation numérique des débits. Les municipalités fixent le nombre, et dans les cantons ruraux peuvent interdire complètement. Une loi de 1871 permet aux communes de céder le monopole à des sociétés, qui s'obligent à employer le bénéfice à des œuvres d'utilité publique (système dit de *Gothenbourg*) ; et ces sociétés ont surgi partout, sauf cinq ou six petites localités. — C'est enfin les sociétés de *tempérance* et celles d'*abstention*, qui par leurs écrits et leurs conférences ont créé un mouvement durable d'opinion.

Le courageux pays ! Nous étions il y dix ans en meilleure situation que lui : notre moyenne était de 2.79, la sienne de 3: Il est saisissant de comparer la marche exactement inverse des uns et des autres depuis ces dix ans :

	Norvégiéns		Français
1877	3	litres.	2,79
1878	2,25	»	2,98
1879	1,65	»	3,22
1880	1,95	»	3,64
1881	1,50	»	3,85
1882	1,90	»	3,78
1883	1,65	»	3,93
1884	1,75	»	3,92

Les mêmes remèdes sont-ils applicables? — Pour la faveur à accorder à la bière, et au café, cet autre aliment *nervin* dont la moyenne n'est encore chez nous que de 1 k. 73, pourquoi pas ? — La réforme de la législation s'impose pour les distilleries, les bouilleurs de cru, les fraudes, le régime des vins et des alcools. — Remanier l'impôt, ce peut être une ressource opportune en notre état financier, pourvu qu'en ce vaste pays on ne déchaîne pas la fraude. — Sans aller jusqu'au monopole de l'État, peut-être les droits des villes et les concessions du système de *Gothenbourg* seraient un procédé efficace. — L'abrogation de la ridicule loi pénale du 4 février 1873 est urgente; il faut des sanctions rigoureuses. — Par dessus tout la Norvège nous crie de restreindre la vente et de limiter le nombre des débits. En aura-t-on le courage, là où tout vit d'élections? — Nous avons insisté sur l'exemple norvégien, parce qu'il prouve, qu'on en imite ou non le détail, que le fléau peut être vaincu : par telle ou telle méthode, c'est affaire à la commission extraparlementaire de

le dire, et aux pouvoirs publics de le tenter. Que M. Rouvier,
puisqu'il a pris l'initiative, marche hardiment dans cette voie :
il sera soutenu par quiconque met les progrès sociaux bien
au-dessus de la politique.

8-24 juin 1888.

Où en est de sa tâche la commission extra-parlementaire
des alcools qu'eut le mérite de constituer le 17 septembre
1887 un ministre marseillais, M. Rouvier (1) ? Le comité
consultatif d'hygiène publique de France vient de conclure,
en ce qui le concerne, aux propositions suivantes: 1° diminuer
autant que possible la consommation de l'alcool ; 2° assurer
par tous les moyens la pureté des liquides alcooliques livrés
à la consommation ; 3° proscrire les substances contenues
dans les alcools que l'état de la science permet de condamner,
sans pouvoir en fixer la liste encore. Le comité insiste sur
la nécessité de nouvelles recherches de la chimie, de la
physiologie, de l'observation clinique. Voilà de grandes lignes
scientifiques tracées, qui n'ont rien de neuf au surplus :
mais quand donc les pouvoirs publics se décideront-ils à
entreprendre quelque chose de pratique ?

Nous apportâmes l'an dernier à l'enquête, et pour Marseille,
une contribution qu'a récemment publiée le *Bulletin du
comité des travaux historiques et scientifiques* (année 1887).
Le mal est grave à Marseille, non pas qu'il soit plus accusé
qu'ailleurs, mais parce qu'il était pour ainsi dire *contre—*

(1) Les travaux de la commission ont abouti à un ample et lumineux rapport de M. Léon
Say. Elle s'est prononcée contre le monopole, le maximum de production, les licences de
fabrication, l'impôt à la matière première. Elle a proposé de surveiller la rectification et la
vente, d'exiger des déclarations préalables de tout distillateur, d'abolir le privilège des
bouilleurs de cru, de surveiller la fabrication, la vente et l'emploi des appareils, de taxer
les vins proportionnellement au degré, de permettre dans une certaine mesure le vinage, de
renforcer le taux des licences, d'augmenter l'impôt tant au point de vue des ressources
nouvelles à y trouver que du frein à apporter à l'abus de l'alcool.

indiqué, que la race en fut longtemps indemne, qu'il date de quinze ans environ, qu'il sévit dans une énorme agglomération plébéienne et ouvrière. Nous établissions que le nombre des débits de boissons, à peine de 550 vers 1860, est monté dans Marseille de 2,400 en 1876 à 3,200 en 1886, — que la consommation de l'alcool y a suivi une marche parallèle, soit par le vin (369,996 hectolitres en 1871, 558,000 en 1886), soit par l'alcool direct (6,000 hect. en 1875, 7,300 en 1876, 17,800 en 1885, 16,500 en 1886), — que les cinq sixièmes des alcools vendus sont des alcools d'industrie, c'est-à-dire plus nocifs, — qu'à cet accroissement d'intoxication ont correspondu une augmentation des décès, de la morti-natalité, de la mortalité du premier âge, des suicides, des aliénations mentales, des crimes, et une perte considérable pour la richesse générale...

La situation à Marseille s'est-elle améliorée depuis que ces chiffres étaient produits, c'est-à-dire au cours de 1887? Les faits répondent négativement.

La consommation du vin, qui avait été de 558,000 hect. en 1886, s'est élevée à 610,000, soit 169 litres par tête, quotité assez forte si on tient compte des enfants qui en absorbent moins : ce n'est malheureusement pas là une contre-partie de l'alcool, comme trop de gens l'imaginent. Il en serait ainsi pour une population qui travaille en grand air, et sous un climat échauffant, si les vins vendus n'étaient de plus en plus des composés alcooliques, ou fortement additionnés d'alcool (c'est le cas pour tous ceux qui nous viennent d'Espagne ou d'Italie), et si par ces voies l'alcool ne pénétrait largement. — Quant à l'alcool lui-même, la légère amélioration de 1886 ne s'est pas maintenue : de 16,500 hectolitres, nous sommes remontés à 17,600. Et nous étions à 7,300 en 1876 ! Il n'est pas consommé à l'état pur ; il est ramené à divers degrés, suivant la nature des boissons spiritueuses dont il est le premier élément, 72° à 66° dans les absinthes, 56° à 40° dans les eaux-de-vie et rhums, 35° à 25° dans les liqueurs, etc.; en prenant une moyenne de 47 à 48, on arrive à une consommation de 36,000 hect. de spiritueux, ce qui représente 10 l. d'eau-de-vie par tête, ou 5 l. d'alcool pur. Si on fait abstraction des enfants et des femmes (quoiqu'il faudra bientôt la faire moindre pour les femmes), c'est 20 l. d'eau-de-vie, ou 10 d'alcool pur, par tête, proportion énorme.

Quant aux débits, l'envahissement a empiré encore. Pour ne remonter qu'à quatre années en arrière, Marseille (nous ne parlons que de Marseille-*intra*, du territoire compris dans le périmètre de l'octroi sans y joindre les banlieues) comptait 3,000 débits de boissons en 1884, 3,160 en 1885, 3,200 en 1886 ; nous voici en 1887 à 3,900. C'est un débit et une fraction pour 100 habitants. Ce chiffre excessif crée une concurrence que la plupart des intéressés soutiennent en recourant à de fâcheuses pratiques, fraude des droits du Trésor et de la Ville, abaissement du prix de revient par des mixtions nuisibles à la santé générale, c'est-à-dire au premier bien d'une cité.

Telle est la réalité, et nous ne saurions jeter assez haut le cri d'alarme.

Si Marseille l'an dernier a bu 17,600 hectolitres d'alcool au lieu de 7,300 en 1876 et entretenu 3,900 débits de spiritueux au lieu de 2,400, sa population échappe-t-elle aux conséquences physiques, morales, économiques que la science dénonce partout en Europe comme les fruits du développement de consommation de l'alcool ?

Hélas ! non. A mesure que cette race longtemps sobre absorbait le poison plus complaisamment, on y a vu sévir avec plus d'intensité la mortalité, les suicides, l'aliénation mentale, la criminalité, la misère et le vagabondage. A tout cela il y a d'autres causes assurément, même locales ; mais si difficile qu'il soit d'isoler la part imputable à celle qui nous occupe, elle est certaine, elle va s'élargissant.

Le nombre annuel des décès s'est élevé de 8.966 en 1876,

puisque c'est la date rapprochée à laquelle nous nous conten-
tons de remonter, à 10,967 en 1887. Encore 1887 laisse-t-il
une amélioration sur les quatre années précédentes (de 11,390
à 13,158). Le taux de mortalité, qui était de 28.1 décès par
1,000 habitants en 1876, a atteint jusqu'à 3.55 en 1886. Quand
on songe qu'à côté de Chicago, il existe une ville, Pullman,
où le commerce des liqueurs alcooliques a été interdit, et où
ce taux est tombé à 8 pour 1,000! Qu'on ne cherche pas une
corrélation entre l'accroissement de la mortalité et celui de
notre population : le premier a été bien plus rapide : la
moyenne du second n'a pas dépassé 4,286 âmes par an.

La morti-natalité est arrivée à 69.5 pour 1,000 naissances,
alors qu'elle est de 46 pour l'ensemble de la France, et la
mortalité du premier âge à 199.8 pour 1,000, alors quelle est
de 165 pour l'ensemble de la France. Combien de ces
pauvres enfants sont victimes de vices d'organismes légués
par des alcooliques plus ou moins notoires ou avoués !

Et les suicides! Nous avons précisé déjà dans quelle
proportion ils s'étendaient ; l'intéressante étude que vient
de publier M. Mireur *(Les morts violentes à Marseille;*
Paris, Masson, 1888) confirme nos chiffres. En 1883,
94 suicides; en 1884, 104 ; en 1885, 120 ; en 1886, 137 ; en
1887, 108. Cela ne représente pas moins de 1 suicide par
3,308 habitants (1 par 2,737 en 1886), quand pour l'ensemble
de la France pendant la même période le rapport a été de 1
par 5,000 environ, et bien moindre encore dans les autres
pays d'Europe. De l'analyse des suicides selon les conditions
sociales il ressort que la classe pauvre, dans notre ville, paie
le tribut de beaucoup le plus fort à la mort voulue, et c'est
dans ce milieu qu'outre les difficultés de la lutte pour la vie,
la violence passionnelle, l'état d'âme matérialisé, agissent
surtout les abus alcooliques. On ne peut guère déterminer
mathématiquement quelle quotité revient parmi les suicides
aux excès d'ivresse ou aux habitudes d'ivrognerie : 13 °[₀

a-t-on indiqué, pour la France ; mais que de suicides, attribués à tel ou tel motif, n'ont pas d'autre origine indirecte !

A mesure que la multiplication des débits, l'abondance, le bon marché, la mauvaise qualité des produits de la distillation, augmentaient dans Marseille la consommation de l'alcool, une hausse parallèle, due aussi à d'autres causes, mais certainement à celle-là, s'est manifestée dans les décès, la mortalité infantile, les suicides. Si les statistiques morbides désignent les affections alcooliques par le nom de la lésion qui en est la résultante, combien de fois l'intoxication, avec ses effets tantôt rapides, tantôt à longue échéance, n'est-elle pas à l'origine de phtisies, de maladies du cœur, du foie ou du poumon, d'albumineries, de cancers de l'estomac, de gouttes, de diabètes ! Et que d'accidents aussi, dans nos milieux industriels, proviennent de l'ivresse, qui rend l'ouvrier moins prévoyant ou moins adroit !

Pouvons-nous constater de même l'influence du développement alcoolique sur la folie, la misère, la criminalité locales ?

Nous avons sous les yeux les plus récents rapports administratifs et médicaux sur la gestion de l'Asile public de Saint-Pierre, ceux de l'exercice 1886. Le mouvement de la population soignée y accuse au 1er janvier 1887 une nouvelle majoration comparativement au 1er janvier 1886. Entrons dans la *section des hommes*. Sur 214 aliénés admis pendant l'année pour la première fois, l'alcoolisme est ouvertement incriminé comme raison déterminante dans 25 cas, et n'est-il pas probable qu'on le retrouverait dans d'autres en remontant un peu ? Il y faut joindre ceux où il agit comme prédisposant par l'hérédité. Enfin sur ces 214 déments nous ne notons pas moins de 53 paralysés généraux. Or le docteur Sauze a mis en lumière dès 1881 que l'expansion progressive de la folie paralytique, déclarée presque inconnue dans le Midi par Esquirol, très rare encore au temps d'Aubanel, reconnaissait pour facteur énergique l'abus généralisé des spiritueux : c'est

32

dans la maison de santé du Canet qu'il relevait les derniers chiffres.

Que Marseille ait vu s'étendre son contingent de vagabonds, de mendiants (avec toutes les formes de la mendicité), de gens sans aveu, sans métier, et sans gîte, aucun document particulier ne l'établit, et c'est une lacune que nous signalons à qui de droit : mais c'est un fait assez notoire. Il a fallu organiser des *Hospitalités de nuit*, et dans celle des hommes, il a passé de 1873 à 1887 plus de 135,000 misérables, sans compter maintenant les femmes. Il a fallu ouvrir une *Bouchée de pain*, complément extrême de tant d'œuvres charitables : le premier mois elle reçut 13,000 clients, le deuxième 14,903, le troisième 15,000, le quatrième 16,773, le cinquième 18,000. Combien de ces blêmes dénués sont les victimes de la boisson, et débutèrent dans la déchéance par le petit verre matinal ! L'ouvrier qui commence à sacrifier son ménage au marchand de vins ou au liquoriste descend peu à peu la pente, incapable de songer à l'avenir, buvant le meilleur de sa paye. A Marseille comme partout, le total des condamnations pour vagabondage monte sans cesse, et il n'est pas un magistrat qui ne sache combien d'ivrognes il frappe à ce titre.

Comme il remplit les hôpitaux, les asiles de fous, les refuges de détresse, l'alcool peuple les cours d'assises et les prisons. La criminalité dans notre zone suit une marche terriblement ascendante. — Les Bouches-du-Rhône, d'après les tables de M. Marambat (*L'alcoolisme et la criminalité*, Paris, 1887), ont vu s'élever la proportion des condamnés à 90 pour 100,000 habitants ; c'est la première place en France ; et nous comptons 65 % d'ivrognes sur ces condamnés. Nous venons aussi au deuxième rang pour les jeunes détenus, 37 sur 100,000 âmes. — La statistique criminelle et correctionnelle de 1886 vient d'être publiée par le ministère de la justice. Pour les crimes, ce département tient la tête ; Marseille met en ligne 26 accusés par 100,000 âmes, quand la moyenne en France n'est que de 11. Il est vrai que l'élément étranger représente 36 % ; mais c'est une preuve de plus, car les violences d'Italiens sont fréquemment imputables aux frénésies de l'ivresse. — M. Mireur vient d'indiquer que le nombre des meurtres à Marseille a quadruplé de 1882 à 1886, et que la proportion en est cinq fois plus forte que dans l'ensemble de la France. — Quant aux délits, reprenons la statistique ministérielle de 1886. La moyenne générale est de 51 à 53 sur 10,000 habitants ; la Seine arrive à 99 ; les Bouches-du-Rhône atteignent 105. — Hélas ! c'est encore une observation navrante, mais vraie, qu'il y a dans nos prisons bien des fils d'alcoolisés.

Enfin que vole à cette population instinctivement laborieuse et économe l'absorption croissante du poison ? En 1887 Marseille a bu 36,000 hectolitres de spiritueux, 3,600,000 litres. Si on attribue les 2/3 à la classe des travailleurs manuels, c'est plus de 10 millions de bus. Voilà de l'argent qui n'a fait ni sang ni muscles, et qui a étrangement enflé le total des déchets sociaux, malades, fous, suicidés, vagabonds, coupables. C'est autant d'anéanti, ou de livré au mal. Si on appliquait ces 10 millions annuellement détruits à assainir et à transformer la Crau et la Camargue, on en ferait une campagne de Sicile, capable d'approvisionner en blé et en vin toute la Provence, et bien plus. Avec ces 10 millions par an, une énorme masse d'ouvriers se bâtiraient bien vite des logements salubres et agréables, où ils seraient chez eux. Supposez 2 ou 3,000 Sans-travail : ces 10 millions auraient constitué à chacun un beau capital. Que de grands et féconds travaux ces 10 millions représenteraient pour la cité ! Pris sur les salaires et les bénéfices, quelle somme d'épargne ces 10 millions eussent acquis aux familles !

Ce n'est pas seulement par les eaux-de-vie, c'est aussi et surtout par les vins altérés (il n'en existe plus de naturel ici), par les prétendus apéritifs, les bitters, les vermouths, les absinthes, que Marseille a accru dans une mesure inouïe son intoxication. Dans la classe ouvrière, c'est à toute heure de la journée qu'on s'invite à boire : l'habitude contractée devient un irrésistible besoin. La science hygiéniste ne s'occupe des résultats funestes de l'intempérance que pour les milieux plébéiens ; c'est une erreur, le mal alcoolique est retardé chez les personnes de la classe aisée par l'alimentation et certains soins, il existe pourtant. N'est-il pas temps de dénoncer un déplorable accroissement de consommation, et les perturbations qui en résultent, frappantes ou inaperçues, dans la vie collective comme dans la vie individuelle ?

Notre dessein présent n'est pas de rechercher à quelles réformes légales pourra conduire l'enquête poursuivie par les pouvoirs publics. Dans cet ordre d'idées, nous dirons seulement que l'institution du monopole offrirait en France des difficultés particulières par suite de l'extension du commerce et de l'industrie des spiritueux ; mais si on se prononçait en ce sens, il serait désirable de faire quelque emprunt au système dit de *Gothenbourg,* c'est-à-dire d'affecter une part au moins des bénéfices soit comme en Norvège à des sociétés qui l'emploieraient à des buts d'utilité publique, soit comme en Suède aux caisses municipales, et celle de Marseille en serait fort aidée.— En attendant des solutions législatives générales (1), faut-il se croiser les bras devant un mal qui empire ? Ou est-il possible à Marseille, puisque c'est de nous que nous nous occupons, de se défendre contre l'énorme accroissement de consommation dont nous avons dénoncé les conséquences diverses et déplorables ?

(1) Un projet de loi sur le régime des boissons a été déposé le 30 octobre 1888 par M. Peytral, ministre des finances, marseillais comme M. Rouvier. Il tend à concilier certaines vues du rapport L. Say avec d'autres des rapports Yves Guyot (suppression du droit d'entrée et de l'exercice, abolition du privilège des bouilleurs de cru, augmentation de l'impôt à la consommation des alcools, élévation du tarif des licences, dégrèvement et libre circulation des vins, cidres et bières).

Nous n'hésitons pas à répondre : oui, cela est possible, possible par les efforts combinés de l'*initiative privée*, du *pouvoir judiciaire*, de l'*action municipale*. Et nous essaierons de le démontrer : car il ne sert pas de grand chose de signaler un fléau et d'en analyser les ravages, si l'on n'indique, sauf erreur, un remède.

Nous faisons médiocrement fonds sur l'*initiative* des particuliers. Cependant dans une ville où la bienfaisance suscita tant de belles œuvres, une tentative de résistance à la barbarie alcoolique devrait séduire des esprits généreux. Le travail par écrits et conférences d'associations de tempérance trouverait, en l'état de nos mœurs, trop de sceptiques : nous préférerions des groupements formés dans la classe ouvrière, sur le type des *good templars* américains. Mais il y a des procédés plus pratiques. L'Angleterre, l'Allemagne, la Belgique depuis la fondation d'une *Ligue* en 1885, la Hollande, la Suisse, emploient avec succès les *cafés populaires,* où l'on ne sert que des boissons saines et contrôlées. A Genève, la *Société des salles de rafraîchissements* a tenu sa dernière assemblée d'actionnaires le 23 février 1888; la clientèle y est régulière. Un exemple plus topique pour Marseille est celui de Liverpool, très comparable à notre port : une entreprise de ce genre, installée en 1875, y comptait en 1885 25,000 clients ouvriers. Il faudrait que l'affaire fût, comme là, commerciale autant que philanthropique, et vécût par elle-même.

Les chefs d'industrie marseillais, si habiles certes, mais qui n'observent pas assez l'étranger, trop positifs et défiants de tout ce qui n'est pas tangible, immédiat, pourraient se montrer moins indifférents : des réglementations intelligentes, conçues avec tact, ne sont pas vaines. Comme la commune (le conseil municipal de Versailles l'avait fait), comme des institutions de bien social, ils récompenseraient utilement les sobres, et ceux qui reviennent à la sobriété. — L'extension des cours publics gratuits et des bibliothèques populaires, mais sainement comprises, est profitable : l'ouvrier qui prend le goût de s'instruire, qui cherche à s'améliorer par le *self-help* américain, ne boit plus. — Les médecins, les prêtres, les instituteurs disposent de la propagande qui, faite à propos, éclaire sur le danger. — Les moyens essentiels, quoiqu'à effet indirect, seront toujours les efforts tendant à développer l'épargne, contre-partie vite attachante pour qui s'y adonne de la dépense stérile de boisson, à améliorer l'alimentation du travailleur manuel d'autant plus avide d'alcool qu'il se nourrit plus mal, à créer le logement agréable à bon marché, antidote du cabaret, reconstituant de la vie de famille.

Voilà dans quelles directions peut s'exercer l'initiative privée. L'*autorité judiciaire* a une tâche plus facile, plus simple. Nous demandons aux jurys de la Cour d'assises d'Aix et aux tribunaux de la région d'adopter des règles plus sévères que celles qu'ils suivent soit dans l'application de la loi déjà si débile du 3 février 1873 sur l'ivresse publique, soit dans les questions d'appréciation de l'ivresse comme circonstance atténuante, soit dans la répression des délits spéciaux dont la poursuite incombe à la Régie et pour lesquels l'indulgence touche souvent à la faiblesse. De grâce, pour tous ces cas qui retentissent sur la santé, le bien-être, la moralité de la population urbaine, des jurisprudences plus fermes.

Nous arrivons à la partie principale de nos conclusions, l'*action du pouvoir municipal*. Nous la considérons comme possible sous trois formes :

1° Une certaine diminution numérique et une surveillance plus étroite des débits de boissons ;

2° La création d'un laboratoire communal ;

3° Une modification du tarif de l'octroi.

Précisons ces trois propositions, dont la seconde a un haut intérêt pratique pour tous, dont la troisième fournirait peut-être, en même temps qu'un progrès hygiénique et moral, le procédé le moins incertain et le plus facile pour tirer de leur pitoyable condition les finances communales.

Surveiller non pas seulement avec soin, mais dans un esprit de rigueur, les marchands de boisson de toute espèce qui se sont multipliés dans Marseille d'une façon inouïe, c'est le devoir de l'autorité communale. S'en acquitte-t-elle? Il est permis d'en douter un peu, et les faits, quand on les suit dé près, trahissent un bien fâcheux relâchement. On est plutôt indulgent que sévère à l'industrie dont il s'agit.

Nos municipalités n'ont pas comme en Norvège, où de remarquables résultats ont été ainsi obtenus, le pouvoir discrétionnaire de fixer le nombre de débits à concéder, de donner ou refuser les licences, d'exproprier contre indemnité les autorisations anciennes qui gênent. Mais pourquoi n'usent-elles pas au moins, (ce défaut est bien français), des armes que la législation met en leurs mains? Cette loi unanimement déplorée aujourd'hui du 17 juillet 1880, qui a rendu la liberté aux *assommoirs,* elle a pourtant un article 9, qui attribue aux maires le droit de déterminer par des arrêtés, les conseils municipaux entendus, et sans préjudice des droits acquis, les distances auxquelles les débits de boissons pourront être établis autour des édifices consacrés à un culte, des cimetières, des hospices, des écoles primaires, des collèges ou autres établissements d'instruction. Que n'a-t-elle ajouté : des grands chantiers, ateliers ou usines! Si la mairie de Marseille préservait des débits, ou au minimum de nouveaux débits, la zone ambiante de *chaque école primaire* (on sait si elles sont nombreuses) et de *chaque église,* sans parler du reste, qui ne voit que la quantité des lieux de tentation serait sensiblement diminuée dans beaucoup de quartiers ouvriers?

Le conseil municipal de Montpellier a voté le 25 août 1886, à titre d'essai, la création d'un *laboratoire* chargé d'analyser les vins, les eaux-de-vie vendues, etc. Il est si désirable de

voir la ville de Marseille agir en ce sens, qu'un homme
compétent consulté par nous sur l'idée nous disait tenir ce
procédé de défense pour le plus pratique. Comment veut-on
que de pauvres gens, achetant une bouteille ou quelques litres
de vin, aillent payer une analyse ? Ils préfèreront avaler tous
les toxiques imaginables, et la variété en est infinie. Que
chacun au contraire puisse à tout moment requérir le contrôle
gratuit d'agents assermentés de la Ville, et faire constater le
vol ou l'empoisonnement dont il est victime, les tripoteurs de
vins deviendront plus circonspects. Et si en même temps les
falsificateurs découverts étaient punis avec énergie, on pourrait
espérer quelque amélioration.

Enfin on sait que l'alcool acquitte au Trésor un impôt
levé, auquel peuvent être ajoutées des *taxes d'octroi*.
Le fisc et la commune, en ce cas perçoivent l'un pour l'autre
les droits de régie et d'octroi. A Marseille, l'hectolitre d'alcool
pur contenu dans les eaux-de-vie, esprits, liqueurs, etc., en
même temps qu'il paie f. 180, à l'État, paie f. 30 à la Ville,
soit une taxe principale de f. 24 et une surtaxe de f. 6, suivant
le tarif d'octroi approuvé par décret du 23 décembre 1884.
L'alcool dénaturé doit un octroi de f. 7 50. Les vins, si la force
alcoolique en est inférieure à 15 degrés, supportent f. 5 ; s'ils
présentent une force alcoolique supérieure à 15 sans excéder
21, ils sont passibles du double octroi, soit f. 60, sur la
quantité d'alcool comprise entre 15 et 21 ; au-dessus de 21,
ils sont imposés pour leur volume total considéré comme
alcool pur à raison de f. 30.

Voilà un vaste ensemble de perceptions susceptible de
fournir d'un seul coup un instrument de résistance à l'envahissement alcoolique et un levier de relèvement pour les
finances communales. On cherche de tous côtés un moyen de
parer au déficit réel, sinon avoué ; on n'en trouvera aucun qui
vaille celui-là, autrement juste et bon par exemple qu'une
majoration de droits sur les marchandises saines. Que la ville

de Marseille demande au Parlement une loi l'autorisant à *doubler, à tripler sa taxe d'octroi actuelle sur les alcools et les vins alcoolisés* : le gouvernement est trop préoccupé de l'aider à sortir des embarras d'argent, les Chambres sont depuis l'enquête et le rapport Claude trop désireuses d'engager le combat contre l'alcoolisme, pour qu'une telle combinaison soit repoussée. Afin de rendre la surcharge d'octroi, efficace, il serait d'ailleurs nécessaire de l'appuyer par une application courageuse des garanties fiscales à la distillation et à la circulation, car la fraude est énorme et écœurante à Marseille sur ces produits.

Entraver l'alcool par l'impôt, ce principe, quoiqu'en disent chez nous certains sceptiques, est maintenant adopté un peu partout, et a réussi dans bien des pays étrangers. Il n'y a qu'une objection, c'est que l'alourdissement du droit peut ne pas suffire à réduire le fléau. Pour notre cas l'objection nous touche peu. De deux choses l'une. Ou la consommation écrasée baissera dans une large mesure, et le résultat d'hygiène, de bien-être, de moralité sera acquis. Ou la passion alcoolique trompera notre attente en surpayant la boisson, et sans compter qu'en tout cas la marche en avant sera ralentie, la folie d'un certain nombre profitera au moins à la collectivité, car il s'agit d'une recette annuelle de plusieurs centaines de mille francs pour l'Octroi. L'hypothèse la plus probable est que la consommation subira non seulement un arrêt très net dans le mouvement ascensionnel, mais une baisse, tout en laissant à la Ville un accroissement considérable de revenu, en même temps que les boissons saines, les bières par exemple ou le café, regagneraient du terrain. Nous recommandons vivement notre proposition à la municipalité nouvelle, et spécialement à l'administrateur distingué, progressiste, qui a charge des finances, M. J.-Ch. Roux. Il puiserait dans l'alcool le moyen le moins incertain, le moins critiquable, de remettre l'équilibre dans le budget, tout en poursuivant une grande œuvre hygiénique et morale (1).

Une législation générale hardie peut tarder à venir ; cette étude a eu pour but de démontrer qu'en attendant, il existe des moyens pratiques, immédiats, de *défense locale*. Marseille s'honorerait en prenant la tête d'un tel mouvement ; elle y aurait vite des imitateurs.

(1) Le 26 juin 1888, M J.-Ch. Roux, nous faisant l'honneur de citer dans un rapport au conseil municipal de Marseille sur la situation financière la page qui précède, proposait d'adopter l'idée qui s'y trouvait émise. Une commission, désignée pour reviser le tarif de l'octroi, conclut en effet à élever à f. 60 la taxe d'octroi sur les alcools ; cette mesure a été votée à l'unanimité par le conseil le 27 juillet 1888, et approuvée par le Conseil Général.

APPENDICE

APPENDICE

I

STATISTIQUE

DES ASSOCIATIONS DE MUTUALITÉ A MARSEILLE

A. — *Sociétés d'hommes Approuvées*

DÉNOMINATION	DATE d'approbation	NOMBRE és membres.
Les Amis de Saint-Albert.	1860	70
Les Approprieurs chapeliers.	1868	57
L'Arc-de-Triomphe	1888	(Nouvelle)
L'Assomption.	1860	42
L'Avenir.	1880	24
La Bas–Alpine	1884	69
La Caisse de retraites des ouvriers Carreleurs.	1884	10^t
Les Chartreux.	1879	21
Le Chevalier Roze	1851	34
Les Cochers Réunis	1883	40
Les anciens Compagnons des Devoirs réunis	1883	28
La Concorde	1860	3
La Dauphinoise	1878	88

DÉNOMINATION.	DATE d'approbation.	NOMBRE de membres.
Les Elèves de Saint–Jean.	1859	25
Les Employés Unis	1864	127
Les Enfants de Dieu.	1859	91
Les Enfants de la Forêt.	1861	50
Les Enfants de la Gaule	1884	93
Les Enfants de l'Hérault	1881	16
Les Enfants de Sainte-Anne,	1857	55
Les Enfants de Saint–Georges.	1859	75
Les Enfants de Saint–Victor.	1859	37
Les Enfants du Var	1882	48
L'Epi d'or	1859	99
L'Etoile	1886	54
La Fédération.	1880	26
La Florissante.	1859	81
La Fraternelle Alsacienne-Lorraine.	1864	35
La Fraternité	1883	25
La Fraternité Artisanne	1886	22
La Gaule.	1869	71
La Gauloise.	1860	101
L'Horizon.	1858	110
L'Impartialité.	1869	91
Les Indépendants Caissiers–layetiers.	1885	20
La Jeune France.	1859	39
La Martiale.	1859	72
Meuniers et Rhabilleurs.	1882	20
Notre–Dame–du–Mont-Carmel	1859	88
La Paix.	1861	74
Le Paquebot	1874	133
Les Philanthropes de l'Etoile	1883	21
La Prévoyance mutuelle entre les sous-agents des Postes et télégraphes réunis.	1888	(Nouvelle)
La Prévoyante.	1870	83

DÉNOMINATION.	DATE d'approbation.	NOMBRE de membres
La Prospérité.	1862	61
La Provence nouvelle	1884	120
La Ruche.	1859	40
Les Sauveteurs du Midi	1860	720
La Savoisienne	1876	35
Société des Anciens sous-officiers	1875	164.
Société de l'Ascension	1859	48
Société du Bon-Pasteur.	1859	78
Société de la Conversion de Saint-Paul . .	1858	78
Société des Doreurs sur bois.	1886	19
Société de la Fête-Dieu.	1858	72
Société des Médecins des Bouches-du-Rhône	1860	168
Société de la Nativité de Notre-Dame (bouchonniers).	1859	34
Société des ouvriers Fondeurs en métaux.	1885	43
Société philanthropique des Employés du chemin de fer.	1884	71
Société des Quatre martyrs couronnés. . .	1859	78
Société de Rose-Martial.	1861	71
Société de Sainte-Agathe.	1867	58
Société de Saint-Albert	1859	35
Société de Saint-Amour	1859	50.
Société de Saint-André.	1859	163
Société des Saints-Anges-Gardiens. . . .	1859	28
Société de Sainte-Anne.	1859	47.
Société de Saint-Antoine-de-Padoue. . .	1859	112.
Société de Saint-Barthélemy (n° 53) . . .	1859	141
Société de Saint-Barthélemy (n° 64) . . .	1869	48.
Société de Saint-Bienvenu	1859	85
Société de Saint-Blaise évêque.	1859	43.
Société de Saint-Bonaventure	1859	80

DÉNOMINATION	DATE d'approbation.	NOMBRE de membres
Société de Sainte–Cécile (n° 304)	1380	44
Société de Saint–Charles	1864	65
Société de Sainte-Claire. . . . ⟨	1860	6
Société de Saint-Claude.	1857	84
Société de Saint-Cloud	1859	73
Société de Saint-Elme	1860	37
Société du Saint–Esprit (n° 90)	1859	91
Société du Saint–Esprit (n° 110)	1859	131
Société du Saint–Esprit et du Saint-Nom–de-Marie	1858	58
Société de Saint–Étienne et Saint–Éloi . .	1869	50
Société de Sainte–Félicité. . . . ˙	1859	25
Société de Saint-Fortuné	1860	42
Société de Saint–François–de–Paule . . .	1861	84
Société de Saint–Georges.	1876	52
Société de Sainte-Geneviève.	1879	70
Société de Sainte-Hélène	1859	99
Société de Saint–Hilarion. . . . ˙	1873	151
Société de Saint–Henri (n° 129).	1860	257
Société de Saint-Hippolyte.	1860	87
Société de Saint-Honoré	1846	32
Société de Saint-Hubert.	1879	21
Société de Saint-Jean-Baptiste (n° 8) divers états.	1859	52
Société de Saint–Jean–Baptiste (n° 18). . .	1859	66
Société de Saint–Jean–Baptiste (n° 47) . .	1859	116
Société de Saint-Jean-Baptiste (n° 122) . .	1859	94
Société de Saint–Jean–Baptiste (n° 123) . .	1859	110
Société de Saint-Jean-Baptiste (n° 146) . .	1360	145
Société de Saint–Jean–Baptiste (n° 179). .	1864	51
Société de Saint–Jean–Baptiste (n° 184) . .	1860	109
Société de Saint-Jean–Porte-Latine	1859	72

DÉNOMINATION.	DATE d'approbation	NOMBRE de membres
Société de Saint-Joseph (pères de famille).	1859	39
Société de Saint-Joseph (n° 2).	1849	33
Société de Saint-Joseph (n° 48)	1861	6
Société de Saint-Joseph (n° 113).	1859	148
Société de Saint-Julien.	1859	131
Société de Saint-Laurent martyr (n° 70).	1859	29
Société de Saint-Laurent.	1860	14
Société de Saint-Laurent martyr (n° 183).	1860	106
Société de Saint-Lazare	1888	(Nouvelle)
Société de Saint-Louis roi (n° 7).	1859	78
Société de Saint-Louis évêque.	1860	34
Société de Saint-Louis (n° 28).	1869	163
Société de Saint-Louis (n° 62).	1852	73
Société de Saint-Louis (n° 140)	1860	54
Société de Saint-Louis roi (n° 192).	1860	67
Société de Saint-Louis roi de France.	1860	35
Société de Saint-Martial.	1859	71
Société de Saint-Martin	1859	121
Société de Sainte-Marguerite (n° 142).	1859	116
Société de Saint-Maurice.	1859	96
Société de Saint-Modeste martyr.	1859	122
Société du Saint-Nom-de-Marie.	1859	102
Société de Sainte-Philomène.	1859	20
Société de Saint-Pierre-ès-liens (n° 104).	1845	45
Société de Saint-Pierre-ès-liens (n° 52)	1859	29
Société de Saint-Pierre et Saint-Paul (n° 57)	1859	102
Société de Saint-Pierre et Saint-Paul (n° 88).	1859	126
Société de Saint-Pierre-ès-liens (n° 160).	1859	156
Société de Saint-Paul.	1860	62
Société de Saint-Raphaël.	1857	108
Société de Saint-Rémy	1859	56

DÉNOMINATION.	DATE d'approbation.	NOMBRE de membres
Société de Saint-Roch	1857	99
Société de Saint-Simon.	1859	59
Société de Saint-Trophime	1883	13
Société de Saint-Vincent	1860	47
Société de Saint-Vincent-de-Paul	1866	56
Société de Tous les Saints.	1859	71
La Sympathique.	1887	20
Syndicat de la Presse marseillaise	1887	107
L'Union des Alpes-Maritimes.	1888	(Nouvelle)
L'Union des Amis	1884	30
Union et Concorde.	1881	43
Union et Fraternité	1882	22
L'Union fraternelle des sous-Agents des Postes	1875	66
L'Union des langues Latines.	1887	81
L'Union Mutuelle	1883	60
L'Union Phocéenne	1859	98
Union et Progrès	1860	78
L'Union Pyrénéenne.	1883	45
Union et Solidarité.	1859	60
Le Vatel	1878	109
La Vierge de Pitié.	1859	81
La Vigilante	1887	37
La Vraie Union	1883	57

Soit 157 associations d'hommes Approuvées, sur lesquelles les 153 dont le nombre nous est connu représentent un effectif de 11,248 membres.

B. — Sociétés de femmes Approuvées.

L'Alliance des Mères de famille	1882	323
Les Dames et Demoiselles Réunies. . . .	1882	120

DÉNOMINATION.	DATE d'approbation.	NOMBRE de membres.
Les Dames Marseillaises	1886	200
Les Dames Provençales.	1885	228
Les Sages–femmes de Marseille	1886	45
La Sainte-Alliance.	1881	80
Société de Sainte–Elisabeth.	1869	88
Société de Sainte–Honorine.	1884	55
Société de Sainte-Rose . . . . . :	1868	108
Syndicat des dames du Marché Central .	1888	(Nouvelle)
L'Union Fraternelle	1881	61

Soit 11 associations Approuvées de femmes, sur lesquelles les 10 dont le nombre nous est connu représentent un effectif de 1,308 membres.

C. — *Sociétés Mixtes Approuvées*

Les Amis Réunis	1859	10 hommes	1 femmes
Les Amis du Progrès	1859	124	3
L'Amitié	1859	80	3
L'Ardèche.	1879	153	3
L'Arlésienne.	1881	25	4
L'Ascension	1859	102	5
Caisse de retraite des ouvriers de tous corps d'état	1886	633	62
La Constance	1879	38	1
La Cordialité.	1859	122	6
La Corse.	1882	151	1
Les Deux Nations.	1885	14	1
Les Enfants des Alpes. . . .	1883	123	5
Les Enfants de Jacob	1863	50	5
Les Enfants de Marseille. . .	1859	30	1
Les Enfants de Sainte–Marie.	1859	61	1

DÉNOMINATION.	DATE d'approbation.	NOMBRE DE MEMBRES.	
L'Espérance	1877	65 hommes	6 femmes
La Fourmigo.	1885	12	1
La France	1859	95	3
La France Nouvelle.	1859	89	1
La Fraternelle	1873	294	16
L'Humanitaire	1883	72	1
La Jeune Ascension.	1859	88	3
La Laborieuse	1859	94	4
La Marseillaise.	1880	13543	9389
Les ouvriers et ouvrières de la fabrique Ch. Cauvet et Cᵉ .	1885	19	43
La Parfaite Union.	1859	36	4
La Persévérante	1858	138	5
Le Progrès.	1862	130	4
La Progressive.	1863	92	3
La Provençale	1859	115	6
La Renaissance.	1859	47	3
La Sainte–Famille	1858	36	1
Société de la Fête–Dieu . . .	1859	52	1
Société de Notre-Dame-de-Bon–Secours.	1874	76	2
Société de Prévoyance en fa-veur de la Vieillesse . . .	1879	2450	715
Société de Sainte-Anne . . .	1859	138	2
Société de Saint–Augustin . .	1859	79	3
Société de Saint–Bonaventure	1859	46	2
Société de Sainte–Catherine .	1855	56	41
Société de Sainte-Cécile (nº 195)	1861	123	21
Société de Saint–Crépin et Saint–Crépinien	1858	51	2
Société de Saint–Emmanuel .	1859	94	5
Société de Saint–Etienne pre-mier martyr.	1859	46	5

DÉNOMINATION.	DATE d'approbation.	NOMBRE DE MEMBRES.	
Société de Saint-Fiacre . . .	1859	52 hommes	6 femmes
Société de Sainte-Fortunée .	1859	83	1
Société de Saint-François-Xa-vier.	1859	183	7
Société de Saint-Gualbert . .	1859	120	4
Société de Saint-Henri (n° 17)	1859	64	4
Société de Saint-Joachim. . .	1860	42	2
Société de Sainte-Madeleine .	1859	53	4
Société de Sainte-Marguerite (n° 68).	1859	99	1
Société de Sainte-Marie . . .	1858	102	2
Société de Saint-Mathieu évan-géliste	1858	20	3
Société de Saint-Michel . . .	1859	44	4
Société de Saint-Paul apôtre.	1859	25	2
Société de Saint-Paul évangé-liste	1862	98	6
Société de Saint-Roger . . .	1859	54	2
Société de Saint-Sylvestre. .	1859	56	3
Société de Saint-Victor (n° 15)	1859	98	5
Société de Saint-Victor (n° 98)	1869	51	2
Société Salomon de Caus. . .	1862	78	1
La Toussaint.	1861	50	3
La Tricolore	1859	16	3
L'Union Fraternelle de Pré-voyance et de Solidarité. .	1886	146	181
L'Union Marseillaise	1859	164	7
Union et Prévoyance	1871	188	5
La Vauclusienne	1883	26	2

Soit 67 associations Mixtes, Approuvées comprenant un effectif de 21,804 hommes et 10,654 femmes, ensemble 32,458 membres.

D. — *Sociétés d'hommes Autorisées.*

DÉNOMINATION	DATE d'autorisation.	NOMBRE de membres
Les Amis.	1883	50
Les Francs Gaulois.	1882	20
L'Indépendante	1884	50
Institut de Sauvetage de la Méditerranée.	1887	175
La Mutualité des Caillols.	1887	40
La Pacifique	1883	12
Société des employés du dépôt des Machines du P.-L.-M	1881	107
Société philanthropique des Commis et Employés.	1848	1936
Société philanthropique des Métallurgistes.	1885	40
Société de Saint-Cassien	1853	28
Société de Saint-Michel-Archange	1883	25
Société de Saint-Pierre, Saint-Paul et Notre-Dame-des-Grâces.	1814	623
Société protestante de prévoyance et de secours mutuels.	1847	171
L'Union	1863	76
L'Union des agents des Trains.	1885	39
L'Union des Sociétés de secours mutuels.	1887	750
L'Utilité Fraternelle	1888	(Nouvelle)

Soit 17 associations d'hommes Autorisées, sur lesquelles les 16 dont le nombre nous est connu représentent un effectif de 4,142 membres.

E. — *Sociétés Autorisées de femmes*

Dames et Demoiselles de Saint-Henri.	1879	56
Société de Sainte-Félicité.	1879	148

Soit 2 associations Autorisées de femmes, comprenant un effectif de 204 membres.

F. *Sociétés Mixtes Autorisées.*

La Démocratie des Alpes-Maritimes.	1884	63 hommes	1 femmes
La République	1880	159	5
Société de Sainte-Cécile (n° 93) .	1843	90	2
Société de Saint-Germain. . . .	1856	72	5
Société de Sainte-Marie	1880	98	8
Société de Sainte-Philomène . .	1843	71	9
Société des Sept frères martyrs.	1838	80	2

Soit 7 associations Mixtes Autorisées, comprenant un effectif de 633 hommes et 32 femmes, ensemble 665 membres.

Total général :

261 associations de mutualité, sur lesquelles les 254 dont le nombre est connu, représentent un effectif de 50,025 membres.

Il faut rattacher à ce tableau :

Le Grand-Conseil des Sociétés de Secours mutuels, fondé en 1821, et auquel sont adhérentes 125 des associations énumérées ci-dessus;

La Réunion des Amis de la Mutualité, créée en 1879, composée de délégués d'associations mutuelles et d'adhérents individuellement, et qui a pour objet d'étudier au point de vue pratique les améliorations intéressant le service de la mutualité;

L'Association médicale pour l'assistance mutuelle (1868), à laquelle 70 sociétés sont adhérentes, et que desservent 65 médecins ;

Et une association des sociétés de secours mutuels (1885), à laquelle 46 sociétés sont adhérentes, et que desservent 16 médecins.

II

INSTITUTIONS D'ÉPARGNE

—

A. *Institution officielle*

Caisse nationale (ou postale) d'Épargne pour les Bouches-du-Rhône. — Fonctionne depuis le 1er janvier 1882.
Nombre des dépôts au 1er décembre 1888 : 24,122 ;

Sommes déposées	id.	F.	2,964,708 77
Nombre des remboursèments . .	id.		9,769
Sommes remboursées	id.	F.	2,306,114 71
Livrets nouveaux .	id.		4,699

B. *Institution libre*

Caisse d'Épargne et de Prévoyance des Bouches-du-Rhône. — Organisation autonome. — Fondée en 1821. — A Marseille, Caisse Centrale et 3 Bureaux-auxiliaires de quartiers ; dans le département, 19 Succursales. — Voir pour tous les détails sur le fonctionnement, le mouvement et les progrès, p. 341 à 416.

Au 1er Décembre 1888, nombre de livrets 102,000 ; dépôts effectués dans l'année f. 15,294,000 ; solde dû aux déposants f. 47,309,027 ; fortune personnelle de la Caisse f. 1.420,000 ; avoir de la Caisse des retraites des employés f. 88,000.

C. *Organisations spéciales*

Les groupements spéciaux d'épargne, formés à l'imitation du type ingénieux de la *Fourmi* parisienne, et dont il est parlé plus haut p. 161, se sont multipliés en quelques années à Marseille. Voici une liste de celles de ces associations en participation dont nous avons pu constater l'existence, en général connue des seuls adhérents :

L'Amitié.
Société d'achat des valeurs à Lots.
Le Bas de laine.
La Comète.
La Déveine.
La Fourmi du Palais des Arts.
L'Economie.
La Petite Epargne.
L'Epargne.
La Prévoyance.
Les Prévoyants.
La Tirelire.
L'Union des Vingt.
La Ruche des Chartreux.
Les Vingt Amis réunis.
Syndicat d'Epargne des 60 Parts.
Syndicat d'Epargne des 70 Parts.
Syndicat des Commis en Douane.
L'Espoir.
Les Amis économes.
La Bande rouge.
La Boule de Neige.
La Cache-Maille.

Le Cor de Chasse,

La Couveuse,

Les Economistes de la Porte d'Aix,

L'Avenir.

L'Espérance,

L'Espérance marseillaise,

L'Etoile.

La Fourmilière.

La Glaneuse.

La Licorne.

La Provençale,

Société des Vingt-et-un.

La Bouée.

L'Harpagon.

Les Jeunes Economes.

La Pelote.

La Laborieuse.

Cercle des Anciens Élèves des Arts et Métiers.

La Confiance.

L'Économie ouvrière.

L'Économie sociale.

L'Epi d'Or.

Fédération compagnonnique.

La Fourmi Marseillaise.

La Fraternité.

La Gerbe dorée.

Les Glaneurs.

La Glaneuse Provençale.

La Glaneuse n° 2.

La Grenade.

La Mascotte.

Le Mirage.

Le Progrès.

La Prospérité.

La Ruche Marseillaise.
La Semence.
Tronc central des Loges Maçonniques.
Union de l'Épargne.
Les Vingt-et-un.

III

STATISTIQUE DES CHAMBRES SYNDICALES

A. *Chambres syndicales d'employés*

DÉNOMINATION.	EFFECTIF.	DATE DE FONDATION.
Employés de commerce et d'administration.	472	1886
Employés de cafés et d'hôtels.	511	1884
Employés d'hôtels–restaurants et parties similaires.	171	1884
Employés liquoristes.	193	1888
Employés comptables diplômés.	21	1888

B. *Chambres Syndicales ouvrières*

Ajusteurs-Mécaniciens.	271	1884
Bateliers et Garçons des Ports	49	1888
Boulangers.	357	1869
Bourreliers–Selliers–Garnisseurs	117	1887
Carreleurs.	102	1884
Caissiers-Layetiers	201	1884
Chargeurs.	171	1884
Charpentiers-Calfats et Perceurs	255	1879
Charretiers.	182	1884
Chaudronniers sur fer.	143	1884
Colleurs de papiers peints	157	1885

DÉNOMINATION.	EFFECTIF.	DATE DE FONDATION.
Commis en Douane	174	1887
Confiseurs-Pâtissiers.	272	1884
Cochers réunis.	89	1886
Charbonniers.		1888
Chauffeurs-Conducteurs de machines . .	257	1885
Cordonniers	215	1884
Coupeurs-Cordonniers.	90	1886
Corroyeurs–Maroquiniers	189	1882
Carrossiers réunis	180	1888
Ebénistes	115	1888
Fileurs de crins	122	1886
Fileuses de crins.	95	1886
Forgerons réunis.	207	1884
Garçons Bouchers et Charcutiers. . . .	79	1884
Lithographes.	98	1868
Maçons	280	1888
Marbriers réunis	175	1884
Maréchaux-ferrants	92	1888
Marchands de journaux	70	1888
Marins du Commerce réunis (Inscrits maritimes).	321	1887
Matelots et Pêcheurs français.		
Menuisiers.	247	1869
Meuniers	402	1884
Nettoyeurs-Cireurs de magasins et d'appartements.	79	1884
Ouvriers Coiffeurs.	182	1888
Ouvriers Jardiniers horticoles et agricoles.	92	1884
Ouvriers des Ports et Docks	341	1884
Ouvriers des Ports et Docks de Port-Saint-Louis-du-Rhône.	127	1888
Ouvriers employés au nettoiement de la Ville	80	1888

DÉNOMINATION.	EFFECTIF.	DATE DE FONDATION.
Ouvriers des Quais et Entrepôts.	409	1884
Ouvriers en Sparterie.	94	1888
Ouvrières en Sparterie	944	1888
Ouvriers de la Manufacture des Tabacs .	92	1886
Ouvrières de la Manufacture des Tabacs .	1643	1886
Ouvriers vermicelliers.	93	1885
Peintres en bâtiment	241	1888
Peintres en voiture.	52	1887
Portefaix du Marché central	83	1888
Plieurs de cercles.	49	1888
Poissonnières et marchandes de poissons.	124	1888
Serruriers.	121	1886
Scieurs de long.	92	1886
Scieurs à la mécanique	119	1886
Smilleurs de pavés	112	1888.
Tailleurs d'habits.	192	1883
Tailleurs de pierres froides.	121	1888
Tapissiers en meubles.	102	1887
Tonneliers en neuf	49	1882
Tonneliers réunis.	321	1888

Typographes. { membres actifs. . 170 / jeunes affiliés . . 59 / similaires fédérés. 29 }　258　1868

| Vanniers . . . . | 92 | 1885 |

En tout 67, dont 55 sont adhérentes à l'*Union des Chambres syndicales ouvrières* et à la *Bourse du Travail;* et en tout un effectif de 13,446 syndiqués connus environ.

IV

STATISTIQUE DES ASSOCIATIONS COOPÉRATIVES

A. Coopératives de crédit.

DÉNOMINATION.	DATE DE CRÉATION,	EFFECTIF.	RENSEIGNEMENTS,
Banque Provençale.	Juillet 1885	185	Société coopérative de crédit mutuel, d'escompte et de recouvrements, anonyme, à capital variable en actions de fr. 50. — Au 1er octobre 1888, 2674 actions, soit fr. 133,700. — Mouvement d'affaires de 1888 (au 1er octobre) : fr. 1.190,444, en augmentation de fr. 348.575 sur la période correspondante de 1887; bénéfice net des trois trimestres fr. 10,327. — Étudie la création d'une caisse d'assurance pour les veuves de ses adhérents. — A créé un groupe d'études pour faciliter la fondation de coopératives de consommation, et le *Cercle de la coopération.* — Voir plus haut p. 262-264, 266-271, 276-277.
La Fraternelle.....	Février 1888		Société coopérative de crédit, d'escompte et de recouvrement, anonyme, à capital variable en actions de fr. 50.

B. *Coopératives de production.*

DÉNOMINATION	DATE DE CRÉATION.	EFFECTIF.	RENSEIGNEMENTS.
Ouvriers Tailleurs de pierres	1876	30	L'association comprit au début 60 membres qui se sont réduits de moitié. La cause principale en est que sitôt un dividende un peu fort gagné, beaucoup le touchent et se retirent. Pour y parer, on ne rembourse plus qu'au bout de deux ans, d'après de nouveaux statuts. Les actions ont été portées de fr. 50 à fr. 100.—Sur les 30 membres actuels, les travailleurs effectifs ne sont pas plus de 10; les autres jouent le rôle d'actionnaires. — Le groupe est administré par un gérant et un conseil de cinq membres. Il fait annuellement de 25 à 30,000 fr. de travaux.
Atelier coopératif de Menuiserie.	Juin 1885	40	Fondée par 17 ouvriers réunis. — Administrée par un conseil de 7 ouvriers élus chaque année, et par un administrateur-délégué. — Le capital se forme par une retenue de 10 % sur le salaire des sociétaires. — Comprend actuellement une quarantaine de membres, a deux ateliers, et réussit.

DÉNOMINATION.	DATE DE CRÉATION.	EFFECTIF.	RENSEIGNEMENTS
Peintres en bâtiment (la *Provençale*) ..	1878	7	Comprenait 23 membres en commençant; le nombre en est descendu à 7 par le motif indiqué plus haut. — Actions de fr. 100. — Malgré de grands travaux pour la *Société Immobilière*, plusieurs faillites, qui lui ont fait perdre fr. 5,000, et la concurrence de nombreux ateliers considérables de peinture l'empêchent de distribuer des dividendes.

Boulangerie (en formation).

Un groupe d'*Ébénistes Réunis* a duré quelques années ; les membres se sont dispersés.

C. *Coopératives de consommation*

DÉNOMINATION.	DATE DE CRÉATION.	EFFECTIF.	RENSEIGNEMENTS
La Ruche sociale..	1886	100 familles.	(Voir ci-dessous)
La Ménagère.....	1887	100 familles.	
L'Avenir social...	1887		
La Fourmi.......	1887		
La Fraternelle....	1888		
Groupes de Vingt.			

Les exemples du nord de la France suggérèrent il y a six ans à quelques petits industriels de Marseille l'idée de vendre en faisant réaliser à leurs clients des bénéfices sur les achats. Ils fondèrent un groupe, puis deux, dans le faubourg populaire de Menpenti, puis un autre au quartier Vauban ; ces groupes existent toujours. Composés d'un petit nombre de sociétaires, ils vendaient aussi au public tout en leur venant en aide, et distribuaient le bénéfice entre les membres, mais non au prorata des consommations.

Ce rôle imparfait fut cependant une initiation. Les vrais principes coopératifs y furent discutés, et finirent par prévaloir.

En 1886, les ouvriers de la Manufacture des Tabacs, instruits par leurs amis des quartiers Menpenti et Vauban, créèrent au quartier ouvrier de la Belle-de-Mai la première association locale réellement coopérative, c'est-à-dire ne vendant qu'à ses membres et partageant les bonis au prorata des consommations. Ce fut la *Ruche sociale*, fondée avec un humble capital de fr 300, que 18 personnes avaient réuni par minimes versements. Le magasin (épicerie et comestibles) fut ouvert le 1er octobre 1886. Un an plus tard la *Ruche* ne comptait encore que 45 membres : on hésitait. Elle avait pourtant réalisé fr. 1,154 de bénéfice, qui fut réparti aux consommations. Elle avait alors en caisse fr. 1,033, en marchandises fr. 812, en matériel fr. 390, soit fr. 2,236 ; ce modeste avoir lui permit de choisir un nouveau local ; la confiance venait, le nombre d'adhérents s'accrut. Elle compte aujourd'hui (novembre 1888) plus de 100 familles. — Sa situation au 30 septembre 1888 se résume comme suit. Les marchandises achetées en 1888 ont coûté fr. 25,232 ; il en reste en magasin au 30 septembre 1888 pour fr. 2,361 75 ; on en a donc distribué pour une valeur de coût de fr. 22,870 25, qui a produit fr. 27,467 15, soit un bénéfice brut de fr. 4,596 90 ; les frais généraux, fr. 1,260, étant déduits, il reste un boni net de fr. 3,336 90, réalisé du 1er octobre 1887 au 30 septembre 1888. — Le bilan du 2me semestre 1887-1888 s'établit ainsi :

ACTIF		PASSIF	
Espèces en caisse..........F.	833 90	Capital actions................	3.995 75
Marchandises en magasin.....	2.361 75	Id. réserve.....	440 50
Matériel.......	1.310 »	Intérêt des actions complètes..	60 »
Reste dû sur actions.........	1·686 95	Boni net. ....·.........	1.696 35
	6.192 60		6.192 60

On a pour ces six mois mis 20 % du boni net à la réserve, soit fr. 339 35, et réparti le solde, fr. 1,357. sur fr. 14,283 40 de consommations, ce qui a donné un prorata de 9 50 % : Ainsi une famille ayant consommé en six mois pour fr. 430 75 a reçu fr. 40 90, soit en chiffres ronds, de fr. 80 à fr. 100 par an et par famille de 3 ou 4 personnes se servant régulièrement au magasin coopératif.

Le 1er octobre 1887 se constitua au quartier la Belle-de-Mai une nouvelle association, la *Ménagere*. Plus de 100 familles y sont aujourd'hui affiliées ; elle fonctionne d'après les mêmes principes que la *Ruche*.

Vinrent ensuite l'*Avenir Social*, au quartier Menpenti, et la *Fraternelle*, au boulevard National, centre usinier important. La *Fraternelle* semble promettre des progrès plus rapides que ses devancières : elle se propose de créer sous peu une boucherie et une boulangerie coopératives ; elle réaliserait ainsi les vœux plus haut (v. p. 192-210).

Une Fédération a été établie entre les sociétés dont nous venons de résumer l'historique. elle comprend jusqu'aux associations du Gard et de l'Hérault ; le but est de créer dans un avenir aussi prochain que possible un magasin de gros à Marseille pour la région du Midi. Le centre coopératif du Midi se relie lui-même aux autres centres français dans la *Fédération nationale*, qui siège à Paris.

V

STATISTIQUE DES INSTITUTIONS DE CHARITE

Le principal objet de cet ouvrage a été de résumer, soit par les renseignements, l'historique, la discussion, les indications de progrès possibles au cours de l'étude des diverses grandes questions localisées, soit par les quatre relevés statistiques précédents de l'Appendice, le mouvement de la *Prévoyance* et de la *Philanthropie* à Marseille. — C'est là un ordre d'idées et de faits absolument distinct de celui de la *Charité*, consécutive aux souffrances de la misère, et non préventive. Mieux vaut pour l'homme devoir l'amélioration de son sort à ses efforts personnels qu'à la pitié et aux dons d'autrui.

Pourtant l'action de la *Charité,* bien comprise, noue entre celui qui l'exerce et celui qui l'accepte un lien ennobli par le dévouement d'une part, la gratitude digne de l'autre. Elle touche à l'action de la *Philanthropie* par un point, le sentiment de la solidarité sociale. A ce titre, il nous paraît intéressant d'ajouter ici un sommaire des institutions créées par la *Charité*(1), afin que notre tableau soit complété, et qu'on y puisse étudier dans leur ensemble, dans leurs directions différentes, tous les efforts tendant à la paix sociale dans la grande ville populaire.

(1) On remarquera la part très prépondérante qu'a dans ce développement la foi religieuse, principe et ressort énergique des dévouements. Elle eut aussi une large influence pendant de longues années sur l'expansion de la mutualité, comme le prouvent ci-dessus p. 509 à 519 les vocables d'un grand nombre d'associations.

1. *Enfance.*

Hospice de la Charité (enfants trouvés, abandonnés, ou orphelins).

Crèche municipale de la rue Bleue.

Œuvre des Crèches catholiques.

Société Protectrice de l'Enfance (secours en nature, hygiène,
   patronage, inspection des nourrissons placés, service des
   meneuses portant les nourrissons aux centres nourriciers).

Association des pauvres enfants de la Providence ou de
   l'Etoile (asile et éducation d'enfants pauvres privés d'assistance de leurs parents et non admissibles dans les
   hospices).

Orphelins du Choléra (fondé par l'abbé Vitagliano.)

Orphelines du Choléra.

Orphelinat de la Providence.

Oratoire de Saint—Léon, fondé par dom Bosco.

Orphelinat de Mlle Guichard de Choisity (pour les enfants que
   l'âge, les infirmités, ou quelque autre cause, rendent
   inadmissibles ailleurs).

Œuvre de l'Ange-Gardien (pour fils de familles déchues).

Œuvre de Sainte-Anne (pour filles de familles déchues).

Orphelinat de Saint-Pierre-ès-liens, fondé par l'abbé Fissiaux
   (préservation et apprentissage).

Orphelinats de Saint-Marcel, de Saint-Loup, de Saint-Barnabé,
   de Saint-Jean-Baptiste, de la Capelette, de Saint-Louis,
   de Saint—Victor, de Montredon, de Saint-Marguerite, de
   Saint-Lazare, de la rue Saint—Vincent-de-Paul, dirigés
   par les sœurs de Saint-Vincent—de-Paul.

Orphelinat de Sainte-Marthe, dirigé par les sœurs Trinitaires.

Orphelinat protestant.

Orphelinat protestant de Mme Baccuet.

Écoles primaires communales (67 de garçons, 60 de filles).

Écoles maternelles communales (23).

Écoles libres, laïques ou congréganistes (92 de garçons, 230 de filles).

École de la Société de Bienfaisance et de Charité.

Les Amis de l'A B C (pour aider les enfants malheureux des écoles communales).

Société chrétienne du Sou des écoles libres.

Caisse des Ecoles.

Institution des Sourds-Muets des deux sexes.

Institution des jeunes Aveugles des deux sexes.

2. *Jeunesse,*

Écoles communales supérieures (2 de garçons, 2 de filles).

École professionnelle de filles.

Ateliers manuels communaux d'apprentissage.

Œuvre de la Jeunesse ouvrière dite de M. Timon-David (avec 1 succursale).

Œuvre de la Jeunesse dite de M. Allemand (avec 2 succursales).

Œuvre des Apprentis et Jeunes ouvriers, fondée par M. Lyon, capitaine de frégate en retraite).

Œuvre du Bon-Pasteur, fondée par l'abbé de la Paquerie.

Œuvre de la Jeunesse catholique de la rue Puget.

Œuvre de Jeunesse du boulevard Thélène.

Jeunes Apprentis de la rue Dieudé.

Patronage de la Vierge (apprenties).

Société de l'Alliance de la jeunesse israélite et d'encouragement aux arts-et-métiers.

3. *Assistance générale des indigents.*

A. Institutions officielles,

Bureau de Bienfaisance, dit de la Grande et Petite Miséricorde (secours, visite de malades, pharmacie, dispensaire; administrateurs nommés par le préfet; membres de droit le maire, le doyen des curés catholiques, des représentants des cultes réformé et israélite; jusqu'ici les secours ont été distribués par les sœurs de Saint-Vincent-de-Paul).

Dépôt de Mendicité.

Asile municipal de la rue Trigance (pour hommes et femmes sans gîte).

B. Assistance par les églises.

Par les curés catholiques et les religieuses de Saint-Vincent-de-Paul dans chacune des 22 paroisses de la ville et des 12 paroisses de la banlieue (distribution de secours, visite aux malades, œuvres diverses groupées) ;

Par les Diaconies protestantes dans divers quartiers ;

Par le Consistoire israélite.

C. Œuvres privées.

Société de Bienfaisance et de Charité (1788) (secours, visite des malades, dispensaire, remèdes gratuits, dépôts de noyés et asphyxiés, etc.).

Œuvre Humanitaire et Hospitalière (asile de nuit pour les hommes).

Asile des Carmelins (asile de nuit pour les femmes).

Société de Saint-Vincent-de-Paul (une conférence dans chaque paroisse catholique, pour secours hebdomadaires à domicile).

Dames de Saint–Vincent–de–Paul (secours à domicile),

Association des hommes de la Providence.

Dames de Sainte–Elisabeth (pauvres honteux, femmes en couches).

Fourneaux économiques du cours Gouffé et du boulevard Saint–Charles tenus par les sœurs de Saint–Vincent–de–Paul (repas à 0.35 c., bons d'aliments).

La Bouchée de Pain (avec 1 succursale).

Société Italienne de bienfaisance.

Société (protestante) de bienfaisance.

Société (protestante) des Amies des pauvres.

Société de bienfaisance et des inhumations israëlite.

Société de bienfaisance des Dames israélites.

Société de bienfaisance des Portefaix.

4. *Travail.*

Œuvre chrétienne du placement gratuit.

Ouvroirs externes des sœurs de Saint-Vincent-de-Paul (rues Friedland, Sainte–Victoire, de Lodi, Sainte–Sophie, des Princes, d'Endoume, boulevards de Rome et des Dames, Grand chemin d'Aix, Saint-Loup, Accates, etc.)

Petite Œuvre (atelier de modistes, tailleuses, lingères, repasseuses, fleuristes, articles d'église ou funéraires).

Œuvre des Savoyards.

Ouvroir interne et externe de la Société de Bienfaisance et de Charité.

Ouvroir interne et externe des Chartreux.

Ouvroir interne de Nazareth.

Œuvre des ouvriers de Saint–Joseph.

Association des Servantes de la rue Sainte-Victoire.

Asile de préservation des Servantes.

Œuvre (protestante) des Servantes.

Œuvre (protestante) des Ouvroirs.

Société marseillaise des ateliers d'Aveugles.

5. *Prêts sur gages*

Mont-de-Piété.

6. *Moralisation et relèvement.*

La Préservation et le Refuge, dirigés par les religieuses de
  Notre-Dame-de-Charité.
Asile Notre-Dame-de-la-Garde à Saint-Just (pour les pri-
  sonnières libérées).
Refuge et Préservation du Cabot.
Œuvre de Préservation de Saint-Michel (fondée par l'abbé
  Meistre).
Société de Saint-François-Régis (pour faciliter le mariage et
  les légitimations).
Œuvre de la Sainte-Famille.
Cercles catholiques.

7. *Malades, convalescents, incurables.*

A. Institutions officielles.

Hospices et hôpitaux civils :
  Hôtel-Dieu.
  Conception.
  Sainte-Marguerite.
  Charité (incurables).
Hôpital militaire.
Asile d'Aliénés de Saint-Pierre.

B. Œuvres privées.

Religieuses de l'Espérance.

Religieuses du Bon-Secours.

Sœurs Trinitaires (soins des malades à domicile).

Asile de Saint-Louis (pour jeunes garçons incurables et pauvres).

Dispensaire de la Société de Bienfaisance et de Charité.

Infirmerie de l'Association des Servantes.

Infirmerie de l'Asile de préservation des Servantes.

Infirmerie protestante de femmes.

Hospice israélite.

Dispensaire homœopathique.

8. *Mères pauvres.*

Salles d'asile communales.

Société de Charité maternelle (soins gratuits d'une sage-femme et d'un médecin, secours en layettes, en argent et en lait).

Crèches et salles d'asile catholiques.

Œuvre (protestante) des layettes.

9. *Sauvetage.*

Société de Sauvetage et de Secours aux blessés.

Société humanitaire des Sauveteurs de Marseille.

Institut de Sauvetage de la Méditerranée.

Sauveteurs Provençaux.

Sauveteurs du Midi.

Institut de secours aux sinistrés (de tout ordre).

Croix-Rouge (secours aux blessés des armées de terre et de mer).

Dames Françaises (secours aux blessés des armées de terre et de mer).

Union des Femmes de France (secours aux blessés des armées de terre et de mer), en formation.

10. *Vieillesse.*

Hospice de la Charité (vieillards des deux sexes).
Maison hospitalière de Saint-Jean-de-Dieu (hommes âgés ou
  infirmes).
Petites-Sœurs des Pauvres (vieillards des deux sexes).
Asiles de femmes âgées (à Saint-Just, à la Blancarde, à Saint-
  Barnabé, à la Pomme, au Cabot).

TABLE

Pages

PRÉFACE.

LE LOGEMENT DE L'OUVRIER ET DU PAUVRE. — La question
des loyers. — L'abri gratuit et temporaire. — Une enquête. —
Logements insalubres. — L'étude des données locales ; 1. budgets
d'ouvriers marseillais, part disponible pour l'habitation ; 2. le climat
et les habitudes. — Visite à Auteuil. — Visite à Lille. — Premier
essai à Marseille par la *Caisse d'Épargne :* maisons de famille, encouragement à la naissance d'une société de logements ouvriers, avances
sur construction à des ouvriers (première formule francisée du prêt
des *building associations*)..   1

LA MENDICITÉ, LE VAGABONDAGE, LES SANS-TRAVAIL. —
Asiles de nuit.— Bouchée de pain   76

LA DÉPENSE PAR TÊTE D'HABITANT ET L'IMPOT..............   89

L'ASSAINISSEMENT DE MARSEILLE. — Propreté obligatoire. —
Une thèse d'épidémiologiste à ne pas trop répandre. — Causes locales d'insalubrité.— Un système d'égouts.— Un George Varrentrapp !
— Quand fera-t-on quelque chose?— Le taux anormal de la mortalité
marseillaise. — Logements insalubres. — Que substituer aux
quarantaines maritimes ? — Les grandes villes populaires au Congrès
international d'hygiène. — Villes étrangères qui ont su s'assainir. —
Un premier essai fragmentaire de canalisation souterraine. — Hygiène municipale. — Le sous-sol. Expédients inefficaces. Une
réforme précise proposée...   92

Pages

MUTUALITÉ ET PRÉVOYANCE.................................. 149

CEUX QUI ONT TROP FROID................................. 157

LES EMPLOYÉS. — Condition des employés ; organisations particulières d'épargne. — Une menace d'impôt spécial. — L'assurance contre le chômage des employés.— Budgets domestiques d'employés ; coopératives de consommation. — Mutualité ; la *Société des commis et employés*.. 160

LA MALADIE DU PAUVRE.— Hospices.— La phtisie du peuple. — Les fous... 172

LA VIE POPULAIRE RURALE — Dépopulation. — Malaise agricole ; routine et progrès....................................... 182

L'ALIMENTATION DU PEUPLE TROP CHÈRE. — Le pain. — La viande. — Coopératives alimentaires générales ; cuisines populaires. 191

M. LE PLAY ET L'ÉCOLE DE LA PAIX SOCIALE................. 214

L'ENFANCE PAUVRE. — Travail infantile. — La maladie de l'enfant pauvre ; un hôpital d'enfants ; un sanatorium maritime. — Hygiène. Colonies de vacances... 218

LE PETIT COMMERCE DÉTAILLANT........................... 285

UNE BOURSE OUVRIÈRE..................................... 239

LE MOUVEMENT COOPÉRATIF DANS LE MIDI.................. 245

PRISONS A TRANSFORMER................................... 253

DU CRÉDIT POPULAIRE. PREMIERS PAS A MARSEILLE. — La question en France et à l'étranger. — Apparition de l'idée à Marseille. — La cause du crédit populaire devant l'opinion publique à Marseille. — Récents résultats étrangers. — Récents résultats français et méridionaux. — Essais à Marseille............................... 256

LE DIMANCHE OUVRIER.................................... 280

TRAVAILLEURS DE LA MER................................. 300

D'UNE RÉFORME DU GOUVERNEMENT LOCAL QUANT AU NON-INDIGÉNAT ET AU NOMADISME DES FONCTIONNAIRES..... 305

LE TRAVAIL ET LE SALAIRE DES FEMMES.................... 335

L'ÉPARGNE POPULAIRE A MARSEILLE ET DANS LES BOUCHES-DU-RHONE. — Les opérations de la Caisse d'épargne des Bouches-du-Rhône en 1886.— Changements de législation proposés.— Création de bureaux d'épargne dans les quartiers ouvriers de Marseille.— Les opérations de la Caisse d'épargne des Bouches-du-Rhône en 1887. Le projet de loi organique.— Création de succursales dans le département des Bouches-du-Rhône...................................... 341

TABLE 541

Pages

L'IMMIGRATION ET LA CONCURRENCE DES OUVRIERS NON-INDIGÈNES...................... 417

NÉCESSITÉ AUSSI DU PROGRÈS MORAL POUR L'AMÉLIORATION DE LA VIE DU PEUPLE. — La progression des suicides, par comparaison à la moyenne générale. — Formation d'âme de l'enfance plébéienne à Marseille. — Progression de la criminalité........... 443

L'ÉMIGRATION.. 463

NOEL.. 468

CERCLES POPULAIRES... 471

L'ÉDUCATION ET LE TRAVAIL DES AVEUGLES................. 474

L'ACCROISSEMENT DE LA CONSOMMATION DE L'ALCOOL. ESSAI DE DÉFENSE LOCALE 477

APPENDICE.— Statistiques pour Marseille : 1. des associations de mutualité ; 2. des institutions d'épargne ; 3. des chambres syndicales ; 4. des associations coopératives : 5. des institutions de charité... 509

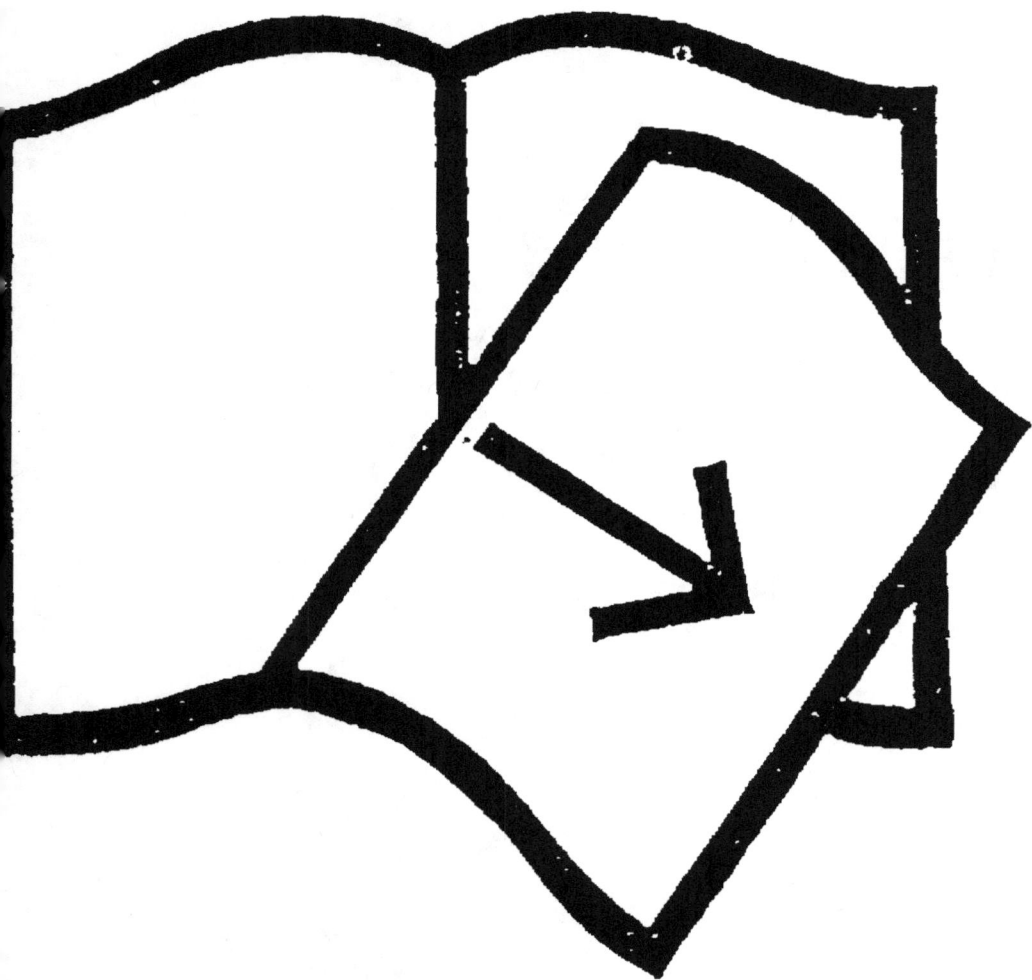

Documents manquants (pages, cahiers...)
NF Z 43-120-13

www.ingramcontent.com/pod-product-compliance
Lightning Source LLC
Chambersburg PA
CBHW070621270326
41926CB00011B/1770

9 782012 579859